Matrimonio por Diseño™

Un estudio práctico para grupos, parejas e individuos, diseñado para transformar los matrimonios

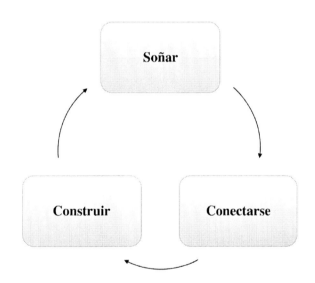

Soñar

Conectarse

Construir

MARCEL SÁNCHEZ

WestBow Press

PRESS

A DIVISION OF THOMAS NELSON

Reina Valera Contemporánea (RVC)   *Copyright © 2011 de Sociedades Bíblicas Unidas*
Nueva Versión Internacional (NVI)   *Copyright © 1999 de Bíblica*
Reina-Valera 1960 (RVR1960)   *Copyright © 1960 de American Bible Society*
Nueva Traducción Viviente (NTV)   *Copyright © 2010 de Tyndale House Foundation*

Diseño de cubierta: Brenda Ulloa
Los libros de WestBow Press pueden ser ordenados en librerías o contactando directamente WestBow Press Division de Thomas Nelson en las siguientes direcciones o número de teléfono:

WestBow Press
A Division of Thomas Nelson
1663 Liberty Drive
Bloomington, IN 47403
www.westbowpress.com
1-(866) 928-1240

ISBN: 978-1-4497-3060-4 (sc)
ISBN: 978-1-4497-3059-8 (e)

Library of Congress Control Number: 2011960559

Impreso en los Estados Unidos de Norteamérica

WestBow Press fecha de revisión 11/10/2011

A mi querida esposa, Yami

Tus oraciones, apoyo y ánimo constante me han ayudado a perseverar durante estos últimos dos años al escribir este libro. Tu ayuda hizo posible que completara este proyecto. Dios te ha usado para enfocarme de muchas maneras que no te puedes imaginar. Al celebrar nuestros veinte años de casados, estoy viendo hacia el futuro y quiero pasar cada día de mi vida contigo, la persona a quien amo. ¡Te amo mucho!

El hombre que halla esposa encuentra un tesoro, y recibe el favor del SEÑOR.
(Proverbios 18:22, NTV)

¿Cómo se define un Matrimonio por Diseño?

Una relación creciente con Dios es el diseño divino
para edificar un gran matrimonio.

Prefacio

Luego de meses de preparación, el momento finalmente ha llegado. Los invitados acuden temprano a una ceremonia en la que cada detalle ha sido sincronizado con gracia y belleza. El pastor termina con su mensaje después de que el novio y la novia dicen sus votos. Se miran profundamente a los ojos y sonríen con felicidad. La multitud está lista para ponerse de pie para disfrutar de la celebración de la boda. Este es el momento que todos esperaban: el anuncio público de que ya son marido y mujer. El pastor eleva la voz y dice: "Los declaro marido y mujer". Mira al novio y le aclara: "Puede besar a la novia". La mayoría de nosotros recordamos ese momento tan especial como si hubiese sido ayer. Por desgracia, para algunos la boda fue el único momento especial de nuestro matrimonio. A partir de ese día todo cambió, y no necesariamente para mejor. No sabemos bien qué ocurrió; lo único seguro es que debemos hacer algo antes de que sea demasiado tarde.

¡Fortalecer el matrimonio afecta positivamente el resto de su vida!

Los estudios demuestran que un buen matrimonio mejora dramáticamente la salud, la creatividad, el desempeño en el trabajo, la capacidad de relacionarse, el grado de confianza de los hijos y el valor personal. ¿Quiere que el amor por su cónyuge sea más profundo? ¿Sueña con hacer crecer su matrimonio en la dirección correcta? ¿Se pregunta si el amor puede recuperarse? Si quiere que el amor por su cónyuge crezca, propóngase hacerlo crecer del modo en que Dios lo diseñó. Construir un gran matrimonio requiere mucho trabajo.

Una relación creciente con Dios es el diseño divino para edificar un gran matrimonio.

¿Qué puede hacer el Matrimonio por Diseño por mi matrimonio?

El Matrimonio por Diseño está diseñado para transformar los matrimonios, ayudando a las parejas a aprender y aplicar los principios bíblicos que harán crecer su matrimonio. Este estudio alentará a los que planean casarse, brindando un plan práctico para construir un matrimonio mejor, y dará fuerza a los que se enfrentan a importantes desafíos en su matrimonio. Proporciona las herramientas prácticas para realizar sus sueños como pareja y como familia. Este estudio está diseñado para ayudarle a conectarse con su cónyuge en un nivel más profundo, a la vez que construye un matrimonio duradero y lleno de propósito, de risas y de esperanza. Nuestro tema en tres partes: Soñar, Conectarse y Construir, ayudará a su matrimonio a llegar a su destino apropiado.

SOÑAR: ¡Descubra lo que puede ser su matrimonio!

- Tenga una visión AMPLIA de su matrimonio
- Establezca una base sólida
- Comprenda el propósito de su matrimonio
- Valore su forma única como pareja

CONECTARSE: Conozca los principios de una comunicación eficaz

- Comprenda lo que su pareja realmente quiere decir
- Domine las "Reglas del compromiso"
- Crea un ambiente adecuado para el amor
- Conozca las claves del sexo increíble

CONSTRUIR: Haga crecer su matrimonio intencionalmente

- Aprenda a tomar "decisiones para ambos"
- Disponga su matrimonio hacia la generosidad
- Obtenga satisfacción real
- Persevere a lo largo de las dificultades de la vida

¿Por qué es importante?

Hacer crecer su matrimonio debe ser lo más importante, después de hacer crecer su relación con Dios. Debe estar en un lugar privilegiado en la lista de prioridades para su vida. Su matrimonio depende de usted. Si su matrimonio se resiente, tenga la seguridad de que se resentirán todos los aspectos de su vida. Ahora es el momento de invertir en su matrimonio. Ahora más que nunca usted debe concentrarse en hacer crecer su matrimonio y en determinar una visión de lo que podría ser y debería ser. Cuando su matrimonio crece, se multiplica su capacidad de influencia sobre la familia, los amigos, las relaciones de negocios, los compañeros de trabajo e incluso los desconocidos.

Ya sea que usted esté preparado o no, su matrimonio se enfrentará a momentos difíciles. Los desafíos de la vida suelen llegar sin previo aviso. No se puede vigilarlos con un radar para determinar el momento exacto en que se presentarán. Pero usted puede prepararse mediante la construcción de una base sólida para mantener su matrimonio en pie cuando lleguen las dificultades inesperadas. ¿Está preparado su matrimonio para las tormentas de la vida? De no ser así, ¡ya es momento de prepararse! No se puede tener un matrimonio saludable sin invertir mucho tiempo, energía y recursos.

Si usted desea marcar una diferencia dentro de su matrimonio y dejar un importante legado para las generaciones futuras, *haga crecer su matrimonio*. Sin crecimiento no hay esperanza. El matrimonio depende de usted, de modo que decídase a hacer las inversiones necesarias para que siga creciendo.

¿Qué hace que el Matrimonio por Diseño sea diferente?

El Matrimonio por Diseño sincroniza las verdades bíblicas con aplicaciones prácticas para contribuir al crecimiento de su matrimonio. Ofrece numerosas historias reales de parejas que han entrado en peligrosas cuevas en su relación, mientras que muestra los principios necesarios para salir de lo que parece ser una situación desesperada.

Aunque está diseñado principalmente para las parejas casadas, este estudio puede ser utilizado para parejas e individuos de todos los ámbitos de la vida para ayudar a desarrollar medidas de acción a lo largo de su relación. El Matrimonio por Diseño se puede utilizar en un grupo pequeño o en un ambiente privado donde las parejas puedan estar solas y conversar.

¿Qué beneficios me ofrece?

Realmente creemos que este estudio lo ayudará a reír un poco más, a aumentar su conocimiento de la Palabra de Dios y a proveer una base sólida para que su matrimonio prospere. Lo ayudará a hacer los cambios adecuados en su matrimonio para el crecimiento y la satisfacción duradera. Usted y su cónyuge aprenderán las medidas de acción práctica para construir un matrimonio próspero y llevar su relación a un nivel superior. Nuestro objetivo consiste en ayudarlo a disponer su matrimonio para que crezca, estableciendo una base adecuada para obtener satisfacción abundante y un verdadero éxito. Prepárese para *Soñar, Conectarse y Construir* su matrimonio.

Marcel Sanchez
Fundador
Matrimonio por Diseño
Marriage Catalyst
www.MarriageCatalyst.com

Soñar   Conectarse   Construir

Índice

Capítulo 1 - Soñar

Reavivar la pasión por su cónyuge

Escritura clave

El amor nunca deja de ser (1 Corintios 13:8, RV)

La GRAN Idea: Volver avivar su matrimonio supone una visión clara del futuro.

Las parejas que sueñan juntas permanecen juntas. Seguir una visión clara y volver a encender la pasión por su cónyuge es muy importante para el crecimiento de su matrimonio. Es muy poco probable que pueda hacer crecer su matrimonio mientras existan planes para separarse. Los buenos matrimonios no son así. Quienes poseen una visión clara de sus objetivos son capaces de evitar los errores y de hacer que sus metas como pareja sean más simples.

Un buen matrimonio demanda un gran esfuerzo. El sueño inicial debe ser reevaluado y redimensionado de tanto en tanto para ajustar el foco del matrimonio. Esto no es algo que ocurra automáticamente. En este capítulo aprenderemos el valor no solo de establecer una visión clara, sino además el valor de permanecer juntos, trabajando en equipo. Tenemos que reconocer que muchos matrimonios no se comportan como un equipo en ninguno de los sentidos de esta palabra. Los sueños del matrimonio han sido reemplazados por otra realidad y ya no puede hallarse la pasión que cada cónyuge sentía por el otro.

Los sueños rotos

Una esposa que busca pleitos es tan molesta como una gotera continua. (Proverbios 19:13, NTV)

Melanie y Santiago tienen una historia muy familiar. Comenzaron como lo hacen muchas de las parejas aquí, en los Estados Unidos. Se enamoraron y luego de una serie de circunstancias, Santiago decidió mudarse con Melanie antes de casarse. Esto era algo muy conveniente para Santiago y los padres de Melanie no pusieron ninguna objeción. Santiago y Melanie se querían y se cuidaban, pero había algo que faltaba en su relación. Aunque buscaban una relación satisfactoria, sus esfuerzos no lograban llegar muy lejos.

A menudo discutían o mantenían conversaciones acaloradas. Eran jóvenes, obstinados y sentían una atracción recíproca. Sentían una pasión tanto física como emocional pero les faltaba el compromiso. Vivían sus vidas en polos opuestos. Después de varios meses de vivir juntos, Santiago y Melanie decidieron casarse. Aunque no lo verbalizaron, sintieron que el matrimonio les ayudaría a resolver sus problemas.

Creían que el matrimonio les ayudaría a encontrar la satisfacción que buscaban. Pero las cosas no ocurrieron así. Después del nacimiento de su hijo, Jeremy, los enfrentamientos se aplacaron un poco pero persistía la insatisfacción.

A medida que transcurrían los meses, se agravó la intensidad de sus acaloradas disputas. Melanie y Santiago cometieron varios errores económicos y se culpaban mutuamente por la falta de recursos. Melanie comenzó a herir a Santiago con sus palabras, haciéndole sentir que se sentía afectada negativamente por su actitud, sus acciones y su falta de responsabilidad. Santiago comenzó a pelear y decidió lidiar con sus problemas huyendo de ellos. Su resentimiento lo llevó a beber con sus amigos y a mantener relaciones sexuales con otras mujeres. A medida que Melanie se enteraba de esto, las cosas iban empeorando.

Santiago le pidió perdón a Melanie y ella decidió hacer borrón y cuenta nueva. Pero al poco tiempo las cosas se repitieron. Las peleas continuaban y Santiago volvió a sus antiguos métodos de encarar el estrés. Finalmente, Melanie le pidió el divorcio a los pocos meses del segundo incidente. Santiago se negó a aceptar la responsabilidad por sus acciones y Melanie se negó a atravesar ese dolor nuevamente. Fue algo doloroso de ver y aún más doloroso de aceptar.

El divorcio fue devastador para Santiago y Melanie. Los hirió profundamente. El divorcio fue muy doloroso también para su hijo, que era apenas un bebé y a quien le tocaría crecer en un hogar dividido. Su desarrollo no sería completo. Santiago y Melanie comenzaron su relación de la manera equivocada. Construyeron su matrimonio sobre bases erróneas. Como consecuencia, su matrimonio se derrumbó provocando y dejando muchas heridas en el proceso.

Introducción

Esto es algo que ocurre a diario a personas que conocemos y que queremos. Ya sea que tengamos una experiencia directa o que observemos a alguien atravesar por esta situación, el dolor es siempre algo muy real. Nos entristece profundamente. A veces sabemos que es solo una cuestión de tiempo, los signos de advertencia son cada vez mayores y las discusiones más fuertes. Vemos las señales inquietantes y nos sentimos preocupados. Sabemos que las cosas no deberían suceder de esta manera. Sabemos que ellos tuvieron un buen comienzo, ¿qué les ocurrió? Usted se pregunta, ¿qué le ocurrió al sueño de envejecer juntos? ¿Qué pasó con el sueño de amarse hasta que la muerte los separe? ¿Qué ocurrió con las promesas hechas delante de la familia, los amigos y los colegas? Un sueño que era intenso y permanente se ha convertido en algo débil y abandonado.

Dos palabras nos vienen a la mente: sueños rotos. Tal vez para usted se trate incluso de algo más personal. Es muy probable que el intenso dolor y la tristeza de la que estamos hablando sean algo muy familiar. Y que usted sea quien se está preguntando "¿qué nos pasó? No estoy contento con esta relación… no estoy satisfecho. ¿Qué pasó con el sueño que compartíamos? ¿Y con las conversaciones y las risas que disfrutábamos tanto como pareja? Tal vez estamos mejor materialmente pero desde el punto de vista de la relación estamos mal. ¿Qué podemos hacer para reavivar la llama? ¿Cómo hacer para apretar la tecla de reinicio y revitalizar nuestro amor?"

Algunos de ustedes no están aún casados. No están del todo convencidos de que el matrimonio sea el camino adecuado pero desean analizar la cuestión con cuidado.

Han visto tantos malos matrimonios a su alrededor. Piensan "Si me caso, me comportaré bien. No quiero cometer los mismos errores que mis amigos. ¿Cómo puedo hacer para empezar bien y terminar bien si decido casarme? ¿Qué debería hacer para prepararme y cumplir mis responsabilidades con mi futuro cónyuge?

> *El hombre que halla esposa encuentra un tesoro, y recibe el favor del Señor.*
> *(Proverbios 18:22, NTV)*

Tal vez, usted esté viviendo con la persona que ama y no vea la necesidad de hacer ningún cambio de momento. Usted se siente a gusto y las cosas están saliendo bien. Puede que usted piense, "¿Cuál es el problema? Nos amamos… hace tanto que estamos juntos. Le decimos a todo el mundo que es como si estuviéramos casados. No necesitamos casarnos". Dos palabras vienen a la mente: *sueños rotos.*

Este ensayo se propone ayudarle a construir los fundamentos correctos de un matrimonio que se desarrolla poniendo en práctica los principios que aparecen en la Biblia. Esto implica entender la fuente de la verdadera satisfacción para su vida, abrazando e integrando esta realidad con su cónyuge. El Matrimonio por Diseño está diseñado para ayudarle a comprender el perfil único de su pareja y a aplicar sus dones, talentos y experiencias vitales de forma de hacer crecer su matrimonio y de ayudar a otros matrimonios durante el proceso.

Antes de abordar el núcleo de nuestro propósito, analicemos algunas tendencias y estadísticas alarmantes. Un estudio reciente, realizado por *The State of Our Unions Report* muestra que el matrimonio está en crisis, aquí en los Estados Unidos. El título del informe de 2010 es "Cuando el matrimonio desaparece — la nueva clase media norteamericana". Este estudio pone de relieve una tendencia creciente en una porción significativa, que representa al 58% de la población adulta y que afecta al corazón mismo del sueño americano. La clase media norteamericana, aquellos que han completado la educación superior, pero que no poseen un título universitario de cuatro años, muestran porcentajes crecientes de niños educados fuera del matrimonio y de divorcios, al mismo tiempo que porcentajes decrecientes de felicidad en los matrimonios. *Cuando el matrimonio desaparece* argumenta que los cambios en la moral marital, el aumento del desempleo y la disminución de la asistencia a servicios religiosos se encuentran entre los factores que impulsan la retirada del matrimonio en la clase media norteamericana.[1]

El matrimonio es cada vez menos una prioridad para la clase media norteamericana.

Como nación, tenemos un serio problema si quienes tienen una fuerte herencia familiar han dejado de abrazar los valores del matrimonio. Cuando quienes constituyen la mayoría de las familias trabajadoras deciden dejar de hacer que sus familias funcionen, otros factores importantes de nuestra sociedad se disolverán también y dejarán de funcionar. Si los niños de esos hogares rotos no tienen la oportunidad de tener una experiencia de una familia saludable, ¿quién les servirá de ejemplo? Den a sus hijos la posibilidad de sobresalir y de hacer la diferencia, no permitan que se conviertan en otra estadística. ¿Cómo impactarán estos cambios en las iglesias, en las comunidades y en los lugares de trabajo? Una cosa es segura, el impacto no será beneficioso para nadie. El resultado más previsible, según esta investigación, es que un número mayor de familias abandonará las congregaciones.

Muchas de estas familias dejarán la iglesia sin previo aviso. Serán necesarias más terapias de familia y aumentará el número de niños criados en hogares monoparentales. Las iglesias tendrán que desarrollar ministerios que lleguen a esos niños de hogares rotos y los ayuden a atravesar las dificultades. Algunos de estos niños abandonarán la escuela, se unirán a bandas, consumirán drogas y alcohol, o quedarán embarazadas. Estas realidades afectarán negativamente el panorama social de nuestras comunidades y el ambiente en el que trabajamos cada día.

El estudio de *The State of the Union* muestra que aquellos matrimonios más acomodados permanecen unidos en vez de ir a la corte de divorcio. Sin embargo, un matrimonio pleno no está reservado exclusivamente a los más educados o a los más ricos. Dios nos ha dado la receta para un matrimonio exitoso. Su plan funciona para parejas de cualquier edad, educación, nivel socioeconómico o grupo social. Como veremos más adelante, todos los matrimonios tienen la misma oportunidad de crear un ambiente propicio para la relación. Su matrimonio tiene consecuencias que lo trascienden a usted y a su cónyuge. Lo que usted decida hacer o dejar de hacer con su matrimonio dejará una marca permanente en las futuras generaciones. El matrimonio es un asunto SERIO. Pero detengámonos unos minutos para analizar la realidad del divorcio en nuestro país.

Estadísticas de divorcio en Estados Unidos, por matrimonio

Matrimonio	Estadísticas de divorcio (en porcentaje)
Primer matrimonio	**45%** a **50%** de los matrimonios concluye en divorcio
Segundo matrimonio	**60%** a **67%** de los matrimonios concluye en divorcio
Tercer matrimonio	**70%** a **73%** de los matrimonios concluye en divorcio

* Fuente: Forest Institute of Professional Psychology (www.forest.edu)

La idea según la cual "la experiencia da la sabiduría" obviamente no funciona con el divorcio y los matrimonios múltiples. Cuanto más veces uno se casa, más aumenta la probabilidad de divorcio. Podemos pensar en las personas famosas que se hallan actualmente en su tercer, cuarto o hasta quinto matrimonio. Esperamos que las celebridades tengan al menos dos o tres matrimonios mientras progresan en sus carreras públicas. Desde un punto de vista estrictamente pragmático, es mucho más conveniente casarse una vez y quedarse casado, en vez de probar a comenzar de nuevo otra vez.

Antes de casarse es conveniente estudiar de qué se trata. Es importante que usted comprenda qué es lo que necesita hacer para prepararse y para permanecer fiel durante este compromiso que cambia la vida. Es importante construir sobre las bases correctas e invertir en el matrimonio. Es importante que posea una perspectiva de largo alcance cuando los cambios de la vida golpeen a su puerta. Si ya está casado, es tiempo de verificar cuáles son los fundamentos y de hacer las correcciones necesarias para alinear su matrimonio. Necesita desarrollar un plan para preparar su matrimonio para el crecimiento.

Las parejas abandonan sus matrimonios en diversas edades, pero prestemos especial atención a quienes se casan jóvenes. Tomemos por ejemplo Edad al momento de casarse de los divorciados de Estados Unidos:

Edad al momento de casarse de los divorciados de Estados Unidos

Edad	Mujeres	Hombres
Menos de 20 años	27,6%	11,7%
20 a 24 años	36,6%	38,8%
25 a 29 años	16,4%	22,3%
30 a 34 años	8,5%	11,6%
35 a 39 años	5,1%	6,5%

* Fuente: Forest Institute of Professional Psychology (www.forest.edu)

Como muestra este estudio, muchos adultos eligen casarse jóvenes. Lamentablemente, muchos de ellos se divorcian jóvenes también. Tal vez piensen que la versión de "Hollywood" del matrimonio será su propia versión. Tenían grandes esperanzas y sueños para su relación. Tal vez creían que su luna de miel duraría para siempre. Tal vez creían que sus cónyuges cambiarían esas "pequeñas cosas" que representaban una fuente de irritación. O tal vez estas parejas pensaban que eran inmunes a la tentación, a las dificultades económicas o a los problemas de salud. El porcentaje de divorcios en nuestro país ha seguido una ola anómala. En el momento en que se esperaba que el divorcio alcanzara una nueva altitud, ha descendido y permanece relativamente estable.

La Tasa de Divorcios Actuales y Proyectados

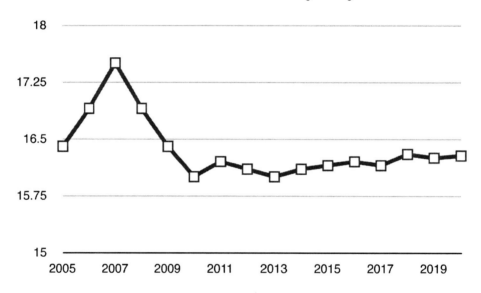

Fuente: The National Marriage Project, University of Virginia

La crisis económica que comenzó en 2005 ha tenido un impacto significativo en La Tasa de Divorcios Actuales y Proyectados en los Estados Unidos. A primera vista, La Tasa de Divorcios Actuales y Proyectados pareció aumentar vertiginosamente hasta que estalló la crisis. Mientras el dinero no fue la principal preocupación de quienes recogían los beneficios económicos, mudarse y vivir de un solo sueldo no era un problema para nadie. La decisión de abandonar a su cónyuge se veía facilitada por el bienestar económico personal que posibilitaba mantener una casa por sí solo. Las cosas cambiaron rápidamente cuando las parejas tuvieron que afrontar una situación económica compleja. Irse y vivir solo dejó de ser una opción para muchos. La Tasa de Divorcios Actuales y Proyectados bajó del 17,5 por 1.000 mujeres casadas, en 2007, al 16,9 por 1.000 mujeres casadas, en 2008 (luego de haber aumentado del 16,4 por 1.000 mujeres casadas, en 2005).

Esta declinación de los divorcios sugiere que la mayor parte de las parejas casadas no han respondido a la crisis económica acudiendo al tribunal de divorcios; por el contrario, a juzgar por las tendencias en materia de divorcios, muchas parejas parecen estar desarrollando una nueva apreciación del apoyo económico y social que el matrimonio puede aportar en épocas difíciles. Por lo tanto, una buena noticia que emerge de los dos últimos años es que la estabilidad matrimonial ha aumentado.[2]

El divorcio afecta directamente la salud de nuestra economía. Nunca he oído hablar de una pareja que haya roto sus papeles de divorcio después de considerar el potencial del daño que su divorcio traerá a nuestra economía. Pero, no nos equivoquemos al respecto: el divorcio perjudica la salud de nuestra economía a corto y largo plazo. Un estudio demostró que un único divorcio puede costar a los contribuyentes hasta $30.000 USD.[3] El aumento de la delincuencia, de los servicios sociales, de los medicamentos con receta, de la violencia doméstica, de los cupones de alimentos, de los costos judiciales y de otros aspectos afectados significan un significativo golpe económico para nuestra nación. Tenga en cuenta esto a la luz de la cantidad de divorcios en un determinado año. El efecto negativo que el divorcio significa para nuestra economía es enorme. Si tuviéramos una forma de medir el impacto del divorcio a lo largo de varias generaciones en las familias y en nuestra economía, creo que los números se dispararían a niveles mucho más altos.

El efecto negativo que el divorcio significa para nuestra economía es enorme.

El 10 de noviembre de 2010, la Oficina de Censos de los EE.UU. informó que los hombres y las mujeres esperan más tiempo para casarse. Algunos, como hemos mencionado, cohabitan, mientras que otros simplemente esperan más tiempo para involucrarse en una relación seria o hacer un compromiso a largo plazo. Como resultado, se han producido cambios en la composición de los hogares, reduciendo la cantidad de personas promedio en el hogar de 2,62 en 2000 a 2,59 en 2010. Hoy en día el porcentaje de población casada es de solo 54,1%, comparado con el 57,3% en el año 2000, el 62% en 1990 y el 72% en 1970.

Hay cada vez más evidencia polémica que muestra el efecto neto de la cohabitación de las parejas que eventualmente se casan. Este efecto consiste en el fracaso del matrimonio. Aquellos que conviven antes del matrimonio tienen una mayor probabilidad de experimentar problemas de relación y separación. En otras palabras, la cohabitación aumenta las probabilidades de divorcio.[4] Durante los últimos 50 años, la cantidad de parejas que han decidido convivir se ha disparado.

Hoy en día, seis de cada diez matrimonios son precedidos por la cohabitación.[5] Hace cincuenta años esta tendencia era casi inexistente. Entre los que tienen niveles educativos e ingresos más bajos, el número es aún mayor. Los que no tienen afiliación religiosa tienden a convivir en un número superior al 60%.

Seis de cada diez matrimonios son precedidos por la cohabitación.

El cambio ha llegado hasta "Hollywood" y a las vidas de aquellos a quienes conocemos personalmente. ¿Estos números le preocupan? ¿Ha pensado en cómo va a responder a sus hijos cuando le pregunten: "¿Por qué están viviendo juntos como un matrimonio antes de casarse?" Si no, prepárese. La pregunta eventualmente llegará sin previo aviso. Esta "red de seguridad" se ha desarrollado en parte para dar a las parejas la oportunidad de "probar" al otro antes de proceder con el matrimonio.

Estadísticas varias

Descripción	Estadísticas
Porcentaje de la población casada:	54,1%
Porcentaje de la población que nunca se ha casado:	24%
Porcentaje de la población divorciada	10%
Porcentaje de personas casadas que llegan al 5º, 10º y 15º aniversario:	5º: 82%; 10º: 65%; 15º: 52%
Porcentaje de personas casadas que llegan al 25º, 35º y 50º aniversario:	25º: 33%; 35º: 20%; 50º: 5%
Cantidad de parejas no casadas que conviven:	5,5 millones
Los hogares sin padre producen el:	63% de los suicidios juveniles 90% de los niños sin techo/fugitivos 85% de los niños con problemas de conducta 71% de los desertores de la escuela secundaria 85% de los jóvenes encarcelados 50% de las madres adolescentes

* Fuentes: Oficina de Censos de los EE.UU., Centro Nacional de Estadísticas de Salud, Estadounidenses para la Reforma del Divorcio, Centros para el Control y Prevención de Enfermedades, Instituto para la Igualdad en el Matrimonio, Asociación Norteamericana para las Personas Solteras, Ameristat, Agenda Pública.

El Centro de Investigación de Recursos Humanos (CHRR) reveló que el divorcio disminuye la riqueza de una persona en un asombroso 77%. Este estudio a nivel nacional ofrece algunas de las mejores pruebas hasta la fecha de los devastadores efectos financieros que el divorcio puede producir sobre el patrimonio de una persona. El estudio se realizó sobre aproximadamente 9.000 personas y demostró que el divorcio reduce la riqueza de una persona en unas tres cuartas partes (77%) en comparación con el de una persona soltera, mientras que estar casado casi duplica la riqueza comparativa (93%).[6]

Estos números son importantes porque representan a una porción muy grande de nuestra población. No estamos solos con este problema. Este cambio drástico en la riqueza se encuentra también en otros países.

El matrimonio es la mejor plataforma para vivir y celebrar la vida juntos.

El matrimonio y la felicidad están conectados

¿Le sorprende esta declaración osada? Los científicos de investigación han hablado en varias ocasiones de esta realidad alentadora. Compartir la vida con alguien con el que se está comprometido hasta la muerte tiene muchos beneficios. Su salud física, emocional, social, psicológica y espiritual se beneficia si su matrimonio crece. No solo se pueden compartir las cargas de la vida juntos, sino que también se pueden celebrar los buenos tiempos a diferencia de cualquier otro tipo de relación conocida por la humanidad.

Las personas casadas son más felices que los solteros de la misma edad, no solo en los Estados Unidos, sino en al menos diecisiete países más, donde se han realizado investigaciones similares. Y parece que hay buenas razones para dicha felicidad. Las personas casadas no solo tienen ingresos más altos y gozan de mayor apoyo emocional, sino que tienden a ser más saludables. Los casados viven más que los solteros, no solo en los Estados Unidos, sino también en el extranjero.[7]

Convivir y olvidarse del matrimonio no es la solución para encontrar la felicidad en una relación. La falta de compromiso serio no produce lo que Dios había previsto inicialmente para el matrimonio. En 2002 se realizó un estudio sobre 12.571 hombres y mujeres de 15 a 44 años que viven en hogares en los Estados Unidos, sobre la base de la Encuesta Nacional de Crecimiento Familiar. Los resultados fueron muy interesantes. Las parejas cada vez más prefieren convivir antes de casarse. Esto no debe sorprendernos en absoluto, dadas las tendencias recientes en nuestra cultura.

Más del 40% estaban casados durante la entrevista, en comparación con aproximadamente el 9% de los que convivían. De los que estaban casados, el 78% duró cinco años o más. Los que estaban cohabitando tuvieron un éxito mucho menor. Menos del 30% de los que estaban cohabitando duró cinco años o más.[8] El estudio descubrió que algunos de los que cohabitaban eventualmente se casaron, mientras que otros se separaron. La cohabitación no es la respuesta para evitar el matrimonio. La construcción de una relación próspera, empieza con un compromiso inquebrantable de permanecer juntos para siempre.

El matrimonio contribuye a tener mejor sexo [9]

En otras palabras, el matrimonio proporciona niveles más altos de satisfacción física y placer sexual tanto para hombres como para mujeres. Esta realidad ha sido parte del plan de Dios desde el principio. Él fue quien creó el sexo. Él entiende perfectamente lo que se necesita para que su matrimonio prospere desde el punto de vista sexual. El mejor sexo no está reservado para aquellos que tienen varios amoríos ni para los que conviven antes del matrimonio.

La mejor experiencia sexual fue diseñada para ocurrir con su cónyuge.

La cima de su intimidad sexual fue diseñada para tener lugar en el sagrado entorno del matrimonio. El mejor rendimiento sexual se produce en el marco de la sagrada vida de relación. Su vida espiritual afecta profundamente la manera en que usted responde sexualmente. Deje de hacer comparaciones con la receta del buen sexo que da Hollywood. No tienen ni idea. El mejor entorno para una intimidad sexual extraordinaria es en el marco de una relación matrimonial entre esposo y esposa. No hace falta buscar algo ni alguien más allá de este círculo de intimidad protegida. Entréguese de todo corazón al Señor y sin reservas a su cónyuge.

El matrimonio ayuda a que las personas se sientan incluidas [10]

Dicho en otras palabras, el matrimonio reduce significativamente los sentimientos de soledad. Hay innumerables canciones sobre la soledad y el abandono. El matrimonio llena el vacío de la soledad. El matrimonio incluye en vez de excluir. Como mi buen amigo Bud McCord dice siempre: "Amor es sentirse incluido". Por eso debemos abandonar la toma de decisiones independientes cuando decidimos casarnos. El matrimonio consiste en incluir al cónyuge en el proceso de tomar decisiones. El matrimonio consiste en aceptar lo que el otro tiene para ofrecer en la relación. Incluir a su cónyuge en las decisiones importantes de la vida es fundamental para que el matrimonio crezca.

El matrimonio protege a las mujeres de diversas formas de violencia [11]

Una mujer tiene menos probabilidades de estar sola y vulnerable a la violencia dentro de una relación matrimonial. Los maridos sirven como un fuerte escudo de protección para su cónyuge.

Ellos son los que permanecen en la trinchera y defienden a su esposa del peligro que pudiera amenazarla. Los maridos sirven como presencia pública para todas las amenazas, acusaciones y problemas de relación. Si la violencia penetra en la relación, el marido es el que absorbe el dolor. Él es quien toma la iniciativa para resolver los problemas que intimidan a su esposa. En otro capítulo, analizaremos esta cuestión en más detalle.

El matrimonio proporciona el mejor entorno para criar una familia fuerte.

Los matrimonios brindan a los niños la mejor oportunidad para llevar una vida estable [12]

Tener a la mamá y al papá en casa sirve como pilar para enfrentar los desafíos de la vida y construir un futuro sólido. Los niños son más felices cuando mamá y papá están juntos. Pueden adaptarse mejor al estrés y mantenerse optimistas con respecto al futuro, en comparación con los niños de hogares inestables.

El matrimonio brinda a los niños la oportunidad de tener una vida positiva en el futuro. Los niños de familias monoparentales son de dos a tres veces más propensos a sufrir abuso, depresión, fracaso escolar y delincuencia, con respecto al porcentaje de niños de familias casadas, con ambos padres.[13] El matrimonio funciona mejor y los niños prosperan más cuando las parejas permanecen juntas y permiten que sea Dios quien guía su relación.

El enfoque de equipo para criar a los hijos es una idea maravillosa. Dios sabía que necesitaríamos un socio para toda la vida que nos ayudara a criar a nuestros hijos. Cuando uno de sus hijos lo lleva al límite, su cónyuge tiene la oportunidad de intervenir y continuar con la ejecución de su estrategia conjunta para la crianza de los hijos. Al observar la sinergia y unidad mostrada por su matrimonio, sus hijos comprenderán cuál es su lugar y aprenderán los principios del respeto, la comunicación, la sumisión mutua, el honor y la vocación de servicio, por mencionar solo algunos.

¿Alguna vez se preguntó qué piensan los adolescentes acerca de la importancia de un matrimonio estable? En 2009, un porcentaje muy alto de estudiantes de último año de secundaria dijo que tener un buen matrimonio y una vida familiar feliz es "extremadamente importante". El estudio se realizó sobre 6.000 niños y 6.000 niñas. Los resultados fueron alentadores. El estudio determinó que el 72,2% de los estudiantes varones y el 80,5% de las estudiantes mujeres de secundaria tiene en gran estima al matrimonio.[14] Muchos de ellos han experimentado la angustia del divorcio dentro de su propia familia, pero aún así logran ver la importancia de tener un buen matrimonio y una vida familiar feliz. Lamentablemente, un grupo de los encuestados está abierto a la convivencia antes del matrimonio o como una alternativa al matrimonio.

Un matrimonio que crece tiene un fuerte impacto sobre los hijos.

El matrimonio produce trabajadores más constantes y productivos [15]

¿Cómo cambiarían las empresas si aumentar la productividad fuera la norma en el lugar de trabajo? ¿Qué pasaría con sus ganancias? Imagine que no hubiera más "llamadas por enfermedad" para preocuparse los viernes antes de un fin de semana largo. Seamos realistas. . . el matrimonio ayuda a desarrollar la constancia en las personas.

Ayuda a desarrollar un ritmo vital en quienes solían tener un comportamiento irregular. Su matrimonio puede mejorar su confianza como empleado, gerente o dueño de negocio. Hay algo acerca del matrimonio que lleva a sentar cabeza y ofrece una nueva perspectiva sobre la vida. No es que ya no corra riesgos. Aún corre riesgos. . . riesgos calculados.

La investigación demuestra que el matrimonio aumenta significativamente su patrimonio neto.[16] Esta mayor constancia y productividad en el lugar de trabajo se traslada a su patrimonio como persona casada. Por regla general, los casados se encuentran en una mejor posición financiera que los que no se casan o deciden poner fin a su matrimonio. Cuando uno se casa, deja de pensar únicamente en las necesidades financieras propias. Ahora hay un cónyuge a tener en cuenta en la ecuación. Por lo tanto, sus decisiones son más amplias en alcance y más inteligentes en la ejecución. Las investigaciones realizadas en la Universidad de Colorado muestran por qué el matrimonio es tan beneficioso para los adultos. En general, en comparación con las personas solteras, los casados comen mejor, cuidan mejor de sí mismos y tienen un estilo de vida más estable, seguro y programado.[17]

El matrimonio es realmente una propuesta en la que nadie pierde. Aunque es difícil, el matrimonio ofrece más beneficios de lo que la mayoría de la gente cree. Por supuesto, estos beneficios están directamente relacionados con la voluntad de someterse a los propósitos de Dios para el matrimonio. El matrimonio puede aprovechar la fortaleza financiera de cada socio para ahorrar más para el futuro y planificar para imprevistos, tales como problemas de desempleo y salud.[18] Es más probable que las parejas que deciden casarse y permanecer casadas creen e implementan un plan financiero sólido en las áreas de inversiones, seguros y jubilación.

Las parejas casadas tienen una oportunidad mucho mayor de alcanzar sus metas financieras y de extender su generosidad hacia los demás. Tienden a proporcionar mayor apoyo financiero y generosidad a los que se encuentran en una crisis financiera. Los matrimonios pueden servir como familias extensas a las personas que se encuentran solas y que son incapaces de tomar el control de su vida.

El matrimonio, de la manera en que Dios lo planeó, tiene una clara ventaja para la vida.

Los hombres y mujeres casados contribuyen a la sociedad más que los solteros

Vemos esta realidad en las culturas avanzadas, e incluso en aquellas que se consideran subdesarrolladas. Los maridos y mujeres no son tan propensos a ser una carga para el gobierno, el sistema de atención de salud o los beneficios de una compañía de seguros de salud, debido a que gozan de un mejor estado de salud y tienen mayor capacidad para recuperarse de una enfermedad más rápido y con más éxito. Son menos propensos a faltar al trabajo por enfermedad. No es probable que cambien a menudo de empleo. Son menos propensos a sufrir de alcoholismo y abuso de otras substancias, y menos propensos a involucrarse en conductas de riesgo.[19]

En busca del amor

- En 2010, según Market Data Enterprises, la industria de citas en línea generó 4 mil millones de dólares en ingresos anuales y la industria de asesor de citas/casamentero generó 260 millones de dólares.
- Se prevé que la industria de citas en línea crecerá a una tasa del 10%.

Norteamérica

- Según Forrester Research Inc, la industria de citas en línea produjo 957 millones de dólares. Esto la convierte en la tercera industria con mayores ingresos brutos.
- Según Hitwise, hay cerca de 1.400 sitios de citas en línea en Norteamérica.
- En general, la industria de citas en línea ha crecido este año, pero la industria vinculada a las bodas (que vale 60 mil millones de dólares) se redujo en un 24%.
- Aproximadamente 40 millones de solteros norteamericanos usan sitios de redes sociales y de citas en línea para conocer gente nueva.
- Los solteros más propensos a usar los sitios de citas son los que son más sociables y tienen una alta autoestima. También valoran más las relaciones amorosas.
- El 49% de los estadounidenses conocen a alguien que ha encontrado una cita por Internet.
- Según Nielsen, los sitios de citas en línea generaron 27,5 millones de visitantes únicos.

Europa

- En el Reino Unido hay 8 millones de personas solteras. Se produjeron 24 millones de primeras citas, de las cuales el 69% se coordinó a través de sitios de citas por Internet y redes sociales.
- En 2011 se estima que habrá 15 millones de solteros en el Reino Unido y el valor de la industria de citas en ese momento será de más de mil millones de libras esterlinas.

- Hay 15 millones de solteros en Gran Bretaña. Un tercio de ellos buscan el amor por Internet.
- En el Reino Unido, el 20% de las personas casadas de entre 19 y 25 años conoció a su cónyuge por Internet. Para todas las edades, la media es del 15%.
- Cada mes, 7 millones de solteros visitan un sitio de citas en el Reino Unido. Esto representa un aumento del 27% respecto del año anterior.
- En el Reino Unido, los solteros de más de 55 años son los más activos en buscar citas por Internet.
- El 62% de ellos han usado un sitio de citas y han tenido un promedio de 8,2 citas y 2,1 relaciones a largo plazo.

Asia

- Japón - En el transcurso del primer mes de la nueva ley de regulación, se registraron más de 1.600 sitios de citas.
- India - Hay unos 15 millones de usuarios de citas en línea en India.

Australia

- Los solteros de más de 50 años han usado cada vez más los sitios de citas en línea en los últimos años.
- Algunos sitios de citas registran un aumento del 30% de este tipo de miembros cada año.

Fuente: www.Datingsitesreviews.com

A pesar de que los matrimonios son cada vez menos,
la búsqueda del amor está aumentando rápidamente.

Recordar el sueño

Hay algo en el que conquista el corazón. Nos encanta verlo en el cine. Han estado esperando por la pareja perfecta. Muchos de sus amigos ya han encontrado su alma gemela, pero por alguna razón ellos todavía no lo hicieron. No se quejan de ello y no se comparan con aquellos que han encontrado el amor verdadero. Sin embargo, se preguntan: "¿Cuándo llegará mi turno? ¿Cuándo voy a encontrar a una persona con quien pasar el resto de mi vida?" Ella se pregunta: "¿Cuándo encontraré a mi príncipe azul?" Él reflexiona: "¿Cuándo voy a encontrar mi bella reina?"

De repente, se encuentran con alguien que les llama la atención en el lugar menos pensado. Llega como una sorpresa para ambos. Comienzan a hablar, a reír a carcajadas y a sonreír mucho más de lo normal. La experiencia es tan refrescante. . . tan agradable.

Antes de separarse hasta el día siguiente, deciden intercambiar sus datos y mantenerse en contacto. Tres horas más tarde, suena el teléfono y hablan hasta las 4:30 de la madrugada. Para su sorpresa, ni siquiera se sienten cansados. ¿Ya pasó tanto tiempo? Pareció mucho menos. La primera conversación llevó a una segunda y la segunda dio lugar a una tercera, y así sucesivamente. Nunca se habían sentido así. Antes no les gustaba hablar por teléfono, ni siquiera con sus amigos. Este comportamiento continúa durante varios meses.

A diferencia de relaciones anteriores, el hombre comienza a escribir largas cartas acerca de cómo se siente cuando están juntos y lo hermoso que se ve su cabello, aún en los días lluviosos. Espontáneamente empieza a enviarle rosas de tallo largo, chocolates y suaves osos de peluche. Antes, él trataba de gastar lo menos posible al comprar regalos. Ahora, ya no considera los regalos a su adorada como gastos, sino como una inversión. Empieza a preocuparse más por su apariencia y por cómo huele.

La chica tiene la mirada brillante, como quien salta a través de las nubes para llegar al final del arco iris. A ella le resulta difícil concentrarse en la escuela. . . él se aburre con sus amigos. Comienzan a saltarse las comidas importantes por no romper el flujo de la conversación. Quieren pasar cada minuto posible mirándose a los ojos y compartiendo sus esperanzas y sueños para un futuro juntos. Simplemente no se cansan el uno del otro. Esto es exactamente lo que habían soñado y están decididos a vivir este sueño momento a momento. ¿Recuerda cómo se sintió cuando conoció a su cónyuge? ¿Puede recordar cómo cambió y empezó a hacer cosas que sorprendían a los demás?

El sueño de amor de un rey

Durante su reinado de 40 años (971 a 931 a.C.), el rey Salomón fue el rey más sabio, talentoso y rico que jamás hubiera reinado. Era reconocido internacionalmente por su gran sabiduría. La gente viajaba desde todo el mundo para llevarle magníficos obsequios de su tierra. Todos querían oír su sabiduría y escuchar al rey sabio. La comprensión de Salomón superaba las expectativas de los que lo escuchaban. Dejó 3.000 proverbios y 1.005 obras musicales (1 Reyes 4:32).

El rey Salomón se enamoró de una joven Sulamita. Lamentablemente, más tarde Salomón añadiría 699 esposas más a su lista. Para expresar su profundo amor y respeto por la joven Sulamita, el rey Salomón escribió una obra de poesía en forma de canción para describir su gran amor. Dentro de esta canción, la mujer Sulamita también describe su amor por el rey Salomón. Salomón, el amante, y la Sulamita, la amada, tienen grupos de personas que se interponen a lo largo de esta canción, dando a la relación un atractivo aún mayor. Esta canción nos recuerda los sentimientos reales que existen cuando uno encuentra el amor. Por otra parte, nos recuerda la pureza y belleza del amor dentro del marco del matrimonio.

Muchos creen que el escenario de este romance fue el norte de Israel, durante un período de dos años o menos. La canción nos muestra tres fases principales. Experimentamos una parte de su noviazgo y del compromiso, y podemos ver algunas de sus luchas, esperanzas y sueños. En segundo lugar, nos brinda un hermoso cuadro de la boda y de la vida como un matrimonio joven. Por último, empiezan las realidades de la vida matrimonial y presenciamos su primer desacuerdo como pareja y cómo cada uno de ellos enfrenta la situación. Las siguientes cuatro características describen el proceso del cortejo, el progreso que lleva al compromiso con la persona amada.

1. Expectativa

En esta etapa, uno cuenta los minutos que faltan para volver a ver a la persona amada. Es una ansiedad que va creciendo con el tiempo. Si pudiera, le gustaría repetir los momentos que pasan juntos una y otra vez. Usted simplemente no puede esperar a verlo/a de nuevo. El tiempo que pasan juntos es una experiencia maravillosa y estimulante. Cuando escucha una canción en la radio o ve a una pareja de la mano mientras camina por la acera, surgen pensamientos de la persona amada con más velocidad de lo que puede procesar.

Usted simplemente no puede esperar a escuchar su voz suave. Es hora de refrescar su alma con su presencia. La idea de la persona amada hace que empiece a cantar una canción nueva. Algo dentro de usted ha cambiado y las palabras no pueden describir con precisión cómo se siente profundamente. Pero algo es seguro: ¡usted está enamorado! Quiere que el tiempo pase más rápido cuando no están juntos y se detenga por completo cuando está junto a la persona amada. Durante el período del compromiso, no solo cuenta los meses, sino también los días, las horas y los minutos. . . hasta el preciso instante antes de decir "Sí, quiero". Recuerde la expectativa de la futura esposa de Salomón, la mujer Sulamita.

Amada: Ah, sí me besaras con los besos de tu boca... ¡grato en verdad es tu amor, más que el vino! Grata es también, de tus perfumes, la fragancia; tú mismo eres bálsamo fragante. ¡Con razón te aman las doncellas! ¡Hazme del todo tuya! ¡Date prisa! ¡Llévame, oh rey, a tu alcoba!

Los amigos: Regocijémonos y deleitémonos juntos, celebraremos tus caricias más que el vino. ¡Sobran las razones para amarte!

La amada: Cuéntame, amor de mi vida, ¿Dónde apacientas tus rebaños? ¿Dónde a la hora de la siesta los haces reposar? ¿Por qué he de andar vagando entre los rebaños de tus amigos? (Cantares, 1:2-4, 7, NTV).

2. Alabanzas

Las alabanzas consisten en celebrar las características de la persona amada. Se trata de declarar regularmente cuán valiosa es para usted y de expresar este valor a los demás. Al alabar a la persona que ama, demuestra lo mucho que la aprecia y estima. La alabanza forma parte de toda relación que crece. Cuando usted está seguro de su relación, no faltará la celebración.

La alabanza es el desbordarse de un corazón lleno de gratitud. Es sorprendente la facilidad con que la alabanza brota de los labios de las parejas durante el tiempo en que están de novios. Por lo general, no ensayan lo que están a punto de decir ni practican el sonido de su voz. Es simplemente algo que fluye naturalmente. Fluye de la expectativa. Fluye al llenar sus mentes con cosas buenas, bonitas y agradables acerca de la persona que aman. No es de extrañar que el apóstol Pablo nos recomiende enfocar nuestra mente en las cosas correctas. Él entendió la forma en que esto afectaría positivamente la forma en que pensamos, lo que decimos y las acciones que realizamos.

Y ahora, amados hermanos, una cosa más para terminar. Concéntrense en todo lo que es verdadero, todo lo honorable, todo lo justo, todo lo puro, todo lo bello y todo lo admirable. Piensen en cosas excelentes y dignas de alabanza. (Filipenses 4:8, NTV)

Amante: Tú y tus adornos, amada mía, me recuerdan a las yeguas enjaezadas de los carros del faraón. ¡Qué hermosas lucen tus mejillas entre los pendientes! ¡Qué hermoso luce tu cuello entre los collares! ¡Haremos para ti pendientes de oro con incrustaciones de plata!

La amada: ¡Cuán bella eres, amada mía! ¡Cuán bella eres! ¡Tus ojos son dos palomas! Como azucena entre las espinas es mi amada entre las mujeres. (Cantares 1:9-11, 15, 2:2, NTV)

Amada; El rey está descansando en su sofá, encantado por la fragancia de mi perfume… ¡Y tú eres tan apuesto, amor mío, tan agradable que no puedo expresarlo! La tierna hierba es nuestra cama. (Cantares 1:12, 16, NTV)

3. Deleite

El deleite se produce al disfrutar del tiempo que pasa con la persona que ama. Es como un soplo de aire fresco que refresca su alma. Realmente no importa lo que hagan ni adónde decidan ir, siempre que estén juntos. Deleitarse con la persona amada no tiene nada que ver con el lugar ni con el lujo. Sí tiene todo que ver con la profundidad y la calidad de su relación. Por esta razón, su deseo es hacer crecer generosamente su relación y maximizar el tiempo que pasan juntos. En cuanto al tiempo que pasan juntos, al igual que el deleite, requiere cantidad y calidad. Preste atención a estas dos cualidades a medida que nos adentramos en el amor del rey Salomón, el amante, y la mujer Sulamita, la amada. Considere los detalles con los que describen su enorme deleite mutuo.

Amada: Como el manzano más selecto del huerto es mi amante entre los jóvenes. Me siento bajo su sombra placentera y saboreo sus deliciosos frutos. Él me escolta hasta la sala de banquetes; es evidente lo mucho que me ama. Fortalézcanme con pasteles de pasas, refrésquenme con manzanas, porque desfallezco de amor. Su brazo izquierdo está debajo de mi cabeza, y su brazo derecho me abraza. (Cantares 2:3-6, NTV)

El manzano representaba una fruta dulce. El deseo de la Sulamita consistía en verse envuelta completamente en el amor de Salomón. Ella veía a su amor como algo deliciosamente agradable para sus sentidos. Esta imagen es verdaderamente poética. Salomón le producía un gran deleite. Su deseo cada vez mayor por el rey Salomón veía su presencia como dadora de protección, comodidad, nutrición, deleite y romance.

Mi amante me dijo: «¡Levántate, amada mía! ¡Ven conmigo, mi bella mujer! Mira, el invierno se acabó y las lluvias ya pasaron. Las flores están brotando, ha llegado la temporada de los pájaros cantores; y el arrullo de las tórtolas llena el aire.

Las higueras comienzan a formar su fruto, y las vides fragantes están en flor. ¡Levántate, amada mía! ¡Ven conmigo, mi bella mujer!». (Cantares 2:8-13, NTV)

Note la admiración en su corazón cuando ella se siente cautivada por la visión de sus habilidades atléticas y la búsqueda constante de su amor. Ella reconoce sus fascinantes atributos físicos, como la velocidad y la agilidad. Ella disfruta de su invitación a escapar y explorar la belleza de la tierra juntos. A partir del embarque, notarán el cambio de las estaciones y experimentarán una nueva belleza que se despliega ante ellos. A medida que esta estación de belleza madura, también lo hace el amor que sienten el uno por el otro. Empiezan a componer canciones mientras viven esta gran aventura juntos.

¡Qué hermosa imagen de cómo madura el amor! Hay expectativa, alabanza, alegría, admiración, búsqueda y las experiencias compartidas. Aunque esta escena fue el ápice de su cortejo, nos recuerda a aquellos de nosotros que estamos casados acerca de la importancia de crear un ambiente de intimidad extraordinaria para mantener encendida la llama. ¿No es este el tipo de relación que todos soñamos tener? Estamos hablando de un amor lleno de expectativa, alabanzas mutuas y una dosis regular de emocionantes experiencias con el otro. Un amor que brinde risa contagiosa y gran disfrute para nuestro corazón todos los días: eso es lo que todos deseamos compartir con la persona que amamos.

Amante: Mi paloma se esconde detrás de las rocas, detrás de un peñasco en el precipicio. Déjame ver tu cara; déjame oír tu voz. Pues tu voz es agradable, y tu cara es hermosa.

Las jóvenes de Jerusalén: Atrapen todos los zorros, esos zorros pequeños, antes de que arruinen el viñedo del amor, ¡porque las vides están en flor! (Cantares 2:14-15, NTV)

A medida que Salomón continúa hablar a su amada, cada uno de ellos reconoce la importancia de capturar a los pequeños zorros que arruinan no solo todas las viñas, sino en particular su propia viña, que está floreciendo y prosperando. Su matrimonio está constantemente bajo ataque. Por esta razón, es preciso estar constantemente en guardia. Usted tiene que proponerse proteger su corazón y su matrimonio. Hay zorros, zorros pequeños, tratando de destruir lo que tiene.

Esto puede parecer incluso más atractivo al principio, pero no se equivoque: su objetivo consiste en destruir lo que está construyendo. Ellos quieren detener el crecimiento de su amor. Lo que quieren es introducirse imperceptiblemente y socavar las raíces mismas de su amor. No es ningún secreto: su amor experimentará considerables ataques. Es posible que haya sufrido el ataque de un pequeño zorro la semana pasada. Estos ataques al amor deben tomarse muy, muy en serio. Cuando estos zorros salen a la superficie, tienen que hacerles frente juntos y eliminar completamente todo rastro de ellos de su matrimonio. Los dos versos siguientes nos dan las claves para la defensa.

Amada: Mi amado es mío, y yo soy suya. Él apacienta entre los lirios. Antes de que soplen las brisas del amanecer y huyan las sombras de la noche, regresa a mí, amor mío, como una gacela o un venado joven sobre montes empinados. (Cantares 2:16-17, NTV)

Al tiempo que se deleita con su cónyuge, recuerde deleitarse exclusivamente con su amor. Usted pertenece a su cónyuge y su cónyuge le pertenece a usted. Este amor no debe ser compartido con otro. Se reserva solo para su cónyuge. La exclusividad protegerá su matrimonio contra la confusión y el dolor. La dedicación le dará el impulso necesario para mantener a los zorros fuera de su matrimonio. Luche por su cónyuge y deléitese con él/ella a solas.

4. Deseo

El deseo es un impulso interno fuerte y convincente que lo conduce a la persona que ama. Incluye pasión, planificación, persecución y perseverancia. Como usted desea estar con la persona que ama, crea un plan para asegurarse de que su deseo se convierta en realidad. Usted busca oportunidades para crecer como pareja, al participar en una variedad de actividades que fomenten la relación. La pasividad en esta etapa no existe.

Usted busca proactivamente la próxima aventura para compartir con el otro, para construir memorias divertidas. Puede ser un nuevo restaurante o un lugar de picnic sin explorar. Puede ser una feria artesanal, un festival de arte, un nuevo sendero para bicicletas, o alguna otra actividad divertida experimentada con la persona que ama.

Por último, pero no menos importante, usted establece límites para proteger la pureza sexual de su relación. Reconoce sus debilidades personales y hace planes para proteger la integridad de su relación. Esta planificación se convierte en una fuerza y protección poderosa para su relación. Su determinación en este aspecto en gran medida determinará el éxito actual y futuro de su relación.

A pesar de que está plenamente consciente de la tentación durante sus días de noviazgo, toma las medidas correctas y deliberadamente decide no poner su relación en peligro de comprometer su pureza sexual. En resumen, usted decide esperar. Consideremos ahora los deseos reales de la mujer Sulamita.

Amada: Una noche, mientras estaba en mi cama, suspiré por mi amado; suspiraba por él, pero él no venía. Así que me dije: «Me levantaré y recorreré la ciudad, y buscaré por todas las calles y las plazas. Buscaré a mi amado». Así que, busqué por todas partes pero no lo encontré. Los guardias me detuvieron mientras hacían sus rondas, y yo les pregunté: «¿Han visto ustedes al hombre que amo?».

Y apenas me alejé de ellos, ¡encontré a mi amado! Lo tomé y lo abracé con fuerza, y lo llevé a la casa de mi madre, a la cama de mi madre, donde fui concebida. Prométanme, oh mujeres de Jerusalén, por las gacelas y los ciervos salvajes, que no despertarán el amor hasta que llegue el momento apropiado. (Cantares 3:1-5, NTV)

Expectativa   Alabanza   Deleite   Deseo

Actividad del Matrimonio por Diseño

Desde su punto de vista, piense en el panorama más AMPLIO, en lo que sueña para el futuro de su matrimonio. Para esta actividad, escriba al menos un punto, una frase corta en cada sección para describir este sueño. Estas frases pueden ser una combinación de varias características o pasos de acción, ya sean espirituales, personales, de la relación, familiares, físicos, educativos y profesionales, por mencionar solo algunos. Piense a largo plazo y en GRANDE.

Para reavivar su matrimonio necesita una visión clara del futuro. ¿Qué características, pasos de acción y metas describen mejor el destino que desea para su matrimonio en los próximos...

	10 años	20 años	30 años
Espirituales			
Personales			
De relación			
Familiares			
Físicos			
Educativos			
Profesionales			
Financieros			

Actividad del Matrimonio por Diseño

A continuación, compare sus respuestas con las de su cónyuge y pónganse de acuerdo sobre las características, pasos de acción o metas principales para cada sección. Escriba una combinación final acordada entre ambos con la que puedan trabajar a futuro.

	10 años	20 años	30 años
Espirituales			
Personales			
De relación			
Familiares			
Físicos			
Educativos			
Profesionales			
Financieros			

La aplicación destacada: Hacer ajustes personales

¿Cuáles son las tres principales aplicaciones adquiridas en esta sesión que usted podrá poner inmediatamente en práctica dentro de su matrimonio? Piense cuidadosamente en estas aplicaciones. En primer lugar, concéntrese en lo que Dios le pide cambiar dentro de su propio corazón y de su vida, en lugar de pensar en lo que tiene que cambiar su cónyuge. A continuación, considere esta aplicación a la luz de su relación como pareja y de lo que deben ajustar para hacer crecer su matrimonio. Mediante la oración, escriba sus respuestas a cada aplicación en forma de un plan de acción.

1. Aplicación

¿Qué tengo que cambiar específicamente en lo que se refiere a esta aplicación? ¿Qué tenemos que cambiar?

¿Cómo puedo hacer esto de una manera práctica? ¿Cómo podemos hacer esto juntos?

¿En qué fecha pueden comenzar estos cambios? ¿De qué modo lograremos el máximo beneficio para nuestro matrimonio con esta aplicación?

2. Aplicación

¿Qué tengo que cambiar específicamente en lo que se refiere a esta aplicación? ¿Qué tenemos que cambiar?

¿Cómo puedo hacer esto de una manera práctica? ¿Cómo podemos hacer esto juntos?

¿En qué fecha pueden comenzar estos cambios? ¿De qué modo lograremos el máximo beneficio para nuestro matrimonio con esta aplicación?

3. Aplicación

¿Qué tengo que cambiar específicamente en lo que se refiere a esta aplicación? ¿Qué tenemos que cambiar?

¿Cómo puedo hacer esto de una manera práctica? ¿Cómo podemos hacer esto juntos?

¿En qué fecha pueden comenzar estos cambios? ¿De qué modo lograremos el máximo beneficio para nuestro matrimonio con esta aplicación?

Capítulo 2 - El sueño

Comprender el propósito de su matrimonio

Escritura clave

> *Después, el SEÑOR Dios dijo: «No es bueno que el hombre esté solo. Haré una ayuda ideal para él». (Génesis 2:18, NTV)*

La GRAN Idea: Su relación fue diseñada para cumplir con un objetivo específico.

Roberto e Iris están casados hace más de cuarenta años y comenzaron a tener hijos de inmediato. Uno pensaría que después de cuarenta años de estar juntos, la eficacia en la comunicación y la sinergia se elevan a nuevas alturas. Eso puede ser cierto para algunas parejas, pero ciertamente no para Roberto e Iris. Ellos han perfeccionado el arte de destrozarse uno al otro y de estar enfrentados en casi todas las decisiones. Cuando uno dice "izquierda", el otro dice "derecha". Cuando uno quiere viajar... el otro quiere quedarse en casa.

Al igual que todas las parejas, al menos las que yo conozco, ellos eran muy, muy diferentes. La idea de trabajar juntos para lograr un determinado objetivo era completamente extraña y poco atractiva para ellos. Roberto e Iris eran pasivo-agresivos en su relación. En público se mostraban como una pareja cariñosa, pero a puertas cerradas, era muy común que discutieran y se criticaran el uno al otro. Perdían una enorme cantidad de energía tratando de tener "razón" en todos los temas de conversación. La mayor parte de sus cuarenta años los habían gastado tratando de arreglar los defectos del otro.

En el centro del problema de Roberto e Iris hay una grave falta de comprensión de la forma irrepetible de su pareja y del propósito para el que fueron diseñados. En lugar de quejarse, señalar con el dedo y convertirse en expertos en conversaciones sarcásticas, lo más sensato es que se detengan y se pregunten: "¿Es así como se supone que debe ser el matrimonio? ¿Cuál es el propósito del matrimonio? ¿Por qué no podemos trabajar para crear un equipo en lugar de destruir una casa? ¿El estado actual de nuestro matrimonio lastima a quienes nos rodean? ¿Cómo podemos trabajar juntos y construir una relación más fuerte? ¿Cómo vamos a terminar como pareja si seguimos actuando de esta manera?"

Cuando las parejas se niegan a trabajar juntas para compartir un propósito común dentro de su matrimonio, me pregunto acerca de las grandes experiencias que quedaron inexploradas y del impacto de las oportunidades perdidas. ¿Quién puede medir el impacto de un matrimonio en consonancia con su propósito? ¿Quién puede cuantificar los beneficios cuando marido y mujer deciden aprovechar sus puntos fuertes y utilizar su diseño único para influir más en las vidas de los demás?

Entender los siete aspectos del propósito del matrimonio ayudará a usted y a su cónyuge a comprender el impacto potencial que existe dentro de su relación especial. Ya sea que se dé cuenta o no, que lo capitalice o no, su relación está diseñada para un propósito específico.

Su matrimonio está diseñado para un propósito específico.

Imagine por un momento que usted se inscribe en un concurso de pintura. Usted asiste a la primera reunión donde se describen sólo algunos detalles de la competencia, tales como el tamaño de la pintura y la fecha límite para las entregas. Le explican que usted deberá crear un cuadro de un famoso equipo de deportes de Florida durante las próximas tres semanas, pero no le dan más detalles. Simplemente anuncian: "Le enviaremos una carta que llegará a su casa en los próximos 10 días. La carta contendrá el resto de los detalles y las reglas oficiales del concurso".

Suena bastante simple. Así que sin vacilar, y sin más instrucciones, usted comienza a pintar a su equipo favorito, los Marlins de Florida. Pasa la siguiente semana trabajando día y noche en el cuadro. Se olvida de la carta que dijeron que enviarían por correo. No hay tiempo que perder... ¡debe terminar el cuadro! Además, hay una buena probabilidad de que el equipo sean los Marlins de Florida. La carta finalmente llega a su casa, pero usted ni siquiera la abre. Está demasiado ocupado. No tiene tiempo para detenerse. Usted tiene una misión. Tiene que seguir adelante y alcanzar su meta.

Tres semanas más tarde, sube a su automóvil y regresa al auditorio. Todas las pinturas están cubiertas, por lo que nadie sabe qué esperar, ni siquiera usted. Su pintura fue colocada al final de la línea, ya que usted llegó tarde al evento. Antes del inicio del concurso, hacen un anuncio especial: "Todos los que participaron en el concurso y siguieron todas las reglas, recibirán un cheque por $10.000 y bonos de temporada". Usted no lo puede creer. Es demasiado bueno para ser verdad.

Usted empieza a pensar en lo que comprará con un premio tan generoso. Todo ese trabajo duro finalmente dará sus frutos. Ha utilizado algunos de sus días de vacaciones para hacer el trabajo, pero al menos por ahora, valió la pena el sacrificio. El tiempo que pasó lejos de sus hijos, ahora puede compensarlo con un viaje a Disney World. Aunque ha descuidado a su cónyuge durante este tiempo, seguramente le comprará un reloj nuevo o un objeto de lujo que compensará con creces su ausencia.

A continuación, leen las reglas en voz alta. Sí, las normas contenidas en la carta que usted no abrió. Para su sorpresa, el equipo de deportes seleccionado para el concurso fue el Heat de Miami y no los Marlins de Florida. El objetivo de la organización era ofrecer un regalo especial a los niños con necesidades especiales. Este era el propósito de la competencia. Esta era la razón detrás de todo el trabajo. El concurso estaba diseñado para estimular y ayudar a los más necesitados.

Usted se siente en estado de shock cuando comienzan a descubrir una pintura a la vez. En el fondo de su alma, usted agoniza. ¿Por qué? Es obvio que todos los demás leyeron las reglas. Todos siguieron las instrucciones. Es decir, todos menos usted. Usted solo pensaba en lo que quería crear. Nunca se molestó en abrir la carta, de modo que nunca comprendió el verdadero propósito detrás de la competencia. Sus planes eran independientes a los de los encargados de la competencia.

Así que, puede olvidarse del gran premio. Olvídese de los $10.000 y de los bonos de temporada. Su pintura fue una pérdida de tiempo, porque no siguió la intención y los planes de las personas a cargo de la competencia. Había un propósito desde el principio. Había una estrategia y un plan. Pero, por desgracia para usted, eligió su propio plan. El producto final de su pintura era doloroso de ver. Aunque hábilmente creado, no servía ningún propósito para esta competencia. No tenía ningún valor a los ojos de los que diseñaron el evento.

Darse cuenta de su propósito como pareja implica entender
y aceptar el plan de Dios para su matrimonio.

Lo mismo sucede con nuestro matrimonio. Podemos realizar actividad tras actividad y perdernos completamente el propósito de nuestro matrimonio. Podemos construir grandes casas y jardines de bello diseño. Podemos acumular una pensión de jubilación generosa y enviar a nuestros hijos a las mejores escuelas. Pero si no aceptamos plenamente el propósito de Dios para nuestro matrimonio y seguimos la hoja de ruta que Él ha creado para nosotros, como veremos más adelante, nos perderemos la oportunidad de ayudar a los necesitados y de ser instrumentos de Dios para hacer cumplir su plan en la tierra.

Entonces, Dios Nuestro SEÑOR formó al hombre del polvo de la tierra, y sopló en su nariz el
hálito de vida, y el hombre se volvió un ser viviente. (Génesis 2:7, NIV)

Dios es el creador y sustentador de la vida. Él sabe exactamente de qué estamos hechos y entiende completamente lo que necesitamos. Como creyentes en Cristo, Él vive en nosotros. Su vida es nuestra vida. Ahora vivimos en una relación compartida con el Padre a través de Su Hijo, Jesucristo. Esto no solo se aplica a cada uno en forma individual, sino que descubriremos que también se aplica a nuestro matrimonio.

A medida que recibimos un flujo constante de alimento espiritual, expandimos nuestra capacidad de amar, de perdonar, de apoyar y de alentar a nuestro cónyuge. El Señor nos da innumerables ejemplos de las características que componen un matrimonio sano y la manera de llegar al destino correcto con seguridad. Si pensamos en el propósito de nuestro matrimonio, yo creo que podemos encontrar por lo menos siete características que describen la forma de mantener nuestro matrimonio por el camino correcto. Veamos más de cerca el libro de Génesis, para aclarar el propósito de nuestro matrimonio.

Dios el Señor tomó al hombre y lo puso en el jardín del Edén para que lo cultivara y lo cuidara, y le dio este mandato: «Puedes comer de todos los árboles del jardín, pero del árbol del conocimiento del bien y del mal no deberás comer El día que de él comas, ciertamente morirás.» Luego Dios el Señor dijo: «No es bueno que el hombre esté solo. Voy a hacerle una ayuda adecuada.» (Génesis 2:15-18, NVI)

Y así Dios puso al hombre en el jardín del Edén para trabajar y cuidar de Su creación. Esta era la responsabilidad de Adán. Sin embargo, algo faltaba. Adán era físicamente perfecto, pero estaba incompleto. El Señor se dio cuenta de que Adán necesitaba a alguien *"idóneo para él"*, *"semejante a él"*, *"justo para él"*. En otras palabras, ¡Adán necesitaba ayuda! Esto nos lleva a nuestro primer punto con respecto al matrimonio:

El matrimonio fue diseñado originalmente para servir como fuente de ayuda dentro de la relación de marido y mujer.

1. Ayuda

Señoras, necesitamos ayuda. Señores, necesitamos ayuda. El hombre por sí mismo es insuficiente, inadecuado e incompleto para llevar a cabo el plan de Dios *(1 Corintios 11:9)*. Dios creó a una mujer perfecta para Adán. Alguien que complementara a Adán en su forma de ser como hombre y le ayudara a alcanzar los propósitos de Dios para su vida. Él creó a alguien que integrara y uniera la estructura misma de su vida a la vida de su marido. Esta era una gran responsabilidad. Pero era mucho más que una gran responsabilidad. Era un plan que tenía origen en el propio corazón de Dios. La intención era multiplicar la gloria de Dios en la tierra a través de la unión del hombre y la mujer.

Dios diseñó el matrimonio para multiplicar su gloria en la tierra.

Ninguna otra parte de la creación podía cumplir este papel crucial, hasta que Eva entró en escena. Ella fue la elegida de Dios para esta tarea. Fue la ayudante y compañera de vida de Adán.

Ella fue la que tuvo la capacidad de ayudar a Adán a convertirse en el hombre que Dios deseaba que fuera. Aunque ambos eran iguales, era Adán el que cargaba con la responsabilidad de realizar el plan de Dios y asumir la responsabilidad por las acciones de su familia.

A la mujer se le dio la extraordinaria capacidad de ayudar a Adán a cumplir con su responsabilidad y hacer el trabajo. Fue diseñada para estar a su lado. Eva fue diseñada para ayudar, apoyar, servir, alentar y colaborar con su marido. Estas eran solo algunas de las cualidades previstas inicialmente para su vida. Esta posición de servicio dado a Eva era muy poderosa *(Mateo 20:25-28)*. Mujeres, su posición es poderosa, muy poderosa. Apoyar a su marido, ayudándole a cumplir con sus responsabilidades, no es una demostración de debilidad, sino de grandeza.

Si usted es soltera, Él tiene a alguien perfecto para usted. Él tiene a la persona indicada. Alguien que es adecuado y similar a usted. No se apresure a casarse con el primer soltero que encuentre. En cambio, sea paciente y espere. Esta es una decisión con la que no debe equivocarse. Es demasiado importante como para apresurarse... tendrá demasiado impacto como para tomarla a la ligera. El matrimonio es un asunto serio. Sigamos leyendo...

> *Entonces Dios el Señor formó de la tierra toda ave del cielo y todo animal del campo, y se los llevó al hombre para ver qué nombre les pondría. El hombre les puso nombre a todos los seres vivos, y con ese nombre se les conoce. Así el hombre fue poniéndoles nombre a todos los animales domésticos, a todas las aves del cielo y a todos los animales del campo. Sin embargo, no se encontró entre ellos la ayuda adecuada para el hombre. Entonces Dios el Señor hizo que el hombre cayera en un sueño profundo y, mientras éste dormía, le sacó una costilla y le cerró la herida. De la costilla que le había quitado al hombre, Dios el Señor hizo una mujer y se la presentó al hombre, el cual exclamó: «Ésta sí es hueso de mis huesos y carne de mi carne. Se llamará "mujer" porque del hombre fue sacada.» (Génesis 2:19-23, NVI)*

Así, mientras Adán estaba sumido en un profundo sueño, Dios realizó la primera cirugía registrada en las Escrituras. Adán estaba descansando y Dios estaba trabajando. Repare en esta imagen. Adán estaba descansando y Dios estaba trabajando. Descanso y trabajo. Una combinación interesante, ¿verdad? Cuando nosotros descansamos, Dios puede trabajar.

Tenga presente que el Señor no le pidió a Adán que elaborara un plan y descubriera este gran misterio. A Adán le habría resultado imposible resolverlo con su propio poder o intelecto. A pesar de que fue creado de la perfección y en la perfección, él seguía siendo limitado y no podía producir nueva vida. Dios se encargó de entregarle la solución perfecta. Él sabía exactamente qué (y a quién) necesitaba Adán para llevar a cabo los propósitos divinos. Él sabía exactamente cuáles eran las cualidades que iba a necesitar esta compañera para estar junto a Adán y servirle como su aliado más fuerte, cumpliendo así los propósitos de Dios.

Dios se hace cargo de llenar los vacíos de relación en su vida.

Esta compañera de vida no sería un duplicado exacto de Adán. Aunque Eva se originó de Adán, toda ella era algo que Adán probablemente nunca podría haber imaginado. Ella era perfecta para él. Ella era la combinación perfecta para mantenerlo en el camino del grandioso plan de Dios para la humanidad. Eva no era la esclava de Adán, como algunos concluyen erróneamente. ¡No! Ella era la compañera de vida de Adán, su pareja. Era la persona en que Adán podía confiar. Era su ayudante, amante y amiga.

Su cónyuge es exactamente lo que usted necesita para
dar forma a la persona que Dios quiere que usted sea.

A menudo olvidamos la gran sabiduría de nuestro magnífico Dios. Él es el que sabe exactamente lo que necesitamos para todos los días. Él sabe lo que nos hace falta para librarnos de la soledad, la depresión y la confusión. El estrés se apodera de nuestras vidas cuando creemos que tenemos que resolver todos los problemas mediante nuestra propia fuerza y capacidad intelectual. En lugar de confiar nuestras luchas más profundas en manos de Dios Todopoderoso, trabajamos horas extras tratando de desarrollar soluciones independientes del plan perfecto de Dios. Los resultados a menudo se caracterizan por un aumento del dolor, la destrucción de las relaciones y la falta de dirección.

Es aquí donde el plan de Dios para su matrimonio puede comenzar a tener más sentido. Él puede usar a su cónyuge para brindarle aliento, apoyo y consuelo a través de las grandes dificultades de la vida. Es posible que no siempre quiera escuchar lo que tiene para decir, pero muchas veces es exactamente lo que necesita saber para seguir adelante en su vida. Como regla general, su cónyuge puede identificar los momentos en que usted ha perdido la esperanza y la fuerza antes que las demás personas que lo rodean. Permita que su cónyuge sea su motivador número uno. Escuche cómo su corazón le pide a Dios que le enseñe a través de su respuesta.

Pero ¿qué hacer si su relación está rota? ¿Qué pasa si la destrucción ha reemplazado la formación y desarrollo mutuos? ¿Qué hacer? Dios tiene un poder ilimitado para cambiar el corazón de su cónyuge. Muchas veces Dios hará una obra poderosa en usted antes de llevar a cabo una obra poderosa en su cónyuge. Si su relación se encuentra en una meseta, permita que Dios busque en lo más profundo de su corazón y elimine lo que no corresponda.

Él tiene el poder de cambiarlo. Él sabe lo que se necesita para que su relación funcione. Él entiende lo que usted está buscando. Él ve la soledad y siente el dolor. La pregunta que hay que tener en cuenta es simple, pero puede cambiar su vida: "¿Voy a seguir la Palabra de Dios y dejar que Él obre en mi cónyuge, o voy a tratar de crear mis propias soluciones?" Si usted se somete a Su plan para su vida y su matrimonio, Él lo ayudará a lograr Sus propósitos de maneras que nunca hubiera soñado ni imaginado.

2. Partir y unirse

El matrimonio es un acuerdo formal, un pacto ante Dios entre un hombre y una mujer. Esta poderosa unión se muestra a través de los escritos de los profetas elegidos de Dios. En el Antiguo Testamento, por ejemplo, encontramos al matrimonio representado simbólicamente en la unión de Dios e Israel. La fidelidad de Dios a Israel, a pesar de su comportamiento idólatra, no tiene igual. Piense en la forma en que Dios buscó incesantemente a Israel. Él promete redimir a la nación de Israel, al mismo tiempo que es plenamente consciente de su constante rebelión e infidelidad. La abundante bondad y profunda compasión de Dios van más allá de la capacidad de comprensión de Israel. Piense en el rico simbolismo que se expresa a través de Sus fieles siervos.

Porque el que te hizo es tu esposo; su nombre es el Señor Todopoderoso. Tu Redentor es el Santo de Israel; ¡Dios de toda la tierra es su nombre! (Isaías 54:5, NVI)

Regresen a casa, ustedes, hijos descarriados —dice el SEÑOR—, porque yo soy su amo. Los traeré de regreso a la tierra de Israel, uno de esta ciudad y dos de aquella familia, de todo lugar donde estén esparcidos. (Jeremías 3:14, NTV)

Yo te haré mi esposa para siempre, y te daré como dote el derecho y la justicia, el amor y la compasión. Te daré como dote mi fidelidad, y entonces conocerás al Señor. (Oseas 2:19-20, NVI)

Cuando Dios persiguió a Israel a lo largo del Antiguo Testamento, Él quería que abandonaran las prácticas corruptas y la influencia de las naciones paganas circundantes. Dios quería que sus hijos conocieran una nueva forma de vida. Deseaba que Israel lo adorara a Él y a nadie más. Dios quería una relación de exclusividad. El Señor quería que Israel abocara su atención y devoción a Él. Como resultado de su obediencia, Él prometió proveerles sustento, cuidarlos y protegerlos de sus enemigos.

De modo que vemos, en parte, por qué el Señor quería que Israel se destacara de los pueblos paganos. ¿Él quería que Israel fuera reconocida como una nación santa? ¡Sí, por supuesto! ¿Quería que Israel confiara en Su abundante provisión y protección? ¡Sí, sin reservas! ¿Sabía cómo la influencia de las naciones paganas afectaría la devoción de Israel por Él? ¡Sí, totalmente! Si Israel no abandonaba su pasado, sería incapaz de aferrarse a su Señor.

Pero el Señor también conocía el inmenso valor de iniciar nuevas tradiciones con Su pueblo. Si el pueblo se concentraba en volver a su pasado y en retornar a sus viejas costumbres, el crecimiento espiritual y relacional sería limitado, en el mejor de los casos.

Por esta razón, algo tenía que cambiar. Necesitaban algo nuevo. Estas tradiciones durarían e influirían en la siguiente generación. Sirvieron para mantener a Israel dedicado al Señor su Dios.

Partir y unirse implica iniciar nuevas tradiciones que afectarán a la próxima generación y mantener el enfoque en el Señor y en el prójimo.

En el Nuevo Testamento, vemos que el matrimonio es una metáfora, una imagen de la relación entre Jesucristo y su Iglesia:

Porque el esposo es cabeza de su esposa, así como Cristo es cabeza y salvador de la iglesia, la cual es su cuerpo. Así como la iglesia se somete a Cristo, también las esposas deben someterse a sus esposos en todo… Esto es un misterio profundo; yo me refiero a Cristo y a la iglesia. (Efesios 5:23-24, 32)

¿Qué aclaran estas enseñanzas sobre el éxito de su matrimonio? Para que su matrimonio crezca, debe volverse uno con su cónyuge. Ambos deben unirse, fundirse, juntarse y volverse un solo corazón. Este no es un evento que se produzca en un momento. Se trata más bien de un proceso. Esta unión implica un trabajo continuo por parte de ambos cónyuges a fin de convertirse en uno solo en todo lo que hacen. La idea es trabajar para convertirse en una unidad sincronizada. Un matrimonio dividido es un matrimonio insalubre. Para que su matrimonio prospere y encuentre su propósito, ambos tienen que funcionar como uno solo y hacer lo que es mejor para su matrimonio, no necesariamente lo que es mejor para cada uno individualmente.

Si no deja a su familia, no puede unirse con su cónyuge.

Eva fue extraída del cuerpo de Adán a través de la primera cirugía ambulatoria divina registrada en la historia. La esencia de Eva se originó a partir de la obra de Dios en Adán. Ella formaba parte de Adán como ninguna otra criatura. La unión matrimonial entre Adán y Eva nos muestra la importancia de unirnos y separarnos nosotros mismos, espiritual, física y relacionalmente, para hacer que nuestro matrimonio funcione. Cuando usted y su cónyuge se hacen uno en cada una de estas áreas críticas, su potencial para influir en las vidas de los demás se multiplica.

Antes de aferrarse y unirse a su cónyuge, tiene que partir *(Salmo 45:10)*. Antes de que su matrimonio pueda crecer, debe cambiar la prioridad de sus relaciones, separarse de su familia y aferrarse a su cónyuge. Esto no quiere decir que usted no haga caso de su familia o los trate como a extraños. ¡No! Seguirá honrando y respetando a sus padres. Seguirá construyendo esa relación. Sin embargo, cuando se casó, después de Dios, su cónyuge se convirtió en su siguiente prioridad relacional. ¡Esto lo cambia todo! El éxito de su matrimonio depende en parte de su actitud y de las acciones concretas que adopta con respecto a dejar a su familia y a apegarse a su cónyuge. ¡Deben convertirse en uno!

Por eso el hombre deja a su padre y a su madre, y se une a su mujer, y los dos se funden en un solo ser. En ese tiempo el hombre y la mujer estaban desnudos, pero ninguno de los dos sentía vergüenza. (Génesis 2:24-25, NVI)

3. Irradiar

Entre otras características, su relación es un modelo de amor, gozo, paz, resignación, bondad, paciencia, compasión, mansedumbre y dominio propio para un mundo sin esperanza. Su matrimonio conlleva una tremenda responsabilidad. La gente observa su matrimonio para mejor comprender la Persona de Dios. Como creyente de Cristo, este es un gran privilegio y una oportunidad. Es preciso preguntarse: "¿Qué ven los demás cuando ven su matrimonio en acción? ¿Ven la imagen de Dios que irradia sobre la tierra a través de su relación? Si no es así, ¿por qué no? Individual y colectivamente, debemos permitir que el Espíritu de Dios nos cambie desde lo profundo de nuestro corazón. La transformación privada precede a la transformación pública.

Su matrimonio está diseñado para irradiar la imagen de Dios a los demás.

Como puede ver, el matrimonio es un asunto serio. Magnificar el nombre de Dios a través de nuestra relación no es una carga fácil de transportar. Si el plan de Dios para su matrimonio tiene un propósito eterno, nuestro enfoque del matrimonio debe realizarse con una buena estrategia en mente. Esta estrategia consiste en jugar un papel significativo para conectar a la gente con el Salvador. La gente necesita ver el amor de Dios en acción. Necesita saber lo que son la misericordia y la gracia en la vida cotidiana.

Las personas buscan el amor con todo su corazón. Lo que necesitan ver con sus propios ojos es el amor de Dios revelado a través de su matrimonio. Dios eligió dejar que el mundo entendiera quién es Él a través de la unión del hombre y la mujer. Su matrimonio fue diseñado para reflejar visiblemente la imagen de Dios a los demás. ¡Deje que su matrimonio brille!

Y Dios creó al ser humano a su imagen; lo creó a imagen de Dios. Hombre y mujer los creó, y los bendijo con estas palabras: «Sean fructíferos y multiplíquense; llenen la tierra y sométanla; dominen a los peces del mar y a las aves del cielo, y a todos los reptiles que se arrastran por el suelo.» (Génesis 1:27-28, NVI)

Nadie desea un matrimonio promedio. No nos casamos para encontrar mayor insatisfacción en la vida. Nos casamos para realizar un gran sueño en nuestras vidas. Nos casamos ilusionados con lo que podría ser, no con lo que no debería ser. Estamos esperanzados y emocionados con las posibilidades de lo que pueda pasar a través de nuestro compromiso con el otro. En pocas palabras, todos queremos que nuestro matrimonio pase de bueno a excelente.

Pero un matrimonio excelente requiere la intervención divina. Es preciso permitir que el poder de Dios fluya a través de su relación para que ésta funcione correctamente. Si Dios no forma parte de su matrimonio, este será más limitado de lo que puede imaginar. Sin embargo, cuando cada miembro se somete a la voluntad de Dios para sus vidas, dándole permiso para realizar cambios y establecer un nuevo rumbo, pueden comenzar grandes aventuras. Sí, este paso requiere la fe de ambas partes. Una fe que cree en el poder y propósito de Dios para su matrimonio.

Las bases para un matrimonio excelente se construyen por
obra de Dios en nosotros y a través de nosotros.

Esta fe es la confianza que abarca todo el éxito y todas las luchas como herramienta para acercarnos más al Señor y el uno al otro. Su matrimonio no fue diseñado para ser bueno. ¡El matrimonio a la manera de Dios fue diseñado para ser excelente! Y los matrimonios excelentes se construyen sobre la creencia de que Dios puede transformar todos los corazones y usar su relación para irradiar Su presencia en la tierra. Tenga fe y espere que Dios haga grandes cosas a través de su matrimonio. Aproveche todo lo que tiene con su pareja y siga los pasos de la fe, mientras sigue al Señor con todo su corazón.

Si el Señor no construye la casa, el trabajo de los constructores es una pérdida de tiempo. Si el Señor
no protege la ciudad, protegerla con guardias no sirve para nada. (Salmos 127:1, NTV)

Un matrimonio sólido tiene a Dios en el lugar que Le corresponde: el primero.

Si no es Él quien construye su matrimonio, su impacto será muy pequeño y sus cimientos para crecer se verán comprometidos. El crecimiento viene a través de la obediencia. Para que su matrimonio crezca, seguir la Palabra de Dios debe convertirse en un asunto irrenunciable y no negociable. ¿Qué estamos diciendo exactamente? Cuando se construye un matrimonio, la obediencia a los mandamientos de Dios no es opcional. Veamos este punto desde otra perspectiva: Lo que dice el Señor, usted tiene que hacerlo. Si su vida y su matrimonio no se basan en la sólida roca de Jesucristo, con el tiempo, cuando las tormentas de la vida golpeen a su puerta, lo que usted percibe como muy estable se disolverá rápidamente.

Así que, ¿por qué siguen llamándome "¡Señor, Señor!" cuando no hacen lo que digo? Les mostraré
cómo es cuando una persona viene a mí, escucha mi enseñanza y después la sigue. Es como
una persona que, para construir una casa, cava hondo y echa los cimientos sobre roca sólida.
Cuando suben las aguas de la inundación y golpean contra esa casa, ésta queda intacta porque
está bien construida. Pero el que oye y no obedece es como una persona que construye una casa

sin cimientos. Cuando las aguas de la inundación azoten esa casa, se derrumbará en un montón de escombros. (Lucas 6:46-49)

Antes de que pueda irradiar la imagen de Dios a los demás, tiene que conocerlo personalmente. Antes de que pueda crecer en su relación personal con el Señor, usted tiene que seguir sus órdenes. En el mundo espiritual, la obediencia aumenta la intimidad en la relación. Su vida espiritual, al igual que su matrimonio, se irradia desde el interior. Al obedecer la Palabra de Dios y someterse uno al otro, podrá alcanzar la transformación relacional. Como creyente en Cristo, su matrimonio está diseñado para hacer resplandecer la Luz de la Vida, Jesucristo, a los demás.

Su matrimonio está diseñado para mostrar con claridad las características de Dios a los demás.

> *Ustedes son la sal de la tierra. Pero ¿para qué sirve la sal si ha perdido su sabor? ¿Pueden lograr que vuelva a ser salada? La descartarán y la pisotearán como algo que no tiene ningún valor. Ustedes son la luz del mundo, como una ciudad en lo alto de una colina que no puede esconderse.*

> *Nadie enciende una lámpara y luego la pone debajo de una canasta. En cambio, la coloca en un lugar alto donde ilumina a todos los que están en la casa. De la misma manera, dejen que sus buenas acciones brillen a la vista de todos, para que todos alaben a su Padre celestial. (Mateo 5:13-16, NTV)*

Como creyente en Jesucristo, usted es la sal de la tierra y la luz de este mundo. Su mera presencia preserva a los que lo rodean. La luz de Dios brilla ahora a través de su vida. El deseo del Señor es que su matrimonio preserve a los que lo rodean y haga brillar la Luz de la Vida intensamente para salvar a los que viven en la oscuridad. En la próxima sección, nos gustaría describir algunas de las características divinas que ya tiene a su disposición por seguir a Cristo como su Señor y Salvador. Recuerde: usted irradia desde el interior.

Deje que su identidad dé forma y demuestre su actitud.

Permita que el ambiente de su matrimonio refleje su identidad en Jesucristo.

> El apóstol Pablo escribió: *He sido crucificado con Cristo, y ya no vivo yo sino que Cristo vive en mí. Lo que ahora vivo en el cuerpo, lo vivo por la fe en el Hijo de Dios, quien me amó y dio su vida por mí. (Gálatas 2:20, NVI)*

Una nueva identidad conlleva un nuevo propósito. Como creyente, es muy importante que usted entienda cómo Dios lo ve en este mismo momento en Jesucristo. En segundo lugar, es importante que usted se vea como Dios lo ve. Medite las siguientes afirmaciones, ya que muestran su identidad actual. Recuerde, esto es lo que usted es ahora, ¡no como podría ser! Así es como Dios lo ve hoy, en este mismo momento. Por lo tanto, su prioridad debe ser leer las siguientes declaraciones en voz alta durante los próximos diez días, preferiblemente con su cónyuge. Piense en las implicaciones de cada afirmación y reserve un tiempo para la oración, agradeciendo a Dios por la nueva persona que Él creó a través de la muerte, sepultura y resurrección de su Hijo, Jesucristo.

Yo:

- *Soy un Santo (Romanos 1:7)*
- *Soy hijo de Dios (Romanos 8:16)*
- *Reinar con Cristo (Romanos 5:17)*
- *Estoy en Cristo (Gálatas 2:20)*
- *Soy amado por Dios (Juan 3:16)*
- *Estoy completo en Jesús (Colosenses 2:10)*
- *Estoy apartado en Cristo (1 Corintios 1:2)*
- *Soy una nueva creación (2 Corintios 5:17)*
- *Soy un coheredero (Romanos 8:17)*
- *Soy el conquistador (Romanos 8:37)*
- *Soy libre en Cristo (Juan 8:36)*
- *Estoy reconciliado (Romanos 5:11)*
- *Soy agradable a Dios (Romanos 14:18)*
- *Soy sal y luz (Mateo 5:13)*
- *Fui redimido (Gálatas 3:13)*
- *He sido elegido (Juan 15:16)*
- *Soy uno en Cristo (Juan 15:20-21)*
- *Estoy justificado (Romanos 3:24, 5:1)*
- *Fui crucificado con Jesús (Romanos 6:6-8)*
- *He resucitado (Romanos 6:9-11)*
- *Estoy libre de condenación (Romanos 8:1)*
- *Estoy seguro (Romanos 8:31-39)*
- *Estoy perdonado (Colosenses 1:13-14)*
- *Estoy establecido por Dios (2 Corintios 1:21)*
- *Soy la justicia de Dios (2 Corintios 5:21)*
- *Morí al pecado y reviví en Dios (Rom. 6:11)*
- *Participo de la naturaleza divina (2 Pedro 1:4)*
- *Estoy sellado con Cristo (Efesios 1:13)*
- *Vivo en Dios (Romanos 6:11)*
- *Soy un instrumento de Cristo (Romanos 15:18)*
- *Estoy lavado y santificado (1 Corintios 6:11)*
- *Estoy salvado para siempre (Romanos 5:9-10)*
- *Soy el templo de Dios (Romanos 8:11)*
- *Soy una rama de la vid (Juan 15:1-8)*

Además de esto tengo:

- *Satisfacción completa en Cristo*
- *El Espíritu Santo*
- *Vida en Dios*
- *La mente de Cristo*
- *Las promesas de Dios*
- *Acceso directo al Padre*
- *Seguridad eterna en Cristo Jesús*
- *Un propósito eterno*
- *Una vida perfecta para mí: Jesús*
- *Una vida perfecta en mí: Jesús*

Promesa y garantía de Dios:

Ya no somos prisioneros de nuestro pasado. Ya no somos prisioneros de nuestra carne y de las tentaciones que nos atraen regularmente. ¡No! Somos libres para vivir en la libertad que se encuentra en el Señor. ¡En el Cristo Jesús, tenemos una satisfacción eterna, un futuro y una esperanza de vida! La Palabra de Dios nos proporciona todo lo necesario para vivir una vida cristiana plena. Nuestro futuro ha sido garantizado por el amor inmutable de Dios. Usted es uno con el Señor y está eternamente conectado a Su gran amor.

Sin embargo, en todo esto somos más que vencedores por medio de aquel que nos amó. Pues estoy convencido de que ni la muerte ni la vida, ni los ángeles ni los demonios, ni lo presente ni lo por venir, ni los poderes, ni lo alto ni lo profundo, ni cosa alguna en toda la creación, podrá apartarnos del amor que Dios nos ha manifestado en Cristo Jesús nuestro Señor. (Romanos 8:37-39, NVI)

4. Aprovechar las diferencias

Tal vez le sorprenda la siguiente afirmación: los hombres y las mujeres son diferentes. Fueron creados diferentes. Los hombres reciben, procesan y distribuyen la información de manera diferente que las mujeres. Esposas, no se enojen porque su marido no reciba, procese y distribuya la información de la misma manera que lo harían ustedes. Eso no va a pasar, señoras, así que olvídenlo. Los hombres están hechos de manera diferente por diseño divino. Él pasará por alto cosas que usted comprende de inmediato. Incluso puede pasarlas por alto dos y hasta tres veces. No hay necesidad de luchar contra esta realidad. Recuerde: él necesita su ayuda. Maridos: antes de levantarse y aplaudir, sepan que ellas tampoco van a duplicar su enfoque masculino. Las cosas pueden ser muy claras para usted, pero muy dudosas por la forma de entender de ella. Tal vez ella no desee asumir grandes riesgos y "poner las cartas sobre la mesa", como usted desearía.

Es probable que ella no acepte mudarse cada tres años para que usted pueda subir peldaños en su profesión. ¡No! Ella está más preocupada por la seguridad y la estabilidad. Ella no lo puede evitar, es la manera en que Dios la creó. Así que en lugar de combatir las diferencias mutuas, ¿por qué no adoptar un enfoque totalmente diferente? ¿Por qué no abordar este tema con la sabiduría y la guía del que nos diseñó así desde un principio? Eso tiene sentido, ¿verdad? Claro que sí. ¡Así que, prosigamos!

Su matrimonio está diseñado para combinar sus formas individuales y únicas a fin de aprovechar las diferencias y lograr el mayor impacto posible.

El propósito de su matrimonio no es copiar los sentimientos ni los sistemas de interpretación y distribución del otro. A nadie le gusta un imitador. No nos unimos para copiarnos el uno al otro. Hombres: desistan de tratar de conseguir que su esposa vea las cosas a través del lente de su masculinidad. Ella no puede hacerlo. Dios no creó a su esposa con ese propósito. Señoras: él nunca sentirá ciertas cosas exactamente como ustedes las sienten. Él no puede hacerlo. Dios lo creó con un propósito diferente. Esperar que su cónyuge replique estos aspectos es la receta perfecta para la destrucción de la relación. Aferrarse a estas expectativas poco realistas solo generará más tensión en su matrimonio.

Su matrimonio fue diseñado para unir su singularidad como individuo en una relación donde lo mejor de ambas características tengan la oportunidad de brillar porque brillan juntas. Su relación puede florecer cuando usted acepta la contribución de su cónyuge y este acepta lo que usted aporta a la relación. Al igual que un equipo ganador, trabaje duro para descubrir cómo el otro puede contribuir a la eficacia eterna de su relación.

El propósito de su matrimonio consiste en unir su plano individual y único a fin de aprovechar las diferencias de ambos y lograr el mayor impacto posible. Un matrimonio sincronizado, donde el esposo y la esposa maximizan los puntos fuertes del otro, ofrece mayores oportunidades de crecimiento e impacto. ¿Qué sucede al maximizar estas oportunidades? El nombre de Dios en la tierra se magnifica, se irradia, y su matrimonio crece. A medida que continuamos a lo largo de nuestro estudio, reflexione sobre la siguiente pregunta con cuidado: "¿Cómo podemos aprovechar mejor nuestro matrimonio, combinando nuestras fortalezas, para impactar sobre el reino de Dios e influir en los demás?"

5. Procrear

Su matrimonio está diseñado para reproducir la vida.

Piense en esa afirmación. Su matrimonio tiene la capacidad de traer nueva vida a este mundo. Este privilegio confiado a su matrimonio conlleva importantes responsabilidades. Usted y su cónyuge tienen la capacidad y la responsabilidad de expandir la presencia de Dios a través de los hijos que Él les permite producir como pareja. La vida que ustedes producen es un don del propio Dios. Haga que ellos vean y experimenten la misericordia de Dios, la gracia y la verdad a través de su compromiso con su cónyuge. Si usted irradia la personalidad de Dios dentro de su matrimonio, sus hijos serán los más beneficiados. Lo más probable es que lo que ellos vean a través de su matrimonio sea lo que hagan en su propia vida.

A medida que usted demuestra Sus cualidades, sus hijos comprenderán y aceptarán al Dios que usted ama y sirve. Cuando esto sucede, su Dios será el Dios de sus hijos. El posible impacto espiritual de su matrimonio no se puede medir en esta vida. Tenga presente el siguiente punto. Un matrimonio que crece, que generosamente refleja las características de Dios en la tierra, es absolutamente el mejor ambiente para que experimenten sus hijos hasta convertirse en adultos maduros.

> *Los hijos son una herencia del Señor, los frutos del vientre son una recompensa. Como flechas en las manos del guerrero son los hijos de la juventud. Dichosos los que llenan su aljaba con esta clase de flechas. (Salmos 127:3-5a, NVI)*

Un matrimonio que crece es el mejor ambiente para que los niños prosperen. Es el mejor entorno para construir la fe, la esperanza y el amor. Este es el entorno ideal para que sus hijos permanezcan en la escuela, rechacen las drogas y el alcohol, y construyan una base sólida para sus vidas. La importancia de que la madre y el padre estén juntos y trabajen juntos para criar a un niño no debe subestimarse.

Los estudios nos ayudan a entender la importancia de que ambos cónyuges estén presentes y unidos en su esfuerzo para criar a sus hijos hasta que se conviertan en adultos maduros. Esta vida de la que estamos hablando va mucho más allá de lo que puede concebirse. A través de la metáfora de las flechas en las manos de un guerrero, entendemos la importancia de afilar y perfeccionar el don precioso de Dios a nuestro matrimonio.

Las flechas se afilan para hacer que su trayectoria e impacto sean más efectivos. Una flecha desafilada no sirve para nada productivo. No lo ayudará en la batalla y no servirá para el propósito para el que fue diseñada originalmente. Afilarla requiere tiempo, esfuerzo y práctica. Tenemos que hacer el tiempo necesario para fortalecer a nuestros hijos en lo espiritual, intelectual, emocional, físico y relacional... por nombrar solo algunos aspectos.

> *Un matrimonio que crece es el mejor ambiente para que los niños prosperen.*

Usted y su cónyuge tiene que ponerse de acuerdo en lo que se refiere a criar a sus hijos. Tienen que tener un plan, y esto requiere el compromiso de ambas partes. Sus hijos necesitan ver la unidad de su matrimonio. Tienen que ver lo que significan el amor, el respeto, las decisiones misericordiosas y la resolución de las dificultades de la vida. Es durante las dificultades cuando ellos aprenderán más de usted y de la vida de lo que aprenden cuando todo es cómodo y perfectamente ordenado.

Así que no tenga miedo de dejar que sus hijos vean la dura realidad de la vida. No tenga miedo de decirles qué poco dinero queda en su cuenta bancaria. Ellos necesitan ver su fe en acción. Tienen que ver lo que es confiar realmente en Dios. Ellos necesitan un ejemplo a seguir y un modelo que puedan repetir. Ellos necesitan conocer la importancia de volverse a Dios cuando los retos de la vida complican las cosas y la sabiduría se hace más necesaria. Ellos necesitan desesperadamente ver la obra de Dios en su matrimonio y en su familia.

Su matrimonio está diseñado para preparar a sus hijos para convertirse en adultos responsables. Usted tendrá que conducirlos a una mayor comprensión de quiénes son y dirigirlos hacia la dirección que Dios les indica a través de sus dones. Esto no sucederá de un día para otro.

Enseñar a sus hijos requiere tiempo considerable y práctica. Al vivir a la altura de su propósito, su matrimonio puede contribuir a criar hijos seguros de que están comprometidos a seguir al Señor con todo su corazón, toda su mente, toda su fuerza y toda su alma.

Su matrimonio está diseñado para preparar a sus hijos para convertirse en adultos responsables.

6. Influencia

¡El matrimonio es poderoso, muy poderoso! Su matrimonio está diseñado para tener una influencia significativa en las vidas de los demás. Está previsto para marcar una diferencia significativa en este mundo. A diferencia de cualquier otra relación, el fruto de su matrimonio está diseñado para llenar un vacío específico. Sin la existencia de matrimonios fuertes, no hay esperanza para nuestro mundo. Los estudios demuestran que los matrimonios que crecen contribuyen a la estabilidad de las comunidades, pueblos, ciudades y países. Su matrimonio está diseñado para servir, influir y transformar las vidas de los demás. Cuando el matrimonio deja de crecer y empieza a deteriorarse, el impacto negativo en la sociedad en su conjunto es colosal.

Su matrimonio está diseñado para tener una poderosa influencia.

Un líder de un pequeño grupo y su esposa me relataron un incidente que se produjo dentro de su grupo. Ellos estaban conversando con un joven acerca de perdonar a aquellos que le habían hecho daño. Durante el transcurso de la conversación, él se echó a llorar. El joven generalmente no hablaba abiertamente de sus sentimientos con los demás, pero mi amigo y su esposa le brindaron el entorno adecuado para abrirse y la confianza necesaria para prosperar. Este joven, proveniente de una casa plagada de violencia física y emocional, era capaz de ver y experimentar un ambiente familiar amoroso y estable. Posteriormente, la pareja fue capaz de estimular e influir en sus próximos pasos, mientras atravesaba experiencias muy dolorosas en las siguientes semanas.

Esta pareja ayudó al joven a ir en la dirección correcta. Le sirvieron de poderoso modelo. Le proporcionaron consuelo, aliento y apoyo. Mis buenos amigos llenaron un vacío, que era lo que él tanto necesitaba en su vida. Aprovecharon su fortaleza como pareja para brindar una esperanza para el futuro. En pocas palabras, fueron una poderosa influencia. Solo Dios puede medir realmente el impacto, pero podemos ver la influencia de que alguien penetre en la vida de este joven y la nueva esperanza escrita en cada una de sus sonrisas. Imagine el impacto que su matrimonio puede tener si está alineado con el propósito que Dios tiene para su matrimonio. Imagine la satisfacción de sentir que ha cambiado la dirección de la vida de alguien gracias a participar e invertir en ella. Imagínense por un momento cuántas vidas podrían cambiarse. Qué gran responsabilidad tenemos que cumplir con nuestro propósito como pareja. Pero al mismo tiempo, ¡qué privilegio!

¿Ve lo que está sucediendo a medida que avanzamos en nuestro estudio? ¿Entiende ahora lo que significa vivir su matrimonio con un propósito? ¡No todo es acerca de usted! Su matrimonio se trata de influir a los demás y en servir como un catalizador para los cambios de vida. Dios quiere usar a su matrimonio como una herramienta para que la gente llegue a Él. ¡Sí! Él quiere usarlo a usted y a su cónyuge, juntos. Un matrimonio... un equipo unido con un propósito.

Dios quiere usar a su matrimonio como una herramienta para que la gente llegue a Él.

Independientemente de la forma en que su matrimonio haya comenzado, independientemente del dolor, Dios puede transformarlo y crear algo fresco, nuevo y excitante. Él puede usar la combinación de sus experiencias, dificultades y momentos dolorosos para fomentar, orientar y llevar esperanza a los que lo rodean. En resumen, Dios puede usar su matrimonio para influir en las personas. ¡Él puede usar su matrimonio para transformar una vida! Increíble, ¿verdad? Su matrimonio es un contenedor de esperanza para levantar a los que están sufriendo. Puede curar, orientar y devolver la esperanza. ¿Qué está esperando? ¡Comience a influir en los demás hoy y marcar la diferencia!

7. Servir

A través del libro del Génesis, en el contexto de nuestro estudio, la idea es poner el resto de la creación de Dios en orden. En otras palabras, Dios quería que Adán y Eva desarrollaran un plan específico para todos los seres vivos. Este plan incluía a las criaturas del agua, del aire y de la tierra. Su deseo era que ellos los clasificaran y los colocaran en el orden correcto, de acuerdo con las habilidades que Dios les había concedido. Cuando Adán y Eva llevaban a cabo su propósito en esta área, TODA la creación se beneficiaba directamente de su trabajo.

Aunque usted y su cónyuge no tengan que clasificar a las criaturas del mar durante los próximos treinta días o determinar los límites en que pueden moverse libremente los búfalos, su matrimonio fue diseñado para tener una intención. Al considerar su propósito como pareja, considere cuidadosamente cómo su relación beneficiará a los demás. ¿Cómo ayudará su matrimonio a que la gente crezca en el ámbito relacional, espiritual, personal y profesional?

Su matrimonio está diseñado para servir a los demás
mediante el cumplimiento de un plan específico.

Esto no quiere decir que tenga que llenar su vida de una gran cantidad de actividades. Esto no significa que usted tenga que dejar el trabajo y ser voluntario a tiempo completo en una iglesia u otra organización sin fines de lucro. Más bien significa que usted puede enfocar sus actividades de forma tal que la forma de su pareja se pueda maximizar. En otras palabras: hacer más de lo que ya hace bien. No hace falta reinventar la rueda ni volver a pintar una obra maestra. Por el contrario, debe aprovechar los recursos que Dios le ha proporcionado y que ha obtenido en sus experiencias para satisfacer las necesidades de los demás. Por esta razón, lo más sabio es crear un plan para gestionar las prioridades de su matrimonio y la forma en que su familia influirá sobre los demás.

Esta idea de servir va contra la cultura actual. Todas las formas de comercialización, ya sea por Internet, radio o televisión, comunican un solo tema. El objetivo es que invierta en lo que tienen para ofrecer. Ellos quieren que usted sepa lo mucho que usted merece ser atendido. Ellos quieren que usted esté en pleno control de su destino, que consiga lo que desea. Y cuando las cosas se ponen difíciles, quieren que usted piense en usted mismo y que reconsidere el valor de una familia. Sin duda es lo que quieren, pero no necesariamente lo que Dios quiere para su matrimonio y para su familia.

Su matrimonio funciona mejor en el contexto de servir a Dios y servir a los demás.

A pesar de lo que los presentadores de programas puedan decir, servir a los demás incondicionalmente ayuda a formar el carácter. Refuerza las cualidades necesarias para que su matrimonio crezca. Si su matrimonio no tiene el objetivo de servir a los demás, probablemente no crezca. La vida es demasiado complicada. Hay demasiadas cosas que se interponen en el camino, y los que necesitan recibir lo que usted tiene para ofrecer, se lo perderán por completo. Convierta su deseo en acción. No se limite a soñar o simplemente a hablar de servir a los demás. ¡Hágalo intencionalmente! Su matrimonio está diseñado para servir a los demás mediante el cumplimiento de un plan específico.

Jesús los llamó y les dijo: Como ustedes saben, los gobernantes de las naciones oprimen a los súbditos, y los altos oficiales abusan de su autoridad. Pero entre ustedes no debe ser así. Al contrario, el que quiera hacerse grande entre ustedes deberá ser su servidor, y el que quiera ser el primero deberá ser esclavo de los demás; así como el Hijo del hombre no vino para que le sirvan, sino para servir y para dar su vida en rescate por muchos. (Mateo 20:25-28, NVI)

Así que mientras medita en los siete aspectos del propósito de su matrimonio, piense en lo que ya tiene. Reflexione sobre sus experiencias pasadas. Piense en la emoción que sentirá en su corazón al ayudar a los demás. Imagine cómo sincronizar sus dones, habilidades y experiencias como pareja puede servir para transformar las vidas de los demás y conducirlos hacia el Salvador. Y por último, pero no menos importante, piense en lo mucho que puede divertirse durante este proceso de descubrimiento junto a su cónyuge. No sea solo un matrimonio, ¡tenga un matrimonio con un propósito!

Actividad del Matrimonio por Diseño

Tenga en cuenta que los siete aspectos del propósito de su matrimonio están basado en las escrituras seleccionadas. Tómese unos minutos y escriba una declaración del propósito de su matrimonio usando al menos dos o tres de las características mencionadas. A continuación, le damos un ejemplo. Para la segunda parte, escriba una definición conjunta combinando su definición con la de su cónyuge.

Después, tómese unos minutos y comparta con su cónyuge las razones de su respuesta. Preste especial atención a las siguientes observaciones. ¿Qué similitudes y diferencias emergen al comparar las notas? ¿Cuáles son los elementos que más lo apasionan? ¿Qué elementos realmente conmueven su corazón? ¿Qué le dicen estas cosas acerca de la dirección que Dios nos señala como pareja para lograr un mayor impacto? ¿Qué ideas, proyectos, etc., le vienen a la mente?

Ejemplo: El *propósito de mi matrimonio consiste en:* **ayudar a mi cónyuge a irradiar el gran amor de Dios en un mundo sin esperanza, ayudando a otros a crecer.**

El propósito de MI matrimonio consiste en:

El propósito de NUESTRO matrimonio consiste en:

Una visión AMPLIA de su matrimonio

> *La esperanza que se demora es tormento del corazón; pero árbol de vida es el deseo cumplido.*
> *(Proverbios 13:12, RV)*

¿Qué es exactamente lo que queremos decir cuando decimos: "Una visión AMPLIA de su matrimonio"? Lo que queremos decir es que es muy importante tener una visión AMPLIA de la dirección en que Dios desea que vaya su matrimonio y en las características que pueden aparecer a lo largo de su camino. Tenemos que hacer algunas preguntas: "¿Adónde se dirige nuestro matrimonio? ¿Qué imagen creemos que pinta Dios para el futuro de nuestro matrimonio? ¿A qué apuntamos como pareja? ¿Cómo vamos a invertir en las vidas de los demás? ¿Cómo puede Dios fortalecer a los demás a través de nuestros dones, talentos y habilidades? ¿De qué manera nuestra forma como pareja sirve para ayudar a otros a crecer?" Esto va mucho más allá de nuestro deseo de ser felices, y se somete al deseo de Dios para mejorar el mundo con nuestro matrimonio.

Los GRANDES sueños pueden tener un impacto enorme.

Aunque no podemos determinar todos los detalles de cómo será nuestro matrimonio en los próximos años, sí podemos determinar qué pasos son absolutamente esenciales para llegar a donde creemos que Dios quiere que estemos. Podemos confiar completamente en que Dios nos guiará un paso a la vez y depender de su sabiduría, que nos guiará a lo largo del viaje. Podemos descubrir cómo Dios nos ha diseñado individual y colectivamente como pareja y tomar la fe para entender mejor cómo piensa Él usar nuestras vidas para Su gloria. Cuando los sueños de Dios se convierten en nuestros sueños, no solo nos encontramos en el centro de su perfecta voluntad, sino que experimentaremos la vida abundante que había previsto inicialmente para todos Sus hijos *(Juan 10:10)*.

Cuando la gente no acepta la dirección divina, se desenfrena. Pero el que obedece la ley es alegre. (Proverbios 29:18, NTV)

Las preguntas que debemos hacernos son: "¿Cuál es el plan de Dios para nuestro matrimonio? ¿Qué quiere Él que hagamos en este momento? ¿Para qué nos está preparando en un futuro próximo? ¿Cómo va a utilizar la suma total de nuestros talentos, experiencias, errores, relaciones, dolores, recursos, etc... para alentar y desarrollar a los demás, y para conducirlos en la dirección correcta?" Estas preguntas tienen implicaciones significativas para nuestra vida.

Pero a veces olvidamos que Dios está en negocio de transformación. Todas nuestras experiencias sirven a un propósito específico en el plan de Dios para nuestras vidas. Lo que tenemos que hacer es examinar estos detalles en oración y suplicarle al Señor que nos ayude a entender cómo se conectan. En otras palabras, tenemos que entender cómo estos importantes elementos dan forma a nuestro siguiente paso.

El sueño para su matrimonio debe consistir en invertir en el desarrollo espiritual de los demás.

Tenemos que mirar atrás y ver cómo Dios ha moldeado nuestra forma de ver el mundo y lo que Él ha utilizado para llamar nuestra atención. Tenemos que ver lo que Él ha bendecido antes y ahora. Para decirlo de otra manera, tenemos que identificar dónde está trabajando Dios en estos momentos y los pasos de fe que Él nos conduce a dar. No descarte esto rápidamente. Deténgase y piense en cómo Dios ha cuidado a los demás en el pasado a través de su matrimonio. ¿Cómo está usando a usted y a su cónyuge hoy para irradiar Su nombre a los demás? ¿Qué oportunidades de amar y servir a los demás puede ver que Él esté creando frente a sus ojos?

Dios está interesado en llegar al mundo a través de su matrimonio.

Actividad del Matrimonio por Diseño

Para la próxima actividad, debemos considerar cinco rectángulos. El quinto rectángulo representa un deseo creciente puesto por Dios en el corazón de su matrimonio para servir y cuidar a los demás. Escriba este deseo en una forma abreviada. Considere esto "La visión AMPLIA" de cómo el Señor puede querer usar su matrimonio para irradiar Su gloria.

Posteriormente, partiendo desde el primer rectángulo hasta el cuarto, anote las experiencias, habilidades adquiridas, las relaciones clave, las oportunidades u otros elementos que apunten en la dirección de lo que usted cree que es el sueño de Dios para su matrimonio. A continuación le damos un ejemplo. El primer rectángulo puede ser algo de hace más de diez años o del año pasado. Junto con su cónyuge, responda las siguientes preguntas para guiarlo a través de esta actividad.

- Como pareja, ¿cómo hemos visto a Dios trabajar a través de nuestro matrimonio?
- ¿Qué ministerio nos apasiona más?
- ¿A través de qué pasos que hayan servido como buenas experiencias de ministerio nos ha guiado Dios?
- ¿Qué características describen mejor la clase de personas con las que más nos conectamos?
- ¿Cómo hemos visto a Dios trabajar a través de nuestro matrimonio para servir y alentar a los demás?
- ¿Hemos descubierto un área para servir a los demás en la que nuestras experiencias de vida puedan usarse eficazmente para ayudar a las personas a desarrollarse emocional, relacional o espiritualmente?

Actividad del Matrimonio por Diseño

Durante los próximos minutos, hable con su cónyuge y comparta al menos una de las características que posee cada uno de la lista de elementos que se describen a continuación. Para esta actividad, escriba una o dos formas en que cada característica pueda servir para beneficiar a los demás y ayudarles a crecer. Su cónyuge también debe realizar esta actividad con su libro.

Diseñado para beneficiar a los demás		
Elementos	**Características**	**¿Cómo pueden ayudar a los demás?**
Forma única - Dones espirituales, pasiones, personalidad, talentos y habilidades		
Formación específica - Formación educativa, laboral y vital		
Conexiones con propósito - Relaciones y contactos clave, gente con la que le encanta trabajar y a la que le gusta servir.		
Experiencias de vida - Experiencia adquirida a través del ministerio, la familia, los negocios, la participación de la comunidad, los viajes, etc.		
Pruebas de la vida - Condiciones inusuales, desafíos difíciles, fracasos y circunstancias dolorosas		
Proyectos exitosos - Experiencias de crecimiento importantes, inversiones fructíferas y logros influyentes		
Nuevas oportunidades - Familia, trabajo, ministerio, comunidad y militar		

Actividad del Matrimonio por Diseño

Para la siguiente actividad, escriba los nombres de las personas que pueden beneficiarse con su experiencia como pareja y cómo se puede maximizar el impacto sobre sus necesidades presentes y futuras. Piense en las personas y familias en las que puede tener un impacto inmediato, incluso esta misma semana. Pregúntese: "¿Quién puede beneficiarse más esta semana con las experiencias de nuestra vida? ¿Qué podemos hacer como pareja para alentarlos y ayudarlos a crecer?" Considere la fuerza de un enfoque combinado, utilizando las respuestas de ambos de la actividad anterior, para completar la siguiente información.

Diseñado para beneficiar a los demás		
Elementos	Características	¿Cómo pueden ayudar a los demás?
Forma única - Dones espirituales, pasiones, personalidad, talentos y habilidades		
Formación específica - Formación educativa, laboral y vital		
Conexiones con propósito - Relaciones y contactos clave, gente con la que le encanta trabajar y a la que le gusta servir.		
Experiencias de vida - Experiencia adquirida a través del ministerio, la familia, los negocios, la participación de la comunidad, etc.		
Pruebas de la vida - Condiciones inusuales, desafíos difíciles, fracasos y circunstancias dolorosas		
Proyectos exitosos - Experiencias de crecimiento importantes, inversiones fructíferas y logros influyentes		
Nuevas oportunidades - Familia, trabajo, ministerio, comunidad y militar		

La aplicación destacada: *Hacer ajustes personales*

¿Cuáles son las tres principales aplicaciones adquiridas en esta sesión que usted podrá poner inmediatamente en práctica dentro de su matrimonio? Piense cuidadosamente en estas aplicaciones. En primer lugar, concéntrese en lo que Dios le pide cambiar dentro de su propio corazón y de su vida, en lugar de pensar en lo que tiene que cambiar su cónyuge. A continuación, considere esta aplicación a la luz de su relación como pareja y de lo que deben ajustar para hacer crecer su matrimonio. Mediante la oración, escriba sus respuestas a cada aplicación en forma de un plan de acción.

1. Aplicación

¿Qué tengo que cambiar específicamente en lo que se refiere a esta aplicación? ¿Qué tenemos que cambiar?

¿Cómo puedo hacer esto de una manera práctica? ¿Cómo podemos hacer esto juntos?

¿En qué fecha pueden comenzar estos cambios? ¿De qué modo lograremos el máximo beneficio para nuestro matrimonio con esta aplicación?

2. Aplicación

¿Qué tengo que cambiar específicamente en lo que se refiere a esta aplicación? ¿Qué tenemos que cambiar?

¿Cómo puedo hacer esto de una manera práctica? ¿Cómo podemos hacer esto juntos?

¿En qué fecha pueden comenzar estos cambios? ¿De qué modo lograremos el máximo beneficio para nuestro matrimonio con esta aplicación?

3. Aplicación

¿Qué tengo que cambiar específicamente en lo que se refiere a esta aplicación? ¿Qué tenemos que cambiar?

¿Cómo puedo hacer esto de una manera práctica? ¿Cómo podemos hacer esto juntos?

¿En qué fecha pueden comenzar estos cambios? ¿De qué modo lograremos el máximo beneficio para nuestro matrimonio con esta aplicación?

Capítulo 3 - Conectarse

El poder de la satisfacción

La GRAN Idea: Un buen matrimonio fluye de un corazón satisfecho.

Escritura clave

> *Permanezcan en mí, y yo en ustedes. Así como el pámpano no puede llevar fruto por sí mismo, si no permanece en la vid, así tampoco ustedes, si no permanecen en mí. Yo soy la vid y ustedes los pámpanos; el que permanece en mí, y yo en él, éste lleva mucho fruto; porque separados de mí ustedes nada pueden hacer. (Juan 15:4-5, RVC)*

Henry y Michelle comenzaron a salir a una edad temprana. Los dos eran muy amables y con regularidad estaban cerca de grupos de amigos dentro de su grupo de edad. Michelle y Henry disfrutaban pasar el tiempo juntos. En muchos sentidos eran "novios de secundaria". Su relación dio un giro drástico cuando empezaron a tener relaciones sexuales y Michelle quedó embarazada al poco tiempo. Durante ese tiempo, Henry y Michele decidieron casarse. Sentían que el matrimonio era lo correcto para su relación y para su nuevo bebé. Sus familias esperaban que se casasen para minimizar el daño al nombre de la familia. Henry y Michele creían que esta decisión ayudaría a aliviar la tensión con sus familias y que serviría como un paso en la dirección correcta cuando llegara el bebé. Se casaron por todas las razones equivocadas.

Durante su noviazgo, e incluso durante el matrimonio, Henry vivió una doble vida. Frecuentaba secretamente a otras mujeres y tenía relaciones sexuales con cada una de ellas. Henry era muy bueno manteniendo sus secretos ante Michelle. Ella lo ignoraba todo sobre la vida secreta de Henry. No tenía idea de lo que ocurría a sus espaldas. Henry se mantuvo ocupado mientras que Michelle estaba constantemente inmersa en la realidad de un nuevo marido y de un bebé en camino. Henry creyó que, aunque no de manera explícita, podía satisfacer su búsqueda de la satisfacción permanente gracias a la abundancia de sus experiencias sexuales.

Las acciones de Henry no son del todo sorprendentes. Algunas personas anhelan la riqueza y la abundancia de bienes materiales mientras que otros persiguen el reconocimiento y la fama.

Por alguna razón, ellos creen en la falsa idea de que si tienen más de algo material, sexual, físico alcanzarán la cima de la satisfacción. ¡Qué triste y qué falso! En realidad es todo lo mismo. Aunque no de manera explícita, al menos sin manifestarlo a su cónyuge, muchos creen que van a encontrar satisfacción duradera en cada una de estas áreas. Henry ilustra dolorosamente lo que sucede cuando buscamos la satisfacción en la fuente equivocada. Cuando buscamos la satisfacción, intentar beber de una fuente equivocada nos conducirá siempre a una fuente seca.

Encontremos nuestra fuente de satisfacción

Mi buen amigo y experto en matrimonios, Bud McCord, nos ayuda a entender la importancia de encontrar la fuente adecuada, para nuestras vidas y para nuestro matrimonio, siguiendo estos seis principios. El pastor McCord compartió con nosotros estos principios en nuestra primera conferencia Catalizador de Matrimonio, en Miami, Florida.

1. Todos los hombres buscan la satisfacción... no hay excepciones.

Todos nosotros buscamos algo. Independientemente de nuestra edad o de donde hayamos nacido todos compartimos la búsqueda de la satisfacción. Ya sea que nos demos cuenta, queramos admitirlo o no, todos buscamos la realización personal. Para algunos, esta realización toma la forma de bienes materiales. No están satisfechos con la compra de ayer. Desean el último aparato y el más grande. Puede ser una casa más grande, un mejor coche, o el nuevo juguete tecnológico que aparezca en el mercado. Para otros, la realización personal tiene que ver más con su imagen. Trabajan un número excesivo de horas para alcanzar un puesto ejecutivo en su empresa o viajan por todo el mundo para demostrar su influencia internacional. Lograr una determinada imagen los puede llevar a pasar largas horas en el gimnasio y a hacerse varias cirugías estéticas, en busca del cuerpo perfecto.

Para algunos, es el frenesí que hace que sus hijos participen en más actividades de las que pueden manejar. Los padres inscriben a sus hijos en fútbol, música, clases de violín y demás estudios para asegurarse de que estén "bien formados". Cada semana marcan el calendario para garantizar que los niños sean visiblemente exitosos, al menos desde el punto de vista de sus padres. Esta pretensión no sólo puede agotar a los niños, sino que también puede ser fuente de conflictos en una relación matrimonial.

Para muchos, se trata de alcanzar un determinado estado financiero entre sus amigos y colegas. Tratan de impresionar a otros con los dividendos recibidos y describiendo su gran fortuna personal. Lo que otros buscan puede ser simplemente la independencia financiera o comenzar de cero con un nuevo negocio. Otros buscan niveles extremos de satisfacción física y mental a través del alcohol, las drogas o las relaciones sexuales ilegítimas. Algunos llegan al extremo de abusar de sustancias ilegales para ver cuánto pueden huir de la realidad sin experimentar una sobredosis fatal.

Para otros, esta búsqueda tiene más que ver con la comodidad personal. Puede tratarse de tener más canales en el servicio de cable, fines de semana más largos, más tiempo fuera del trabajo o más tiempo de soledad. Es la búsqueda de una vida libre de estrés. Una vida que incluya la diversión, el descanso y la tranquilidad. Puede ser que coqueteemos con al menos una de estas áreas. Pero algo es seguro, aun cuando no lo mencionemos específicamente, todos estamos buscando algo. Puede tratarse de algo muy bueno, pero puede estar seguro que el corazón de todo ser humano abriga una búsqueda de la satisfacción. Todo el mundo busca la propia satisfacción. No hay excepciones.

Así como la Muerte y la Destrucción nunca se sacian, el deseo del hombre nunca queda satisfecho.
(Proverbios 27:20, NTV)

Cuando su búsqueda de cosas o de sueños que no tienen nada que ver con los planes de Dios para su vida chocan contra un muro, es preciso que recuerde esta realidad apremiante: así nunca encontrará la plena satisfacción. Su deseo de más es una sed insaciable. Sus ojos buscarán siempre algo más grande, algo mejor, más nuevo y más rápido. Y cuando usted adquiere lo último, lo más rápido, y lo mejor de todo aquello que este mundo tiene para ofrecer. . . usted quiere aún más. ¿Por qué? Porque lo que usted adquiere nunca le proporcionará una satisfacción completa. Nunca ha sido así y nunca lo será.

2. La búsqueda de la satisfacción personal no es algo malo, pero las decisiones que tomemos pueden conducirnos al mal.

Todos nos enfrentamos a la necesidad cotidiana de tomar decisiones. Sin embargo, debemos ser cautelosos en nuestra búsqueda de satisfacción personal. Lo cierto es que no necesitamos todo lo que buscamos. Podemos desear algo con mucha intensidad. Podemos soñar con eso diez veces por día. Y podemos verbalizar estos sentimientos con quienes nos conocen mejor. Pero aun así debemos ser cuidadosos en nuestras actividades. ¿Por qué? Nuestro empeño por alcanzar lo que más anhelamos nos puede meter en problemas muy rápidamente. Tenemos que ser sabios, pacientes y cuidadosos.

Hay algunas cosas que Dios desea para su vida y para su matrimonio, pero no ahora mismo. Puede ser que la razón de esto no sea obvia desde el principio, pero aquellos que se han detenido para alcanzar lo que más los apremiaba pueden compartir muchas historias de pérdidas y de sufrimientos personales. Una vez más, Dios nos ha diseñado para la satisfacción. Es Él quien creó este deseo dentro de nosotros.

El plan de Dios para nuestras vidas y nuestro matrimonio es una buena obra *(Filipenses 1:6)*. Sabiendo esto, debemos respetar su tiempo. Debemos negarnos a tomar atajos y desvíos para conseguir más rápidamente lo que deseamos. A Dios le interesa más la construcción de nuestro carácter que darnos todo lo que queremos. Él sabe lo que su matrimonio necesita ahora mismo. Él sabe lo que usted necesita en este mismo momento. Y con este conocimiento en mente, Él, a menudo tarda en darnos lo que nosotros creemos que necesitamos de inmediato para ayudarnos a construir nuestra confianza en Él y a depender de su provisión. Dios sabe exactamente lo que nuestro matrimonio necesita para hacernos seres completos y para lograr una satisfacción duradera. Los sueños que Él pone en nuestros corazones para que los realicemos en pareja están cimentados en Su gracia infinita y nos son obsequiados en el momento justo.

Toda buena dádiva y todo don perfecto descienden de lo alto, del Padre de las luces, en quien no hay cambio ni sombra de variación. (Santiago 1:17, RVC)

Tal vez en su matrimonio usted tiene sueños que no son necesariamente malos. Incluso estos sueños podrían implicar el servicio a las familias, un ministerio más activo y un compañerismo con los demás. Aun así tiene que ser prudente, paciente y cauteloso. Recuerde que, a menudo, Dios tiene un plan y unos tiempos que no coinciden con los nuestros. Nosotros queremos las cosas de inmediato. Queremos establecer nuestro orden, tomar nuestras cosas y seguir adelante. Estamos listos para subirnos al primer avión, viajar mil millas y para hacer frente a cualquier obstáculo que se interponga en nuestro camino.

Asegúrese de que lo que usted y su cónyuge están llevando a cabo es lo que Dios desea, en el momento en el que Él quiere que ocurra, y tal como Él quiere que lo haga.

Si alguno de ustedes requiere de sabiduría, pídasela a Dios, y él se la dará, pues Dios se la da a todos en abundancia y sin hacer ningún reproche. (Santiago 1:5, RVC)

Antes de que su matrimonio comience a tomar vuelo en una dirección particular, asegúrese de que sus pasos a lo largo del viaje no se vean comprometidos en el proceso. Deje que sea Dios quien dirija sus pasos. Busque Su guía mediante la oración y el estudio bíblico. Pida a otros que aman al Señor que lo escuchen y le den consejos a lo largo de su viaje y déles la libertad de hacerle preguntas difíciles. Por último, intente comprender las circunstancias que lo rodean y la progresiva revelación en su matrimonio de la obra de Dios. ¿Qué es lo que Él ha estado preparando para usted? ¿Cuáles son las experiencias que han dado forma a su matrimonio? ¿Cómo puede usar Él esas experiencias para servir a otros con mayor eficacia? Permítale que sea Él quien toma la iniciativa. No se apresure ni intente ir por delante de Él. Mantenga el rumbo. La búsqueda de la satisfacción personal no es nada malo pero las decisiones que se tomen pueden conducir al mal. ¡Tome buenas decisiones!

3. La elección de nuestra fuente de satisfacción es la elección más importante de nuestras vidas.

Elegir la fuente correcta de satisfacción es algo muy importante. ¿Por qué? Su elección afecta a una gran parte de su vida y de su destino. ¡Las consecuencias son enormes! Esta elección determinará la dirección de su vida e influenciará el entorno de su matrimonio. Para empezar, la elección de la fuente correcta de satisfacción influirá en sus pensamientos. Servirá como un filtro para tomar muchas decisiones importantes.

Su fuente de satisfacción afectará la dirección que usted establezca para su hogar. Determina que ofertas de empleo aceptará y cuáles no. Modificará sus prioridades y eliminará ciertas actividades de su calendario. La elección de su fuente de satisfacción afectará la forma en que trata a los demás. Esta decisión moldea la forma en la que usted valora a la gente y establece hasta qué punto se involucrará en las vidas de los demás. Como puede ver, la elección de su fuente de satisfacción es su elección más importante en la vida.

Sin duda, influirá en la forma en que se comporte con su cónyuge cotidianamente. Por esta razón, su fuente de satisfacción no puede ser su cónyuge. No. Si usted elige a su cónyuge, se está condenando a la decepción y a la frustración. ¿Por qué? Porque su cónyuge no fue diseñado para este rol. No puede cumplir con su necesidad de satisfacción permanente, sin importar lo mucho que lo intente. Sus hijos, un ascenso en el trabajo, o el dinero que posea fracasarán también. No malgaste su tiempo tratando de hacer que funcione, porque no le funcionará. En cambio, considere esta opción con mucha atención. Su elección en esta área afectará cada parte de su vida, incluyendo su matrimonio.

Para experimentar una vida llena de satisfacción y de sentido debemos comenzar por Dios. Él fue quien nos creó. Él fue quien nos ha diseñado espiritual, física y relacionalmente. Antes de que Dios creara la tierra, Él conocía ya cada uno de nuestros más íntimos detalles. Él nos amó antes de que naciéramos.

Él fue quien nos formó y Él fue quien decidió rescatarnos de la pena de nuestros pecados. En cuanto abrazamos la obra de su Hijo en la cruz y nos alejamos de nuestros pecados, podemos experimentar una vida que es la auténtica vida.

El temor del Señor es fuente de vida, y nos hace vivir tranquilos y libres de temores.
(Proverbios 19:23, RVC)

4. La calidad de su fuente de satisfacción determinará la calidad de su vida y de su amor.

Cuando establecemos la conexión entre la fuente de nuestra satisfacción y la calidad de nuestra vida y de nuestro amor, muchas cosas empiezan a salir a la superficie. Para empezar, una fuente equivocada de satisfacción nos conducirá a nosotros y a nuestro matrimonio a un mundo de frustración y de dolor. Esto significará aspirar a menos de lo que Dios ha planeado originalmente para nuestra experiencia. La canción famosa, "No puedo obtener satisfacción" habla de la sensación común, que todos experimentamos como resultado de conectarnos con la fuente equivocada. Pero recuerde, Dios lo ha diseñado para la satisfacción. Y si usted se conecta y da prioridad a su vida en torno a la fuente equivocada, su vida va a sufrir pérdidas y la letra de esta canción se convertirá en una descripción demasiado familiar de su viaje.

La risa que Él pretende que experimentemos será significativamente menor. La paz que tanto anhelábamos no va a llegar. La satisfacción que soñábamos con abrazar nos deja sin esperanza. Y la paciencia que deseábamos desarrollar no tiene siquiera la oportunidad de empezar. La fuente equivocada de satisfacción siempre determinará la calidad de su vida y de su amor.

La fuente equivocada de satisfacción nunca será suficiente. Nunca será lo mejor. Y nunca logrará satisfacer el anhelo más profundo de su alma. Por lo tanto, la fuente equivocada de satisfacción producirá resultados inadecuados. Lo deja a uno con ganas de más, pero sin ser capaz de conseguirlo. Además, afectará a todo lo que lo rodea. Determina cómo vive y cómo ama. Usted no será capaz de ofrecer un amor perfecto a los demás si está conectado a la fuente equivocada. Aunque puede tratarse de una fuente relativamente buena, no es la fuente de la satisfacción duradera.

No se preocupe porque la buena noticia está a punto de aparecer. Vea, cuando elige la fuente correcta de satisfacción, su vida y su capacidad de amar se caracteriza por la abundancia, la plenitud y un propósito renovado. La fuente correcta de la satisfacción no opera a partir de un déficit. No trabaja a préstamo. Y no depende de lo que está pasando con la economía. Esta fuente tiene más de lo que usted necesita, mucho más de lo que puede ver con el ojo de su mente. Está anclada en la abundancia.

Esta es la fuente que trae plenitud duradera y satisfacción eterna. Esta es la fuente que ha estado esperando, sin haber podido hallarla. Tal vez esta fuente no sea la que usted originalmente quería, pero es lo que usted necesita para llenar el vacío en su vida. Esta fuente hará nacer en usted un propósito renovado para la vida. Contagiará a otros y los guiará a su propia fuente. Esta fuente promete fuerzas para los que están cansados y heridos, esperanza para quienes están por rendirse y restauración a quienes se han vistos afectados por la vida misma. ¿Cuál es esta fuente? ¿Quién es esta fuente? No es otro que Dios mismo en la persona de Jesucristo.

Él es nuestra fuente permanente de satisfacción. Él es Aquel a quien debemos conectarnos. Jesús es la fuente de la vida.

En él estaba la vida, y la vida era la luz de los hombres. (Juan 1:4, RV)

5. Jesús se ofreció como fuente de satisfacción permanente y de vida en abundancia.

Piense en la belleza de este punto. Aquel que es la fuente de la vida dio su vida por usted. El Creador hizo algo que solo Él podía hacer para que su creación encontrara y abrazara una fuente permanente de satisfacción. Jesús entregó su vida voluntariamente por usted. Él sufrió una de las formas más dolorosas de muerte para que usted experimente la fuente más plena y abundante de vida: Él mismo. Nadie lo obligó a cumplir este acto de amor.

Jesús decidió ofrecerse como un sacrificio vivo. Este era el plan desde el principio. No hubo atajos, sorpresas, ni trucos. Esto fue lo que los profetas predijeron. Esta era la única manera. Este gran sacrificio nos proporcionaría el acceso necesario para conectarnos con el Padre. Jesús reemplazó nuestra muerte con su muerte. Él aceptó el castigo por nuestros pecados y los clavó en la cruz. Su dolor fue su ganancia. La muerte de Jesús, su entierro y su resurrección vencieron al pecado de una vez por todas. Un gran amor requiere siempre un sacrificio extraordinario.

Porque también Cristo padeció una sola vez por los pecados, el justo por los injustos, para llevarnos a Dios. En el cuerpo, sufrió la muerte; pero en el espíritu fue vivificado.
(1 Pedro 3:18, RVC)

Jesús fue muy claro cuando hablaba a quienes lo escuchaban en las calles. Quienes eran muy religiosos y estaban llenos de orgullo no comprendieron su mensaje en absoluto. Estaban muy preocupados tratando de proteger sus posiciones de influencia y su autoridad. Estaban más preocupados por las apariencias externas y por recibir los elogios de quienes los rodeaban. Pero Jesús no estaba interesado en esas cosas. Él no buscaba ni la fama, ni la fortuna ni el placer. Buscó los corazones de los heridos y de los pobres de espíritu. Si consideramos lo que ofrece a quienes creen en Él, es algo verdaderamente invaluable. Piense en las implicaciones de este versículo.

Del interior del que cree en mí, correrán ríos de agua viva, como dice la Escritura.
(Juan 7:38, RVC)

Jesús es nuestra fuente de satisfacción permanente y de vida en abundancia. Ahora, usted puede dejar de buscar. No hay disponible ninguna otra fuente de la alegría sin fin. Simplemente no existe, así que no pierda el tiempo buscando. En Cristo, usted tiene la fuente de vida en su interior. Jesús es la vida eterna. Él es el Único desde siempre *(Juan 1:1)*. Él es el punto de partida para la realización completa, el verdadero sentido y la satisfacción duradera. Todo lo demás tiene patas cortas. Nuestros esfuerzos terminarán en desaliento y decepción.

Pero Jesús es el Aquel que puede transformar nuestro espíritu y refrescar nuestra alma. Él es el Único que reemplaza la oscuridad en nuestro corazón con la luz de Su presencia perfecta. Así que Él conoce nuestras luchas. Jesús es el Único que nos entiende en un nivel más profundo.

Y a pesar de eso, Él nos ama incondicionalmente. Él nos ama con un amor perfecto, un amor inmutable. Él desea que nuestras vidas sean un canal de Su vida y de Su amor para un mundo sin fe, sin esperanza y sin amor. En la medida en que Su vida fluye en nosotros, podemos llevar a la gente a beber de Aquel que puede satisfacer su más profunda sed espiritual y relacional.

El ladrón no viene más que a robar, matar y destruir; yo he venido para que tengan vida, y la tengan en abundancia. (Juan 10:10, NVI)

6. Seremos conocidos y recordados por la fuente de nuestra satisfacción.

Los demás recordarán de usted dónde y cómo pasa su tiempo, el destino de sus finanzas y aquello de lo que le gusta hablar. Estas áreas pueden servir para definir y aclarar sus prioridades. Pero también puede revelar su fuente de satisfacción. La razón es muy simple. La fuente genera actividad. Esto es lo que estoy diciendo: Sus acciones apuntan a su fuente.

Tomemos el ejemplo de una madre joven. Tras dar a luz, en un instante la vida cambia radicalmente. Ella quiere criar a niños que amen a Dios y hacer una diferencia en este mundo. Por lo tanto sus necesidades personales pasarán a un segundo o tercer plano. Sus hijos recordarán sus actos de sacrificio. Recordarán cuando ella dejó de lado sus actividades para dedicarse a las de ellos. Recordarán cómo se las arregló para trabajar, para ayudarlos con la escuela y para llevarlos al entrenamiento de fútbol.

Pero también recordarán los momentos de tranquilidad por las mañanas. Recordarán cuando se colaron en su habitación y descubrieron a su madre orando por su protección y por su crecimiento espiritual. Recordarán las historias de la Biblia y las gracias dadas al Salvador por cada comida en su mesa. Cuando su madre se haya ido para siempre, sus hijos recordarán su fuente de fortaleza y de satisfacción.

La fuente de su vida y la esencia misma de lo que usted es puede verse en sus conversaciones y en las palabras que usted usa. Lo que dice es un reflejo de su corazón *(Mateo 15:11, 16-19)*. Sus palabras revelan su verdadero yo. Dan forma a sus pensamientos y pintan una imagen de su personalidad. Del mismo modo, las decisiones que usted toma revelan cuál es su fuente de satisfacción. Cada una de sus decisiones señala su fuente de satisfacción. Esto le ayudará a comprender mejor qué o quién está conduciendo su vida. Esto determinará cómo va a ser recordado. Asegúrese de que su fuente sea la fuente adecuada. Su fuente define su vida.

Así es, de la misma manera que puedes identificar un árbol por su fruto, puedes identificar a la gente por sus acciones. (Mateo 7:20, NTV)

Conectarse con la fuente correcta

Un buen matrimonio fluye de un corazón satisfecho.

¡Usted no es la fuente! ¿Qué? Sí, es cierto. ¡Usted no es la fuente! Usted no es la fuente de la satisfacción duradera. Su cónyuge no hallará su suprema de satisfacción en usted. Así como usted tampoco encontrará la fuente última de satisfacción duradera en su cónyuge. ¿Por qué? Porque no fueron diseñados para este propósito.

Su cónyuge no es la fuente de la satisfacción duradera. Usted necesita una nueva fuente de satisfacción. Dios nos da la satisfacción espiritual y la vida eterna exclusivamente a través de Su

Hijo, Jesús. *Jesús dijo: "Yo soy la vid verdadera" (Juan 15:1).* Dios es la fuente de toda sabiduría y de toda satisfacción espiritual *(Juan 15:1).* A partir de Abraham, Dios plantó la nación de Israel como una viña con la intención de darlo a conocer, visible para todo el mundo. Su deseo era unir a todas las personas a Sí mismo a través de la nación de Israel.

Israel fracasó en repetidas ocasiones, como nación, al desobedecer la Palabra de Dios y por lo tanto, produjo frutos malos *(Jeremías 2:21).* El corazón de Dios no ha cambiado. Todavía quiere conectar a todas las personas a Sí mismo. Hoy, sin embargo, Dios nos da la satisfacción espiritual y la vida eterna exclusivamente a través de su Hijo.

Jesús, la vid verdadera, nos conecta con Dios. Jesús dijo: *Yo soy el camino, y la verdad, y la vida; nadie viene al Padre, sino por mí (Juan 14:6).* Jesús es la vida eterna. Él es la vid viviente. Antes de que usted respirara por primera vez, Jesús se había involucrado íntimamente en la creación y en el cumplimiento del plan de Dios para su vida *(Juan 1:1-4).* Como creyente, usted ha sido conectado a la vid para ofrecer un flujo continuo de amor a los demás.

> *Como creyente, usted ha sido conectado a la Vida para dar vida.*

Como la vid verdadera, Jesús lo conecta con el Padre, el labrador, y proporciona todo lo necesario para conocer a Dios y para hacerlo visible a aquellos que aún no lo conocen. Jesús es la vid verdadera y usted es una de Sus ramas. Tal como una rama, su máxima prioridad es recibir de la vid el flujo constante de alimento espiritual, capaz de cambiar la vida. Esto es lo más importante que una rama puede hacer. Se supone que una rama recibe la abundancia de la vid. La vida de la vid está destinada a fluir a través de cada parte de su existencia. No hay nada más importante para su matrimonio que recibir el alimento espiritual cotidiano de la fuente correcta: Jesucristo. Y distribuirlo a su cónyuge y a los que lo rodean.

> *La satisfacción que recibe de su relación con el Señor en gran*
> *medida determina el fruto de su respuesta a su cónyuge.*

Es necesario que crea que Dios tiene un buen plan para su vida y que Él es la fuente correcta para todas sus necesidades. Cuando lo crea, comenzará a vivir en la abundancia. Su matrimonio recibirá el mayor beneficio cuando su relación con Dios crezca y se vuelva activa.

> *Cuando conocer a Dios y permitirle que su vida fluya a través de su vida*
> *se haya convertido en su prioridad número uno, entonces su matrimonio crecerá.*

¿Por qué me llaman ustedes "Señor, Señor", y no hacen lo que les digo? Voy a decirles a quién se parece todo el que viene a mí, y oye mis palabras y las pone en práctica: Se parece a un hombre que, al construir una casa, cavó bien hondo y puso el cimiento sobre la roca. De manera que

cuando vino una inundación, el torrente azotó aquella casa, pero no pudo ni siquiera hacerla tambalear porque estaba bien construida. Pero el que oye mis palabras y no las pone en práctica se parece a un hombre que construyó una casa sobre tierra y sin cimientos. Tan pronto como la azotó el torrente, la casa se derrumbó, y el desastre fue terrible. (Lucas 6:46-49, NVI)

¿Por qué tanto énfasis en hacer que Dios sea su prioridad número uno? ¿Por qué es esto tan importante? Puede que usted diga: "Pero yo no soy una persona muy religiosa. Creo que puedo solucionar los problemas de mi matrimonio. Nos amamos, ¿no es eso suficiente?" No, no lo es. Es muy simple. Después de muchas horas de asesorar a matrimonios rotos y de ver a hombres y mujeres derramado muchas lágrimas de angustia e incredulidad por el estado actual de su matrimonio, yo diría, "No, no lo es." Preste atención:

*Una creciente relación con Dios es el fundamento adecuado
para un matrimonio vibrante, pleno e impactante.*

¡Esta es la clave! Independientemente de su pasado, del ejemplo que le hayan dado sus padres o incluso de sus experiencias en una relación anterior, Dios puede cambiar el entorno de su matrimonio. Dios se dedica a la transformación. Él ama producir cambios permanentes en la vida de aquellos a quienes ama. Él puede cambiar el destino de su matrimonio. Usted puede experimentar una unión cada vez mayor en su matrimonio si es Dios el que ocupa el asiento del conductor. Cuando Él es el foco principal, ocurren grandes cosas.

Dios puede ser la fuente de satisfacción duradera en su matrimonio si usted se lo permite. Dios puede restaurar la risa y reavivar la pasión. Si usted lo busca con todo su corazón, toda su alma, toda su fuerza y toda su mente, su matrimonio puede experimentar una satisfacción inmensurable. Usted no sólo crecerá desde el punto de vista de su relación sino también desde el punto de vista personal.

Una creciente relación con Dios es el fundamento adecuado para un matrimonio vibrante y satisfactorio. Y después de que usted haya experimentado Su amor y Su gracia ilimitados, el siguiente paso será compartir esta experiencia de vida con los demás. Crecer en el amor de Dios y crecer en el amor por los demás es la característica más importante de la vida cristiana.

Uno de los escribas, que había estado presente en la discusión y que vio lo bien que Jesús les había respondido, le preguntó: «De todos los mandamientos, ¿cuál es el más importante?» Jesús le respondió: «El más importante es: "Oye, Israel: el Señor, nuestro Dios, el Señor es uno." Y "amarás al Señor tu Dios con todo tu corazón, y con toda tu alma, y con toda tu mente y con todas tus fuerzas." El segundo en importancia es: "Amarás a tu prójimo como a ti mismo." No hay otro mandamiento más importante que éstos.» (Marcos 12:28-31, RVC)

La Actividad del Matrimonio por Diseño

Piense en todas las actividades de su vida destinadas a la búsqueda de la satisfacción. Estamos hablando de aquellas cosas por las cuales usted ha hecho un gran esfuerzo pensando que lo harían feliz. De alguna manera, usted creyó sinceramente que le traerían una satisfacción duradera. Estas actividades pueden ser de índole relacional, material, financiera o algo totalmente diferente. Si tuvo éxito en la realización de estas actividades, ¿cuánto tiempo duró su realización personal? ¿Qué es lo que usted diría que se ha perdido, ya sea durante sus esfuerzos o cuando finalmente logró conquistar sus objetivos? ¿Hubo un resultado inesperado que ha creado dificultades para usted o para otros que estuvieron involucrados?

La búsqueda	Duración de la realización personal	Pérdidas o resultados imprevistos

La aplicación destacada: Hacer ajustes personales

¿Cuáles son las tres principales aplicaciones adquiridas en esta sesión que usted podrá poner inmediatamente en práctica dentro de su matrimonio? Piense cuidadosamente en estas aplicaciones. En primer lugar, concéntrese en lo que Dios le pide cambiar dentro de su propio corazón y de su vida, en lugar de pensar en lo que tiene que cambiar su cónyuge. A continuación, considere esta aplicación a la luz de su relación como pareja y de lo que deben ajustar para hacer crecer su matrimonio. Mediante la oración, escriba sus respuestas a cada aplicación en forma de un plan de acción.

1. Aplicación

¿Qué tengo que cambiar específicamente en lo que se refiere a esta aplicación? ¿Qué tenemos que cambiar?

¿Cómo puedo hacer esto de una manera práctica? ¿Cómo podemos hacer esto juntos?

¿En qué fecha pueden comenzar estos cambios? ¿De qué modo lograremos el máximo beneficio para nuestro matrimonio con esta aplicación?

2. Aplicación

¿Qué tengo que cambiar específicamente en lo que se refiere a esta aplicación? ¿Qué tenemos que cambiar?

¿Cómo puedo hacer esto de una manera práctica? ¿Cómo podemos hacer esto juntos?

¿En qué fecha pueden comenzar estos cambios? ¿De qué modo lograremos el máximo beneficio para nuestro matrimonio con esta aplicación?

3. Aplicación

¿Qué tengo que cambiar específicamente en lo que se refiere a esta aplicación? ¿Qué tenemos que cambiar?

¿Cómo puedo hacer esto de una manera práctica? ¿Cómo podemos hacer esto juntos?

¿En qué fecha pueden comenzar estos cambios? ¿De qué modo lograremos el máximo beneficio para nuestro matrimonio con esta aplicación?

Capítulo 4 - Conectarse

Conectarse con lo que más necesita su cónyuge

La GRAN Idea: Para conectarse y crecer, la prioridad del esposo debe ser amar a su esposa y la prioridad de la esposa respetar a su marido.

En el núcleo de todo matrimonio, un esposo se conectará con su esposa a través del amor y su esposa a través del respeto. El esposo debe amar a su mujer y la esposa debe respetar a su marido. Sin la constante práctica del amor y el respeto mutuo, el matrimonió no crecerá. No podrá hacerlo. Es la responsabilidad primaria del esposo amar a su mujer, y responsabilidad primaria de la esposa respetar a su marido. Estos dos elementos permitirán que su matrimonio pueda prosperar a lo largo de toda su vida.

Escritura Clave

Por lo demás, cada uno de ustedes ame también a su esposa como a sí mismo; y ustedes, las esposas, honren a sus esposos. (Efesios 5:33, RVC)

Carlos y Patricia discutían constantemente. Peleaban como perro y gato. Su familia no quería ser testigo de ello. Era una situación embarazosa y dolorosa de escuchar. Ninguno de ellos quería compartir su conversación, especialmente luego de haber intentado ayudarlos en vano. Patricia estaba decidida a mantenerse fiel a su propio pensamiento, pero Carlos pensaba lo mismo. Ninguno quería ceder. Ella no quería respetarlo y él no quería amarla. Eran muy diferentes en su filosofía de vida, sus formas de pensar y de actuar.

Es realmente asombroso que su relación durara tanto tiempo. Tal vez suene algo complicado, pero en el núcleo de su conflicto había un rechazo a conectarse y hacer crecer su matrimonio, pues no cumplían con su responsabilidad más importante el uno con el otro.

Por sobre todas las cosas, en una relación matrimonial, la mayor responsabilidad del marido es amar a su esposa. Y la mayor responsabilidad de la esposa es respetar a su marido. Cuando el marido decide amar a su esposa y la esposa decide respetar a su marido, ambos optan por hacer crecer su matrimonio, porque así lo quieren. En el fondo, están eligiendo crear el ambiente apropiado para que su matrimonio florezca y prospere.

Amor y respeto

Las escrituras nos proporcionan un mandato muy claro respecto a esta prioridad en los vínculos. Esposas, deben respetar a sus maridos con toda su voluntad. Esto es importante… y no es algo sencillo. Demandará grandes esfuerzos por su parte. Lo que se escucha hoy en día en las películas, telenovelas y otros eventos mediáticos, intenta llevarlas en una dirección diferente.

En cualquier caso, dicho de forma sencilla es mejor: lea el siguiente pasaje de las Escrituras y esté atento especialmente al principio.

Ustedes, las casadas, honren a sus propios esposos, como honran al Señor; porque el esposo es cabeza de la mujer, así como Cristo es cabeza de la iglesia, la cual es su cuerpo, y él es su Salvador. Así como la iglesia honra a Cristo, así también las casadas deben honrar a sus esposos en todo… Por lo demás, cada uno de ustedes ame también a su esposa como a sí mismo; y ustedes, las esposas, honren a sus esposos. (Efesios 5:22-24, 33, RVC)

Esposas, su deber principal con su marido es respetarlo.

Honrar, valorar y reconocer

Estas tres palabras resumen cómo las esposas pueden respetar a sus maridos: a través del honor, del valor y del reconocimiento. Esposas, la prioridad en el vínculo con su marido es, por sobre todas las cosas, respetarlo. La palabra original contiene las ideas de miedo, temor y veneración a Dios. Esto no quiere decir que usted deba temer a su marido. Si usted le tiene miedo, algo no anda bien en su matrimonio. La palabra *respeto,* como se usa en las Escrituras, describe el sano temor y la veneración que todos los creyentes deberían tener hacia Dios. Dios no quiere que nosotros sintamos miedo sobre lo que Él podría o no hacernos. Pero Él quiere que reconozcamos quién es y que vivamos de acuerdo con ello.

En el matrimonio, dicha idea significa sentir un gran honor y dar valor al lugar de su marido. Usted debe reconocer conscientemente su rol y buscar maneras de ayudarlo a cumplir sus responsabilidades familiares. Él necesita que usted lo valore y que le dé el lugar que le corresponde dentro y fuera de su hogar. Al honrarlo en sus decisiones y en todas sus conversaciones, usted le abre la puerta para acrecentar su amor y afecto por usted.

Aun cuando los demás digan que él no lo merece y señalen sus múltiples faltas, hónrelo, valórelo, respételo. Respeto no significa que usted consienta las cosas malas en silencio, o que no actúe si recibe abuso físico o verbal. No significa permitir a su esposo que la castigue ni la maltrate, o vivir con temor constante a lo que pueda hacerle. Este tipo de miedo es un ejemplo de respeto malsano. El miedo no forma parte de la ecuación cuando genuinamente amamos a alguien. Cuando el amor está presente, el miedo no existe. El miedo pierde su poder en presencia del amor.

> *En el amor no hay temor, sino que el perfecto amor echa fuera el temor, porque el temor lleva en sí castigo. Por lo tanto, el que teme, no ha sido perfeccionado en el amor. (1 Juan 4:18, RVC)*

En casos extremos, una forma de respetar a su marido será separarse de él por un corto periodo de tiempo y bajo supervisión pastoral. Ello permitirá darle a la relación tiempo para sanar y trabajar sus problemas en obediencia mutua a la palabra de Dios. Independientemente de la circunstancia, su responsabilidad de honrar, valorar y reconocer su posición permanece constante.

Amor

La responsabilidad primordial del esposo en su matrimonio se puede resumir en una sola palabra: amor. Si usted está casado, debe amar a su mujer con todas sus fuerzas. Amar a su esposa es su trabajo. Es su responsabilidad principal. ¡Es la victoria para su relación! Tiene que entender lo que significa amar, demostrar y verbalizar ese amor, y comprometerse a amar a su esposa hasta que la muerte los separe. Más que cualquier otra necesidad que su esposa pudiera tener, ella necesita que la ame. Lea el siguiente pasaje de las Escrituras y tome nota especialmente del principio.

> *Ustedes, las casadas, honren a sus propios esposos, como honran al Señor; porque el esposo es cabeza de la mujer, así como Cristo es cabeza de la iglesia, la cual es su cuerpo, y él es su Salvador. Así como la iglesia honra a Cristo, así también las casadas deben honrar a sus esposos en todo. Esposos, amen a sus esposas, así como Cristo amó a la iglesia, y se entregó a sí mismo por ella, para santificarla. Él la purificó en el lavamiento del agua por la palabra, a fin de presentársela a sí mismo como una iglesia gloriosa, santa e intachable, sin mancha ni arruga ni nada semejante. Así también los esposos deben amar a sus esposas como a su propio cuerpo. El que ama a su esposa, se ama a sí mismo. Nadie ha odiado jamás a su propio cuerpo, sino que lo sustenta y lo cuida, como lo hace Cristo con la iglesia, porque somos miembros de su cuerpo, de su carne y de sus huesos. Por eso el hombre dejará a su padre y a su madre, y se unirá a su mujer, y los dos serán un solo ser. Grande es este misterio; pero yo digo esto respecto de Cristo y de la iglesia. Por lo demás, cada uno de ustedes ame también a su esposa como a sí mismo; y ustedes, las esposas, honren a sus esposos. (Efesios 5:22-33, RVC)*

> *Guarde esta simple frase en su mente y su corazón:*
> *Esposos, su principal deber es amar a su mujer.*

Sacrificio, santidad y cariño

Los esposos tal vez se pregunten en este momento: "¿Qué significa exactamente amar a mi esposa?" Sacrificio, santidad y cariño son un buen lugar para comenzar. Entre otras cosas, amar a su esposa implica hacer sacrificios voluntarios, deliberados y desinteresados para apoyarla, alentarla y fortalecerla como persona. Significa que usted sitúa intencionalmente sus necesidades antes que las propias. En otras palabras, usted satisface las necesidades de su esposa antes que las propias. Significa que está haciendo cosas por su esposa que le cuestan algo. Este costo puede ser en tiempo, elecciones, lugar de residencia, relaciones o dinero, solo por nombrar algunas.

Cueste lo que cueste, el amor elige por sí mismo, se muda dónde debe y paga las cuentas necesarias para crecer en el vínculo. Cuando usted apoya, anima y fortalece a su esposa, no vea sus esfuerzos o los recursos utilizados como un gasto, sino como una inversión. No se queje de ello con sus amigos. Si verdaderamente ama a su esposa, usted hará los sacrificios propios que hagan falta con determinación.

Recuerde: *Su prioridad número uno es amar a su esposa.*

La segunda cuestión en nuestro estudio es la santidad de nuestro vínculo ante el Señor. Los esposos hacen sacrificios para ayudar a sus esposas a ser conformes a la imagen de Cristo Jesús. Ser santo es separarnos del pecado y permanecer en el Señor Jesús. Como esposos, debemos ser modelos de vida de santidad. No podemos decir una cosa y luego hacer exactamente lo opuesto. Para guiar a nuestras esposas en su camino de separación del pecado, primero debemos recorrerlo nosotros en toda verdad y santidad personal.

Es responsabilidad exclusiva del esposo ayudar a limpiar los pecados pasados de su esposa y así restaurar su vitalidad vincular. En realidad, es Jesús quien perdona nuestros pecados cuando nos arrepentimos y confesamos abiertamente nuestros actos pasados *(1 Juan 1:9-10)*. De todos modos, cuando la esposa recurre a su marido y le cuenta los pecados de su pasado, si él la recibe en un contexto de amor y aceptación, recibirá una gran sanación.

Confiesen sus pecados unos a otros, y oren unos por otros, para que sean sanados. La oración del justo es muy poderosa y efectiva. Elías era un hombre con limitaciones semejantes a las nuestras. Pero oró con fervor para que no lloviera, y durante tres años y seis meses no llovió sobre la tierra. (Santiago 5:16-17, RVC)

El esposo debe hacer una elección cuando llegue este momento. Puede decidir usar la confesión en contra de su esposa y prolongar su culpa y sufrimiento o puede aprovechar su lugar para ayudarla a curar su pasado y guiarla en la creación de un nuevo futuro. En síntesis, puede elegir entre ser cómplice de su lenta destrucción o encender la llama de su crecimiento. Puede elegir entre prolongar su dolor o hacerlo desaparecer del todo. Él puede elegir devolver furia y justicia o misericordia y gracia.

Es el marido quien puede detener la hemorragia vincular. Es él quien puede guiar a su esposa hacia un nuevo comienzo. Él puede sanar las heridas emocionales, físicas y espirituales de su esposa mientras la trae de regreso a donde necesita estar. Elija siempre reavivar la llama del crecimiento en su esposa. Cuando usted elije regenerarla y ayudarla a crecer, está eligiendo amarla.

> *El amor es paciente y bondadoso; no es envidioso ni jactancioso, no se envanece; no hace nada impropio; no es egoísta ni se irrita; no es rencoroso; no se alegra de la injusticia, sino que se une a la alegría de la verdad. Todo lo sufre, todo lo cree, todo lo espera, todo lo soporta. El amor jamás dejará de existir. En cambio, las profecías se acabarán, las lenguas dejarán de hablarse, y el conocimiento llegará a su fin. (1 Corintios 13:4-8)*

Conocemos la Salvación en parte porque el Señor siente un gran afecto hacia nosotros y todo nuestro entorno. Su gran Amor por nosotros lo conmovió tanto, que el Señor nos libró completamente de nuestros pecados al colgarse voluntariamente en la cruz una sombría tarde de viernes. Este acto fue no solo una demostración de su gran misericordia y gracia, sino también la consecuencia de su gran afecto por el mundo entero. Esposos, consideren el afecto que sus esposas se merecen a la luz del afecto de Dios a nosotros.

> *El marido debe cumplir el deber conyugal con su esposa, lo mismo que la mujer con su esposo. (1 Corintios 7:3, RVC)*

> *El esposo debe satisfacer las necesidades sexuales de su esposa, y la esposa debe satisfacer las necesidades sexuales de su marido. (1 Corintios 7:3, NTV)*

Afecto significa también benevolencia, buenas intenciones y bondad. Para construir un buen matrimonio, debemos tener buenas intenciones y ser bondadosos todos los días. Todo lo que hagamos para nuestras esposas debe nacer desde un corazón puro. En vez de manipular y actuar por la fuerza, debemos elegir servir y guiar dando el ejemplo.

El amor siempre opta por crear

El esposo puede ser afectuoso con su mujer si muestra amabilidad mientras ella habla. Pero las palabras solas no alcanzan. Necesitamos ser partícipes en la vida de nuestras esposas y demostrarles nuestro compromiso con ellas. Debemos estudiar a nuestras esposas y hacer preguntas lúcidas para intentar entender cómo es que ven los hechos de la vida y las situaciones cotidianas. Tenemos que generar un ambiente seguro y sano en el que podamos sacar a la luz aquellos sentimientos guardados en el fondo del alma de nuestra compañera. Estas conversaciones íntimas son ideales para compartir opiniones, creencias, preocupaciones, etc. Ayudan a entender lo que su esposa necesita y también a que usted vea cómo puede ayudarla de manera práctica, aun cuando eso sea escucharla sin poder proveer soluciones.

El círculo de la destrucción

Innumerables parejas han recurrido a mi ayuda para permanecer juntos durante los años. Y descubrí que cuando los hombres eligen descuidar la responsabilidad de amar a sus esposas, se inicia un patrón de acción que se vuelve cada vez peor y peor. A medida que el tiempo pasa y la falta de compromiso aumenta, el matrimonio se deteriora más y más. Llamo a este patrón *"El círculo de la destrucción"*. ¿Por qué? Porque, a su debido tiempo, cuando un esposo elige dejar de amar su esposa, elige a su vez destruir su matrimonio. Interesantemente, *El círculo de la destrucción* es similar en su estructura para hombres y mujeres, aunque difieren en su contenido.

El círculo de la destrucción comienza cuando el amor
o el respeto dejan de fluir en su matrimonio.

Existen cinco áreas para explorar en esta sección. Notará que existen diferencias en el contenido cuando se refiera al esposo o a la esposa. Por ejemplo, sus sentimientos no serán los mismos, pero la estructura general será la misma pues se refiere a su posible respuesta.

Rechazo

La primera fase en el esquema de la destrucción marital puede resumirse en una palabra: rechazo. Esto sucede cuando una o ambas partes sienten descuidadas su más importante necesidad interna. Cuando la esposa siente que le falta amor y el esposo que le falta respeto, existe un GRAN problema. Estos son los primeros indicios de que la base del matrimonio comenzó a resquebrajarse y que está dirigiéndose en la dirección equivocada.

La mayoría de las parejas tienen que lidiar con que su compañero tome conciencia de esta situación. En otras palabras, uno se siente descuidado y el otro no lo percibe y se siente sorprendido ante la situación. Y es aún peor porque se sufre al descubrir la ignorancia del otro. Simplemente no lo sabían. No eran conscientes de su descuido. A veces comienza cuando se complican las vidas de los hijos, aparentemente de la noche a la mañana. El tiempo compartido juntos se pospone para ir al partido de pelota o para terminar de estudiar para obtener el título. Parece que las actividades se conectan unas a otras sin tiempo libre para compartir. Los días comienzan más temprano y las noches terminan más tarde.

El cansancio es permanente y la energía necesaria para servir y compartir tiempo con el otro no alcanza. Para nuestros propósitos, a esto lo llamaremos *descuido ignorado*, por lo menos en esta fase, y no descuido intencional. Como se podrá imaginar, el descuido intencional siempre dañará su matrimonio. La esposa comienza a internalizar cómo se siente: "No me siento amada". El esposo comienza a internalizar cómo se siente: "No me siento respetado". Si estos problemas no son solucionados rápida y constructivamente, estos sentimientos crecerán como un cáncer maligno y eventualmente destruirán su matrimonio. El rechazo, sea percibido o real, es extremadamente doloroso. Esto naturalmente nos conduce al próximo punto.

Sufrimiento

El sufrimiento es consecuencia del descuido de nuestra más importante necesidad como pareja. Ser rechazado es algo muy doloroso, y nos lastima profundamente. Desafortunadamente, muchas parejas experimentan el sufrimiento del descuido mutuo. Y cuando sucede, generalmente les cuesta comunicar su malestar a su cónyuge de forma directa. Un gran número de hombres recurren a la ira como forma de canalizar su profundo dolor. Si no saben comunicarse con su esposa, es probable que se enojen. Comienzan discusiones sin razón aparente y convierten cualquier pequeño problema en una catástrofe vincular.

Muchos hombres elaboran una lista de carencias, diferencias con su esposa y reglas para manejar su sufrimiento. Luego intentan que sus esposas cumplan una rígida normativa que satisfaga su extraño sentido de justicia. Los hombres pueden ser penosamente críticos si son lastimados por sus esposas. En lugar de tener una actitud constructiva, generalmente se vuelven destructivos. Algunos hombres gritan o cambian su conducta por otras formas de comportamiento destructivo para poder canalizar la severidad de su sufrimiento.

Cuando la principal responsabilidad tanto para marido y mujer se toma a la ligera, todos pierden. En mi experiencia, muchas esposas llevan su amargura en un perdido rincón de su alma que luego liberan intensificándolo. Le darán a sus maridos múltiples indicios acerca de cómo se sienten, creyendo sinceramente en su habilidad para entender y resolver solos el misterio. Permítanme darles un consejo al respecto.

En la mayoría de los casos, los esposos no lo entienden. No pueden hacerlo. Necesitan que sean muy claras y directas. Nada de ser sutiles o dar indicios. Díganles exactamente cómo se sienten y explíquenles qué pueden hacer para ayudarlas con practicidad. Y no sólo los hombres lo hacen. Las mujeres también arman su propia lista de fallas. Ellas pueden criticar y destruir a su marido en formas tales que los hombres jamás pensarían.

Muchos hombres estarían de acuerdo en que sus esposas poseen un mejor control de sus faltas, más de lo que ellos podrían con sus mujeres.

Abandono interno

Hay abandono interno cuando comenzamos a creer que todos los sentimientos negativos que tenemos sobre nuestro esposo son correctos. Creemos que lo que sentimos es verdad absoluta. No vemos nuestras limitaciones al respecto. Simplemente no podemos. Siempre que nos enfoquemos en las faltas de nuestro esposo, nuestra habilidad para evaluar nuestras propias faltas está, en el mejor de los casos, nublada.

En esta fase comenzamos a racionalizar nuestros sentimientos y a proponernos el curso de acción a seguir. Como un comandante militar experimentado, comenzamos a desarrollar una estrategia, un plan de ataque. Comenzamos a pensar formas de castigar a nuestro esposo por su mal comportamiento. La propia mentalidad cambia: en vez de buscar lo que está bien, buscamos la venganza.

En esta fase la esposa propone lo que parece ser lo correcto para aquellos en su lugar: "Lo respetaré cuando él comience a amarme". El marido piensa parecido: "La amaré cuando comience a respetarme". La consecuencia de esto es un plan condicionado que carece de gracia, misericordia y bondad. El ofendido tal vez piense: "Esta es la solución. Es lo que se merece.

Esto arreglará todo". Puede sonar infantil, pero sucede mucho más a menudo de lo que estamos dispuestos a admitir. Cuando un esposo elige descuidar al otro, ambos sufren la pérdida. Si usted se encuentra en esta fase de destrucción, piense lo siguiente: si no toman cartas en el asunto inmediatamente, el abandono interno naturalmente lo conducirá a la práctica del abandono externo en su matrimonio.

Abandono externo

El abandono externo es la consecuencia visible de la fase anterior. Con el tiempo, y generalmente antes de lo previsto, las heridas sin resolver de uno de los esposos saldrán a la luz. Los esposos generalmente comienzan a tratar a sus mujeres insensible y toscamente. La delicadeza en el trato es reemplazada por insensibilidad y malos modales mientras que la amabilidad es sustituida por una creciente ira. En esta fase, el marido ya no camina con su esposa de la mano ni la ayuda con sus responsabilidades domésticas.

Comienza a enfocarse en sí mismo y justifica todas sus acciones y motivos egoístas. Comienza a ser cada vez más demandante y la comunicación con su esposa se vuelve cada vez menos personal. Casi se parece a una mala relación de negocios en la cual los únicos temas discutidos son citas y actividades pendientes. Dicho en pocas palabras, el esposo deja de amar a su mujer.

Las esposas también muestran el abandono externo, pero de forma diferente. Comienzan a remplazar la obediencia con sarcasmo y transforman el respeto en críticas destructivas. Muchas veces intentarán calumniar a su marido en la presencia de los demás. La esposa deja de prestarle atención y hasta sus hijos se dan cuenta de ello. Se expresa abiertamente ante los demás sobre lo irremediable de su situación y se ríe al pensar en la posibilidad de que su matrimonio crezca.

Su amargura y dolor la llevarán a cerrar el jardín del amor. Decide posponer sus responsabilidades sexuales. Extrañamente, cree que sus acciones de alguna forma harán que su marido tome conciencia de la situación y se arrepienta de ello. En pocas palabras, la esposa deja de respetar a su marido.

Deterioro personal y vincular

Con el tiempo, las cosas comienzan a deteriorarse. Después de un tiempo de descuidos premeditados, las cosas se ponen muy feas. Recuerde, este círculo comienza con una sensación creciente de rechazo y abandono. Cuando las situaciones no resueltas se acumulan, el matrimonio deja de crecer y madurar. Y cuando deja de crecer, sólo hay una opción posible: debilitarse. Y cuando un matrimonio es débil, la tentación tiene el camino libre para entrar y destruirlo.

Si no trabajan sobre las situaciones dolorosas con su esposo, es probable que se desaprueben y culpen mutuamente. Aunque sientan que dan en el blanco con sus acciones, este tipo de comportamiento no agrega nada al matrimonio. La falta de cuidado personal y vincular sólo agregará más dolor a la relación, volviendo a usted y a su esposo cada vez más distantes.

Hasta aquí tenemos un patrón regular de necesidades insatisfechas dentro del matrimonio. Podemos agregar otros ingredientes: críticas destructivas, sarcasmo, exigencias y maltratos, insensibilidad y desesperación. Para satisfacer sus necesidades, uno o ambos esposos tal vez recurran a una relación extramatrimonial. Para algunos, no todos, esta relación es una forma de desquitarse con su esposo. Se acercan a algún compañero de trabajo, escuela o posiblemente alguien de la vecindad que les muestra compasión, le escucha y entiende.

Puede que la relación haya comenzado por necesidad, pero es probable que crezca y desarrolle un nuevo vínculo emocional. Esta nueva pareja se convierte en quien lo aprecia, entiende y cuida. Ellos son quienes respetarán al marido ofendido y quienes amarán a la esposa ofendida. A menos que algo drástico rompa este círculo de destrucción, toda esperanza es en vano y eventualmente el matrimonio terminará. El círculo de la destrucción está completo cuando el matrimonio se termina. ¿Por qué sucede esto? Por dos palabras y dos responsabilidades primarias descuidadas: amor y respeto.

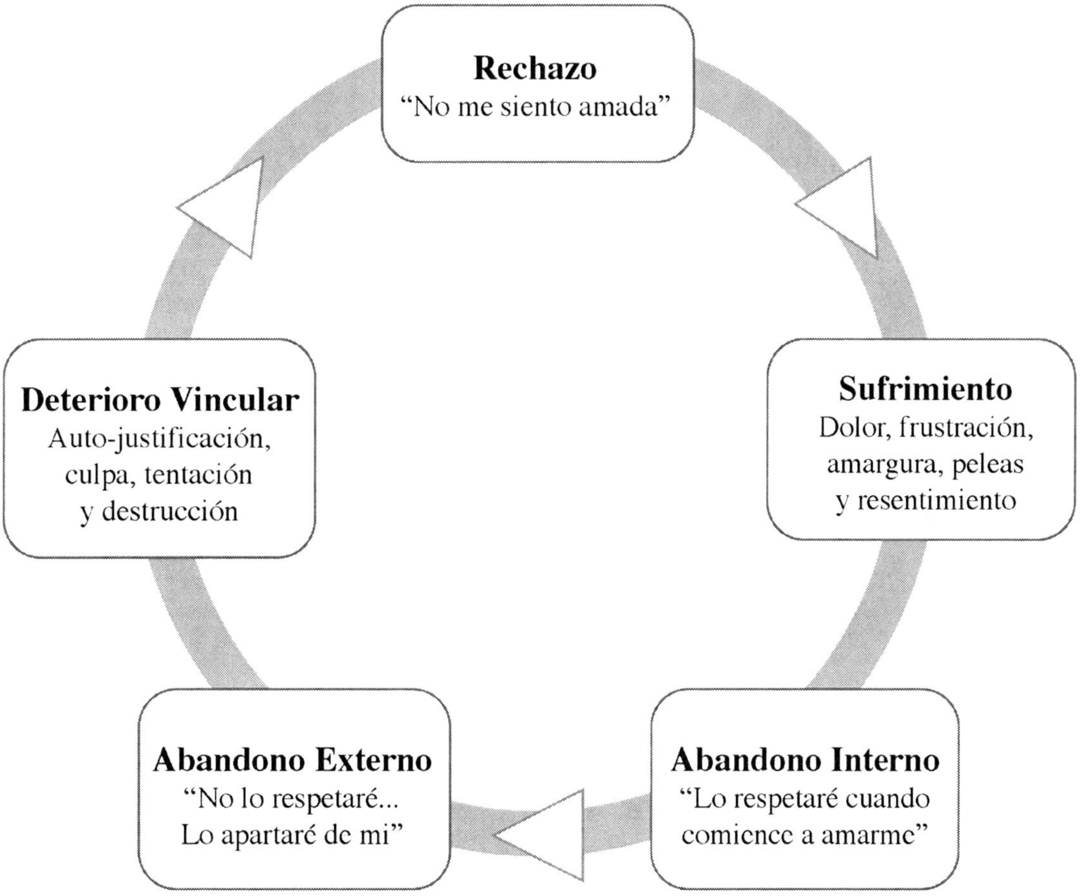

Rechazo
"No me siento amada"

Sufrimiento
Dolor, frustración,
amargura, peleas
y resentimiento

Abandono Interno
"Lo respetaré cuando
comience a amarme"

Abandono Externo
"No lo respetaré...
Lo apartaré de mi"

Deterioro Vincular
Auto-justificación,
culpa, tentación
y destrucción

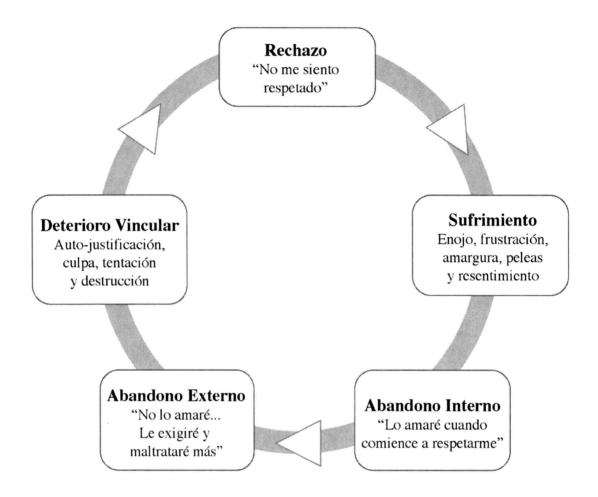

Tómese un momento para reflexionar (Responda a cada pregunta honestamente)

- ¿Qué sucede cuando el esposo decide dejar de amar a su esposa?
- ¿Qué sucede cuando la esposa decide dejar de respetar a su esposo?
- La situación: ¿cambia o se mantiene igual?
- El matrimonio: ¿crece o comienza a debilitarse?
- ¿Qué sucederá cuando el objetivo del matrimonio se desplaza y el fundamento correcto es desplazado por otro?
- Cuando los sacrificios cesan y la preocupación por la santidad y la buena voluntad desaparecen, ¿qué sucederá en la mente, corazón y alma de nuestros esposos?

El círculo del crecimiento

*El círculo del crecimiento comienza cuando el amor y el
respeto fluyen continuamente en su matrimonio.*

Innumerables parejas han recurrido a mi ayuda para permanecer juntos durante los años. Y descubrí un patrón de crecimiento sustentable dentro del matrimonio. Cuando los hombres eligen cumplir con su responsabilidad máxima (amar a sus esposas), eligen hacer crecer su matrimonio y revertir el círculo de la destrucción. Cuando las mujeres escogen cumplir su responsabilidad máxima (respetar a sus esposos), escogen hacer crecer su matrimonio y revertir el mencionado ciclo. En síntesis, eligen lo que afectuosamente denominamos "El Círculo del Crecimiento". Igual que con el círculo anterior, notará similitudes en la estructura y diferencias en el contenido a medida que expliquemos cada fase.

Responsabilidad personal

La primera etapa en el esquema del crecimiento marital puede resumirse en dos palabras: responsabilidad personal. Esto sucede cuando una o ambas partes toman la iniciativa en satisfacer la necesidad más importante de su esposo. En esta fase ambos eligen abandonar todo tipo de culpas. Eligen sostener para siempre una completa y personal responsabilidad para con su esposo en sus mentes y sus corazones. Si los esposos vivieron tiempos pasados dolorosos, tal vez prefieran anotar en papel un recordatorio constante de su nuevo compromiso.

Para la esposa, estar comprometida significa respetar a su marido. Para el esposo, estar comprometido significa amar a su mujer. Puede sonar sencillo, pero no se confunda: tomar un compromiso es algo muy poderoso. Su matrimonio no crecerá hasta que decida aceptar la responsabilidad de satisfacer lo que su esposo más necesita. Hay ciertas palabras que naciendo del corazón pueden cambiarle la vida. La esposa dice: "Aunque no me siento amada, lo respetaré." Y del corazón del esposo, nacen las siguientes palabras: "Aunque no me sienta respetado, la amaré."

Iniciativa extraordinaria

Una vez que aceptamos la responsabilidad de satisfacer la necesidad más importante de nuestro esposo, estamos listos para tomar las medidas prácticas necesarias para demostrarle nuestro compromiso. Ya no nos importan las fallas de nuestro esposo y tampoco nos interesa criticar cada acción suya. En su lugar, comenzamos a crear y buscar oportunidades para darles lo mejor. Buscamos darles lo que necesitan. No esperamos que den el primer paso. Cumplimos con nuestras responsabilidades espontánea y ágilmente para que sean tanto prácticas como significativas.

La esposa comienza a respetar el rol de su marido como líder del hogar. Comienza a hablar ya de forma constructiva. Su crítica destructiva se convierte en elogios. Comienza a buscar activamente las características positivas de su esposo. Y hace mucho más que sólo revelar esas características. Comienza a pensar cuál es la mejor forma de comunicarlas para fortalecerlo y confirmar el gran respeto que siente por él. Sus palabras están llenas de elogios, aliento y apoyo. Ella honra a su marido al intentar entender su punto de vista y al celebrar aquello que él aporta a su matrimonio.

El marido responde de forma similar. Cuando se le presentan desafíos en su relación, incorpora a su esposa cuando toma decisiones y busca entender su punto de vista. Ya no le esconde información, intentando manipularla. En pocas palabras, todo está sobre la mesa. Él también le dice cuánto valora su compañía, y le hace preguntas para entender mejor sus sentimientos. Su boca está llena de elogios y ánimos. Comienza a honrar a su esposa en cada conversación y celebra públicamente su valor frente a amigos, familia, vecinos y colegas.

En esta fase, es el marido quien toma la iniciativa de planear eventos especiales con su esposa. Va mucho más allá de la apreciación verbal. Comienza a demostrar su gran amor al ayudar a su esposa con los quehaceres domésticos y haciendo cosas que la hacen sentir valorada. Finalmente, acepta su rol como líder del hogar y hace crecer a su familia de forma organizada. Diseña un plan y le pide a su esposa que lo ayude en este nuevo desafío. La esposa entiende la importancia de ir en la misma dirección que su marido y voluntariamente acepta su liderazgo. No existe lucha de poder. Ahora el matrimonio funciona como un equipo y posee una oportunidad de lograr su objetivo.

Determinación interna

Tal vez se pregunte: "¿Pero qué sucede si mi esposa(o) no responde bien en la etapa de la iniciativa extraordinaria? ¿Qué sucede si se resiste a mi cambio de actitud y de corazón? ¿Qué debo hacer cuando me encuentro cumpliendo responsabilidades sólo y sin la ayuda de mi esposa(o)?" Piense en la próxima etapa como su más importante batalla para cambiar el destino de su matrimonio. Si logra ser consistente mientras responde a su esposo, tiene mayores chances de rescatar su matrimonio que si decide volver a su conducta anterior.

En esta etapa, usted deberá ser resistente, persistente y paciente. Aquí es cuando la esposa deberá recordarse: "No evitaré a mi marido, me acercaré a él." El marido deberá fortalecer su compromiso y pensar: "No le exigiré cada vez más. En su lugar, seré más afectivo con ella." Este compromiso deberá ser tan sólido como una roca.

Esto es lo que se requiere para no escaparse de la situación. Con solo repetir estas palabras y archivarlas en la memoria no alcanza. ¡No! Debe recordar diariamente su promesa, su compromiso con ser la persona que Dios quiere que sea en su matrimonio.

Muchos matrimonios pierden la oportunidad de crecer en su vínculo porque deciden detenerse en este punto. ¡No lo abandone! Rechace ser parte de las estadísticas. Rechace abandonar su matrimonio. Rechace dejar de luchar por su futuro. Elija pavimentar un nuevo camino. Elija hacer la diferencia en su familia. Elija hacerse responsable de sus errores y dedíquese a pensar un nuevo plan para transformar su matrimonio. Anote su compromiso, compártalo con Dios en su plegaria y comparta con los demás lo que piensa. ¡Elija persistir!

Renovación externa

En la mayoría de los casos, luego de un largo período de dificultades en la fase de determinación interna y de sufrir asperezas en el vínculo, las parejas logran avanzar y experimentan una renovación en su matrimonio. Para ello generalmente deben hacer concesiones con un alto costo emocional. Uno o ambos esposos está dispuesto a hacer lo que sea necesario para cambiar el curso de su matrimonio. Esta encrucijada vincular generalmente está caracterizada por humildad, perdón incondicional y aceptación. Representa el punto en que la destrucción finalmente se detiene y es reemplazada por un renovado crecimiento.

El marido acepta el respeto de su esposa y la esposa acepta el amor de su marido. Los esposos se aceptan mutuamente y comienzan a sanar su vínculo. Durante esta etapa se preguntan cómo es que las cosas pudieron mantenerse durante tanto tiempo en el terrible estado en que se encontraban. Se preguntan por qué no podían ver las cosas con mayor claridad. A pesar de que piensan acerca de sus viejas formas de ser, eligen no detenerse en ellas mucho tiempo. ¿Por qué? Porque en vez de permanecer en el pasado, elijen caminar juntos hacia un nuevo horizonte. Permanecer en el pasado nunca hará que su relación avance. Cuando el esposo y la esposa cumplen su responsabilidad primaria y aceptan que son el uno para el otro, vivirán una renovación externa que será un catalizador de su relación.

Crecimiento vincular

Con el tiempo, las cosas comienzan a crecer y se desarrollan exponencialmente. Han renovado su visión de futuro y su esperanza. Lo que una vez era caótico y sin orden comienza a acomodarse y tomar forma. El núcleo de esta fase es el crecimiento y el respeto mutuo. Una palabra sintetiza está maravillosa etapa: crecimiento.

Existe afinidad entre la prioridad número uno del esposo y su propósito. Él sale de si para demostrar un elevado compromiso de amor y afecto para con su esposa. Así la esposa percibe una mayor confianza en sí misma y ello le permite utilizar mejor sus dones y habilidades en su hogar y en el mercado laboral. De la misma forma, la esposa demuestra un extraordinario respeto a su marido. Entiende su necesidad de aliento y apoyo. Sus acciones lo vuelven más certero. Ahora él puede alcanzar nuevas metas espirituales, vinculares y profesionales como resultado de su transformación.

Tal vez algunas parejas miren el círculo del crecimiento y piensen: "Esto no funcionará en mi matrimonio. Mi realidad es diferente. Es demasiado compleja y el dolor es muy profundo. Lo que nos sucede no tiene remedio". Esta no es la actitud correcta. Repetimos, es necesario tomar responsabilidad personal en el crecimiento de su matrimonio. Significa que usted decide ser dueño de su actitud, sus acciones y de su responsabilidad primaria con su esposo. Lo importante no es si su matrimonio podría funcionar o no. Lo importante es si usted está realmente dispuesto a hacer lo necesario y soportar un tiempo de gran dificultad para que su matrimonio funcione. Si usted realmente lo está, mientras le da tiempo a Dios para trabajar en el corazón de su esposo, todavía existe esperanza de que su matrimonio llegue a buen término.

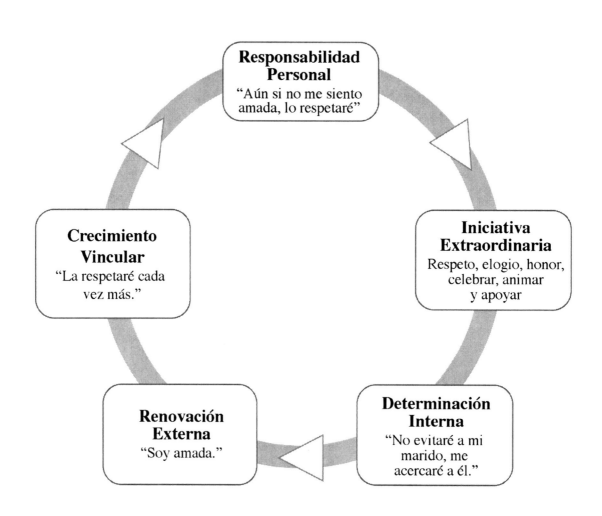

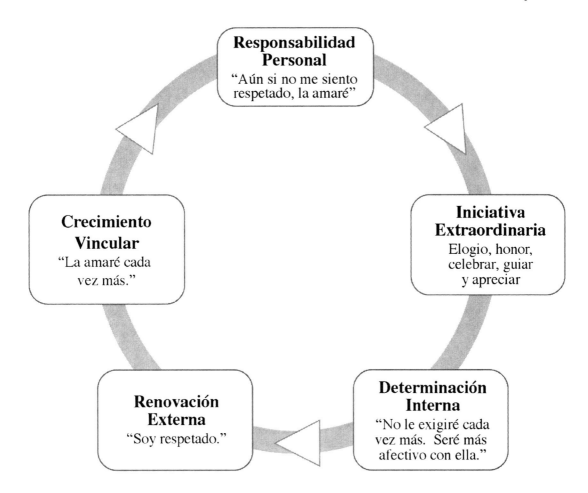

Tómese un momento para reflexionar (Responda a cada pregunta honestamente)

- ¿Qué sucede cuando el esposo decide detener el círculo de la destrucción y comienza a demostrarle amor a su esposa?
- ¿Qué sucede cuando la esposa elige respetar a su esposo independientemente de las circunstancias?
- Las cosas, ¿cambian o permanecen iguales?
- ¿Qué sucedería si usted cambia sus formas y ellos no? ¿Qué sucedería si se hace cargo de sus acciones y elige el camino difícil pero ellos no? ¿Cuál debería ser su respuesta?

La GRAN pelea

Cuando echamos un vistazo a la romántica historia de amor entre el rey Salomón y la mujer Sulamita, vemos la importancia del amor y el respeto en sus primeros desacuerdos como pareja. Su relación debe ser un estímulo para aquellos que creen que una pareja que tiene desacuerdos no es una pareja saludable. Por el contrario, el hecho de que usted no comparta del todo la visión de su cónyuge es algo muy bueno.

Nunca permita que un desacuerdo se convierta en un arma para destruir a su cónyuge.

Pareciera que el reto girara en torno a esta pregunta: "¿Cómo podemos combinar nuestras diferencias para maximizar nuestra capacidad de influir en los demás?" Como establecimos en las lecciones anteriores, la sincronización de nuestra relación matrimonial requiere de un estudio cuidadoso, de transparencia y de trabajo duro. Cuando retomemos nuestro estudio del Cantar de los Cantares en el capítulo cinco, preste atención a los elementos que se encuentran en el Ciclo de Crecimiento y cómo se ilustran con gran belleza poética.

La persona amada

Yo dormía, pero mi corazón velaba, y pude escuchar la voz de mi amado: «Hermana y amiga mía; mi palomita inmaculada, ¡déjame entrar! Tengo la cabeza empapada de rocío; ¡escurre por mi pelo la lluvia de la noche!» « ¡Pero ya me he desnudado! ¿Cómo he de volver a vestirme? ¡Ya me he lavado los pies! ¿Cómo he de volver a ensuciarlos?» Se conmovieron mis entrañas cuando mi amado introdujo la mano por la apertura del cerrojo. Me levanté para abrirle a mi amado. Por mis manos y mis dedos corrían las gotas de mirra hasta caer sobre la aldaba.
(Cantares 5:2-5, RVC)

Aquí tenemos un atisbo del profundo amor mutuo de la joven pareja. La mujer Sulamita estaba loca por su hombre. Estaba extasiada con su amor. Cuando él se acercaba, los latidos de su corazón se hacían más y más fuertes. Ella estaba dispuesta a servir a su amante. La mujer Sulamita admiraba cada parte de su cuerpo. Pensemos en cuando la joven Sulamita dice: *"Me he quitado la túnica, ¿debo ponérmela otra vez?"* Casi podemos oír a los maridos gritar: "¡NO! Eso sería terrible... ¡No, no y no! ¡Por favor, no vuelvas a ponértela!"

Entremos por un momento en el dormitorio real para ver al amor en acción. Podemos incluso pensar en llamar a un director y hacer de esta historia de amor entre un rey y su novia la próxima gran película de Hollywood. Bueno, quizás no. Si nos detuviéramos en este punto de la historia, una parte de nosotros sinceramente creería que esta bella imagen del amor, la pasión y la búsqueda continuaría sin un solo problema en la relación. Queremos creer que la pasión continúa sin interrupciones, pero no es así.

La historia continúa en el verso número seis: *"Me abrí a mi amado, pero mi amado se había ido, ya no estaba"*. La mayoría de los maridos se pondrán de pie en este momento de la historia y se preguntaran: "¿Qué problema tiene este hombre?" Creo que todos los maridos estarían de acuerdo en el siguiente punto. ¡Uno no se va cuando la esposa se quita la ropa! Seguramente dirían: "Si suena el teléfono, déjalo sonar. Si recibes un mensaje de texto, responde más tarde. Si los vecinos llaman a la puerta, ya habrá tiempo más tarde para prestarles la pala. Tu jardín necesita de tu atención personal y sin distracciones. No te preocupes por el partido de fútbol... ¡estás a punto de anotar un touchdown en el Super Bowl del Amor!"

Me gustaría tratar este próximo punto directamente con los maridos. De modo que, hombres, escuchen y presten atención. Irse y abandonar a la esposa nunca es la solución correcta. ¿Lo han entendido? Si usted está tan enojado con su esposa y su enojo es tal que tiene que desaparecer por la noche y abandonarla abruptamente, sin avisar, por unas horas o incluso por unos días para desahogarse... algo anda terriblemente mal... no con ella, sino con usted.

Algo dentro de su corazón no está bien, y es necesario analizarse para comprender mejor la raíz del problema. Sé lo que algunos de los hombres todavía están pensando: "No te preocupes por mí ni por un segundo. Eso ya lo sabía: si ella se desnuda, no me iré por nada del mundo... me pondré feliz muy rápido". Y algunos no se van en el calor del momento, sino que hacen cuidadosos planes para retrasar su partida hasta haber conseguido lo que quieren. Escuchemos el corazón de una esposa abandonada.

Le abrí a mi amado, pero él se había marchado ya. Con el alma salí en pos de su voz. ¡Lo busqué, y no lo encontré! ¡Lo llamé, y no me respondió! Los guardias que rondan la ciudad me encontraron y me golpearon. ¡Los que vigilan las murallas me hirieron, me despojaron de mi manto! Doncellas de Jerusalén, yo les ruego, si acaso encuentran a mi amado, ¡le digan que me hallo enferma de amor! (Cantares 5:6-8, RVC)

Así que ahora la joven mujer Sulamita habla con sus amigos. No cae en la crítica y la calumnia. Por el contrario, ella mantiene una actitud correcta hacia su marido y lo protege del escrutinio público. Sus amigos la preguntan en el versículo nueve: *"¿Por qué tu amado es mejor que los demás, oh la más hermosa de las mujeres? ¿Cómo es que tu amado es mejor que los demás, para que nos acuses así?"* Su respuesta es para nosotros un modelo a seguir cuando debemos resolver desavenencias conyugales. A pesar de que la ha abandonado sin previo aviso, ella se niega a permitir que las circunstancias controlen lo que dice de su marido. Notemos la belleza poética de su gran amor hacia el rey Salomón.

«Mi amado es de tez trigueña, y entre la multitud sobresale. Su cabeza es como el oro más fino; su cabellera es rizada, y negra como un cuervo. Sus ojos son como dos palomas que reposan junto

a los arroyos y que se bañan en leche. Sus mejillas parecen un jardín en donde crecen especias aromáticas y se cultivan las más fragantes flores; sus labios son como los lirios, y destilan el aroma de la mirra. Sus manos son dos anillos de oro engastados de jacintos; Su cuerpo es labrado marfil recubierto de zafiros. Sus piernas son dos columnas de mármol asentadas sobre bases de oro fino; imponente es él, como el monte Líbano, y tiene el garbo de sus altos cedros. Dulce es su paladar. ¡Todo él es codiciable! Así es mi amado, doncellas de Jerusalén; ¡así es mi amigo!» (Cantares 5:10-16, RVC)

Observe su actitud positiva en medio del doloroso desacuerdo. Ella habló bien de su marido en presencia de los demás y de sus amigos. Ella reconoció sus logros y expresó lo mucho que admiraba todo en él a aquellos a su alrededor. Señoras, observen lo que dicen acerca de su marido cuando pasan por dolorosos desacuerdos. El modo en que lo describen a los demás es muy importante. Refleja el estado de su corazón. Maridos, este principio también se aplica a ustedes. Si usted se encuentra criticando a su esposa al hablar sobre ella con los demás, algo anda terriblemente mal.

Asegúrense de que sus palabras y acciones expresen claramente el gran amor, respeto y compromiso que tienen el uno por el otro. Señoras, cuando sus amigas les pregunten: *«Dinos tú, bella mujer, ¿a dónde se ha ido tu amado? ¿A dónde se apartó tu amado, para que contigo vayamos a buscarlo?»*, tengan presente la respuesta de la mujer Sulamita.

«Mi amado está ahora en su jardín, entre los surcos de las especias; se recuesta en los jardines y recoge lirios. Yo soy de mi amado, y mi amado es mío; ¡él se recuesta entre los lirios!» (Cantares 6:1-3, RVC)

La gran reconciliación

Alguien dijo una vez: "La mejor parte de una pelea es hacer las paces". Aunque se puede decir mucho acerca de esa afirmación, una cosa es cierta: restaurar su relación es absolutamente fundamental para la salud de su matrimonio. Los desacuerdos pueden comenzar rápidamente, pero también deben terminar muy rápido. Encontrar soluciones rápidas a los problemas de su relación contribuirá a construir un matrimonio sólido. Su matrimonio debe crecer a partir de una base saludable. No se puede construir un gran matrimonio sobre cuestiones no resueltas y heridas de las que no se habla. Conviértase en el pacificador dentro de su matrimonio. Esfuércese por hacer frente a los desacuerdos con amor, paciencia y comprensión. Opte por construir su matrimonio con cada respiración y con cada palabra. Observe las palabras de elogio y afirmación de su joven esposa del rey Salomón:

Eres hermosa como Tirsa, amiga mía, y deseable como Jerusalén; ¡majestuosa como las huestes celestiales! ¡Desvía de mí tus miradas, que tus ojos me subyugan! Son tus cabellos como las cabritas que descienden de los montes de Galaad. Comparables son tus dientes a un rebaño de blancas ovejas. Todas ellas tienen su pareja; ningún espacio dejan vacío.

Tus mejillas son dos gajos de granada que se asoman tras el velo. Puede haber sesenta reinas, y hasta ochenta concubinas y un sin número de doncellas, pero la paloma que poseo es única y perfecta. Es la hija única y predilecta de la madre que la vio nacer. Las doncellas la ven, y la bendicen; ¡las reinas y las concubinas la alaban! ¿Quién es ésta que aparece como la luz de un nuevo día? Bella es, como la luna; también radiante, como el sol; ¡majestuosa como las huestes celestiales! (Cantares 6:4-10, RVC)

Y continúa en el capítulo siete:

¡Cuán bellos se ven, princesa, tus pies en las sandalias! Tus torneados muslos son como joyas labradas por un experto orfebre. Se asemeja tu ombligo a una taza redonda donde abunda la bebida. Tu vientre evoca a un montón de trigo circundado de blancos lirios. Son tus pechos dos cervatos gemelos, y tu cuello, una torre de marfil. Me hacen pensar tus ojos en los manantiales de Jesbón que fluyen a la entrada de Bat Rabín. Tu nariz se asemeja a la torre del Líbano, orientada hacia Damasco.

Tu cabeza me recuerda a la cumbre del Carmelo; bucles de púrpura son tus cabellos, ¡preso entre ellos se encuentra un rey! ¡Cuán bella eres, y cuán dulce! ¡Cuán delicioso es el amor! Tienes el garbo de una palmera, Y son tus pechos los racimos. ¡Ya he pensado trepar a esa palmera y apoderarme de sus dátiles! ¡Sean tus pechos cual racimos de uvas, y tu aliento, cual aroma de manzanas! ¡Sea tu paladar como el buen vino, y que fluya, amado mío, por tus labios, y se deslice por tus dientes! (Cantares 7:1-9, RVC)

Elijan amarse y respetarse uno al otro a través de cada desacuerdo. Nunca permitan que su ira se convierta en pecado. Caminar en el Espíritu producirá auto-control en cada área de su vida. Practique el auto-control cuando se presenten diferencias profundas a lo largo de su matrimonio. Ningún desacuerdo es tan importante como para destruir su matrimonio. Su cónyuge es infinitamente más valioso que tener la razón sobre una determinada cuestión. Maridos, amen a sus esposas de manera intencional. Esposas, respeten a sus maridos de manera intencional. Aun cuando no estén de acuerdo, traten de fortalecer al cónyuge en el proceso.

Actividad del Matrimonio por Diseño

Reflexione sobre las actitudes, palabras y acciones del rey Salomón y la mujer Sulamita. Piense en las características mostradas por su cónyuge durante los momentos de incertidumbre, estrés, transición, oportunidad, celebración e intimidad. ¿Qué cualidades positivas utilizaría para describir su carácter en estos momentos? Escriba sus diez mejores cualidades en la primera columna. En la segunda columna, escriba cómo estas cualidades fortalecen su relación. En otras palabras, ¿cómo aumenta su amor por su cónyuge cuando demuestra estas cualidades? ¿Cómo fortalecen estas cualidades a usted y a la relación en su conjunto?

Las 10 mejores cualidades de mi cónyuge

Cualidades positivas	Contribución a la relación
1.	
2.	
3.	
4.	
5.	
6.	
7.	
8.	
9.	
10.	

Actividad del Matrimonio por Diseño

La próxima actividad es para que la complete su cónyuge. Los maridos tienen ciertas creencias acerca de cómo su cónyuge se siente amada y apreciada. Muchas veces, estas creencias son incorrectas. Del mismo modo, las esposas pueden cometer el mismo error cuando se trata de mostrar honor y respeto hacia su marido. La siguiente actividad puede contribuir a aclarar lo que significa cada uno de estos aspectos para cada cónyuge y a mejorar la comunicación y la eficacia. Cambie el libro de ejercicios con su cónyuge y complete los espacios en blanco en lo que se refiere a su área de mayor necesidad. Asegúrese de escribir una descripción de las cinco secciones.

Mostrar amor y respeto

Maridos: "Me siento respetado cuando tú..."   Esposas: "Me siento amada cuando tú..."

1.

2.

3.

4.

5.

La aplicación destacada: Hacer ajustes personales

¿Cuáles son las tres principales aplicaciones adquiridas en esta sesión que usted podrá poner inmediatamente en práctica dentro de su matrimonio? Piense cuidadosamente en estas aplicaciones. En primer lugar, concéntrese en lo que Dios le pide cambiar dentro de su propio corazón y de su vida, en lugar de pensar en lo que tiene que cambiar su cónyuge. A continuación, considere esta aplicación a la luz de su relación como pareja y de lo que deben ajustar para hacer crecer su matrimonio. Mediante la oración, escriba sus respuestas a cada aplicación en forma de un plan de acción.

1. Aplicación

¿Qué tengo que cambiar específicamente en lo que se refiere a esta aplicación? ¿Qué tenemos que cambiar?

¿Cómo puedo hacer esto de una manera práctica? ¿Cómo podemos hacer esto juntos?

¿En qué fecha pueden comenzar estos cambios? ¿De qué modo lograremos el máximo beneficio para nuestro matrimonio con esta aplicación?

2. Aplicación

¿Qué tengo que cambiar específicamente en lo que se refiere a esta aplicación? ¿Qué tenemos que cambiar?

¿Cómo puedo hacer esto de una manera práctica? ¿Cómo podemos hacer esto juntos?

¿En qué fecha pueden comenzar estos cambios? ¿De qué modo lograremos el máximo beneficio para nuestro matrimonio con esta aplicación?

3. Aplicación

¿Qué tengo que cambiar específicamente en lo que se refiere a esta aplicación? ¿Qué tenemos que cambiar?

¿Cómo puedo hacer esto de una manera práctica? ¿Cómo podemos hacer esto juntos?

¿En qué fecha pueden comenzar estos cambios? ¿De qué modo lograremos el máximo beneficio para nuestro matrimonio con esta aplicación?

Capítulo 5 - Conectarse

Cómo comunicarse con su cónyuge

La GRAN Idea: La comunicación configura el entorno de su matrimonio.

Escritura Clave

> *Ninguna palabra corrompida salga de vuestra boca, sino la que sea buena para la necesaria edificación, a fin de dar gracia a los oyentes. (Efesios 4:29, RVR)*

La buena comunicación es la característica de un matrimonio que crece. Suena demasiado simple, pero es la verdad. La comunicación configura el entorno de su matrimonio. Los grandes matrimonios se construyen sobre la claridad, no la oscuridad. Algunos dirían que la comunicación en el matrimonio puede compararse con el oxígeno en los pulmones. Cuando el flujo de oxígeno es de buena calidad y el suministro es constante, nuestros pulmones pueden funcionar muy bien. Sin embargo, cuando el oxígeno deja de entrar en los pulmones, es solo cuestión de tiempo antes de que nuestros pulmones dejen de funcionar y dejemos de existir.

Cuando la comunicación es saludable, el matrimonio está vivo. Por el contrario, cuando la comunicación en el matrimonio es limitada o inexistente, es solo cuestión de tiempo antes de que el matrimonio deje de existir. La falta de comunicación no puede producir un matrimonio que crezca. Nadie quiere formar parte de una relación donde el misterio, la incertidumbre y la falta de transparencia son la norma.

¿Qué es lo que deseamos para nuestro matrimonio? ¿Qué estamos tratando de crear en nuestra relación? La mayoría de nosotros desea vivir en un entorno donde la forma más pura de la comunicación no solo existe, sino que fluye regularmente a lo largo de la relación con nuestro cónyuge. Tal vez no usemos estas palabras exactas, pero sí queremos experimentar un sano intercambio de palabras e ideas al compartir la vida con la persona que amamos. ¿Por qué? La razón es muy simple: la comunicación configura el entorno de su matrimonio.

A veces nuestra comunicación se pierde en la traducción. Hay varias razones para esta lamentable realidad. La cultura, el idioma, la educación, las experiencias difíciles, los miedos y las tradiciones familiares son solo algunos de los factores que afectan la comunicación con nuestro cónyuge. Aunque nuestras intenciones sean puras, lo que decimos y lo que queremos decir se puede interpretar de dos maneras distintas. Dicho esto, usted comprenderá por qué aprender a comunicarse de manera efectiva con su cónyuge es tan importante para construir un matrimonio sólido. Richard y Mónica se conocieron a edad avanzada. Ambos eran divorciados y buscaban el amor. En cuanto a sus personalidades, eran cualquier cosa menos débiles.

Richard y Mónica eran empresarios, con una fuerte pasión por hacer cosas. Disfrutaban del tiempo que pasaban juntos y celebrando su relación. Pero, después de algunos años de matrimonio, su comunicación comenzó a empeorar. Richard quería hablar con gran detalle sobre cada desacuerdo, mientras que Mónica solo deseaba compartir sus principales ideas sobre la cuestión. Ella no podía procesar tantos detalles. Necesitaba más tiempo y menos conversaciones prolongadas para poder procesar y comprender mejor a su marido. ¿Richard hablaba? ¡Sí! ¿Se comunicaba? ¡No! Como se puede imaginar, la diferencia en su enfoque generaba un obstáculo en su relación y una cantidad significativa de tensión en su matrimonio.

Cuando Mónica no participaba con Richard en el mismo nivel de conversación, él inmediatamente se ponía a la defensiva y comenzaba a atacarla. Richard a menudo le gritaba y aplastaba a Mónica emocionalmente con sus palabras. Quería más comentarios, más conversación y más comprensión. Aunque no de manera intencional, Richard hacía que Mónica se sintiera inferior y poco digna de confianza. Mónica reaccionaba cerrándose más y abandonando la conversación. La vergüenza que ella sentía por cómo reaccionaba Richard en público le quitaba las ganas de salir de casa. Solo habló y se mantuvo firme después de verse obligada a declarar al estilo de un abogado, como si estuviera ante un jurado. ¿Ella habló? ¡Sí! Pero, ¿se comunicaba? ¡No!

Por otra parte, Mónica no era muy buena en mantener sus promesas. Decía una cosa y hacía otra. Como en su cultura este tipo de comportamiento era aceptable, no creía que sus acciones no fueran razonables. Como Richard era tan estructurado y demandaba tanto tiempo, puede imaginarse el dolor que le causaban las inconsistencias de Mónica. La relación alcanzó un punto muerto y se vieron obligados a regresar a los fundamentos de una buena comunicación. Richard y Mónica tenían razón en sus puntos de vista en muchos aspectos, pero se equivocaban en su comunicación. No eran capaces de expresar cómo ciertos temas los hacía sentir. Estaban más preocupados por ser escuchados que comprendidos. Richard y Mónica estaban perdidos en la traducción.

Principios del Matrimonio por Diseño

Al considerar la sabiduría que se encuentra en el libro de Proverbios, el conocimiento y la aplicación de una buena comunicación brinda la posibilidad de alcanzar nuevas alturas. Echemos un vistazo más de cerca a algunos de estos tesoros y analicemos cómo podemos aplicarlos de manera práctica. Nuestro objetivo, por supuesto, es construir un vínculo más fuerte dentro de nuestro matrimonio, alineando nuestra forma de hablar a nuestro cónyuge con el plan de Dios para una buena comunicación.

Reducir, reflexionar, investigar y responder

En las muchas palabras no falta el pecado; el que es prudente refrena sus labios.
(Proverbios 10:19, RVC).

A medida que aumenta la cantidad de palabras, también lo hace la posibilidad de decir algo que pueda herir a nuestro cónyuge. No trate de hablar más que su cónyuge solo para ganar una discusión o hacer entender un argumento.

Diga lo que tiene que decir, sin perderse en las palabras. A veces lo mejor es no decir nada. Hay una gran sabiduría en limitar sus palabras. Cuanto más pueda reducir, más podrá producir. Esta es una tarea sumamente fácil que muchos podemos llegar a dominar.

Sabio es quien cuida sus palabras; inteligente es quien tiene
un espíritu prudente. (Proverbios 17:27 RVC)

Generalmente, hacer más diálogo cuando la tensión va en aumento no es una receta para el éxito de relación. Hay momentos en los que simplemente tiene que reducir sus palabras a un mínimo y reflexionar sobre la atmósfera que está generando. Pero hay un tiempo para hablar y un tiempo para escuchar. Sepa discernir esto a la hora de hablar con su cónyuge. Además, recuerde que no por saber más sobre un determinado tema o evento podemos avasallar a nuestro cónyuge. El principio sigue siendo válido. *¡Cuán presuntuoso y ridículo se muestra el que responde antes de oír!* *(Proverbios 18:13, RVC).*

Hay un tiempo para hablar y un tiempo para escuchar.

Antes de responder, tómese unos minutos y consulte a su corazón. El retraso bien vale la pena. La investigación personal y la introspección pueden ser actividades productivas para el crecimiento de su matrimonio. ¿Sus motivos son puros? ¿Está hablando para fortalecer y alentar a su cónyuge, o para conquistar y destruir su espíritu? Asegúrese de que sus palabras no provengan de un corazón lleno de ira, venganza o manipulación. Nunca hable con el corazón lleno de amargura. Elija sus palabras a través de la oración y emítalas con gentileza. Una respuesta incontrolada siempre indica un corazón atribulado. Permita que sus palabras comuniquen vida, seguridad y protección a su cónyuge. *La angustia abate el corazón del hombre, pero una palabra amable lo alegra (Proverbios 12:25, NVI).*

Cuando nuestro corazón está atribulado, desborda a nuestro matrimonio. La amargura, la ira y la depresión pueden penetrar en nuestras vidas y comenzar a erigir fronteras malsanas a lo largo de nuestro matrimonio. Naturalmente, esto conduce a una mayor tensión y genera más oportunidades para que se presenten desacuerdos. Tenemos que usar palabras dirigidas a fortalecer a nuestro cónyuge. Tenemos que estudiar a nuestro cónyuge y responder de una manera que claramente comunique amor y respeto. Incluso en una pareja de veinte años, siempre debe continuarse el estudio del otro, porque las necesidades de nuestro cónyuge cambian con el tiempo. *El justo piensa bien, antes de responder; la boca de los impíos profiere malas palabras (Proverbios 15:28, RVC).*

Haga que el estudio y el conocimiento de su cónyuge sea una aventura diaria.

Aumente su comprensión de sus necesidades espirituales, físicas, emocionales y relacionales. Nunca suponga que entiende completamente cómo se siente su cónyuge acerca de un determinado tema o acontecimiento. Usted y su cónyuge están hechos de manera diferente. No suponga que el otro va reaccionar a las cosas como siempre lo ha hecho. Sea proactivo en la comprensión de sus necesidades a medida que cambian con el tiempo y actúe en consecuencia. Mantenga una actitud positiva a medida que acrecienta la comprensión de su cónyuge.

Un corazón alegre es la mejor medicina; un ánimo triste deprime a todo el cuerpo (Proverbios 17:22, RVC). Mantenga su matrimonio centrado en los propósitos de Dios. Motive a su cónyuge a seguir avanzando cuando las cosas se ponen difíciles.

Repensar, contener y restaurar

En la siguiente sección, no podemos pasar por alto un versículo clave en el plan de Dios para nosotros de forma individual como a sus hijos. El apóstol Pablo escribe enfáticamente: *Y no adopten las costumbres de este mundo, sino transfórmense por medio de la renovación de su mente, para que comprueben cuál es la voluntad de Dios, lo que es bueno, agradable y perfecto (Romanos 12:2, RVC).* Si aplicamos estos principios a nuestro matrimonio, podemos ver claramente la necesidad de cambiar constantemente nuestra forma de pensar para alinearnos con la Palabra de Dios. La Palabra de Dios sirve como un agente de limpieza que purifica nuestros pensamientos. Este proceso debe llevarse a cabo todos los días. Cuando permitimos que Dios cambie nuestros patrones de pensamiento, nuestras palabras y acciones también experimentarán un cambio. Repensar lo que usted dice y cómo dice las cosas a su cónyuge puede mejorar drásticamente la comunicación.

La Palabra de Dios puede transformar completamente su comunicación.

Todos tenemos mecanismos internos para resolver los problemas y reaccionar al dolor, al estrés, a los exámenes, a los problemas relacionales, etc. Sin embargo, para construir un gran matrimonio tenemos que transformar nuestra forma de pensar filtrando todos nuestros pensamientos a través de las Escrituras. Este proceso no se produce de la noche a la mañana. No siempre ocurre en cuestión de semanas. ¡No! Conformar nuestro pensamiento con las Escrituras es un viaje que dura toda la vida. Recuerde lo que dijimos antes. Nosotros somos los únicos que podemos crear el entorno adecuado para que nuestro matrimonio florezca. La paciencia es una de las características más importantes de un matrimonio en crecimiento. Reflexione sobre el siguiente proverbio para desarrollar su comprensión. *Ser paciente es mejor que ser valiente; es mejor dominarse uno mismo que tomar una ciudad (Proverbios 16:32, RVC).*

Esto es verdaderamente increíble. Un guerrero, alguien que está entrenado para la batalla, no se puede comparar con una persona tolerante, comprensiva y resistente. Independientemente del mal genio que tuviera antes de ser cristiano, ahora usted se ha transformado a través de la sangre de Jesucristo. Ya no puede usar su antigua personalidad como referencia para su comportamiento actual. En este momento, usted es una persona diferente. Usted tiene todo lo que vive dentro de usted para mostrar moderación piadosa y dominio de sí mismo en cada situación.

Usted tiene el poder de controlar cómo responde a su cónyuge.

Usted no solo tiene el poder para controlar su temperamento, sino también para transformarlo en una imagen de la gracia de Dios hacia los demás. Ya no tiene que comunicarse con su cónyuge a partir de la pura adrenalina emocional. No hay ninguna razón para "desahogarse" y depositar en la cuenta de los muchos arrepentimientos.

No hace falta hacer daño por más tiempo con sus palabras. El fruto del Espíritu se manifiesta a través de su vida ahora mismo. A través de la oración, hágale estas preguntas al Señor antes de hablar con su cónyuge: "Señor, ¿qué quieres que diga? ¿Qué prefieres que guarde en silencio? ¿Cómo quieres que responda?" Las conversaciones guiadas por el Espíritu son siempre más beneficiosas para su matrimonio.

Déle a Dios la oportunidad de dirigir todas las conversaciones con su cónyuge.

El poder de elegir las palabras adecuadas

Sus palabras son muy poderosas. Con el tiempo, sus palabras pueden ayudar a curar a su cónyuge de heridas relacionales pasadas y de las experiencias más dolorosas de la vida. Pueden servir como llaves para desbloquear los mayores temores de su cónyuge y ayudarlo a superar profundas luchas. Pueden servir como ladrillos de construcción para el crecimiento continuo de más maneras de las que usted puede imaginar. Considere las imágenes de los siguientes proverbios para ayudarle a entender la fuerza y la belleza de elegir las palabras correctas al hablar con su cónyuge. Si le ayuda, trace un círculo alrededor de las palabras e ilustraciones que describen lo que su lengua puede producir.

En la lengua hay poder de vida y muerte; quienes la aman comerán de su fruto.
(Proverbios 18:21, NVI)

El hombre se alegra con la respuesta de su boca; Y la palabra a su tiempo, ¡cuán buena es!
(Proverbios 15:23, RVR)

Manzana de oro con adornos de plata: ¡eso es la palabra dicha cuando conviene!
(Proverbios 25:11, RVC)

En resumen, elegir las palabras adecuadas se puede comparar a disfrutar una buena fruta, uno de los beneficios de la vida, después de haber sido colocado en un hermoso entorno de plata. Todo acerca de esta fruta es bueno. El entorno es agradable a la vista y la experiencia es reconfortante para el alma. A diferencia de cualquier posesión material, una buena palabra tiene el poder de satisfacer el alma y traer alegría duradera. Tiene el poder de construir y fortalecer a los débiles. Puede alentar a los que experimentan dolor y dirigir a los que viven en el miedo y la desesperación. Una buena palabra tiene el poder de dar vida a alguien que ha renunciado a la vida y que se niega a abrazar un futuro lleno de oportunidades, risas y esperanza.

Independientemente de lo que haya ocurrido en la historia de su cónyuge, usted es el único que puede servir para restaurar la confianza y acompañarlos a través de los pasos de la curación. Usted es el único que puede recordarles que viven en Jesucristo y desafiar sus pensamientos cuando Satanás trata de manipular e introducir mentiras en su vida. Al servir como refuerzo positivo de su identidad espiritual, su cónyuge puede romper con años de esclavitud espiritual y experimentar la vida que Dios quiere para él. Recuerde las palabras de nuestro Señor Jesucristo, que cambian vidas, *El ladrón no viene más que a robar, matar y destruir; yo he venido para que tengan vida, y la tengan en abundancia (Juan 10:10, NVI).*

Las palabras dirigidas a su cónyuge fueron diseñadas para producir vida.

Tal vez una buena palabra sea todo lo que su cónyuge necesite para levantarse y dar un paso adelante en la dirección correcta. Puede ser el fruto que necesite desesperadamente para revivir su alma, pero por alguna razón u otra no ha podido probarla hasta este momento en su relación. No se equivoque: ni su cónyuge ni usted pueden crecer si el entorno de su matrimonio está lleno de fruta podrida. ¿Por qué no eliminar la fruta podrida de su relación y reemplazarla con fruta fresca? Si usted ha generado un ambiente podrido, ¿por qué no detener este desastre ambiental actual y empezar de nuevo antes de que su matrimonio desaparezca? No hay tiempo que perder.

Todo en nuestra cultura es dirigido a luchar, a defender sus derechos y a vivir en forma independiente de su cónyuge. Ellos quieren que uno "sea uno mismo" y diga exactamente lo que piensa, incluso a su cónyuge. Bueno, como probablemente haya experimentado, decir exactamente lo que piensa puede destruir su relación. ¿Por qué? Porque lo que piensa no siempre es lo que debería estar pensando. Todos los días luchamos contra el mundo, la carne y el diablo. Estas tres batallas a menudo influyen en lo que pensamos, en lo que decimos y en cómo nos comunicamos con los demás y con nuestro cónyuge.

Recuerde que usted está diseñado para brindar palabras de vida a su cónyuge. Después del aliento que recibe de parte del Señor, se supone que usted es el que debe alentar el corazón y brindar palabras de vida, inspiración y esperanza a su cónyuge. Este lo necesita desesperadamente de su parte. Reafirme a su cónyuge a través de palabras vivificantes. Al escuchar y recibir lo que usted tiene que decir, sus palabras deben vitalizar su alma y contribuir a crear un entorno en el que pueda prosperar la conversación sana.

Este nuevo entorno abrirá las puertas para que su cónyuge crezca en el amor a Dios. Lo ayudará a experimentar la gracia, la misericordia y la verdad según el propósito de Dios. ¿Quién mejor que usted puede ayudarlo a entender el amor incondicional de Dios? Como resultado, el amor de su cónyuge por usted y por los demás crecerá. *El corazón alegre se refleja en el rostro, el corazón dolido deprime el espíritu (Proverbios 15:13, NVI).*

Conectarse intencionalmente

Las buenas conexiones son importantes. Mantener un flujo constante de agua es sinónimo de un césped y un jardín estupendos. Si alguien corta accidentalmente una de las mangueras de riego principales, la presión del agua se reduce drásticamente o se elimina por completo. Como resultado, todo su jardín rápidamente se verá en problemas, especialmente bajo condiciones de sequía. Esas hermosas flores del jardín con el tiempo se marchitan y mueren si la conexión no se repara de inmediato.

La hierba comienza a volverse amarilla y quebradiza en pocos días. Las malas hierbas tienen una mayor oportunidad de aparecer y lanzar un ataque a gran escala contra sus flores más preciadas. Si el problema no se corrige, es posible que termine invirtiendo más tiempo, energía y dinero simplemente para recuperar la salud de su paraíso tropical.

Sus conexiones determinan lo que usted construye y cómo lo construye.

Así como el mantenimiento de un flujo constante de agua es indispensable para la vida de su césped y jardín, mantener un flujo regular de buena comunicación con Dios, con los demás y con su cónyuge es de vital importancia para la vida de su matrimonio. ¿Qué es exactamente lo que queremos decir con esta afirmación? Me alegra que pregunte. Piense en la relación que tiene con sus amigos, familiares y con su cónyuge. Cada una de estas relaciones necesita que la comunicación y las conexiones crezcan con eficacia. La forma en que usted se relaciona con los demás a través de sus palabras, actitudes y acciones es significativa a la hora de determinar la calidad de su relación.

Practicar las reglas del compromiso mejorará la conectividad relacional con su cónyuge.

¿Qué puedo usar como guía para conectarme con los demás de la manera correcta? ¿Qué son las reglas del compromiso? *Las reglas del compromiso,* también conocidas como las reglas "hacia el prójimo", nos sirven de instrucción o guía, si se quiere, para relacionarnos con los demás. Su habilidad para practicar las *reglas del compromiso* es significativa a la hora de determinar qué construye y cómo lo construye.

Para decirlo de otra manera: si intencionalmente se conecta con los demás y aplica estos principios de relación con todas las personas con las que entra en contacto, ningún problema será demasiado GRANDE para resolver. Estos principios sirven para contribuir al crecimiento de su matrimonio y crear un entorno de intimidad extraordinaria. Consulte el Apéndice A y comience a poner en práctica estos principios.

Actividad del Matrimonio por Diseño

Como usted tiene el poder de controlar la forma en la que responde a su cónyuge, reflexione sobre los siguientes proverbios mientras piensa en los desacuerdos recientes que haya habido en su relación. Hágase estas preguntas al analizar cada proverbio: "¿Qué dice el proverbio? ¿Resalta un aspecto que debo empezar a cambiar en lo que respecta a restricciones? Si es así, ¿qué pasos prácticos puedo tomar de inmediato para establecer barreras de protección y cambiar mi comportamiento?"

El comienzo de un conflicto pronto se vuelve un río desbordado; es mejor controlarlo, antes de que se desborde. (Proverbios 17:14, RVC)

¿Qué dice el proverbio?

¿Qué debo cambiar?

¿Qué comparación se usa para poner de relieve la importancia de dejar de discutir?

¿Qué puedo planificar para actuar de manera diferente y cambiar mi comportamiento?

Evitar la pelea es una señal de honor; sólo los necios insisten en pelear. (Proverbios 20:3, NTV)

¿Qué dice el proverbio?

¿Qué debo cambiar?

¿Qué comparación se usa para poner de relieve la importancia de dejar de discutir?

¿Qué puedo planificar para actuar de manera diferente y cambiar mi comportamiento?

> *La respuesta amable calma la ira; la respuesta grosera aumenta el enojo. (Proverbios 15:1, RVC)*

¿Qué dice el proverbio?

¿Qué debo cambiar?

¿Qué comparación se usa para poner de relieve la importancia de dejar de discutir?

¿Qué puedo planificar para actuar de manera diferente y cambiar mi comportamiento?

> *El necio da rienda suelta a su ira, pero el sabio sabe dominarla. (Proverbios 29:11, NIV)*

¿Qué dice el proverbio?

¿Qué debo cambiar?

Las veces que perdí los estribos o dije cosas duras en el pasado, ¿culpé a mi cónyuge por mi actitud incorrecta? Si es así, ¿cómo puedo asumir la responsabilidad de mis palabras y acciones sin perjudicar a mi cónyuge en el proceso?

¿Qué puedo planificar para actuar de manera diferente y cambiar mi comportamiento?

Actividad del Matrimonio por Diseño

Para construir un gran matrimonio, es necesario filtrar nuestros pensamientos a la luz de la Palabra de Dios. Para la próxima actividad, lea la siguiente escritura varias veces y marque con un círculo las principales características de las cosas que deberían ocupar sus pensamientos. A continuación, escriba algunos ejemplos prácticos de cada una de estas cualidades en los espacios correspondientes.

Por lo demás, hermanos, piensen en todo lo que es verdadero, en todo lo honesto, en todo lo justo, en todo lo puro, en todo lo amable, en todo lo que es digno de alabanza; si hay en ello alguna virtud, si hay algo que admirar, piensen en ello. (Filipenses 4:8, RVC)

Crear un entorno para el crecimiento

Principales características　　　　　　　　　　　　　　　　*Ejemplos prácticos*

Lo verdadero…

Lo honesto…

Lo justo (correcto)…

Lo puro (santo)…

Lo amable…

Lo digno de alabanza…

Lo virtuoso (excelente)…

Lo que es admirable…

Actividad del Matrimonio por Diseño

Piense en el contraste entre la buena comunicación y la falta de comunicación dentro de su matrimonio. Cuando la comunicación es mala y usted deja a su cónyuge en la oscuridad y no habla claramente, ¿cuáles son las posibles consecuencias negativas? Por el contrario, cuando practica una buena comunicación y mantiene un ambiente de apertura, confianza y claridad, ¿cuáles son los posibles beneficios para su cónyuge en las siguientes áreas?

El impacto de la comunicación

Áreas afectadas	Consecuencias negativas	Ventajas positivas
Confianza		
Seguridad		
Planes		
Risas		
Actitud		
Problemas		
Estrés		
Sexo		
Finanzas		
Niños		
Ambiente		
Intimidad		
Trabajo		

La aplicación destacada: Hacer ajustes personales

¿Cuáles son las tres principales aplicaciones adquiridas en esta sesión que usted podrá poner inmediatamente en práctica dentro de su matrimonio? Piense cuidadosamente en estas aplicaciones. En primer lugar, concéntrese en lo que Dios le pide cambiar dentro de su propio corazón y de su vida, en lugar de pensar en lo que tiene que cambiar su cónyuge. A continuación, considere esta aplicación a la luz de su relación como pareja y de lo que deben ajustar para hacer crecer su matrimonio. Mediante la oración, escriba sus respuestas a cada aplicación en forma de un plan de acción.

1. Aplicación

¿Qué tengo que cambiar específicamente en lo que se refiere a esta aplicación? ¿Qué tenemos que cambiar?

¿Cómo puedo hacer esto de una manera práctica? ¿Cómo podemos hacer esto juntos?

¿En qué fecha pueden comenzar estos cambios? ¿De qué modo lograremos el máximo beneficio para nuestro matrimonio con esta aplicación?

2. Aplicación

¿Qué tengo que cambiar específicamente en lo que se refiere a esta aplicación? ¿Qué tenemos que cambiar?

¿Cómo puedo hacer esto de una manera práctica? ¿Cómo podemos hacer esto juntos?

¿En qué fecha pueden comenzar estos cambios? ¿De qué modo lograremos el máximo beneficio para nuestro matrimonio con esta aplicación?

3. Aplicación

¿Qué tengo que cambiar específicamente en lo que se refiere a esta aplicación? ¿Qué tenemos que cambiar?

¿Cómo puedo hacer esto de una manera práctica? ¿Cómo podemos hacer esto juntos?

¿En qué fecha pueden comenzar estos cambios? ¿De qué modo lograremos el máximo beneficio para nuestro matrimonio con esta aplicación?

Capítulo 6 - Conectarse

Experimentar el arte de tomar decisiones sincronizadas

La GRAN idea: Las parejas que toman decisiones juntas permanecen juntas.

Escritura Clave

*Por eso el hombre dejará a su padre y a su madre, y se unirá a su mujer, y serán un solo ser.
(Génesis 2:24, RVC)*

Ya lo ha escuchado antes de uno u otro cónyuge: "No puedo creer que él haya tomado esa decisión sin tener en cuenta mis sentimientos. Esto nos costó más porque ella no escuchó mi consejo. No importa lo que yo diga, lo comprará, independientemente de lo que pienso. De todas maneras, en realidad no quiere escuchar lo que tengo para decir". Los medios de comunicación y otras fuerzas están trabajando duro para describir un estilo de vida con pensamiento independiente, incluso en el matrimonio. Tenemos que admitir que están teniendo éxito en esta área, pero están destruyendo matrimonios en el proceso. *El egoísta sólo piensa en sí mismo, y se entromete en cualquier asunto (Proverbios 18:1, RVC).*

Entonces, ¿qué sucede cuando las parejas siguen la corriente social y creen que el mejor destino para su matrimonio es aquel en el que siempre consiguen lo que quieren, incluso si su cónyuge está en completo desacuerdo con su decisión? ¿Qué sucede cuando no se considera al otro y se cree la mentira de que nuestro matrimonio va a mejorar en la medida en que aprendamos a tomar decisiones independientes de nuestra pareja? No hay nada bonito en este camino, y el destino de este viaje es la ruina de la relación.

Usted y su cónyuge fueron diseñados para hablar a través de los desafíos de la vida y para tomar decisiones juntos, como una unidad familiar. Nadie dijo que este ejercicio de colaboración sea fácil, pero el tiempo que se invierte bien valdrá la pena el esfuerzo y pagará grandes dividendos en más maneras de las que usted puede imaginar. *La mujer ejemplar es corona de su esposo; la desvergonzada es carcoma en los huesos (Proverbios 12:4, NVI).*

Robert y Rhonda nos ayudarán a comprender el probable destino de las parejas que no practican la toma de decisiones claves juntos. Robert y Rhonda eran personas muy ambiciosas. Ambos trabajaban en su carrera y perseguían sus metas financieras con entusiasmo y gran dedicación. Cuando se casaron, el impulso de ganar y lograr objetivos los consumía. Al casarse a una edad avanzada, estaban acostumbrados a tomar decisiones por sí mismos, especialmente las relacionadas con el uso de sus finanzas. Robert era dueño de un condominio en la playa y obtenía ingresos extra a través de rentas anuales. Además dirigía su propia compañía y también se desempeñaba como empleado de otra compañía.

Podemos decir que Robert estaba ganando una importante cantidad de dinero como resultado de sus iniciativas empresariales. Estaba constantemente trabajando o planeando trabajar. Era un excelente vendedor y encontraba nuevos clientes a través de referencias, entre otras fuentes. Rhonda también trabajaba muchas horas. Ella trabajaba para una industria de alta velocidad con un salario muy generoso. Se veía obligada a viajar a menudo para visitar clientes en su extenso territorio. Como pueden imaginar, este estilo de vida se movía muy rápido, pero ciertamente en la dirección equivocada.

Cuando Robert y Rhonda experimentaron el nacimiento de su primer hijo, sus horarios comenzaron a entrar en conflicto y surgieron las desavenencias. Sin dudarlo, continuaron con su filosofía de vida independiente. Cada uno culpaba al otro por trabajar muchas horas y añadir más tensión a la familia. Cada uno funcionaba como un empresario en lugar de un socio. A pesar de que tenían un estilo de vida muy lucrativo, ambos se negaban a ceder y a administrar sus finanzas personales en una única cuenta bancaria. Casi todas las decisiones financieras eran decisiones independientes. Casi todas las decisiones independientes daban lugar a gritos, insultos o acusaciones de uno a otro.

Las oportunidades para la retroalimentación eran limitadas, en el mejor de los casos. Ellos comenzaron a esconder dinero en cuentas privadas y a no ser honestos sobre sus verdaderos ingresos. Esto añadía una tensión constante al matrimonio y originaba muchas batallas verbales. Una y otra vez la pareja pasaba por lucha tras lucha a lo largo de su matrimonio. Con el tiempo, el pacto inquebrantable de administrar sus ingresos en forma individual, sin tener en cuenta al cónyuge, los llevó hacia la destrucción del matrimonio. Si hubieran sabido que las parejas que toman decisiones juntas permanecen juntas, podrían haber cambiado el doloroso destino de su matrimonio. Repito: usted y su cónyuge fueron diseñados para tomar decisiones juntos.

Principios del Matrimonio por Diseño

Convertirse en uno con nuestra pareja requiere tiempo y esfuerzo. No es fácil tomar decisiones juntos. Las heridas del pasado, las realidades actuales y otras muchas cosas pueden interponerse y representar un importante obstáculo para bloquear sus esfuerzos. Sin embargo, tomar decisiones juntos es un requisito fundamental de un matrimonio en crecimiento. Usted no puede quedarse pensando en lo que pasó ayer y esperar que su matrimonio siga adelante. Usted tiene que conectarse con su cónyuge eliminando todo lo que les impide tomar decisiones efectivas juntos.

Uno de los temas más delicados en este aspecto es la participación de los miembros de la familia en el proceso de toma de decisiones. Aunque complejo, este tema debe ser abordado. ¿Por qué? Si no se maneja correctamente, puede dividir su relación y servir como una enorme fuente de conflicto. Como imaginará, no es conveniente que usted y su cónyuge ignoren este tema. Cuanto antes empiece a hablar sobre ello, antes podrá desarrollar un plan para evitar el dolor innecesario.

Tomar decisiones juntos es un requisito fundamental de un matrimonio en crecimiento.

En primer lugar, es preciso entender lo que no estamos diciendo. No estamos diciendo: "Nunca pida ayuda a otros para tomar decisiones". Eso sería ridículo.

En segundo lugar, no estamos diciendo: "No escuche a sus padres ni a sus suegros". Usted tiene que respetar su posición, pero no tiene por qué someterse a comportamientos manipuladores y controladores. A pesar de que este no es el tema más importante de mis sesiones de orientación, no cabe duda de que algunas parejas enfrentan esta dura realidad de manera semanal. De modo que, en este caso, en realidad estoy hablando de la excepción, no de la regla.

Cultive un ambiente donde el amor y la unidad dirijan sus decisiones.

Su matrimonio crecerá cuando los demás no controlen el proceso de toma de decisiones. Para algunos de ustedes, ayudar a sus padres a entender la realidad de su nueva familia y pedirles que les permitan desarrollarse en pareja sin duda será un gran desafío. Amen a sus padres, respétenlos y ayúdenles a comprender sus nuevas responsabilidades hacia su cónyuge y lo que esto implica para su relación. Tal vez sea hora de programar esa conversación incómoda para aclarar la importancia de "abandonar" a su familia y de "unirse" a su cónyuge.

Tenemos que tener cuidado de no permitir que otras personas, independientemente de quiénes sean, controlen y manipulen nuestras decisiones de una manera que no ha sido diseñada por Dios. Pero, ¿cómo establecemos exactamente un modelo reproducible que podamos seguir a la hora de tomar decisiones juntos como pareja? Me gustaría sugerir el siguiente modelo, que le servirá de guía para ayudarle en esta tarea.

Rendirse

Cuando se trata de tomar decisiones piadosas para hacer crecer su matrimonio, la palabra "rendirse" es la primera que debe venir a la mente. En otras palabras, ceder o renunciar a lo que usted quiere por lo que Dios quiere para su vida y su matrimonio. En un contexto militar, rendirse significa deponer las armas. En este contexto, implica derrota. Sin embargo, la idea aquí es que voluntariamente nos sometamos a la autoridad de otro. Ese otro ahora está a cargo de nuestras vidas. Determina el siguiente paso que damos. Ya no tenemos la autoridad de determinar dónde debemos ir ni qué debemos hacer. El que está a cargo toma el timón de nuestras vidas y nosotros simplemente seguimos su dirección. De modo que colocamos nuestros derechos, sueños y planes en manos de otro. Eso es lo que significa rendirse.

> *Rendirse implica renunciar a lo que yo quiero hacer por*
> *lo que Dios quiere para mi vida y mi matrimonio.*

En la medida en que usted y su cónyuge se sometan a la dirección de Dios y obedezcan sus instrucciones, su matrimonio podrá tomar una dirección nueva y fructífera. Su compromiso en este aspecto le ayudará a desarrollar un sano respeto por Dios y a que su matrimonio crezca. Cuando todas las decisiones giran en torno a honrar a Dios y a someterse a Su voluntad, lo que sigue seguramente es una mayor comprensión sobre qué hacer y cómo hacerlo. *El principio de la sabiduría es el temor al Señor. Quienes practican esto adquieren entendimiento y alaban al Señor toda su vida (Salmos 111:10, RVC).*

Antes de que podamos tomar decisiones importantes en nuestro matrimonio, tenemos que renunciar por completo a todo lo que soñamos, planificamos y poseemos y ponerlo en las manos de Dios Todopoderoso. Como creyentes en Jesucristo, ya no somos el que vive.

Hemos muerto en Cristo y ahora es Él quien vive en nosotros y por nosotros. Nuestra nueva vida en el Señor debe caracterizarse por la fe en Su infinita capacidad para proveernos en nuestras necesidades y dirigir nuestros pasos. Memorice el siguiente versículo y analice cuidadosamente cómo se aplica a usted en lo personal y a su matrimonio, mientras reflexiona sobre el principio de la rendición al tomar decisiones.

> *Pero con Cristo estoy juntamente crucificado, y ya no vivo yo, sino que Cristo vive en mí; y lo que ahora vivo en la carne, lo vivo en la fe del Hijo de Dios, el cual me amó y se entregó a sí mismo por mí. (Gálatas 2:20, RVC)*

Conectar

Ahora que hemos establecido el primer paso en el proceso de toma de decisiones, pasemos al segundo: conectar. Todos experimentamos cierta desconexión en un momento u otro con lo que sabemos, con lo que experimentamos y con lo que deberíamos hacer. Estos momentos pueden ser algo confusos y hacer surgir emociones muy inciertas. El desafío se presenta cuando tratamos de entender cómo todas estas áreas están interconectadas entre sí. Conectar los puntos: es más fácil decirlo que hacerlo. Tratamos de entender el propósito de Dios en el asunto, pero no siempre tenemos un control firme sobre varios factores clave. Aquí es donde nuestras mentes finitas deben hacer espacio para la presencia de la sabiduría. *Si a alguno de ustedes le falta sabiduría, pídasela a Dios, y él se la dará, pues Dios da a todos generosamente sin menospreciar a nadie. (Santiago 1:5, NVI).*

Cuando nos rendimos totalmente al Señor y pedimos que Su mano nos guíe para tomar decisiones importantes, Su gracia y amor tienen la oportunidad de fluir. Generosamente, Él puede entregarnos lo que necesitamos para cerrar la brecha, hacer la conexión correcta y poner en práctica la aplicación correcta. No se estrese ni pierda el sueño tratando de determinar cómo actuar. Pídale a Dios que lo ayude. Pídale que le conceda una mayor comprensión de la situación. Simplemente pídale que lo ayude a entender lo que Él quiere que usted y su cónyuge hagan a continuación. Usted no necesita conocer cada detalle de los próximos tres años en un resumen de una página. Por el contrario, lo que debe buscar es obedecer el siguiente paso a lo largo de su viaje, teniendo en cuenta el camino que Él está forjando ante usted. *Estoy persuadido de que el que comenzó en ustedes la buena obra, la perfeccionará hasta el día de Jesucristo (Filipenses 1:6, RVC).*

Cuando le pedimos sabiduría a Dios, estamos hablando de mucho más que recibir más conocimientos. El conocimiento es un corpus de información que obtenemos a través del tiempo. La sabiduría es la mejor aplicación de los conocimientos adquiridos para una determinada situación. Reflexionar sobre lo que Dios ya ha hecho en nuestras vidas y los patrones que aparecieron a lo largo del viaje es muy importante. Comprender cómo Dios ha obrado en su vida es fundamental. Hay un plan específico que Él quiere cumplir a través de usted en forma individual y a través de su matrimonio en forma colectiva. Esto significa que debemos empezar a investigar cómo Él ha intervenido en el pasado para poder conectarnos con lo que Él quiere que hagamos hoy.

Conectar implica comprender cómo Dios ha obrado en su matrimonio y tomar decisiones en base al lugar al que Él nos guía.

Como resultado de Su plan único para nuestro matrimonio, oramos y Le pedimos que nos ayude a entender cómo la siguiente decisión se alinea con Su plan perfecto para el crecimiento espiritual y relacional. Podemos confiar en Su plan perfecto. Sabemos que Él siempre termina lo que comienza. Sabemos que podemos confiar en la buena obra de Dios en nosotros. Y por esta razón, podemos pedirle que nos dé sabiduría y nos ayude a conectar nuestras decisiones con Su plan específico para nuestro matrimonio.

Piense en cómo sus decisiones afectarán a los demás por toda la eternidad.

Dios quiere usar su matrimonio para fortalecer a los demás. Piense en las decisiones que llaman a su puerta en relación con una mayor participación en el ministerio. ¿Hay un ministerio que atrae constantemente a su corazón? ¿Existe la oportunidad de servir en este momento en un área que necesita desesperadamente de su experiencia? Es importante tener en cuenta estas preguntas para asegurarse de que las decisiones que tomamos hoy estén conectadas con los propósitos de Dios para nuestra vida. ¿Está indeciso entre dos muy buenas oportunidades para marcar una diferencia en las vidas de los demás?

Cuando la mejor decisión aún es incierta, acérquese al trono de Dios con confianza para este próximo paso. Confíe en Su infinita sabiduría para ayudar a que usted y su cónyuge elijan la mejor opción. Busque la sabiduría de Dios junto con su cónyuge hasta que Su próximo paso en su vida se vuelva claro. *Por tanto, acerquémonos confiadamente al trono de la gracia, para alcanzar misericordia y hallar gracia para cuando necesitemos ayuda (Hebreos 4:16, RVC).*

Tómese un momento para reflexionar (Responda a cada pregunta honestamente)

- ¿Qué oportunidades ha puesto Dios delante de usted y de su cónyuge para ayudar a la gente a crecer?
- ¿Cómo respondió a estas invitaciones?
- Tal vez una oportunidad implicaba cambiar de empleo, aceptar un ascenso o trabajar como voluntario en su iglesia local. ¿Se adaptaban bien a los dones y habilidades que usted posee actualmente?
- ¿Existe una oportunidad para irradiar la gloria de Dios a aquellos que no tienen a Dios en su vida?
- ¿Puede esta decisión ayudar a conectar a las personas con el Salvador de una manera única?

Recuerde que algunas de las mejores oportunidades para magnificar el nombre de Dios se presentan en el mercado. Si Dios ha guiado su matrimonio a hacer algo radicalmente distinto para guiar a la gente hacia Cristo, ¿qué espera? Piense en cómo sus decisiones afectarán a los demás por toda la eternidad.

Examinar

En primer lugar, debemos entregar nuestra vida a Dios de todo corazón. En segundo lugar, rogamos por Su sabiduría para hacer la conexión y la aplicación correcta al considerar nuestras decisiones. En tercer lugar, filtramos todos los pensamientos y consideraciones sobre qué hacer a continuación a través de la luz de la Palabra de Dios. Esto garantiza que nuestras decisiones se tomen en un nivel superior. No deben basarse en las condiciones del mercado, en las emociones ni en las tendencias culturales. Nuestra hoja de ruta para la vida es la Palabra viva y vital de Dios. La infalible Palabra de Dios nos mantiene alineados con Su perfecta voluntad para nuestras vidas. Su Palabra sirve de lámpara para nuestros pies mientras navegamos a través de un mundo lleno de desvíos espirituales. Por esta razón, la alineación espiritual debe ser una prioridad en la toma de decisiones.

Examinar consiste en colocar todas las decisiones
bajo la autoridad absoluta de la Palabra de Dios.

La Palabra de Dios ha sido diseñada para alimentar nuestro espíritu, protegernos del pecado y ayudarnos a crecer. Si vemos una discrepancia entre lo que planeamos hacer y lo que dice la Escritura, cambiamos y ajustamos nuestros planes en consecuencia. Damos la máxima prioridad a Su Palabra en todos los asuntos de la vida y La utilizamos como norma para todas las decisiones, incluso las más pequeñas. Al estudiar y examinar cuidadosamente Su Palabra, pueden evitarse muchas trampas y lograr una mayor confianza en cuál debe ser nuestro siguiente paso.

Toda la Escritura es inspirada por Dios, y útil para enseñar, para redargüir, para corregir, para instruir en justicia, a fin de que el hombre de Dios sea perfecto, enteramente preparado para toda buena obra. (2 Timoteo 3:16-17, RVC)

El poder de la Palabra de Dios puede servir como base sólida para tomar decisiones conjuntas con su cónyuge. Sirve para mostrarnos la dirección que debemos seguir y nos proporciona instrucciones prácticas para iluminar el camino delante de nosotros. Nos corrige cuando tomamos un giro equivocado y nos ayuda a recuperar nuestras vidas cuando las malas decisiones nos llevan a tomar desvíos peligrosos. Un mayor conocimiento y aplicación de la Palabra de Dios es lo más adecuado para prepararse para todo lo que uno necesita como individuo y como pareja para tomar las decisiones correctas. Por esta razón, es evidente por qué examinar su próximo paso después del filtro de la Escritura es tan importante para poder tomar buenas decisiones.

Consultar

Ahora tenemos varias cosas para considerar a fin de tomar decisiones fructíferas con nuestro cónyuge. Es el momento perfecto para respaldarse en la experiencia y en la sabiduría de los demás para alcanzar una mayor comprensión y poder concentrarnos en lo importante. Es inteligente buscar el consejo de otros para tomar decisiones importantes. Una y otra vez, encontramos una gran sabiduría en numerosos consejeros. Cuando se toman decisiones importantes, pedir consejos piadosos de los demás es una elección muy sabia.

No importa cuánto tiempo haya estado casado, su matrimonio se beneficiará si los demás tienen la oportunidad de hablar con la verdad en su vida. Con la ayuda de muchos consejeros, puede encontrar seguridad para sus decisiones. Elegir un enfoque aislacionista es una receta segura para el desastre. Sin liderazgo sabio, la nación se hunde; la seguridad está en tener muchos consejeros *(Proverbios 11:14, NTV)*.

Independientemente de sus experiencias pasadas, obtener conocimiento y comprensión de los demás es esencial para el crecimiento de su matrimonio. Aquí es donde muchas parejas tropiezan, caen y experimentan un dolor innecesario. Por alguna razón, ellos creen que lo peor es recibir asesoramiento y consejo de otros. En lugar de buscar consejeros, tratan de ocultar sus decisiones a los demás, incluyendo a su familia.

Tal vez un consejo pasado los perjudicó, les costó financiera, emocional o relacionalmente. Tal vez hayan sido víctimas de una estafa o de la falta de integridad de un amigo al aconsejarlos. Otros pueden haber experimentado una presión no deseada de la familia o amigos que los llevó a tomar malas decisiones. Estas parejas han prometido no volver a exponer jamás su matrimonio a este tipo de vulnerabilidad.

Consultar significa recoger consejos piadosos de forma proactiva para contribuir a dar forma a la dirección de sus decisiones.

Hay muchas parejas que pueden servir de pilar para su matrimonio. Dios ha formado su corazón a través de muchas situaciones difíciles. Muchas de estas parejas están deseosas de compartir lecciones de vida con aquellos que estén dispuestos a escucharlas. Comprender cómo ellos manejaron situaciones similares en el pasado puede proporcionar una mayor comprensión de cómo usted y su cónyuge pueden hacer frente a su situación actual.

Tal vez haya ocasiones en que lo único que usted obtenga de esta experiencia sea aliento y esperanza. La inversión de tiempo bien vale el esfuerzo. Estas parejas incluso pueden proporcionar una perspectiva desconocida con respecto a las nuevas oportunidades. Su enfoque puede abrir nuevas posibilidades desconocidas para usted. *Que lo oiga el sabio, y aumente su saber, y que el entendido reciba consejo (Proverbios 1:5, RVC)*.

De modo que no deje que los fracasos del pasado lo persigan. Hay buenas personas, muchas de ellas en su círculo más íntimo, que pueden servir como una roca de anclaje para su matrimonio. Propóngase encontrar a las personas adecuadas que puedan servir de guía para tomar decisiones y animar a su matrimonio hasta la meta final. Escuche los consejos de los demás atentamente. Conviértase en un estudiante del aprender. Aumente su conocimiento tanto como sea posible y busque consejos sabios de aquellos que aman a Dios con todo su corazón. Conviértase en un observador profesional.

Mire lo que hacen y no hacen las personas que tratan de conocer la voluntad de Dios para su matrimonio. Cuando las cosas no estén claras, pregunte sin temor. Cuando las decisiones tomadas por usted y su cónyuge reflejan las palabras de los sabios, su matrimonio ganará en conocimiento y sabiduría.

Ponerse de acuerdo

Por último, pero ciertamente no menos importante, es absolutamente fundamental que usted y su cónyuge estén de acuerdo sobre la decisión final antes de hacerla pública. No puedo hacer suficiente hincapié en la importancia de este último paso para el crecimiento y la vitalidad de su matrimonio. Si su decisión no está resuelta en privado, le recomiendo que no la haga pública. Esto solo dañará su relación.

Después de ceder la decisión al Señor, de buscar de Su sabiduría, de examinar Su Palabra y de consultar con otros, llega el momento de tomar una decisión conjunta. Ahora usted y su cónyuge deben mezclar el producto final juntos para finalizar, con espíritu de oración, la decisión que Dios los ha conducido a tomar. Ponerse de acuerdo no quiere decir que uno gana y el otro pierde. En absoluto. ¡Significa que ambos ganan!

> *Ponerse de acuerdo consiste en acordar una acción compartida después de estar convencidos de lo que Dios quiere que hagan a continuación.*

En nuestro contexto, ponerse de acuerdo significa tener en cuenta todos los descubrimientos anteriores que realizaron a lo largo del camino. Usted debe consultar con su cónyuge y conectar los puntos de estas realidades a través de la oración. Por último, usted llegará a una decisión donde se pueda ver la mano de Dios y su relación crezca como resultado de tomar un paso de fe y de unirse a Él en el viaje. El resultado será un entorno lleno de paz y no de ansiedad, de esperanza y no de desesperación.

Repito: no será fácil, pero será provechoso que usted y su cónyuge aprendan a confiar completamente en Dios y en Su gentil instrucción y dirección para su matrimonio. Una vez que la decisión esté asegurada en privado, debe anunciarse públicamente en forma unida. Esta muestra de unidad es importante para mantenerse concentrado en lo importante, para desalentar a opositores inoportunos y para cumplir con sus decisiones. *Por lo tanto, esforcémonos por promover todo lo que conduzca a la paz y a la mutua edificación (Romanos 14:19, NVI).*

Cuando Dios quiere que usted y su cónyuge tomen una decisión importante, confíe lo suficiente en Él para que lo guíe a través de todo el proceso. Usted puede confiar en el Señor para que lo guíe hacia la decisión correcta. No se impaciente ni tome atajos. Los atajos siempre cuestan más a largo plazo. Deje que el proceso siga su curso.

Permita que Dios determine el curso para su camino, tanto presente como futuro. Descubrirá más sobre usted, sobre su cónyuge y sobre cómo obra Dios en cada situación una vez que usted ha cedido su voluntad a Él para todas las decisiones. Este proceso hará crecer al mismo tiempo su matrimonio y su relación con el Señor. Una vez que usted y su cónyuge estén plenamente convencidos de lo que Él quiere que hagan, tomen medidas y sigan adelante con todas sus fuerzas.

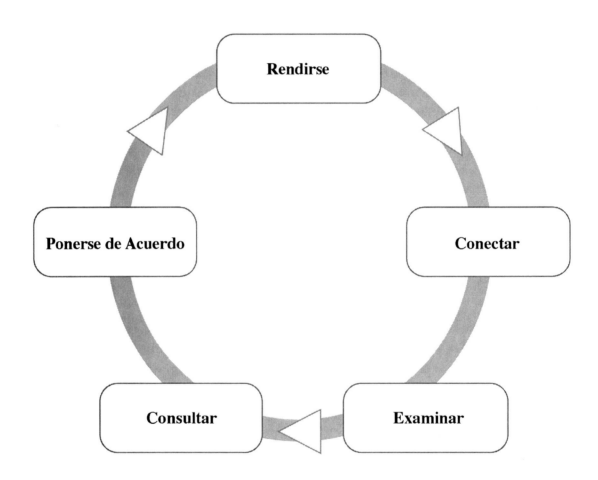

Actividad del Matrimonio por Diseño

Piense en las últimas tres decisiones importantes que tomó durante los últimos tres meses de su matrimonio. ¿Cuál fue la decisión? Puede haber sido una gran compra, el compromiso de asistir a un evento o cómo manejar un problema difícil. ¿Tomó esta decisión independientemente de su cónyuge, o lo involucró en el proceso? ¿Cómo afectó su relación? ¿La decisión aportó más confianza y seguridad, o hizo de cuña, alejándolo más de su cónyuge? Tómese unos minutos y complete los espacios en blanco según corresponda.

Examinar las decisiones que tomé

Decisión importante	Independiente o juntos	Impacto en la relación
1.		
2.		
3.		

Actividad del Matrimonio por Diseño

Ahora, imagine por unos minutos que puede retroceder en el tiempo y cambiar su enfoque aplicando los principios aprendidos a lo largo de esta sesión. ¿Qué diría o haría diferente? ¿Cómo cambiaría su proceso para tomar decisiones a fin de comprender mejor y valorar la contribución de su cónyuge en el tema? Por último, ¿que podría suceder en su relación si este enfoque sincronizado pasara a formar parte de la trama cotidiana de su matrimonio? En su opinión, ¿cuáles serían los beneficios aún no descubiertos de aplicar estos principios de inmediato?

Una segunda oportunidad... un enfoque diferente

Decisión importante	Si tuviera una segunda oportunidad, encararía la situación de esta manera…	Impacto en la relación
1.		
2.		
3.		

Actividad del Matrimonio por Diseño

Si usted anotó una decisión que tomó sin la participación de su cónyuge, es posible que su relación haya experimentado una frustración y dolor considerables. Ciertamente, queremos evitar estas cosas en el futuro. Queremos que nuestro matrimonio alcance nuevas alturas. No queremos seguir inyectando una dosis espontánea de confusión, falta de comunicación y pensamiento independiente. Estas cosas solo pueden dañar nuestra relación. A continuación, tómese unos minutos para estudiar los siguientes versículos y pensar qué principios puede aplicar a medida que adquiere más conocimiento sobre cómo tomar decisiones junto a su cónyuge. Subraye los puntos de acción clave en cada versículo. Estos principios se derivan de nuestras *reglas del compromiso*.

> *Ámense los unos a los otros con amor fraternal, respetándose y honrándose mutuamente. (Romanos 12:10, NVI)*

¿Qué dice el versículo?

¿Qué debo cambiar a raíz de esta verdad?

¿Qué puedo planificar para actuar de manera diferente y cambiar mi comportamiento?

¿Qué acciones serían consideradas por mi cónyuge como "amablemente cariñosas" y le harían sentir que le "dan preferencia"?

> *Vivamos como si fuéramos uno solo. No seamos altivos, sino juntémonos con los humildes. No debemos creernos más sabios que los demás. (Romanos 12:16, RVC)*

¿Qué dice el versículo?

¿Qué debo cambiar a raíz de esta verdad?

¿Qué puedo planificar para actuar de manera diferente y cambiar mi comportamiento?

¿Existen zonas de orgullo que yo dejo surgir en nuestra relación? Si es así, ¿qué dice el versículo que me ayude a mantener la actitud correcta?

¿Mis palabras regularmente alientan a mi cónyuge y lo ayudan a sentirse valorado? ¿Qué más puedo hacer y decir para demostrar lo mucho que valoro a mi cónyuge?

Por lo tanto, esforcémonos por promover todo lo que conduzca a la paz y a la mutua edificación. (Romanos 14:19, NVI)

¿Qué dice el versículo?

¿Qué debo cambiar a raíz de esta verdad?

¿Qué puedo planificar para actuar de manera diferente y cambiar mi comportamiento?

Cuando surgen desacuerdos, ¿qué medidas concretas puedo tomar para asegurarme de que el diálogo lleve a la colaboración, no a la competencia?

Hermanos, les ruego por el nombre de nuestro Señor Jesucristo, que se pongan de acuerdo y que no haya divisiones entre ustedes, sino que estén perfectamente unidos en un mismo sentir y en un mismo parecer. (1 Corintios 1:10, RVC)

¿Qué dice el versículo?

¿Qué debo cambiar a raíz de esta verdad?

¿Qué puedo planificar para actuar de manera diferente y cambiar mi comportamiento?

Estar "*perfectamente unidos en mente y pensamiento*": es más fácil decirlo que hacerlo. Para que esto sea una realidad, ¿qué tres cosas diría usted que son absolutamente esenciales?

Por eso yo, que estoy preso por la causa del Señor, les ruego que vivan de una manera digna del llamamiento que han recibido, siempre humildes y amables, pacientes, tolerantes unos con otros en amor. Esfuércense por mantener la unidad del Espíritu mediante el vínculo de la paz. (Efesios 4:1-3, NVI)

¿Qué dice el versículo?

¿Qué debo cambiar a raíz de esta verdad?

¿Qué puedo planificar para actuar de manera diferente y cambiar mi comportamiento?

¿Qué cosas específicas hace mi cónyuge que requieren más paciencia, gentileza y humildad de mi parte?

Así que dejen de decir mentiras. Digamos siempre la verdad a todos porque nosotros somos miembros de un mismo cuerpo. (Efesios 4:25, NTV)

¿Qué dice el versículo?

¿Qué debo cambiar a raíz de esta verdad?

¿Qué puedo planificar para actuar de manera diferente y cambiar mi comportamiento?

¿Cómo contribuye a evitar las dificultades en la relación siendo completamente honesto y transparente con su cónyuge? Cuando usted es totalmente honesto sobre cómo se siente y lo que piensa, ¿qué mensaje transmite a su cónyuge?

En todo caso, cada uno de ustedes ame también a su esposa como a sí mismo, y que la esposa respete a su esposo. (Efesios 5:33, NVI)

¿Qué dice el versículo?

¿Qué debo cambiar a raíz de esta verdad?

¿Qué puedo planificar para actuar de manera diferente y cambiar mi comportamiento?

¿Qué puede hacer para ser más proactivo en su expresión del amor y el respeto por su cónyuge?

¿Qué es lo que su cónyuge desea ver y experimentar con mayor frecuencia?

La aplicación destacada: Hacer ajustes personales

¿Cuáles son las tres principales aplicaciones adquiridas en esta sesión que usted podrá poner inmediatamente en práctica dentro de su matrimonio? Piense cuidadosamente en estas aplicaciones. En primer lugar, concéntrese en lo que Dios le pide cambiar dentro de su propio corazón y de su vida, en lugar de pensar en lo que tiene que cambiar su cónyuge. A continuación, considere esta aplicación a la luz de su relación como pareja y de lo que deben ajustar para hacer crecer su matrimonio. Mediante la oración, escriba sus respuestas a cada aplicación en forma de un plan de acción.

1. Aplicación

¿Qué tengo que cambiar específicamente en lo que se refiere a esta aplicación? ¿Qué tenemos que cambiar?

¿Cómo puedo hacer esto de una manera práctica? ¿Cómo podemos hacer esto juntos?

¿En qué fecha pueden comenzar estos cambios? ¿De qué modo lograremos el máximo beneficio para nuestro matrimonio con esta aplicación?

2. Aplicación

¿Qué tengo que cambiar específicamente en lo que se refiere a esta aplicación? ¿Qué tenemos que cambiar?

¿Cómo puedo hacer esto de una manera práctica? ¿Cómo podemos hacer esto juntos?

¿En qué fecha pueden comenzar estos cambios? ¿De qué modo lograremos el máximo beneficio para nuestro matrimonio con esta aplicación?

3. Aplicación

¿Qué tengo que cambiar específicamente en lo que se refiere a esta aplicación? ¿Qué tenemos que cambiar?

¿Cómo puedo hacer esto de una manera práctica? ¿Cómo podemos hacer esto juntos?

¿En qué fecha pueden comenzar estos cambios? ¿De qué modo lograremos el máximo beneficio para nuestro matrimonio con esta aplicación?

Capítulo 7 - Conectarse

Crear un entorno de intimidad extraordinaria

La GRAN idea: El amor constante produce una intimidad cada vez mayor

Escritura Clave

> *Sin embargo, dado que hay tanta inmoralidad sexual, cada hombre debería tener su propia esposa, y cada mujer su propio marido. El esposo debe satisfacer las necesidades sexuales de su esposa, y la esposa debe satisfacer las necesidades sexuales de su marido. (1 Corintios 7:2-3, NTV)*

La constancia en el amor que usted brinda generará el entorno adecuado para una intimidad extraordinaria. Como mi buen amigo Bud McCord solía decir: "Para que un matrimonio crezca, el amor debe ser constante". Cuando el amor es constante, usted comprende mejor a su cónyuge. A medida que conoce mejor las necesidades, miedos, inseguridades y sueños de su cónyuge, también tiene más oportunidades de servirlo mejor y de mostrar el amor conectándose con lo que es y necesita su pareja.

Cuando el amor es constante, el egoísmo es desplazado. De eso se trata crear un entorno de intimidad extraordinaria. Se necesita mucho tiempo y energía para entender a su cónyuge y saber cómo responder a sus necesidades. Antes que las cosas vuelvan a encenderse en el dormitorio, deben perfeccionarse en la cocina, en la sala, pasando tiempo juntos en el centro comercial y hablando por teléfono entre ustedes. Crear un entorno de intimidad extraordinaria es un proceso, no un suceso. El compromiso de brindar un flujo ininterrumpido de amor y afecto en todo momento dará sus frutos cuando usted esté a solas con su cónyuge. *No te apartes de la misericordia y la verdad; átalas alrededor de tu cuello, escríbelas en la tabla de tu corazón (Proverbios 3:3, RVC).*

Los niveles más altos de satisfacción sexual están diseñados para ser experimentados con su cónyuge. Pero algunos dicen: "Sí, recuerdo esos días de pasión y romance. Eran estupendos, pero esos días son cosa del pasado. Ahora es diferente... nosotros somos diferentes. ¿Eso no es solo para los primeros años de matrimonio? Es decir, es fantástico sentir el calor de una llama fuerte, pero

¿qué pasa si no puede ni siquiera encender una cerilla? ¿Qué hacer si su vida sexual es fría, lluviosa y está un poco abandonada? ¿Cómo reavivar la llama?"

Cuando la muestra de amor a su cónyuge es ininterrumpida, la intimidad
en la relación sexual tiene una oportunidad única para prosperar.

Crear un entorno de intimidad extraordinaria no es algo que simplemente suceda. Entre otras cosas, volver a encender la llama en su matrimonio requiere una creatividad reflexiva, atención al detalle y coherencia. Es mucho más que un breve período del matrimonio. Es mucho más que un evento. Y sin embargo, requiere de un trabajo considerable. Reflexionemos una vez más sobre nuestra GRAN idea: *"El amor constante produce una intimidad cada vez mayor"*. Durante este estudio, nuestro objetivo será ayudarle a entender cómo la constancia en cuatro aspectos fundamentales puede ayudar a generar el entorno adecuado para una intimidad extraordinaria: palabras *agradables, romance planificado, afecto compartido y santidad personal.*

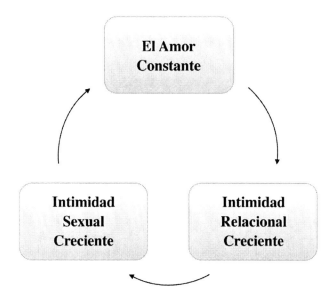

El matrimonio de James y Linda estuvo marcado por duras conversaciones, cero respeto y la infidelidad que rompe el corazón. El matrimonio estaba a años luz de experimentar una intimidad extraordinaria. La razón es simple, pero esencial para comprender esta sesión. Cuando el amor se detiene, lo mismo ocurre con la intimidad. Recuerde: el amor constante produce una intimidad cada vez mayor, tanto relacional como sexual. Pero cuando cesan las demostraciones de amor, también cesa la intimidad en la relación. Y cuando la intimidad en la relación cesa, lo mismo ocurre con la intimidad sexual.

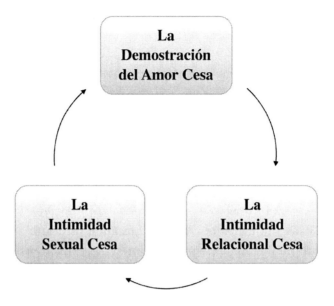

Para los que conocían a James y Linda, era doloroso incluso estar en la misma habitación con ellos. La forma en que ellos se burlaban mutuamente después de tantos años era similar a una guerra verbal en la cafetería de la escuela media. Sabían exactamente qué puntos sensibles tocar. Eran implacablemente crueles en su evaluación del otro. Cada cónyuge sabía cómo aprovechar los comentarios de sus hijos y añadir más leña al fuego haciendo referencia a un "testigo" o alguien que convalidara sus conclusiones.

Durante los primeros años de su relación, James y Linda comenzaron a detener el flujo de amor al permitir que la deshonestidad, la manipulación y el adulterio ganaran espacio. Como es de imaginar, esto generó serios problemas. Estos problemas aumentaron en frecuencia y crecieron en impacto. Estas prácticas sirvieron como fuente fundamental de la falta de comunicación, del creciente resentimiento y de la violencia física. Las acusaciones de abuso, junto con una colección de mentiras dolorosas, resintieron aún más su relación. ¿Cree que es posible generar un entorno de extraordinaria intimidad con ese tipo de interrupciones?

En cuanto al romance, James y Linda solo podían recordar algunos "momentos felices", relacionados con escapadas de fin de semana o momentos de pasión. En el mejor de los casos, el romance era temporal y generalmente era seguido por una serie de discusiones despiadadas y agravios. Es imposible que el romance continúe en presencia de la falta de perdón y la amargura. De modo que el cariño de uno por el otro era selectivo, más que abundante.

James y Linda utilizaban el sexo como un arma más que como una expresión de amor. Le negaban sexo al otro como forma de castigo y para dejar clara su posición en los desacuerdos. En el proceso, lo que hicieron fue nada menos que destruir su relación. Pero anímese: su matrimonio no tiene por qué pasar por esta infelicidad. Usted puede crear un entorno de intimidad extraordinaria. Puede ser lo que marque la diferencia en la historia de su familia. La suya puede ser la pareja que más ríe, canta y celebra. Su matrimonio puede ser mucho más que bueno: ¡puede ser estupendo! Y la intimidad en la relación y en el sexo que usted siempre ha deseado puede alcanzar nuevos niveles de satisfacción. Usted se preguntará cómo. Es lo que hemos estado diciendo: amor constante. El amor constante produce una intimidad cada vez mayor.

Principios del Matrimonio por Diseño

Como seguramente usted ha comprendido, la intimidad en la relación es anterior a la intimidad sexual. Las señoras entienden esto con toda claridad. La mayor parte de los hombres desean que el proceso vaya en la dirección contraria, pero simplemente no es así. Entonces, ¿cómo es exactamente que podemos crear un ambiente en el que prospere la intimidad de la relación? ¿Cómo podemos crear un ambiente en el cual florezca la intimidad sexual?

Si sabemos que este deseo se activará si somos capaces de manifestar continuamente nuestro amor, ¿qué medidas podemos tomar para ayudarnos a ofrecer un flujo continuo de amor a nuestro cónyuge? Sea cual sea la condición actual de su matrimonio, a partir de hoy, ¿qué puede hacer para cultivar un ambiente sano donde la intimidad relacional y sexual puedan empezar a echar raíces y a crecer? Permítame sugerirle cuatro puntos clave: *palabras agradables, romance planificado, afecto compartido y santidad personal.*

1. Palabras agradables

Las palabras amables son un panal de miel; endulzan el alma y sanan el cuerpo. (Proverbios 16:24, RVC)

Así, empezamos nuestra entrega de amor continua mediante las palabras. Pero no cualquier palabra, sino palabras agradables. Estas palabras son significativas y profundas. Estas palabras penetran en el corazón de su cónyuge y, al mismo tiempo, la hablan directamente a su alma. ¿No es eso lo que todos esperamos de nuestro cónyuge? Deseamos escuchar palabras que pinten el cuadro del futuro que anhelamos. Deseamos escuchar palabras inspiradoras, que hablen de oportunidades y de esperanza. Y más aún, queremos escuchar palabras personalizadas, dirigidas a quienes somos y a lo que necesitamos. Queremos escuchar palabras que hablen de la esencia misma de nuestro ser.

Las palabras agradables, esas que reconfortan el alma de tu pareja,
constituyen el marco para crear un ambiente de intimidad extraordinaria.

Si usted va a decir algo, que sea algo que establezca una diferencia significativa. Hable a propósito y con un propósito. Las palabras que dirija a su cónyuge deben transmitir un mensaje coherente de afirmación, confianza y amor incondicional. Esas palabras deben servir de base a una relación más sólida. Sus palabras deben alentar y fortalecer a su cónyuge más que ninguna otra, con la excepción de las del Señor Jesús. Una voz constante de aceptación, de confianza, de aprecio y de respeto puede hacer mucho más por su relación de lo que usted pueda cuantificar. Su cónyuge tiene una gran necesidad de escuchar sus palabras de elogio constantemente.

Que sus palabras ofrezcan continuamente aliento y fuerza a su cónyuge.

Uno necesita oír palabras agradables cuando se levanta por la mañana. Necesita escucharlas durante el desayuno. Y durante el día. Cuando le envía mensajes de texto a su cónyuge, es necesario que lea estas palabras. Cuando le habla por teléfono, necesita escuchar estas palabras.

Cuando vuelve a casa después de un largo día de trabajo y se sienta a cenar, necesita oír estas palabras. Incluso cuando la vida nos pone ante una tormenta inesperada y la tensión es más de la que se puede absorber, justo entonces necesita escuchar estas palabras. Que sus palabras ofrezcan continuamente aliento y fuerza a su cónyuge. Como mencionamos anteriormente, la creación de un ambiente de intimidad extraordinaria es más un proceso que un evento. Durante las conversaciones privadas con su cónyuge es necesario que le diga cuánto lo necesita. Su cónyuge necesita saber lo que significa para usted personalmente. Es muy bueno saber cómo se sienten los niños, pero ¿qué pasa con usted?

Reafirme su compromiso de amor tanto privada como públicamente.

No oculte el amor que siente por su pareja. No tenga miedo de hacerle saber lo mucho que aprecia cada momento que pasa a su lado. Ponga de manifiesto su compromiso ante su cónyuge. Ponga de manifiesto su exclusividad. Ponga de manifiesto su plan a largo plazo para esta relación que crece día a día. Y no lo haga sólo una o dos veces.

Hágalo cada vez que tenga la ocasión. Susurre suavemente estas promesas en los oídos de su cónyuge. Pronunciar palabras agradables es algo que va más allá de su relación privada. No significa solamente que usted procura un continuo de palabras que fortalecen y animan a su cónyuge en privado. Por el contrario, es algo que se expande más allá de su círculo íntimo. Reafirmar el amor que usted siente por su cónyuge es un asunto tanto privado como público. Sus vecinos también deben conocer el compromiso que usted tiene con su cónyuge. Sus colegas de trabajo deben conocer el nombre de su cónyuge.

La idea de que su cónyuge sea misterio es ridícula. Todo el mundo debería conocer el amor que siente por su esposa. No estoy diciendo que deba gritarlo por un altavoz pero, si tiene la oportunidad de hacerlo, debería proclamar su amor con toda energía. No debe haber ninguna duda sobre su compromiso. No debe haber ninguna duda sobre la exclusividad de su relación. No debe haber duda sobre si usted está o no está disponible. Por el contrario, debería ser obvio para los demás de que su matrimonio es más valioso para usted que diez millones de diamantes. Todos deben saber cómo usted se desarrolla en su amor por su cónyuge, sólo superado por su amor a Dios, y el valor que usted deposita en esta relación. Reafirme su compromiso de amor tanto privada como públicamente. Al hacerlo contribuirá a establecer el marco para que la intimidad crezca y se multiplique.

Lo que usted dice y cómo lo dice, es muy importante.

Mi mujer es muy directa. Yo no lo soy. Ella va directo al punto, incluso cuando se trata de un tema difícil de discutir. Por lo general, yo preparo el terreno antes de ir al punto. Dicho de otra manera, es probable que yo utilice más palabras que las necesarias, pero así es como soy. Si tiene en cuenta las diferencias entre mi esposa y yo, usted puede encontrar algunas similitudes con su relación. Lo interesante de cómo mi esposa y yo nos comunicamos y nos expresamos es que ambos necesitamos ser conscientes de lo que decimos y de cómo lo decimos, independientemente de la cantidad de palabras que utilicemos. A pesar de que mi esposa usa menos palabras, aun así necesita prestar atención a lo que dice.

Ahí está el viejo refrán, "Breve, amable y directo al grano." Pero si no tenemos cuidado, a veces puede transformarse en, "Breve, amargo y muy desagradable." Esto puede ocurrir cuando usted decide llenar el aire con una multitud de palabras. Sus palabras pueden comunicar algo totalmente diferente de lo que pretendía comunicar. Ambos estilos no sólo dependen de lo que usted dice, sino también de cómo lo dice. Así que preste atención a las palabras que usa para comunicarse. Asegúrese de que está enviando el mensaje correcto. Y ya sea que usted elija utilizar sólo cinco palabras o 500, asegúrese de que sus palabras aparezcan ante su cónyuge en la forma correcta. Lo que usted dice y cómo lo dice, es muy importante.

Sus palabras influyen significativamente en su entorno.

No podemos dejar de subrayar este punto. El ambiente creado dentro de su matrimonio depende en buena medida de las palabras que usted y su cónyuge decidan utilizar todos los días. Es una decisión que tiene que tomar deliberadamente. Elegir las palabras que ayuden a la edificación de su matrimonio es una de las cosas más importantes que puede hacer.

Sus palabras facilitan la madurez relacional. Sus palabras dan el impulso necesario para que su matrimonio tenga éxito y sostienen el progreso de la relación.

Sus palabras provocan un efecto poderoso cuando están
orientadas a crear un ambiente de extraordinaria intimidad.

Así pues, ¿por qué dedicar tanto tiempo a discutir la importancia de las palabras agradables? ¿Por qué gastar tanto tiempo en profundizar en esto? ¿A qué se debe que haya tanto ruido entre lo que decimos y lo que ocurre dentro de nuestro matrimonio? Creo que el siguiente punto nos ayudará a entender la razón. Nuestras palabras son poderosas y pueden restaurar el entorno de nuestro matrimonio. Pueden servir para deshacerlo todo o para restaurar el medioambiente corresponde en nuestras vidas. Por eso, nuestra responsabilidad verbal no debe tomarse a la ligera. Debemos prestar atención a lo que decimos y ser sensibles a cómo comunicamos.

Sus palabras siempre fluyen de su corazón.

Profundizamos más en la discusión sobre las palabras que elegimos para comunicarnos con nuestro cónyuge. Este principio también se aplica a aquellos con quienes nos comunicamos por fuera de nuestra relación matrimonial. La forma en la que escogemos las palabras no es más que el resultado de la efusión de nuestro corazón. En otras palabras, lo que hay en nuestro interior se transforma en palabras con el tiempo. Y lo que se ha convertido en palabras puede reconducirse al corazón. Tenga en cuenta estas dos escrituras que le ayudarán a comprender mejor lo que estamos diciendo:

De la abundancia del corazón habla la boca. (Mateo 12:34b, NVI)

Pues lo que está en el corazón determina lo que uno dice. (Mateo 12:34b, NTV)

Tómese un momento para reflexionar (Responda a cada pregunta honestamente)

- Durante estas últimas semanas de vida matrimonial, ¿qué dijeron las palabras que pronunció sobre la condición de su corazón?
- ¿Ha procurado usted un flujo continuo de ira, amargura, resentimiento y crítica o sus palabras fueron de salud, de vida, de fortaleza y de esperanza?

Cualquiera sea la respuesta, lo que haya dicho indica cómo está su corazón. No podemos culpar a nuestra pareja de nuestra ira. No podemos señalar con el dedo cuando somos nosotros quienes perdemos la calma o quienes insultamos. No, tenemos que asumir la plena responsabilidad de lo que decimos y de lo que hacemos. Por otra parte, tenemos que asumir la responsabilidad por el entorno que creamos a través del uso de nuestras palabras. Somos responsables de crear el entorno adecuado. Somos responsables del desarrollo de un corazón puro. Somos responsables del crecimiento de nuestro matrimonio. Marque, en los siguientes versículos, los puntos de acción que nos muestran cómo vivir en el Espíritu. Estas son las características de un corazón puro, lleno del Espíritu de Dios.

No se emborrachen con vino, lo cual lleva al desenfreno; más bien, llénense del Espíritu. Hablen entre ustedes con salmos, himnos y cánticos espirituales; canten y alaben al Señor con el corazón, y den siempre gracias por todo al Dios y Padre, en el nombre de nuestro Señor Jesucristo. Cultiven entre ustedes la mutua sumisión, en el temor de Dios. (Efesios 5:18-21, RVC)

Aunque en este caso el contexto es un pequeño grupo de creyentes, puede imaginarse el impacto que tendría transferir estas características al entorno de su matrimonio. Tal vez haya pasado bastante tiempo desde que cantó alabanzas a Dios en presencia de su cónyuge. Es posible que su cónyuge no recuerde la última vez que le cogió la mano para bailar y celebrar la grandeza de Dios. Tal vez no sepa lo que es verlo a usted mostrar un corazón agradecido y una actitud de gratitud. Y, muy posiblemente, nunca haya experimentado la sumisión mutua en la relación. Tal vez siempre haya sido unilateral. Tal vez usted es el que siempre "gana". Tal vez es hora de que examine su corazón y ore como David oró cuando estaba abierto ante el Señor. Recuerde que lo que sale es un reflejo de lo que está adentro. Sus palabras, buenas o malas, son un reflejo de su corazón.

Señor, examina y reconoce mi corazón: pon a prueba cada uno de mis pensamientos. Así verás si voy por mal camino, y me guiarás por el camino eterno. (Salmo 139:23-27, RVC)

Palabras agradables en acción

Escuche el corazón puro del Rey Salomón cuando describe en detalle la gran belleza de su novia, la joven Sulamita. Eso es un operador suave. Salomón fue un adelantado a su tiempo. Él comprendió la importancia de un suministro continuo de palabras agradables para crear un ambiente de intimidad extraordinaria. Era plenamente consciente de la importancia de establecer intimidad en la relación antes de la intimidad sexual. Observe su atención minuciosa a los detalles. Observe cómo Salomón eleva la belleza y el valor de su joven novia.

Observe su encanto de antaño. Observe las comparaciones con las preciadas posesiones de Israel y la abundancia de variedad que aporta al proceso. A pesar de que hoy nos expresaríamos con un conjunto diferente de tesoros y objetos para ilustrar nuestro amor, no se puede negar la brillantez poética de Salomón al describir el cuerpo de su mujer de arriba a abajo y su asombrosa belleza.

¡Qué hermosa eres, amiga mía! ¡Qué hermosa eres! Son tus ojos dos palomas que se asoman tras el velo, y tus cabellos, un rebaño de cabritos que desciende de los montes de Galaad. Comparables son tus dientes a un rebaño de blancas ovejas recién bañadas y trasquiladas. Todas ellas tienen su pareja; ningún espacio dejan vacío.

Tus labios son un hilo carmesí, y tus palabras son cautivadoras. Tus mejillas son dos gajos de granada que se asoman tras el velo. Tu cuello, cual la torre de David, es de elegante estructura;

de esa torre penden mil escudos, ¡todos ellos escudos de valientes! Son tus pechos dos cervatos gemelos, que reposan entre los lirios. (Cantares 4:1-5, RVC)

Sus palabras antes, durante y después de la intimidad sexual pueden afectar significativamente la reacción de su cónyuge.

Como vemos en el Rey Salomón, las palabras agradables y el amor constante funcionan juntos. En esencia, son inseparables. ¿Se tomaba el tiempo el Rey Salomón para entender a cónyuge? Sí. ¿Dedicaba un tiempo considerable a escuchar, comprender y conocer a su novia mientras se desarrollaba su relación? Sí. ¿Usaba el Rey Salomón palabras agradables, de inspiración, fortaleza, ánimo y esperanza? Sí. ¿Contribuían sus palabras a crear un ambiente donde su esposa se liberara por completo y expresará su amor antes, durante y después de la intimidad sexual? Como confirmaremos en breve, ¡Sí!

¿Ha estado usted trabajando horas extra y ha agotado toda su energía para construir la intimidad sexual? ¿Ha descuidado el aspecto relacional en el proceso? Si es así, cambie de rumbo. Si la única vez que su cónyuge oye palabras agradables es durante el clímax de su experiencia sexual, cambie su estrategia actual y diseñe una más amplia. Como sugerimos anteriormente, la creación de un ambiente de intimidad extraordinaria es más un proceso que un evento. Se compone de la totalidad de su relación y no de una colección de eventos.

Con esto en mente, entendemos que el proceso de creación de este entorno es el que prepara la intimidad sexual, y no al revés. Cuando la intimidad se entreteje con cada aspecto de su relación, la intimidad sexual puede florecer. Cuando esta alineación es constante, tanto el marido como la esposa pueden disfrutar de una intimidad relacional y sexual duradera. Cuando el proceso se descuida, tanto la intimidad en la relación como la intimidad sexual sufren la pérdida. De modo que el proceso supera al evento. Y el evento en parte es conformado por el flujo constante de amor dirigido a nuestro cónyuge. Así que no olvidemos nunca: la intimidad en la relación es anterior a la intimidad sexual.

Nutrientes de la relación

Imagínese lo que pasaría en su casa si usted y su esposo deliberadamente confirmaran su amor por el otro regularmente. ¿Qué pasaría si cada uno de ustedes decidiera dejar de jugar batallas de conversación, juegos de culpa, y comenzara a brindar palabras de aliento, fuerza, esperanza, confianza y compromiso con el otro? Imagínese lo que pasaría en su casa. ¿Qué pasaría si el tono en su casa estuviera lleno de paz, amor y aceptación en lugar de gritos, críticas y rechazo? Yo creo que no solo se revolucionaría su vida sexual, sino también todo su matrimonio. ¡Podría cambiar el destino de su vida!

Piense en las palabras que elige para usar todos los días como
nutrientes de la relación que vierte en su cónyuge.

Después de un tiempo de recibir un flujo constante de alimentos perjudiciales, usted se desgastaría. También afecta significativamente el modo en que se siente su cónyuge. Afecta su postura y se evidencia en su apariencia. En última instancia, afecta su actitud hacia usted, aunque trate de resistirse con todas sus fuerzas. Finalmente, su cónyuge cambiará por completo. Se transformará en otra persona, alguien del que usted no se enamoró, alguien a quien usted ha destruido en el contexto de la relación.

Su cónyuge siente el peso de estos malos nutrientes relacionales, pero no sabe cómo revertir los efectos. En el fondo, sabe que las cosas deberían ser diferentes. Tienen que ser diferentes... pero ¿cómo?

Acepte la responsabilidad personal de sus pensamientos,
actitudes y palabras dirigidas a su cónyuge.

¿Cómo revertir los efectos de la desnutrición? De a un nutriente por vez. Para ofrecer buenos nutrientes relacionales, primero tiene que recibirlos. Usted ofrece lo que recibe. Deje de poner excusas para su comunicación. Deje de señalar con el dedo de la culpa y decídase a aceptar la responsabilidad personal por el entorno negativo que ha creado dentro de su matrimonio. Acepte la responsabilidad personal de sus pensamientos, actitudes y palabras dirigidas a su cónyuge. Si usted ha destruido a su pareja con sus palabras, llámelo por su nombre: pecado.

Hay momentos en que no podemos avanzar en nuestra relación. Hay momentos en que nuestras palabras y nuestras acciones han causado un daño significativo. Hay momentos en los que personalmente saboteamos nuestro matrimonio por las elecciones que hemos hecho. Y si no hacemos nada, nada cambia. Pero si confesamos nuestros pecados a Dios, a nuestra pareja y a aquellos ante quienes somos responsables, las oportunidades para restaurar la relación son interminables. La oportunidad de revitalizar la relación y de lograr una intimidad extraordinaria está a su alcance. *Confiesen sus pecados unos a otros, y oren unos por otros, para que sean sanados. La oración del justo es muy poderosa y efectiva (Santiago 5:16, RVC).*

Confiese el pecado de la desnutrición en relación a su cónyuge. En otras palabras, admita y confiese que ha tratado de herir al otro deliberadamente con sus palabras. No se puede experimentar un entorno constante de intimidad extraordinaria cuando regularmente se peca contra Dios y contra el otro. Piense en las siguientes preguntas con mucho cuidado.

¿Existe una conexión entre las palabras que usa cada día para enmarcar el entorno de su hogar y el nivel de intimidad sexual que experimenta? ¿Es posible que su intimidad sexual haya muerto porque ha obligado a su cónyuge a escuchar y a absorber malos nutrientes relacionales?

Tómese un momento para reflexionar *(Responda a cada pregunta honestamente)*

- ¿Qué pasaría si hoy se decidiera a cambiar no solo lo que recibe y asimila, sino también lo que ofrece?
- ¿Qué pasaría si usted comenzara a recibir la alimentación diaria de los principios relacionales de Dios?
- ¿Qué pasaría si aplicara las Reglas del compromiso y se decidiera a brindar solo cosas buenas a su cónyuge?
- ¿Qué pasaría si su cónyuge recibiera un flujo regular de buena nutrición relacional, llena de palabras que construyan, alienten e infundan confianza?

Imagine lo que los elementos positivos podrían hacer por el ambiente en su hogar. Visualice cómo los acercaría como pareja y cómo daría lugar a una mayor intimidad, tanto en la relación como en el plano sexual.

Actividad del Matrimonio por Diseño

Reflexione sobre algunas de las características mejores y más admirables de su cónyuge mientras considera los siguientes elementos. Escriba lo que más atrae del otro a cada uno. Puede ser algo que su cónyuge posea o la forma en que maneja ciertas situaciones. Puede ser su atención a los detalles en determinado aspecto o las características de fortaleza que muestra a través de su amor.

Palabras agradables

Elementos	Características distintivas	¿Qué le resulta más atractivo?

Forma única - Dones espirituales, pasiones, personalidad, talentos y habilidades

Formación específica - Educación, trabajo y desarrollo

Conexiones con propósito - Relaciones y contactos clave, gente con la que le encanta trabajar y a la que le gusta servir

Experiencias de vida - Experiencia adquirida a través del ministerio, de la familia, de los negocios, participación en la comunidad, misiones especiales, voluntariado, viajes, etc…

Exámenes de vida - Condiciones inusuales, retos difíciles, fracasos y circunstancias dolorosas

Proyectos exitosos - Experiencias de crecimiento clave, inversiones fructíferas y logros impactantes

Nuevas oportunidades - Familia, trabajo, ministerio, comunidad, militar, etc.

*Por lo tanto, esforcémonos por promover todo lo que conduzca
a la paz y a la mutua edificación. (Romanos 14:19, NVI)*

Actividad del Matrimonio por Diseño

Ahora piense en sus respuestas y escriba un resumen de las mejores características de su pareja y cómo lo hacen sentir cuando aparecen. Tenga en cuenta lo que dice su cónyuge y cómo se comunica con usted para brindarle fuerza y aliento. Para este ejercicio, anote sus pensamientos como lo haría al escribir una carta a su cónyuge. Cuando haya terminado, tome la mano de su cónyuge lea en voz alta lo que escribió.

Resumen:

2. Romance planificado

Una vez que comenzamos a brindar buenos nutrientes relacionales, es decir, palabras agradables, es hora de consultar el calendario y planificar una variedad de momentos memorables con nuestro cónyuge. Aquí es donde nuestra creatividad tiene que subir a un nuevo nivel. El romance planificado no significa necesariamente un gasto financiero muy grande, pero requiere investigación, una cuidadosa planificación y atención al detalle. No se equivoque: pasar largos períodos de tiempo juntos puede hacer más por su relación de lo que usted imagina. Muchos asuntos privados del corazón y sus sueños para el futuro pueden compartirse cuando nos tomamos el tiempo para preparar el entorno adecuado para que estas cosas salgan a la superficie sin esfuerzo. Esto nos lleva a nuestro primer punto de esta sección.

Los buenos matrimonios construyen buenos recuerdos.

Todos reconocemos la importancia de la planificación en materia de trabajo, proyectos y eventos importantes. Comprendemos la inversión de tiempo, recursos y finanzas. Pero ¿qué pasa con la planificación en lo que se refiere al crecimiento de nuestro matrimonio? Es preciso hacerse esta pregunta. ¿Hay que hacer menos esfuerzo para planificar cuando se trata de crear un entorno de intimidad extraordinaria? Si lo hacemos, ¿es lógico esperar que nuestra relación cobre vida y experimente una mayor vitalidad? Si no lo hacemos, ¿podemos esperar que este componente complemente nuestro enfoque integral para la construcción de un buen matrimonio? Creo que usted ya conoce la respuesta.

Actividad del Matrimonio por Diseño

Los buenos matrimonios construyen buenos recuerdos, y los buenos recuerdos necesitan mucha creatividad y planificación. El tiempo que usted invierte en la planificación de actividades para hacer crecer su matrimonio vale la pena, cada segundo y cada dólar. Piense en algunos de los recuerdos que ya ha construido. Cuando usted piensa en esos momentos que pasaron juntos como pareja, ¿qué se destaca más? ¿Qué es lo que cada uno hizo por su relación? ¿Cómo se acercaron como pareja y mejoraron su comunicación? ¿Qué es lo que se solidificó? ¿Y qué hizo cada uno para profundizar en el amor que siente por su cónyuge?

Construir buenos recuerdos

Haga una lista de algunas experiencias románticas compartidas con su cónyuge como resultado de una buena planificación. ¿Qué es lo que cada una hizo por su relación? ¿Cómo fortalecieron su matrimonio?

1.

2.

3.

Cuando los desafíos de la vida se intensifican, los buenos recuerdos sirven como pilar para mantener la perspectiva. Sirven como una fuente de aliento y fuerza. A veces pueden constituir la diferencia entre aferrarse a la relación o abandonarla. No hay que subestimar su importancia. La construcción de buenos recuerdos no debe darse por sentado. Los buenos matrimonios construyen buenos recuerdos. El romance planificado puede crear recuerdos inolvidables de su matrimonio.

Para que su matrimonio florezca, hay que hacerse deliberadamente tiempo para el romance.

"Bueno, eso es obvio", dirán algunos. ¿En serio? Vivimos en un mundo en constante movimiento. Nuestros horarios a menudo están llenos de innumerables actividades. Las velocidades de Internet siguen aumentando y lo mismo ocurre con la velocidad de la vida en los Estados Unidos. A pesar de que nuestros canales de comunicación son más sofisticados, a menudo parece que las relaciones siguen siendo víctimas de la falta de calidad y cantidad. Si no tenemos cuidado, es posible que quitemos toda forma de intimidad de nuestro matrimonio. Como ya hemos dicho, la intimidad relacional es la primera prioridad. Si no se interrumpe, sirve como plataforma principal para que florezca la intimidad sexual. Para que su matrimonio florezca, hay que hacerse deliberadamente tiempo para el romance.

Piense en horas y días, no en minutos y segundos, cuando se trata de romance.

Recuerde: se necesita tiempo para crear un entorno donde la intimidad pueda prosperar. El tiempo también es necesario para desconectarse del trabajo, de los hijos y de otras responsabilidades inmediatas. Si usted está planificando quince minutos, reconsidere su estrategia para el romance. A menudo gran cantidad significa gran cantidad en este terreno. Cuando no hay prisa, plazos ni reuniones previstas, la presión se apaga y el romance puede comenzar. Piense en términos de varias horas o días consecutivos. ¿Se requiere una gran cantidad de planificación? Sí. ¿Vale la pena invertir tiempo? ¡Por supuesto! ¿Es necesario desafiar su creatividad? Sin duda. Cuando su cónyuge calcula la cantidad de tiempo necesario para planificar este romance espontáneo, sin duda tiene derecho a esperar un gratificante "gracias". Así comunicará lo mucho que lo valora sin decir una palabra. Demostrará su amor de una manera fresca y emocionante, y servirá de trampolín para la conversación.

Elimine todas las distracciones.

En lo que se refiere al romance planificado, eliminar todas las distracciones es indispensable. El romance requiere concentración, atención al detalle y tiempo. Cuando las distracciones quedan en la categoría de pendientes, surgen tensiones y es más difícil concentrar toda la atención en el otro. Cuando el romance comienza a tomar forma y lo interrumpe algo inesperado, puede ser extremadamente difícil volver a conectarse con su cónyuge. Como tal vez ya haya experimentado, invertir tiempo en eliminar todas las distracciones vale la pena. Aquí se muestran algunas aplicaciones prácticas para dar más luz a este tema.

Encontrar una guardería de confianza.

Cuando los niños son pequeños, parece que la vida de sus padres gira en torno a sus horarios. Muchos matrimonios sufren cuando el horario de los niños domina todos los aspectos de su relación, incluyendo la intimidad relacional y sexual. Después de Dios, su cónyuge es su prioridad número uno. Usted tiene que hacerse tiempo para pasar a solas con el otro para hacer crecer su matrimonio. Usted tiene que tomarse el tiempo de conocer mejor a su pareja y compartir largas conversaciones. Y sí, hay que planificar y separar tiempo para el romance. Los abuelos, tíos, tías y amigos son buenos candidatos para ayudarle con esta necesidad. Es probable que muchos de ellos estén esperando la oportunidad de cuidar a sus hijos.

Cuando los niños son mayores, usted tiene que seguir planificando el romance. Por ejemplo, a mi hijo Luke, que ahora tiene quince años, le encanta pasar las tardes practicando skate en la casa de su amigo. Cuando lo llevamos, literalmente nos pide que lo pasemos a buscar lo más tarde posible. Cuando mi hija Savanah, que ahora tiene doce años, quiere pasar tiempo con su BFF (Best Friend Forever, mejor amiga para siempre), automáticamente empaca sus maletas y nos ruega que la dejemos dormir en su casa. Así que mi esposa y yo podemos disfrutar de una tarde y hacer compras, hablar mientras tomamos un café, ver una película de amor o (mi programa favorito) planificar el romance. Encontrar alguien confiable que cuide a los niños no es difícil, pero requiere una planificación anticipada.

Cierre la puerta y asegúrese de que permanezca cerrada con llave.

Muchos hombres aventureros planifican escapadas románticas a un campo de golf famoso, a una playa desierta o al campo. Las mujeres piensan de manera muy diferente. A pesar de que desean aventuras a su modo, compartir una velada romántica con su marido y hacer el amor en un lugar donde todos los seres vivos pueden ver (incluidos los animales) por lo general no está en su lista de destinos preferidos para el romance. Así que los gladiadores deben dejar de soñar de esta manera. En cambio, deben asegurar la privacidad de su cónyuge. Deben cerrar la puerta y crear un entorno de seguridad y privacidad. Cuando una mujer siente amenazas a su privacidad y seguridad, experimentará más estrés de lo previsto o deseado.

Apague todos los teléfonos y dispositivos electrónicos.

Es increíble la cantidad de llamadas telefónicas, mensajes de texto, correos electrónicos, tweets, chats y otras formas de comunicación que recibimos cada día. Pero cuando se quiere crear un entorno de intimidad extraordinaria, estas distracciones deben apagarse y eliminarse. Aunque algunos prefieren ver la televisión, los comerciales pueden ser una importante fuente de distracciones.

Imagine por un minuto que usted y su cónyuge están viendo una bella historia de amor sobre una pareja que se conoce y se enamora. Durante este tiempo, están íntimamente compenetrados el uno en el otro y escuchan la película de fondo. De pronto, un ruidoso comercial de sesenta segundos de un concesionario de automóviles local aparece en la pantalla. El propietario empieza a gritar sobre los coches nuevos que acaban de llegar al estacionamiento, las ofertas de canje y los descuentos de fábrica. Usted no alcanza el control remoto, pero la voz de este hombre es terriblemente molesta. Por lo tanto, deben detener lo que están haciendo para apagar el televisor. Sin embargo, llegado este punto, la interrupción ha dejado su marca y la voz molesta sigue sonando en su mente. Aunque no es imposible, tendrá que concentrarse mucho para retomar las cosas donde las dejó. Ahórrese tiempo y frustraciones no deseadas. Apague todos los dispositivos electrónicos antes de que el romance comience.

Transformar el dormitorio.

La transformación del dormitorio es otra manera de construir buenos recuerdos en su matrimonio. Es asombroso ver lo que el entorno adecuado puede hacer por un matrimonio. Lo que vemos y sentimos puede afectar nuestra actitud, nuestras palabras y nuestras acciones. A todos nos gusta caminar por lugares visualmente atractivos. Cuando van a comprar una casa, las parejas recorren cada modelo de casa disponible solo para ver de cuántas maneras diferentes se puede disponer y decorar cada habitación.

Recuerdo cuando compramos nuestra casa en Miramar, Florida. Cuando llegamos, caminamos a través de diecinueve modelos de casas en menos de dos horas, mientras manteníamos entretenidos a los niños. Queríamos ver si podríamos conectarnos con la apariencia de al menos uno de los modelos de casas. Una vez que nos decidimos por una casa, comparamos las habitaciones de tamaño y forma similares a los de otras casas para ver qué posibilidades podíamos crear. Fue una gran experiencia para todos los involucrados. Todavía recuerdo algunas de las herramientas creativas y las selecciones de muebles usadas por los diseñadores para retener a las familias y disfrutar de su tiempo juntos.

Tal vez sin saberlo, los diseñadores estaban creando ambientes donde las familias pudieran relajarse, soñar y ver cómo podría ser el futuro en su nuevo hogar. Cuando usted y su cónyuge se toman el tiempo para transformar el dormitorio, pueden crear hermosos recuerdos para el futuro. Por otra parte, puede aumentar la confianza en su futuro juntos y darle la oportunidad de disfrutar del otro como Dios lo quiso.

Utilice decoraciones románticas que sean visualmente atractivas.

Pidamos prestados algunos elementos a nuestros amigos diseñadores para crear un ambiente inolvidable para que el romance florezca. En primer lugar, hay que decorar la habitación. Tiene que verse diferente. Así como todas las habitaciones de la casa modelo eran único en estilo y apariencia, el romance planificado debe tener una notable variedad. Es bueno y divertido mantener a su cónyuge adivinando. Cubra la habitación con símbolos de amor, misterio y belleza. Hagamos que estos elementos sean significativos para su cónyuge. En otras palabras, asegúrese de que se conectan con su pareja de una manera significativa. Usted puede decidir utilizar flores frescas, telas colgantes, una gran cantidad de almohadas, o algo incluso más creativo. Demuestre su atención al detalle y la comprensión de lo que más le gusta a su cónyuge.

Considere el uso de velas perfumadas

Las velas perfumadas pueden llenar su dormitorio con un aroma romántico. Hoy en día, hay cientos de olores entre los que elegir. Los centros comerciales más grandes tienen tiendas que venden las marcas más populares. Si usted decide usar velas perfumadas, asegúrese de que coincidan con las preferencias de su cónyuge. Si usted no está seguro, pregunte. Una vela perfumada con la fragancia equivocada puede arruinar el estado de ánimo. Así que si usted no está totalmente seguro sobre las preferencias de su cónyuge, pregúntele directamente. Se alegrará de haberlo hecho.

Relajantes canciones de amor

Las canciones que seleccione y la música que elija para que suene al planificar un momento romántico con su pareja pueden afectar significativamente su tiempo juntos. La música es excelente para relajar el alma. Ya sea que le guste la música instrumental o escuchar a su artista favorito, el tipo de música puede contribuir significativamente a la experiencia para usted y su cónyuge. Piense en su última visita al dentista. La mayoría de nosotros piensa con cierto temor en la limpieza profunda, la perforación y la extracción en lo que se refiere a nuestra boca. ¿Qué tipo de música se oye a menudo en el consultorio dental? ¿El éxito más reciente de una nueva banda de rock? ¡No! La música es suave y relajante. Puede tener palabras o no. Pero una cosa es cierta: está diseñada para ayudar a eliminar el miedo y permitir que el paciente se relaje mientras espera.

Utilice masajes prolongados para relajar a su cónyuge.

Dedicar tiempo a relajar a su cónyuge con masajes prolongados puede ayudarlo a relajarse de las preocupaciones de la semana y a disfrutar del momento. Pregúntele dónde le duele. Pregunte qué parte de su cuerpo está rígida y necesita caricias.

Utilice aceite para reducir la fricción y prolongar el masaje. Converse con su cónyuge mientras le demuestra su amor a través de sus acciones. Si su cónyuge está demasiado cansado para hablar y simplemente quiere relajarse, no hay problema: simplemente escuche la música y disfrute del placer de mimar al otro. No hay prisa en este momento. Si el otro se queda dormido en el proceso, déjelo dormir por un rato. Esto le da tiempo para asegurarse de que los otros detalles estén listos. Después, lenta y amorosamente, despiértelo y continúe el masaje.

Realce la experiencia con un café o té gourmet, chocolates y frutas frescas

Al planificar estos momentos especiales juntos, prepare una comida ligera. No es conveniente comer demasiado en estos casos. Lo ideal es comer menos pero más frecuentemente. Tal vez la última vez que se dieron de comer el uno al otro fue al cortar el pastel de bodas. Ofrézcanse distintas comidas y compartan sus bebidas favoritas mientras conversan. No sea descuidado. Use los mejores platos y las tazas más elegantes que tenga. Compre cosas simples para hacer la experiencia aún más especial y única. No olvide ser creativo al compartir sus bocadillos favoritos con el otro. Recuerde que usted está construyendo un buen recuerdo.

Dedique el tiempo necesario para satisfacer las
necesidades de su cónyuge para la intimidad sexual.

Cuando todo esté listo y su cónyuge entre al dormitorio, su objetivo principal debe ser satisfacer su necesidad de intimidad sexual. Concéntrese en lo que más disfruta su cónyuge. A medida que se desarrolla el romance, haga que esta experiencia sea el objetivo de su tiempo juntos. Si no está seguro, pregunte: "¿Qué te ayuda a experimentar la mayor cantidad de placer sexual? ¿Qué parte de la intimidad sexual es tu favorita? ¿Qué puedo hacer para que esta experiencia sea aún más satisfactoria para ti?" Y una vez que descubra este tesoro precioso de la intimidad sexual, esfuércese por cumplir su deseo con todas sus fuerzas y valore cada momento.

El rey Salomón dedicaba el tiempo suficiente para satisfacer las necesidades de intimidad sexual de su cónyuge. Era esposo, amigo y amante. Se hacía el tiempo suficiente para demostrar su gran amor por la joven novia. Pertenecer a la realeza y estar lleno de compromisos no impidió al rey Salomón hacerse tiempo para satisfacer la necesidad de intimidad sexual de su esposa. Él comprendía la importancia de crear un entorno para la intimidad relacional y sexual.

Entendía la importancia del crecimiento de estos dos componentes. Entendía la importancia de decir palabras agradables y planificar el romance. El rey Salomón es el único hombre en la Biblia que, bajo la inspiración del Espíritu Santo, escribió acerca de cómo amar a su pareja en todas las culturas y en todas las estaciones. Podemos aprender mucho de este gran rey de Israel.

Hasta que llegue el día y las sombras se disipen, quiero ir al monte de la mirra; quiero ir a la colina del incienso. Toda tú eres hermosa, amiga mía; no tienes ningún defecto. (Cantares 4:6-7, RVC)

3. Afecto compartido

En cuanto a los temas de que ustedes me escribieron, lo mejor para hombres y mujeres sería no tener relaciones sexuales, pero por causa de la inmoralidad sexual, cada hombre debe tener su propia esposa y cada mujer su propio esposo. El marido debe cumplir el deber conyugal con su esposa, lo mismo que la mujer con su esposo. (1 Corintios 7:1-3, RVC)

La primera parte del afecto compartido consiste en la satisfacción
constante y mutua de las necesidades sexuales del otro.

Pablo nos brinda un excelente lugar para comenzar en lo que se refiere al afecto compartido con nuestra pareja. A los maridos, les ordena tener una esposa. A las esposas, les ordena tener un marido.

Así que esta pasión compartida de la que habla no es para aquellos que no son su cónyuge. No dice que sea aceptable una pluralidad de afecto compartido con alguien que no sea el cónyuge. No lo es. Pablo está diciendo algo muy importante. Está volviendo a los fundamentos de un matrimonio santo. Está regresando al plan original de Dios para el esposo y la esposa. Quiere asegurarse de que su enseñanza es muy clara cuando escribe a un grupo de creyentes que estaban muy influenciados por su cultura actual.

El afecto compartido dentro de una relación matrimonial es singular, no plural. El intercambio está pensado para un hombre y una mujer unidos en santo matrimonio. No está diseñado para la distribución. No es opcional. Y no debe ser compartido con otros. El matrimonio es una institución sagrada. No se puede brindar satisfacción constante y mutua si su santidad personal se ve comprometida. Su santidad personal afectará dramáticamente el nivel de intimidad sexual que experimenta con su cónyuge. Por esta razón, la fidelidad a su cónyuge es absolutamente vital para que el amor crezca y se mantenga constante y sin interrupciones dentro de su matrimonio.

En primer lugar, nos comprometemos con nuestra pareja sin reservas. En cuanto a la intimidad sexual, el cónyuge es el único con quien compartimos nuestro afecto. En segundo lugar, debemos demostrar este afecto compartido regularmente con nuestro cónyuge. No debemos posponer nuestra responsabilidad para satisfacer las necesidades de intimidad sexual de nuestro cónyuge. Debemos conectarnos deliberadamente y esforzarnos por entender lo que el otro necesita.

A medida que la intimidad en la relación se extiende a la intimidad sexual, nuestro objetivo debe ser poner las necesidades del otro por delante de las nuestras. Nuestra creatividad, planificación y energía contribuyen a cumplir este deseo y llegar al destino correcto. Nuestro objetivo debe ser satisfacer sus necesidades sexuales en primer lugar. Cuando cada cónyuge se propone satisfacer constantemente la necesidad de intimidad sexual del otro antes que su propia satisfacción, se puede alcanzar la satisfacción mutua. La primera parte del afecto compartido consiste en la satisfacción constante y mutua de las necesidades sexuales del otro.

Usted fue diseñado para satisfacer por completo la necesidad de intimidad sexual de su cónyuge.

Pablo amplía su pensamiento después de establecer una clara comprensión respecto de la singularidad de la relación matrimonial y la regularidad de afecto compartido. Ahora se mueve hacia su segundo punto importante y arroja más luz sobre este tema. Esto es lo que Pablo dice a los casados. Su cónyuge tiene una necesidad de afecto compartido que solo usted puede cumplir. Esto es lo que necesita de usted. Usted es la fuente exclusiva de intimidad sexual de su cónyuge. Por esta razón, es imprescindible que usted entienda profundamente las necesidades de su cónyuge en este ámbito. Cuanto más llegue a conocer y entender lo que el otro necesita en el plano sexual, estará en mejores condiciones de ofrecerle una experiencia sexual satisfactoria.

Sea proactivo en la comprensión de los deseos sexuales de su cónyuge.

De modo que esta muestra de amor, esta búsqueda de la completa satisfacción de la necesidad de intimidad sexual de su cónyuge requiere trabajo. Es más que sexo. Se requiere una gran comprensión. Es un entorno donde todo se junta, antes, durante y después de la intimidad sexual. La intimidad en la relación es el entorno que usted crea para su matrimonio. La intimidad sexual no es más que el desbordamiento natural de la intimidad en la relación. Cuando ambos son activos y crecen dentro de su matrimonio, su relación puede experimentar una gran alegría y realización personal.

Ya he entrado en mi jardín, hermana y esposa mía; recolecto ya la mirra y las especias, libando estoy la miel del panal, y ahora bebo el vino y la leche que has reservado para mí. Queridos amigos míos, ¡coman y beban hasta saciarse! (Cantares 5:1, RVC)

Si todavía no lo ha notado, su cónyuge es un poco complicado de entender a veces. ¿Por qué? Bueno, hay que recordar que es una persona diferente. No piensa como usted piensa. No procesa la información de la misma manera que usted. Responde de manera diferente en el plano emocional, físico, intelectual e intuitivo. ¿Esto significa que uno es bueno y el otro es mejor? ¡Por supuesto que no! Esta es la forma en que Dios los ha hecho. Así que en vez de invertir su tiempo tratando de cambiar el ADN de su cónyuge, sea proactivo para comprenderlo profundamente. Y cuando se trata de sus deseos sexuales personales, no se sorprenda si también son diferentes.

Pregúntele a su cónyuge directamente lo que necesita y tome nota.

A medida que aumenta la comprensión de su cónyuge, se convertirá en un experto en hacer las preguntas correctas. Dado que ya hemos establecido la gran diferencia entre uno y otro, lo único que tiene sentido es hacer buenas preguntas para aumentar tanto la intimidad en la relación y la intimidad sexual. Así que pregunte a su cónyuge directamente lo que necesita en el plano sexual. Y cuando le pregunte, propóngase prestar mucha atención y recordar esta información. Puede que no quiera pegar estos datos en la puerta del refrigerador, pero sí le recomiendo que los grabe en su mente y en su corazón. Dado que el objetivo de la intimidad sexual es satisfacer las necesidades de su cónyuge, no puede permitirse el lujo de olvidar un solo detalle. Escuche atentamente a su cónyuge y tome notas detalladas.

Pregúntele específicamente cómo crear el entorno adecuado
para que pueda expresarse sexualmente sin reservas.

Ahora demos un paso atrás y repasemos el entorno necesario para que prospere la intimidad sexual. Una vez más, empiece por hacerle preguntas muy específicas a su cónyuge para comprender mejor sus necesidades y deseos más profundos. La idea es que el otro se relaje. La idea es que se olvide de todo lo que está fuera de la puerta del dormitorio. Queremos toda su atención. Aquí hay algunas preguntas que puede hacer a su cónyuge directamente para entender cómo ayudarlo a expresarse libremente.

- ¿Cómo te gustaría comenzar nuestro tiempo juntos?
- ¿Qué te hace reír y te ayuda a relajarte?
- ¿Qué te hace sentir querido y amado?
- ¿Qué puedo decir, leer o cantar para ayudarte a ponerte en el estado de ánimo adecuado?
- ¿Qué clase de afecto compartido y juego preliminar te estimula más?
- ¿Qué te gustaría experimentar durante nuestro tiempo juntos?
- ¿Cómo te gustaría terminar nuestro tiempo juntos?

Su objetivo para crear un entorno de intimidad extraordinaria es cumplir incondicionalmente y sin reservas las necesidades sexuales de su cónyuge.

La segunda parte del afecto compartido consiste en la entrega voluntaria. Por lo general no vemos la frase "entrega voluntaria" como algo positivo. Nos recuerda al enemigo en el campo de batalla que renuncia sus derechos para evitar más muertes. Tal vez pensemos en un equipo deportivo que no tiene suficientes jugadores disponibles para iniciar la competencia. O quizá nos recuerde a la gente a lo largo de nuestra historia que entregó voluntariamente sus bienes personales para mantener a su familia con vida. Sabemos que mantuvieron a su familia con vida, pero no podemos sacar la pérdida de nuestras mentes.

Pero si tenemos en cuenta el contexto de afecto compartido, debemos recordar la importancia de la entrega voluntaria para ayudarnos a experimentar una intimidad extraordinaria. A veces este punto resulta difícil de aceptar, especialmente para los hombres. Dado que los hombres están extremadamente orientados a las tareas, fácilmente pueden confundir la intimidad sexual con el deber sexual. Esto puede conducir a un conflicto enorme en el matrimonio y producir el efecto contrario: mesetas sexuales y desencanto.

La entrega voluntaria consiste en colocar deliberadamente la necesidad de intimidad de mi cónyuge por encima de la mía. Consiste en tener la satisfacción de su necesidad como máxima prioridad. Este afecto compartido se brinda sin condiciones, expectativas ni reservas. En resumen, la atención se centra en satisfacer a su cónyuge. ¿Qué significa esto en la práctica? Aquí hay tres puntos a considerar. Su atención debe centrarse en satisfacer a su pareja.

Debe preferir los deseos de su cónyuge a los suyos.

No puedo enfatizar esto lo suficiente. Un matrimonio en crecimiento muestra una actitud permanente de entrega voluntaria. Esta actitud se aplica a lo relacional y a lo sexual. ¿Esto va en contra de nuestra cultural actual? Sí. ¿Es necesario el sacrificio de nuestra parte? Sí.

¿Vale la pena el esfuerzo? Usted ya sabe la respuesta: sí. Un matrimonio que prospera es el que brinda libremente para satisfacer las necesidades del otro. El entregarse y el dar funcionan juntos. Cuando se entrega voluntariamente, automáticamente da. Su nivel de dar es directamente proporcional a su deseo de entregarse. Dar a su cónyuge lo que más necesita es la decisión correcta para su relación.

Satisfaga sus necesidades emocionales, de conversación y físicas.

La intimidad sexual, como hemos dicho, es mucho más que un evento aislado en una categoría relacional. Está íntimamente relacionada con la totalidad de su experiencia relacional. La intimidad sexual es el desbordamiento de la intimidad en la relación. Con esto en mente, la satisfacción de las necesidades emocionales, de conversación y físicas de su cónyuge está interconectada. Tampoco están diseñadas para separarse y tomarse en forma aislada.

Comprenda lo que su cónyuge necesita en el plano emocional y en la conversación, antes, durante y después de la intimidad sexual. Reduzca la velocidad si es necesario y haga las cosas bien. Tal vez no hayan hablado mucho a lo largo de la semana anterior y se sientan desconectados. Antes de conectarse físicamente, deben conectarse emocionalmente y mediante la conversación. No diluya este importante factor. Déle la atención que merece.

Encuentre formas divertidas y creativas para ayudar a su
cónyuge a tener una experiencia sexual más placentera.

Sí. La intimidad sexual está diseñada para ser emocionante y divertida. La risa puede mezclarse a la experiencia y generar una fuente sana de diversión. No se supone que sea algo soso y aburrido. Usted no será más espiritual si su intimidad sexual no es agradable. Así que tenemos que trabajar en esto. Tenemos que pensar de manera creativa, amorosa y hacer que la experiencia sea agradable.

Una vez más, esto es parte del proceso de investigación. Tal vez se sorprenda por lo que su pareja puede estar pensando en la "categoría de la diversión". Incluso lo puede escandalizar, en el buen sentido. Pruebe algo diferente, ríase un poco y ayude a su cónyuge a tener la experiencia sexual más placentera imaginable. Piense en el rey Salomón y su esposa.

Amada: Acompáñame desde el Líbano, esposa mía; acompáñame desde el Líbano. Baja conmigo de la cumbre del Amana, bajemos de la cumbre del Senir y del Hermón; donde están las guaridas de los leones, donde están las cuevas de los leopardos. Hermana y esposa mía, con una sola mirada tuya y con un solo hilo de tu collar me robaste el corazón. Hermana y esposa mía, ¡cuán deliciosas son tus caricias! ¡Son más deliciosas que el vino! ¡Es más dulce el olor de tus perfumes que el de todas las especias aromáticas! De tus labios fluye miel, esposa mía; leche y miel hay debajo de tu lengua. La fragancia de tus vestidos evoca la fragancia del monte Líbano.

Eres un jardín cercado, hermana y esposa mía; eres cerrada fuente, ¡sellado manantial! Eres un jardín de granados, donde crecen frutos exquisitos, y flores de alheña y nardos; nardo y azafrán, cálamo y canela, toda clase de árboles de incienso, y mirra y áloes, y las más finas especias.

Eres fuente de los jardines, eres pozo de aguas vivas que fluyen desde el Líbano. ¡Levántate, viento del norte! ¡Ven acá, viento del sur! ¡Vengan y soplen en mi jardín, para que se esparzan sus aromas! ¡Ven, amado mío, a tu jardín y deléitate con sus dulces frutos! (Cantares 4:8-16, RVC)

La tercera parte del afecto compartido consiste en la responsabilidad sexual. Marido y mujer son responsables de satisfacer la necesidad de intimidad sexual de su cónyuge. Esta es una de las responsabilidades que no podemos darnos el lujo de ignorar. Satanás trata de desmantelar su matrimonio y de causar división, discordia y desesperación. La intimidad sexual fortalece el matrimonio y sirve como una barrera contra la tentación. En esencia, esto es lo que estamos diciendo:

No descuide al otro sexualmente.

La mujer ya no tiene derecho sobre su propio cuerpo, sino su esposo. Tampoco el hombre tiene derecho sobre su propio cuerpo, sino su esposa. No se nieguen el uno al otro, a no ser de común acuerdo, y sólo por un tiempo, para dedicarse a la oración. No tarden en volver a unirse nuevamente; de lo contrario, pueden caer en tentación de Satanás, por falta de dominio propio. (1 Corintios 7:4-5, NVI)

Hagamos un resumen de lo que hemos dicho. La primera parte del afecto compartido consiste en la satisfacción constante y mutua de las necesidades sexuales del otro. Se trata de estar comprometido con darle a su cónyuge la exclusividad dentro de su intimidad relacional y sexual. Esto significa que usted se concentre primero en satisfacer las necesidades del otro.

La intimidad sexual es mucho más que un evento: es un entorno, un proceso de entrega voluntaria. Se trata de dar en vez de tomar, de servir en lugar de pedir y de liberarse en lugar de esconderse. Al considerar este tercer componente del afecto sexual, empezamos a ver mejor lo que significa la idea de autoridad relacional en el contexto de la intimidad sexual.

Su cuerpo pertenece a su cónyuge y el cuerpo de su cónyuge le pertenece a usted.

Su cuerpo fue diseñado para glorificar a Dios y magnificar su nombre en toda la tierra. Este es su fin último en la vida. Es por eso que usted existe. Este diseño divino incluye su cuerpo físico. Como creyente, su cuerpo es el templo del Espíritu Santo. Se trata de un templo sagrado independiente, por Dios y para Dios. Dios lo ganó con Su propia sangre. Su cuerpo y su espíritu ahora le pertenecen a Dios. Usted es Su esclavo y Él es su Señor. Reconocer Su autoridad sobre su vida y someterse a Su palabra debe ser la norma y no la excepción.

¿Acaso ignoran que el cuerpo de ustedes es templo del Espíritu Santo, que está en ustedes, y que recibieron de parte de Dios, y que ustedes no son dueños de sí mismos? Porque ustedes han sido comprados; el precio de ustedes ya ha sido pagado. Por lo tanto, den gloria a Dios en su cuerpo y en su espíritu, los cuales son de Dios. (1 Corintios 6:19-20, RVC)

De manera similar, cuando pensamos en el plan de Dios para el matrimonio, su cuerpo ya no le pertenece a usted. Ahora su cuerpo le pertenece a Dios. Su cuerpo fue diseñado por Dios para satisfacer por completo la necesidad de intimidad sexual de su cónyuge. Cada parte fue hecha cuidadosa y maravillosamente. Cada parte es importante y debe ser libre y generosamente brindada a su cónyuge para su disfrute sexual. Su cuerpo ya no le pertenece a usted. Fue ganado por Dios mediante Su Espíritu para vivir y brindar a su cónyuge a fin de compartir constante afecto físico e intimidad sexual.

Brinde su cuerpo a su cónyuge libremente y disfrute del otro sexualmente.

Disfrutar del otro sexualmente es vital para un matrimonio en crecimiento. El placer sexual se logra cuando la relación se caracteriza por la sumisión mutua a las necesidades sexuales del otro. Cuando usted constantemente crea el entorno adecuado para una intimidad extraordinaria, puede esperar grandes cosas. Tómense el tiempo para disfrutar sexualmente uno del otro. Baje la velocidad, tome a su cónyuge en sus brazos y valore el tiempo que pasan juntos.

Permita que esto se convierta en una extensión natural de su intimidad relacional. Comuníquese con su cónyuge y hágale saber cómo puede satisfacer sus necesidades sexuales. Reflexione sobre lo que su cónyuge significa para usted. Abrácelo más fuerte y por más tiempo. Hágale saber con qué frecuencia piensa en él. Recuérdele su compromiso de amor incondicional y fidelidad hasta que la muerte los separe. Elogie sus mejores características y asegúrese de que sepa lo agradecido que se siente hoy en día como resultado directo de su presencia dentro de su vida. Su cuerpo pertenece a su cónyuge y el cuerpo de su cónyuge le pertenece a usted. Brinde su cuerpo a su cónyuge libremente y haga que su prioridad sea disfrutar del otro sexualmente.

Nunca rechace la intimidad sexual para tener armas para manipular al otro.

Poca gente olvidará la frase "armas de destrucción masiva". Generó una sensación muy incómoda en la mente de muchos. Pintó un futuro incierto y actuó como adversario de la esperanza. Provocó acalorados debates, demostraciones multitudinarias y enojo con los líderes políticos. No había nada positivo acerca de esta frase. La descripción era simple, pero muy potente.

Nunca rechace la intimidad sexual para tener armas para manipular a su cónyuge. Cuando deliberadamente rechazamos sexualmente a nuestro cónyuge, los sentimientos incómodos son solo el comienzo de la destrucción. En lugar de manipular y coaccionar, el amor colabora y da. La intimidad sexual puede servir como una poderosa experiencia para un matrimonio en crecimiento. Pero cuando las parejas deciden jugar juegos engañosos en esta parte de su relación, no puede resultar nada bueno. Por lo tanto, el matrimonio no puede crecer.

En consecuencia, la relación comienza a deteriorarse y a empeorar constantemente. Y puesto que su cuerpo le pertenece a Dios y a su cónyuge, usted no tiene la autoridad para tomar esta decisión, especialmente cuando la intención es engañar y coaccionar. Si algo está mal con la relación, arréglelo. Si no puede hacerlo solo, pida ayuda y obténgala rápidamente. Busque la unidad dentro de su matrimonio a toda costa. Busque la intimidad relacional y sexual con todas tus fuerzas.

Sin importar el entorno de su matrimonio, nunca rechace la intimidad sexual para crear armas para la manipulación. Si lo hace, es posible que la relación sucumba a una destrucción masiva de más maneras de las que puede imaginar.

La única excepción de la negligencia se relaciona con la oración y el ayuno.

Hay una excepción para abandonar a su cónyuge sexualmente. Sin embargo, la razón es más espiritual que física. La única vez que el abandono sexual debe tener lugar en nuestro contexto es cuando el marido y la esposa están de acuerdo en separarse físicamente para concentrarse en cosas espirituales. Hay parámetros importantes que debemos considerar antes de tomar medidas en este sentido. Esta excepción no es un juego. Es un momento de santidad personal y renovación espiritual.

Es fundamental que haya mutuo consentimiento: ambos deben estar en completo acuerdo.

Marido y mujer tienen que estar en la misma página cuando se hace este compromiso. Si el esposo está muy entusiasmado con esta decisión, pero la mujer está en contra, no genere una nueva batalla, simplemente no es el momento adecuado para comenzar. Puede ser al revés. Tal vez la mujer es la que está emocionada por comenzar este viaje, pero su marido no está en la misma página.

¿Qué hacer? ¿Comenzar y orar por que el otro comprenda? ¿Tratar de hacer que el otro se sienta culpable? Evidentemente, la respuesta es no. Esta es una decisión espiritual. Dicho esto, manipular a su cónyuge para que haga algo en lo que no desea participar puede ser muy destructivo para la relación. Incluso si su razonamiento es espiritual, sin consenso no vale la pena hacer de esto una experiencia dolorosa en su matrimonio. Así que asegúrese de que el consentimiento es auténticamente mutuo.

Es necesario que haya un acuerdo sobre el propósito y la duración.

Asegúrese de que cada uno de ustedes está plenamente de acuerdo con el plan, el propósito y la duración del abandono. ¿Es este un viaje espiritual? Sí. ¿Puede aportar grandes cosas a su matrimonio? Sí. Esto no es algo que usted deba dar por sentado. Ambos tienen que ponerse de acuerdo sobre por qué y por cuánto tiempo. De lo contrario, lo que tenía una buena intención rápidamente puede volverse feo. El objetivo general debe consistir en desarrollar una mayor intimidad con el Señor. Entre otras cosas, debe consistir en eliminar todos los pecados conocidos, interceder a favor de otros y buscar la voluntad de Dios para su vida.

Recuerde que Satanás trabaja horas extra para destruir su matrimonio. Si él puede tomar algo destinado a la madurez espiritual y convertirlo en una oportunidad para la destrucción espiritual y relacional, sin duda lo hará. Póngase de acuerdo con su cónyuge y unifique su compromiso. Sea capaz de establecer claramente el propósito y la duración del abandono antes de empezar. Si usted decide aclarar esto después de tomar la decisión de comenzar, hay muchas probabilidades de que surjan problemas y de que la experiencia conduzca a consecuencias imprevistas.

El abandono sexual tiene que ser a corto plazo.

No importa qué tan espiritual sea el motivo, usted no puede descuidar a su cónyuge sexualmente durante largos períodos de tiempo, incluso si ambos están de acuerdo. No es sano, no es recomendable y, lo más importante, no es bíblico. Su abandono debe ser de corta duración. Es necesario que cada compromiso tenga un plazo breve. No sea demasiado espiritual en este punto. No sea un héroe. Un abandono excesivo puede producir grandes problemas. Y los grandes problemas pueden causar mucha destrucción en su relación. La clave es crear momentos de oración y ayuno concentrados que sean significativos para usted y su cónyuge.

La intimidad sexual debe seguir de inmediato, para protegerse contra la tentación.

Una vez terminado este período de renovación espiritual, la intimidad sexual debe seguir inmediatamente. La razón es obvia. La tentación está siempre presente y el enemigo se pasea como un león rugiente buscando el próximo matrimonio para destruir. Al restaurar su intimidad sexual, desviará las inteligentes estrategias del enemigo. Con más entusiasmo, más alegría y un compromiso más fuerte con el Señor Dios Todopoderoso, su relación puede recibir una infusión sorprendente de revitalización.

Como ha separado tiempo y energía para amar más a Dios, esta aplicación tiene la posibilidad de desbordarse hacia su matrimonio. Restaurar la intimidad sexual no solo protegerá su relación contra la tentación, sino que además servirá de trampolín para lanzar su matrimonio a un nivel más profundo de intimidad relacional y sexual.

Actividad del Matrimonio por Diseño

Lea detenidamente las siguientes Escrituras y responda las preguntas que siguen.

¡Sea tu paladar como el buen vino, y que fluya, amado mío, por tus labios, y se deslice por tus dientes! Yo soy de mi amado, y él halla en mí su deleite. ¡Ven, amado mío, vayamos al campo! ¡Pasemos la noche en alguna aldea! Por la mañana iremos a las viñas; veremos florecer las vides y abrirse sus tiernos retoños. Veremos florecer los granados, ¡y allí te entregaré mi amor! Las mandrágoras esparcen ya su aroma, y a nuestras puertas tenemos las frutas más variadas y deliciosas, frutas frescas y frutas secas, que para ti, mi amor, tengo guardadas. (Cantares 7:9-13, RVC)

¿Qué hacían el rey Salomón y la mujer Sulamita para crear un entorno de intimidad extraordinaria? ¿Qué hacían para disfrutar de su matrimonio?

Amada: ¡Ah, cómo quisiera que fueras mi hermano, y que mi madre te hubiera amamantado! ¡Así te besaría al encontrarte, y nadie me difamaría! Te llevaría a la casa de mi madre, y allí tú serías mi maestro. Yo te daría a beber de mi vino y del jugo de mis granadas. ¡Cómo anhelo que mi cabeza repose sobre tu brazo izquierdo, y que tu brazo derecho me abrace! Doncellas de Jerusalén, yo les ruego, que no despierten a mi amada, ¡que no interrumpan su sueño, mientras ella se complazca en dormir!

Amigas: ¿Quién es ésta, que por el desierto viene recostada en el hombro de su amado? Bajo un manzano te desperté; fue allí donde tu madre tuvo dolores y te dio a luz. (Cantares 8:1-5, RVC)

Amada: Bajo un manzano te desperté; fue allí donde tu madre tuvo dolores y te dio a luz. Ponme como un sello sobre tu corazón; ponme como una marca sobre tu brazo. Inquebrantable como la muerte es el amor; inflexibles como el sepulcro son los celos. ¡Candentes brasas son, candente fuego! Las muchas aguas no pueden apagar el amor, ni pueden tampoco sofocarlo los ríos. Si por el amor diera el hombre todos los bienes de su casa, ciertamente sería despreciado. (Cantares 8:5b-7, RVC)

¿En qué forma era proactiva la mujer Sulamita para satisfacer las necesidades de intimidad sexual del rey Salomón? ¿Qué características usó la mujer Sulamita para describir su amor por su esposo, el rey Salomón?

Amada: ¡Yo soy una muralla, y mis pechos son dos torres, desde el día en que a sus ojos fui como quien ha hallado la paz. Salomón tenía en Baal Gamón, una viña al cuidado de aparceros. Cada uno de ellos debía entregarle mil monedas de plata por cosecha. ¡Pero yo tengo mi propia viña, y a mi viña la cuido yo! ¡Quédate, Salomón, con las mil monedas, y quédense los aparceros con doscientas! (Cantares 8:10-12, RVC)

Amante: Tú, que habitas en los jardines, ¡hazme oír tu voz! ¡También mis amigos quieren escucharla! (Cantares 8:13, RVC)

Amada: ¡Date prisa, amado mío! ¡Corre como un corzo, como un cervato que va por los montes aromáticos! (Cantares 8:10-14, RVC)

¿Qué imagen de esta última parte de la historia de amor del rey Salomón y su esposa muestra cómo colocar las necesidades de su cónyuge antes de sus propias necesidades? ¿Cómo ayudará esta acción a crear un entorno donde el amor sea constante?

4. La santidad personal

El amor y la fidelidad son características de la santidad personal.

Una de las principales características de crear un entorno de intimidad extraordinaria es la santidad personal. La fidelidad a Dios y la fidelidad a su cónyuge no son negociables. La fidelidad nunca debe abandonarlo. Debe convertirse en una parte de lo que usted es. Haga lo que tenga que hacer para recordar esta verdad. Para empezar, use su anillo de bodas. A menos que su trabajo consista en trabajar con maquinaria peligrosa, use su anillo de bodas todos los días.

No ponga excusas, ¡hágalo! Si debe comprarse un simple brazalete, agregar más fotos en su oficina, configurar recordatorios en su teléfono móvil o escuchar una versión en audio de la Biblia para ayudarlo a permanecer fiel, vale la pena el esfuerzo. La fidelidad al Señor y la fidelidad a su cónyuge son necesarias para que su matrimonio prospere.

Permita que la fidelidad se grabe en lo más profundo de su corazón. *No te apartes de la misericordia y la verdad; átalas alrededor de tu cuello, escríbelas en la tabla de tu corazón (Proverbios 3:3, RVC).* La fidelidad precede a la intimidad relacional y sexual. Entonces, ¿qué estamos haciendo aquí? Estamos pensando en la santidad personal a la luz de nuestra relación con Dios y de la relación que tenemos con nuestra pareja.

Cuando su relación vertical es cada vez mayor, su relación horizontal tendrá la oportunidad de crecer. Sin embargo, si permite entrar a la infidelidad, ambas relaciones sufrirán y usted sufrirá también en lo personal. El pecado produce sufrimiento. Y cuando usted elige deliberadamente al pecado, lo sepa o no está optando por sufrir una pérdida. En Cristo Jesús, usted tiene el poder vivo dentro de usted para permanecer fiel y triunfar sobre el poder del pecado. Usted ya no es un esclavo del pecado. Usted es un esclavo de Jesucristo (Efesios 6:6).

La santidad personal significa separarse de las influencias de este mundo,
de los deseos de la carne y de los inteligentes planes del diablo para
dedicar por completo su vida a Dios.

El apóstol Pablo nos recuerda que *" El amor nunca deja de ser" (1 Corintios 13:8, RVR)*. Puesto que Dios es amor y su amor nunca falla, la comprensión y la aplicación del amor deben perseverar en nosotros hasta el último aliento. El amor que usted siente por su cónyuge está diseñado para crecer, resistir y vencer todos los retos y pruebas. No está hecho para desaparecer. El amor no desaparece, se mantiene y soporta todo. No está hecho para dudar. El amor cree y persigue la esperanza en todas las cosas. Cuando verdaderamente amamos a Dios con todo nuestro corazón, mente, alma y fuerza, y amamos a nuestro cónyuge como a nosotros mismos, la fidelidad se puede encontrar dentro de nosotros.

El sistema de nuestro mundo es inevitable, independientemente del lugar donde uno se crió o de la estrategia implementada durante el proceso del desarrollo. Nos rodea, trabajando contra Dios y contra el Espíritu que mora en nosotros. Nadie es inmune a esta poderosa fuerza. Antes de entregar nuestra vida a Jesucristo, éramos esclavos de este mundo, esclavos de nuestra carne y esclavos de los inteligentes planes del diablo. No solo vivíamos en la oscuridad, sino que nosotros mismos éramos la oscuridad. Estábamos engañados, extraviados y eternamente separados de Dios a causa de nuestros pecados.

No se resigne. Sea transformado.

¡"Pero ahora" las cosas son diferentes! ¿No se alegra del hecho de que, por la gracia de Dios, haya un "pero ahora" en la ecuación? Ya no tenemos que hacer lo que la cultura nos dice que debemos hacer. Ya no tenemos que satisfacer los deseos impuros de la carne y ya no tenemos que escuchar las mentiras de Satanás acerca de quiénes somos. No tenemos que dedicar tiempo a los pensamientos que no glorifican a Dios y no tenemos que hablar como lo hacíamos anteriormente. *Porque ustedes antes eran oscuridad, pero ahora son luz en el Señor. Vivan como hijos de luz (Efesios 5:8, NVI).*

La transformación se inicia en el corazón y luego fluye hacia su mente. Con el tiempo, esta transformación fluirá a través de su boca y cambiará la manera de comunicarse con Dios y con los demás.

Cuando usted decide permanecer deliberadamente en la presencia del Señor Jesús y saturar su mente con la Palabra de Dios, el crecimiento espiritual puede comenzar a tomar forma. La santidad personal es mucho más que separarse de algo o de alguien. Este es el primer paso esencial. El segundo paso implica el apego, que en este contexto significa aferrarse al Señor Jesús y a su cónyuge.

Una vida centrada en el Señor lo hará crecer espiritualmente.

Transformarse espiritualmente es tanto un evento como un proceso. Usted fue salvado y volvió a nacer al confiar en la obra terminada de Jesucristo en la cruz por nuestra salvación eterna. Usted creyó en quién era Él, creyó que murió en la cruz por nuestros pecados, que fue sepultado y que resucitó de la tumba al tercer día. Usted creyó lo que dicen las Escrituras acerca de Él con todo su corazón. A través de la fe, usted aceptó Su obsequio de gracia y confesó sus pecados directamente a Él. Aquí fue cuando empezó la transformación. El Espíritu de Dios inmediatamente reemplazó su antigua naturaleza por Su naturaleza perfecta.

Como resultado de esta transformación espiritual, las cosas comenzaron a cambiar en otras áreas también. Ahora el enfoque es diferente y sus valores empiezan a cambiar. Antes de que se dé cuenta, todo en usted empieza a cambiar y se ajusta a la imagen de Cristo. Estamos hablando sobre el proceso de dar forma a la totalidad de lo que usted es y lo que hace para reflejar la persona misma de Jesucristo. Como se puede imaginar, este proceso es lento. Pero a medida que desarrolla una vida centrada en el Señor, el crecimiento espiritual duradero será el fruto, la aplicación, y el producto de su vida.

Un matrimonio centrado en el crecimiento espiritual crece en el aspecto relacional.

¿Por qué tanto énfasis en la santidad personal? ¿Por qué dar tanta importancia al tema del crecimiento espiritual? La razón es simple. Al crecer espiritualmente, usted crece en el aspecto relacional. Su capacidad para desarrollar un amor creciente e ininterrumpido de Dios y vivir en obediencia a Su palabra se derramará sobre su matrimonio. Cuanto más crezca espiritualmente, más fuerza tendrá su matrimonio para desarrollarse relacionalmente. Y como hemos establecido, cuanto más profundamente crece en el aspecto relacional, mayor será la capacidad de crear un entorno propicio para una intimidad sexual extraordinaria.

Su vida espiritual siempre influye sobre su vida matrimonial.

Si se niega a la comunión con Dios y no se hace tiempo regularmente para la devoción personal, esto afectará directamente a su matrimonio. Si no asiste regularmente a una iglesia que predique y enseñe la Biblia, esto afectará directamente a su matrimonio. Si usted nunca se hace tiempo para conectarse con un pequeño grupo de creyentes para orar, alentarse mutuamente y aplicar la Biblia, esto afectará directamente a su matrimonio. Cuando el pecado no es confesado y usted se niega a asumir la responsabilidad personal por sus acciones, esto afectará directamente a su matrimonio.

Su vida espiritual siempre afectará a sus relaciones, sobre todo a su matrimonio. Cuando el marido o la mujer no están plenamente comprometidos a amar a Dios con todo su corazón, toda su mente, toda su alma y toda su fuerza, la relación no será lo que podría ser.

Actividad del Matrimonio por Diseño

Reflexione sobre algunas de las influencias negativas más poderosas que enfrenta en su búsqueda de la santidad personal. ¿Con qué luchas continúa batallando? ¿Cuál es la mayor tentación que pene en peligro la santidad personal? Para entender la importancia de separarse a si mismo para los propósitos de Dios, le sugiero que se tome unos minutos y escriba sus luchas, y que dedique un tiempo a compartir esto con su cónyuge. Hablen de estas luchas y oren el uno por el otro. Recuerde que su vida espiritual siempre influye sobre su vida matrimonial.

La Santidad Personal

Influencias del mundo Deseos de la carne	Quién, qué dónde, Cuándo, por qué y cómo?	¿Cómo puedo hacer para separarme de estas influencias negativas?
Lugares insalubres a donde mi mente se desvía:		
Actividades incorrectas a las que mis amigos me impulsan:		
Cosas que despiertan deseos impuros:		
Hábitos destructivos:		
Deseos impuros y secretos:		
Espectáculos o programas que veo o escucho:		
Mentiras en las que vivo, que oculto o que me niego a cambiar:		

Cosas que deseo pero que en realidad no necesito:

*Imagen, estatus o posición
que sigo tratando de alcanzar:*

*Falta de perdón o amargura que
tengo con otras personas:*

*Actividades que impiden
mi tiempo a solas con Dios:*

En lo que se refiere a la intimidad sexual, la palabra santa no se encuentra a menudo en la mente y el corazón de la gente. Muchas personas no hacen la conexión entre lo físico y lo espiritual. En cambio, observan lo que es popular y está de moda para determinar su nivel de calidad. Concentran toda su atención en lo que agrada a la vista en lugar de lo que fortalece el corazón. Lo que muchos no saben es que la intimidad sexual y la santidad personal están estrechamente vinculadas entre sí. En otras palabras, la santidad personal determina la calidad de la intimidad sexual con su cónyuge.

> *Huyan de la inmoralidad sexual. Cualquier otro pecado que el hombre cometa, ocurre fuera del cuerpo; pero el que comete inmoralidad sexual peca contra su propio cuerpo. ¿Acaso ignoran que el cuerpo de ustedes es templo del Espíritu Santo, que está en ustedes, y que recibieron de parte de Dios, y que ustedes no son dueños de sí mismos? Porque ustedes han sido comprados; el precio de ustedes ya ha sido pagado. Por lo tanto, den gloria a Dios en su cuerpo y en su espíritu, los cuales son de Dios.* (1 Corintios 6:18-20, RVC)

Observe la urgencia del mandato "huir". Esto es importante. ¡Salga de allí rápidamente! El apóstol Pablo quiere que nos aseguremos de entender claramente lo que está en riesgo. Él no quiere que nosotros admitamos la inmoralidad sexual ni siquiera por un segundo. ¿Por qué? En pocas palabras, nos destruye desde adentro hacia afuera. Lo que él nos dice es que debemos correr, y correr rápido. Coquetear con el pecado sexual es una forma segura de llegar a la destrucción espiritual y relacional. Pablo sabe esto y quiere evitar que nos quememos. Él quiere que evitemos este doloroso camino. De allí no puede salir nada que ayuda a su matrimonio a crecer. No lo piense dos veces: huya ahora, mientras todavía puede hacerlo.

En comparación con los demás pecados, y hay muchos, este en particular tiene el poder para destruirlo personalmente. En el contexto del matrimonio, ha destruido a muchos y sigue haciendo avances. Una vez que el pecado sexual es descubierto, la reconstrucción del matrimonio es ciertamente posible con la intervención de Dios, pero las consecuencias no desaparecen automáticamente, como muchos esperan. Para aquellos que han superado la infidelidad en su matrimonio, la conclusión es muy similar. La falta de santidad personal dañará profundamente a su matrimonio. Afectará de manera significativa el nivel de intimidad sexual que experimenta con su cónyuge.

Como usted es el templo de Dios, mantener la pureza sexual es absolutamente fundamental.

Una vez más vemos la conexión directa entre nuestro espíritu y nuestro cuerpo. El Espíritu de Dios vive en nosotros. Él vive en nosotros en todo momento, incluso cuando elegimos el pecado. Era impensable para los santos del Antiguo Testamento pecar en el templo sagrado de Dios. Ellos protegían el templo con todo su ser. Cuando la gente tonta decidió profanar el templo y utilizarlo para sus placeres personales, el juicio fue inmediato y, con frecuencia, mortal. *Tengan todos en alta estima el matrimonio y la fidelidad conyugal, porque Dios juzgará a los adúlteros y a todos los que cometen inmoralidades sexuales (Hebreos 13:4, NVI).* Los que coquetearon con el templo de Dios fueron retirados de los lugares de liderazgo, alejados de su pueblo, castigados con penas severas, consumidos por el fuego, y cayeron muertos en el acto.

Dios espera que tomemos nuestra santidad personal muy, muy en serio. A veces nos enfrentamos a consecuencias similares al poner en peligro nuestra pureza sexual. Esto destruye muchas de nuestras relaciones y abre numerosas heridas en el proceso. Hay momentos en que el resultado del pecado sexual es la enfermedad. Nos puede costar nuestro trabajo, destruir nuestro ministerio e incluso producir una muerte prematura. Como usted es el templo de Dios, mantener la pureza sexual es absolutamente fundamental. *Ave que vuela lejos del nido: ¡eso es quien se va lejos de su hogar (Proverbios 27:8, RVC)!*

Proteja la exclusividad de su relación y disfrute de su cónyuge.

Bebe el agua de tu propio pozo, el raudal que mana de tu propia cisterna. ¿Por qué derramar tus fuentes por las calles, y tus corrientes de aguas por las plazas? Esas aguas son para ti solo, no para compartirlas con gente extraña. ¡Bendito sea tu manantial! ¡Alégrate con la mujer de tu juventud, con esa cervatilla amada y graciosa! ¡Sáciate de sus caricias en todo tiempo! ¡Recréate siempre con su amor! Hijo mío, ¿Por qué perder la cabeza por la mujer ajena? ¿Por qué arrojarte a los brazos de una extraña? (Proverbios 5:15-20, RVC)

Proteja la exclusividad de su relación a toda costa. No se detenga a considerar, ni siquiera por un segundo, el coqueteo con cualquier forma de pecado sexual. Nada bueno puede salir de ello, así que no vaya por ese camino. Déle la importancia que tiene: es un asunto de vida o muerte. Cuando usted elige la santidad personal, elige la vida. Cuando usted elige ceder a las tentaciones sexuales inapropiados, elige la muerte. Proteger quiere decir estar alerta, en guardia y plenamente consciente de lo que lo rodea. Esto implica la planificación y la diligencia. La protección puede estar en peligro si usted no está preparado o si se encuentra en el lugar incorrecto. Manténgase alerta, esté preparado y luche por la pureza de su relación. Si Dios le ha provisto un cónyuge, no se vuelva codicioso y no desee a otras personas. Mantenga la concentración. ¿Por qué debería entregar su cuerpo a otra persona que no sea la única que Dios ya le proveyó para sus necesidades relacionales y sexuales?

Disfrute de su cónyuge. Permita que el cuerpo de su cónyuge satisfaga sus más profundos deseos sexuales. Disfrute de la hermosa obra de Dios. Exprese su amor regularmente, cuidadosamente, de manera creativa y apasionada. Sirva y ame a su cónyuge con todo lo que tiene, y entregue a la relación el 100% de lo que usted es. Satúrese del amor de su cónyuge. Encuentre la alegría al abrazar y compartir afecto con su pareja, de manera que se sienta amada y respetada. Proteja la exclusividad de su relación y disfrute de su cónyuge.

Como creyente, usted es un sacrificio vivo, destinado a los sagrados propósitos de Dios.

Así como Jesús murió para Sí mismo, usted debe hacer lo mismo. Si usted muriera, ya no tendría la autoridad para tomar decisiones por su cuenta. No se puede vivir para Dios y para sus propios deseos. Simplemente no funciona. Nunca lo ha hecho y nunca lo hará. Dios es el alfarero y usted es la arcilla. Él es quien da forma a su vida para que sea lo que debería ser. Él es quien dirige su vida y decide qué es lo mejor para Su gloria eterna. *He sido crucificado con Cristo, y ya no vivo yo sino que Cristo vive en mí. Lo que ahora vivo en el cuerpo, lo vivo por la fe en el Hijo de Dios, quien me amó y dio su vida por mí (Gálatas 2:20, NVI).*

Un componente importante de su madurez espiritual consiste en dejar el pasado en el pasado. No hay nada que usted ni nadie más pueda hacer para cambiar lo que pasó ayer o en cualquier momento del pasado. Cuanto más tiempo pasamos viviendo la vida a través del lente del ayer, mayor oportunidad tenemos de dañar el hoy y el mañana. Deje el pasado en el pasado. No tome una pala para comenzar a desenterrar lo que ya ha sido enterrado. Si usted realmente pidió perdón a Dios y tomó las medidas necesarias para hacer las cosas lo mejor posible, deje todo lo demás en Sus manos. Tal vez sus acciones en el pasado definían quién era usted. Tal vez heredó un apodo o un título, como resultado de su pecado. O tal vez fue maldecido por las personas afectadas por sus acciones. Cualquiera que sea el caso, lo cierto es que no puede cambiar lo que hizo en el pasado.

Entierre el pasado y permita que la vida de Jesús viva a través de usted.

Lo que sí puede cambiar es lo que hace ahora. Como creyente, Dios puede cambiar su vida y conducirla en una nueva dirección. ¿Qué se necesita? Usted tiene que morir para sus viejos deseos todos los días y, en cambio, vivir para los propósitos de Dios. Usted tiene que permitir que el amor y el poder de Jesucristo fluyan libremente a través de su vida. Desenterrar el pasado no funciona. Agonizar sobre las personas que lastimó con sus acciones no les llevará consuelo ni aliento. No lo hará una persona más santa. No producirá el fruto del Espíritu. Pero cuando la luz de la vida,

Jesucristo, comienza a brillar a través de su vida, pueden empezar a ocurrir grandes cosas. Cuando Él comienza a vivir a través de usted, ni siquiera el pasado es suficiente para agobiarlo y desviarlo de su camino.

Usted debe elegir vivir para la fe y centrarse en el
plan perfecto de Dios para su vida y su matrimonio.

Antes de vivir libremente para Dios, primero tenemos que enterrar el pasado. Esta actividad solo puede dirigirnos hacia la renovación espiritual y contribuir a que nuestras vidas avancen para cumplir los propósitos de Dios. Pero, ¿cómo avanzar? Al permitir que Su vida brille a través de nosotros, avanzamos por la fe. Entender el plan de Dios para su vida y su matrimonio tiene un elemento de fe activa que usted debe aceptar por completo. Su obra perfecta en nosotros y por nosotros se realiza a través de la fe. Al someternos a Su autoridad sobre nuestras vidas, Le obedecemos por la fe. Cuando vivimos por la fe, complacemos al Señor. Porque es imposible agradar a Dios sin fe.

El Señor Dios tiene un plan para usted y para su matrimonio. Hay un propósito santo para su existencia aquí en la tierra. Usted no es un accidente. Dios tiene un propósito específico que usted debe cumplir. Del mismo modo, hay un propósito sagrado para su matrimonio. Hay una razón por la cual el Señor los ha unido. Hay una explicación de por qué son tan diferentes. El reto está en descubrir y entender mejor cómo esta combinación única puede servir a un propósito mayor. La cuestión que se plantea es la siguiente: ¿Cómo puede nuestro matrimonio irradiar la imagen de Dios aquí en la tierra? Usted puede estar seguro de que su santidad personal y su compromiso de permanecer fiel al Señor y a su cónyuge es parte de esta enorme obra de arte.

Recuerde el gran sacrificio que Jesús hizo en la cruz para pagar nuestros pecados.

Reflexionar sobre la fidelidad de Dios le brindará el estímulo y la fortaleza que necesita para perseverar. Lo que Dios ha hecho por nosotros es inconmensurable. ¿Cómo no enamorarse de alguien que murió por nosotros antes de que viniéramos al mundo? ¿Cómo se puede pecar contra un Salvador misericordioso, compasivo? ¿Cómo es posible enojarse con El que Se describe como el refugio de la tormenta, nuestro pilar y nuestra fortaleza? ¿Cómo se puede no entregar la vida y vivir por Él, cuando Él libremente dio su vida para que nosotros pudiéramos vivir? Cuando reflexionamos sobre el gran sacrificio de Dios por nuestros pecados, recordamos que Él sufrió por nosotros lo que nosotros no podríamos soportar. Él pagó el precio por todos nuestros pecados. Recuerde el precio que Él pagó. ¿Recuerda cuánto Le costó?

Actividad del Matrimonio por Diseño

Para la siguiente actividad, lea varias veces *Efesios 5:21-23* mientras ora. Subraye los mandatos más importantes, las ilustraciones y los puntos centrales a medida que avanza por el pasaje. Después, conteste las siguientes preguntas a medida que reflexiona sobre las palabras de aliento de Pablo para los creyentes de Éfeso.

Cultiven entre ustedes la mutua sumisión, en el temor de Dios. Ustedes, las casadas, honren a sus propios esposos, como honran al Señor; porque el esposo es cabeza de la mujer, así como Cristo es cabeza de la iglesia, la cual es su cuerpo, y él es su Salvador. Así como la iglesia honra a Cristo, así también las casadas deben honrar a sus esposos en todo. Esposos, amen a sus esposas, así como Cristo amó a la iglesia, y se entregó a sí mismo por ella, para santificarla. Él la purificó en el lavamiento del agua por la palabra, a fin de presentársela a sí mismo como una iglesia gloriosa, santa e intachable, sin mancha ni arruga ni nada semejante. Así también los esposos deben amar a sus esposas como a su propio cuerpo. El que ama a su esposa, se ama a sí mismo. Nadie ha odiado jamás a su propio cuerpo, sino que lo sustenta y lo cuida, como lo hace Cristo con la iglesia, porque somos miembros de su cuerpo, de su carne y de sus huesos. Por eso el hombre dejará a su padre y a su madre, y se unirá a su mujer, y los dos serán un solo ser. Grande es este misterio; pero yo digo esto respecto de Cristo y de la iglesia. Por lo demás, cada uno de ustedes ame también a su esposa como a sí mismo; y ustedes, las esposas, honren a sus esposos. (Efesios 5:21-33, RVC)

1. Cuando libremente nos entregamos a nuestro cónyuge, ¿cómo demostramos un gran respeto hacia él? ¿Cuál es el papel del marido en la relación matrimonial?

2. ¿Qué imagen se utiliza para describir la relación entre un marido y su esposa? ¿Qué significa esta imagen para la pureza de la relación matrimonial?

3. Según este pasaje, ¿qué hizo Cristo por Su Iglesia, Su esposa? ¿Qué características describen la forma en que el Señor planeó la presentación de Su esposa?

4. ¿Cómo se verían algunas de estas características dentro de una relación matrimonial?

5. ¿Cómo deben los maridos amar a sus esposas? ¿Cómo deben las esposas amar a sus maridos? ¿Cuál es uno de los resultados de abandonar su casa después de casarse? ¿Cuál es el objetivo?

La aplicación destacada: Hacer ajustes personales

¿Cuáles son las tres principales aplicaciones adquiridas en esta sesión que usted podrá poner inmediatamente en práctica dentro de su matrimonio? Piense cuidadosamente en estas aplicaciones. En primer lugar, concéntrese en lo que Dios le pide cambiar dentro de su propio corazón y de su vida, en lugar de pensar en lo que tiene que cambiar su cónyuge. A continuación, considere esta aplicación a la luz de su relación como pareja y de lo que deben ajustar para hacer crecer su matrimonio. Mediante la oración, escriba sus respuestas a cada aplicación en forma de un plan de acción.

1. Aplicación

¿Qué tengo que cambiar específicamente en lo que se refiere a esta aplicación? ¿Qué tenemos que cambiar?

¿Cómo puedo hacer esto de una manera práctica? ¿Cómo podemos hacer esto juntos?

¿En qué fecha pueden comenzar estos cambios? ¿De qué modo lograremos el máximo beneficio para nuestro matrimonio con esta aplicación?

2. Aplicación

¿Qué tengo que cambiar específicamente en lo que se refiere a esta aplicación? ¿Qué tenemos que cambiar?

¿Cómo puedo hacer esto de una manera práctica? ¿Cómo podemos hacer esto juntos?

¿En qué fecha pueden comenzar estos cambios? ¿De qué modo lograremos el máximo beneficio para nuestro matrimonio con esta aplicación?

3. Aplicación

¿Qué tengo que cambiar específicamente en lo que se refiere a esta aplicación? ¿Qué tenemos que cambiar?

¿Cómo puedo hacer esto de una manera práctica? ¿Cómo podemos hacer esto juntos?

¿En qué fecha pueden comenzar estos cambios? ¿De qué modo lograremos el máximo beneficio para nuestro matrimonio con esta aplicación?

Capítulo 8 - Construir

*Claves para tomar decisiones financieras,
teniendo en cuenta la perspectiva de la eternidad*

La GRAN Idea: Dar prioridad a su vida financiera teniendo en cuenta la perspectiva de la eternidad le ayudará a saldar sus deudas, a ahorrar dinero, a darlo y a gastarlo con sabiduría.

Escritura Clave

> *Ahora bien, se requiere de los administradores, que cada uno sea hallado fiel.*
> *(1 Corintios 4:2, RVR)*

Querían hacer una fuerte declaración sobre su matrimonio. Consagraron mucho tiempo a compartir sus objetivos con un grupo numeroso de parejas jóvenes de su iglesia, comiendo con ellos en restaurantes locales y compartiendo sus objetivos, la mayoría de los cuales estaban relacionados con asuntos financieros o materiales. Estaban decididos a ser los primeros del grupo en casarse, comprar una casa y tener lo mejor de todo. No eran tímidos sobre sus ambiciones y que estaban decididos a alcanzar sus metas profesionales, financieras y materiales.

Muy pronto, Joe y Joanne se casaron y se dedicaron a la búsqueda de la prosperidad material. Los dos trabajaban duro y estaban del todo empeñados en alcanzar sus metas financieras. Por desgracia, sus planes no tuvieron en cuenta a Dios. No intentaron progresar en el evangelio a medida que lo hacían con sus planes financieros o materiales. Lo que se proponían tenía que ver solo con sus propios sueños y planes. Lamentablemente, no tuvieron en cuenta los propósitos de Dios para su carrera, su vida económica y su matrimonio.

A pesar de que estaban ganando posesiones y cumpliendo con sus sueños financieros, su matrimonio comenzó a desmoronarse rápidamente. Su matrimonio giraba en torno a sus posesiones materiales y la relación sufrió las consecuencias. Comenzaron a vivir en medio de una gran agitación y se peleaban constantemente. Su falta de madurez aumentó mientras se negaban a poner en práctica hasta las características más elementales de un matrimonio que se desarrolla. Su orgullo bloqueó su capacidad de ver más allá de sí mismos y quienes los amaban no fueron ya capaces de intervenir para cambiar las cosas. Como se puede imaginar, Joe y Joanne no sólo fueron los primeros en casarse sino también en divorciarse. Desde una perspectiva mundana, tuvieron un gran éxito económico y material, pero su relación se derrumbó y murió.

Varios años después del divorcio hicieron un breve intento de reconciliación. El esfuerzo fue solo temporal porque su corazón no había cambiado. Se sentían atraídos físicamente pero la cosa no pasaba de ahí. Querían conservar todos sus juguetes y mantener un cierto nivel de éxito financiero. Joe y Joanne se negaron a renunciar a su espíritu mundano, aún cuando eso implicaba sacrificar su relación. El punto que estoy tratando de establecer es bastante simple.

El sueño de alcanzar la prosperidad económica puede destruir el sueño original de mantener su matrimonio para siempre. *También {Jesús} les dijo: «Manténganse atentos y cuídense de toda avaricia, porque la vida del hombre no depende de los muchos bienes que posea.» (Lucas 12:15, RVC)*

La investigación desplegada

Patrimonio Neto

Antes de profundizar en los Principios del Matrimonio por Diseño, echemos un vistazo a lo que ocurre cuando las parejas casadas permiten que las presiones financieras de crezcan dentro de su relación y comparémoslas con aquellas parejas que construyen la riqueza económica permaneciendo unidas. En repetidas ocasiones, la investigación ha demostrado que existe una relación directa entre las parejas casadas y un aumento del valor neto. Este es el meollo del asunto. Desde el punto de vista económico, su patrimonio neto es mayor si sigue casado. ¿Es eso cierto? Sí, lo es. Observe los reportes de la Oficina del Censo de EE.UU.

Los hogares de parejas casadas tienen un patrimonio neto mayor al promedio, en cifras totales y en todas las categorías de edad. Los hogares de parejas casadas, en todas las categorías de edad, tienen un patrimonio neto que duplica o triplica al de los otros tipos de hogares. [1]

Patrimonio Neto	Incremento del patrimonio neto
Hogares de parejas casadas	Hogares de hombres solteros 330%
$101,975	Hogares de mujeres solteras 404%

Fuente: Oficina del Censo de EE.UU.

Desde un punto de vista práctico esto es algo perfectamente comprensible. Debido a que en muchos hogares de casados tanto el marido como la mujer trabajan, hay dos fuentes de ingresos en el hogar. Considerando cualquier tipo posible de combinación, resulta evidente que los matrimonios que permanecen juntos poseen un valor neto mucho más elevado que el de las parejas que se separan o se divorcian.

Tasa de divorcios

Muchos matrimonios comprendieron este fenómeno cuando la recesión de 2007 alcanzó su punto máximo. En vez a provocar un fuerte aumento en los divorcios, la crisis generó una tendencia en la dirección contraria. La tasa de divorcios se redujo del 17,5 por cada 1.000 mujeres casadas en 2007 al 16,9 por 1.000 mujeres casadas en 2008 (después de haber aumentado del 16,4 por 1.000 mujeres casadas en 2005). [2]

¿Qué fue exactamente lo que pasó? Bueno, hablando financieramente, las parejas que estaban atravesando dificultades en su relación no podían permitirse el lujo de separarse o divorciarse. Ante lo abultado de los honorarios de los abogados, las costas judiciales, los gastos de mudanza y otros gastos importantes, muchas parejas se vieron obligadas a desistir de sus planes de divorcio. Observando las tendencias vemos que las parejas casadas se vieron obligadas a sobrellevar sus dificultades y a seguir juntos. Tal vez usted haya experimentado esto en su matrimonio o conozca a alguien que haya pasado por esta situación.

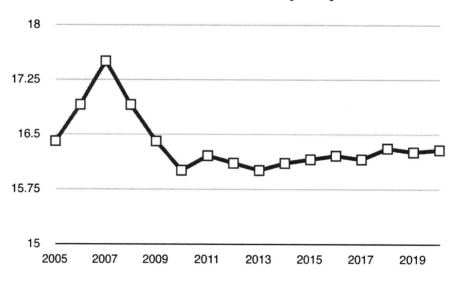

La Tasa de Divorcios Actuales y Proyectados

* *Fuente: The National Marriage Project, University of Virginia*

150

Si su matrimonio sufre una crisis, esto puede provocar la destrucción de su relación, o puede redundar en una nueva madurez, sin precedentes. La elección es suya. Tal vez su matrimonio está pasando ahora por una crisis financiera. Tal vez usted es víctima de una reducción de personal o de una repentina caída de la industria. Las ventas han disminuido, usted se siente mal y quienes le rodean perciben la presión. Es posible que haya hecho una mala inversión ahora sufra las consecuencias financieras. Sin importar cuán grande sea la presión, a pesar del dolor que sienta, ¡no se rinda! Permanezcan juntos como una familia y encaren este reto con un solo corazón y una sola mente.

La respuesta es no separarse y no divorciarse. La respuesta no es encontrar a alguien que lo entienda mejor que su cónyuge. Ore pidiendo coraje y fuerza y ore para que Dios le revele su voluntad en esta crisis. Cuando Dios le revele su voluntad, sígalo y permanezca fiel a sus palabras.

A pesar de que la tasa de divorcio proyectada vaya en aumento, su matrimonio no tiene por qué reflejar esta tendencia. Ustedes pueden ser la primera pareja de su familia en hacer una fuerte declaración a favor del plan original de Dios para el matrimonio. Ustedes pueden ser la primera pareja de su familia en dar prioridad a su vida financiera, y cualquier otra parte de su vida, de acuerdo con la Palabra de Dios. Cuando esto sucede, la transformación es inevitable.

Desacuerdos financieros y divorcio

No debería ser una sorpresa, teniendo en cuenta la relación entre los desacuerdos financieros y el divorcio. Después de todo, nuestro corazón siempre está donde está nuestro tesoro. Los sistemas de valores contradictorios, el aumento de las deudas, la pérdida del empleo y otras angustias financieras significativas pueden romper la relación, si no se solucionan a través de la Biblia. Cuando nuestra capacidad de gastar no está para nada disminuida y parece que solo trabajamos para pagar nuestras cuentas, la presión negativa dentro de una casa tiene la oportunidad de crecer. Los conflictos sobre dónde ponemos nuestro dinero son un problema SERIO. Un estudio llegó a la siguiente conclusión:

El conflicto por asuntos de dinero es uno de los problemas más importantes de la vida conyugal contemporánea. En comparación con los desacuerdos sobre otros temas, los desacuerdos financieros duran más, son más relevantes para las parejas y generan tácticas más negativas para los conflictos, tales como gritar o golpear, especialmente entre los esposos. Tal vez porque se les enseña a ser proveedores, los hombres parecen tener conflictos financieros especialmente difíciles.[3]

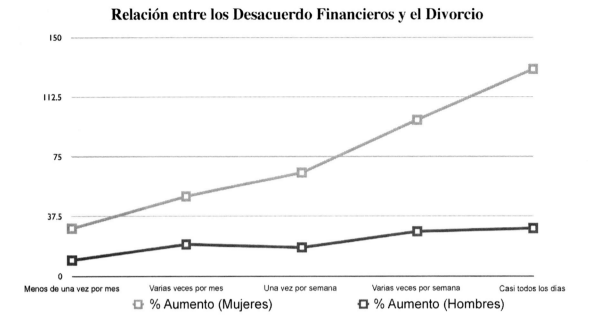

Relación entre los Desacuerdo Financieros y el Divorcio

Fuente: Estado de las Uniones, Informe 2009

Si tenemos en cuenta la relación directa entre la frecuencia de los desacuerdos financieros y el aumento en el riesgo de divorcio, ¿qué dice este estudio a las parejas acerca de la importancia de ordenar el aspecto financiero en su casa? Este estudio habla de la necesidad de solucionar el problema de inmediato. Muestra la realidad futura de las parejas casadas que descuidan este aspecto de su matrimonio. Cuando no nos ocupamos en solucionar los desacuerdos financieros dentro de nuestro matrimonio, una cosa es cierta: nos distanciaremos de nuestro cónyuge.

Y tal vez estos desacuerdos nos separen hasta llegar a un punto sin retorno. Esto es trágico, muy doloroso y completamente innecesario. No permita que se acumulen tensiones. Comprométase con su cónyuge a solucionar cada desacuerdo financiero sin acusaciones, sarcasmos ni negligencia. Comprométanse a avanzar tomando decisiones juntos, en las que los dos estén de acuerdo.

Principios del Matrimonio por Diseño

Dame entusiasmo por tus leyes en lugar de amor por el dinero. Aparta mis ojos de cosas inútiles y dame vida mediante tu palabra. (Salmo 119:36-37, NTV)

La mayor libertad financiera y la satisfacción personal provienen de administrar sus finanzas de acuerdo con la Palabra de Dios. Es asombroso lo que puede suceder cuando asumimos la perspectiva correcta con respecto a nuestras finanzas. Nuestra vida espiritual y nuestra vida financiera están estrechamente unidas. Al tomar decisiones financieras con una perspectiva eterna, usted se acercará más al Señor y obtendrá frutos espirituales duraderos. Los verdaderos frutos espirituales glorifican a Dios.

Las Escrituras nos enseñan que el lugar donde colocamos nuestro tesoro es el lugar donde colocamos nuestro corazón. El corazón está donde está el tesoro. Siempre fue así y siempre lo será. Este es un principio sorprendente. De modo que si depositamos nuestro tesoro en la magnífica obra de Dios, nuestra inversión no solo se multiplicará en la eternidad, sino que además nuestro corazón estará más cerca de Su Reino y del propósito que Él ha establecido para nosotros en la tierra. Preste atención a la conclusión de Jesús en el siguiente pasaje:

No acumulen para sí tesoros en la tierra, donde la polilla y el óxido destruyen, y donde los ladrones se meten a robar. Más bien, acumulen para sí tesoros en el cielo, donde ni la polilla ni el óxido carcomen, ni los ladrones se meten a robar. Porque donde esté tu tesoro, allí estará también tu corazón. (Mateo 6:19-21, NVI)

Nuestros tesoros se almacenan en algún lugar, pero la pregunta es exactamente *dónde* se almacenarán. En definitiva, el lugar donde decidimos colocarlos indica el camino que seguirá nuestro corazón. El camino en el que colocamos a nuestro corazón afectará nuestra actitud, nuestra forma de pensar, lo que decimos, y, finalmente, nuestras acciones.

No podemos escapar a esta realidad ni pretender que no existe. Así que es necesario hacerse la pregunta: "¿Cómo puedo tomar decisiones con una perspectiva eterna? ¿Qué pasos prácticos debo seguir para proteger mi matrimonio de la codicia y mantener mi corazón en el lugar correcto?"

1. Reconoce a Dios como el Dueño de todo lo que tienes.

¡Del Señor son la tierra y su plenitud! ¡Del Señor es el mundo y sus habitantes!
(Salmo 24:1, RVC)

Qué poderosa es la declaración hecha por este versículo. El salmista está comunicando una verdad simple, pero potente. La tierra y todos sus contenidos son de nuestro Dios. Esto incluye a las personas, océanos, montañas, animales, vegetación, etc. Él creó la tierra para gloria de Su nombre y Él es exaltado por encima de todos y de todo. Dios tiene el control soberano de todo el universo y Él es la única fuente de vida, poder, riquezas y honor. Dios es quien determina cómo se distribuyen Sus recursos. Él es el dueño de todo lo que usted tiene. Él es quien proporciona la fuerza y la capacidad de prosperar. Ninguna persona, viva ni muerta, puede cuestionar esta realidad.

Tuyos son, Señor, la grandeza y el poder, la gloria, la victoria y la majestad. Tuyo es todo cuanto hay en el cielo y en la tierra. Tuyo también es el reino, y tú estás por encima de todo. De ti proceden la riqueza y el honor; tú lo gobiernas todo. En tus manos están la fuerza y el poder, y eres tú quien engrandece y fortalece a todos. (1 Crónicas 29:11-12, NVI)

Las riquezas y la honra me acompañan, las verdaderas riquezas y la justicia. (Proverbios 8:18, RVC)

No voy a tomar ningún becerro de tu casa, ni ningún macho cabrío de tus apriscos, pues míos son todos los animales del bosque, ¡los miles de animales que hay en las colinas! Mías son todas las aves de los montes; mío es todo lo que se mueve en los campos. Si yo tuviera hambre, no te lo diría, pues el mundo y su plenitud me pertenecen. (Salmo 50:9-12, RVC)

Puesto que Dios es el dueño de todas las cosas y todos los recursos se encuentran dentro de Su gran poder, sabemos de dónde provienen las cosas buenas. Lo bueno proviene de Dios. Todo lo que es bueno apunta al Señor. Todas las disposiciones que Él trae a nuestra casa se basan en Su gran amor, misericordia y gracia ilimitada. Cuando nuestros hijos nacen, reconocemos la fidelidad de Dios en la concepción de una nueva vida y en la ampliación de nuestra familia.

En épocas de necesidad, cuando no podemos proveer nuestro sustento, vemos la mano de Dios a través de los que nos ofrecen ayuda generosamente. Sabemos que es Dios quien conmovió sus corazones. Sabemos que Dios es quien concede excedentes a otros para que ellos a su vez puedan compartir con nosotros. Entendemos claramente quién es el verdadero Dador y Le damos las gracias por cuidar de nosotros. Todo lo que recibimos y todo lo que poseemos es bueno si es Dios quien nos lo provee. *Toda buena dádiva y todo don perfecto descienden de lo alto, del Padre de las luces, en quien no hay cambio ni sombra de variación (Santiago 1:17, RVC).*

Si Dios es el dueño, yo soy Su administrador, un administrador fiel de Sus recursos.

Un administrador es alguien que tiene la responsabilidad de asegurarse de que lo que hay que hacer se haga. Él o ella tienen un propósito específico. Se centran en las responsabilidades que se les ha asignado y reconocen de dónde provienen sus recursos. Un buen administrador también puede hacer su mejor esfuerzo para pensar como el dueño si entiende el panorama general y las instrucciones establecidas para su puesto. Desarrolla planes, maneja los costos y trabaja duro para obtener la mayor ganancia posible para el propietario. *Ahora bien, de los administradores se espera que demuestren ser dignos de confianza (1 Corintios 4:2, RVC).*

Todo buen administrador es fiel con los recursos asignados a él por el dueño. No da los recursos por sentado. No gasta primero y comprueba su presupuesto después. Por el contrario, demuestra que es digno de confianza a través de la aplicación de las instrucciones proporcionadas por el propietario, el dueño de todo. Cuando se trata de administrar el dinero, somos simplemente los administradores, los gerentes de los preciosos recursos de Dios. Cuando nos convertimos en gestores fieles de las cosas que Dios ha provisto, Él puede confiar más en nosotros. Pero si no somos fieles con unas pocas cosas, nunca vamos a ser dignos de confianza con muchas cosas. Dios busca a personas fieles. Él está buscando personas que puedan administrar Sus recursos y aprovechar lo obtenido para los propósitos eternos. Si Dios es el dueño, yo soy Su administrador, un administrador fiel de Sus recursos.

Aproveche al máximo cada oportunidad de multiplicar la obra de Dios.

La parábola de los talentos

Porque el reino de los cielos es como un hombre que, al irse de viaje, llamó a sus siervos y les entregó sus bienes. A uno le dio cinco mil monedas de plata; a otro, dos mil; y a otro, mil, a cada uno conforme a su capacidad; y luego se marchó. El que había recibido cinco mil monedas negoció con ellas, y ganó otras cinco mil. Asimismo, el que había recibido dos mil, ganó también otras dos mil. Pero el que había recibido mil hizo un hoyo en la tierra y allí escondió el dinero de su señor. Mucho tiempo después, el señor de aquellos siervos volvió y arregló cuentas con ellos. El que había recibido las cinco mil monedas se presentó, le entregó otras cinco mil, y dijo: "Señor, tú me entregaste cinco mil monedas, y con ellas he ganado otras cinco mil; aquí las tienes." Y su señor le dijo: "Bien, buen siervo y fiel; sobre poco has sido fiel, sobre mucho te pondré. Entra en el gozo de tu señor." El que había recibido las dos mil monedas dijo: "Señor, tú me entregaste dos mil monedas, y con ellas he ganado otras dos mil; aquí las tienes." Su señor le dijo: "Bien, buen siervo y fiel, sobre poco has sido fiel, sobre mucho te pondré. Entra en el gozo de tu señor." Pero el que había recibido mil monedas llegó y dijo: "Señor, yo sabía que tú eres un hombre duro, que siegas donde no sembraste y recoges lo que no esparciste. Así que tuve miedo y escondí tu dinero en la tierra. Aquí tienes lo que es tuyo." Su señor le respondió: "Siervo malo y negligente, si sabías que yo siego donde no sembré, y que recojo donde no esparcí, debías haber dado mi dinero a los banqueros y, al venir yo, hubiera recibido lo que es mío más los intereses. Así que, ¡quítenle esas mil monedas y dénselas al que tiene diez mil!" Porque al que tiene se le dará, y tendrá más; pero al que no tiene, aun lo poco que tiene se le quitará. En cuanto al siervo inútil, ¡échenlo en las tinieblas de afuera! Allí habrá llanto y rechinar de dientes. (Mateo 25:14-30, RVC)

Y cuando se trata de oportunidades económicas, la idea sigue siendo la misma. Tenemos que preguntarnos: "¿Cómo puede esta inversión o ganancia contribuir a expandir el reino de Dios aquí en la tierra? ¿Cómo puedo usar las habilidades que Dios me ha dado para multiplicar esta oportunidad y glorificar a Dios? ¿Cómo puedo hacer esto de una manera que ayude a los demás a ver el poder y la provisión de Dios?" La mayoría de las oportunidades solo se presentan durante un breve período. Si aplazamos el trabajo, pueden desaparecer más rápido de lo que aparecieron. Una vez que recibimos la instrucción del Señor para seguir adelante e invertir lo que se nos ha dado, debemos dar lo mejor de nosotros y usar los dones, habilidades y capacidades que poseemos.

2. Honre a Dios con la primera parte de sus ingresos.

Si Dios es dueño de todo lo que tiene, incluso de su vida, es necesario honrarlo antes que a cualquier cosa o persona. Dios lo compró con Su propia sangre. Todo lo que usted tiene y todo lo que es le pertenece. Por esta razón, Él debe ser lo primero en todas sus decisiones, incluidas las finanzas. *Honra al Señor con tus riquezas y con los primeros frutos de tus cosechas. Así tus graneros se llenarán a reventar y tus bodegas rebosarán de vino nuevo (Proverbios 3:9-10, NVI).*

Cuando hacemos de Dios nuestra prioridad financiera número uno, hacemos una declaración muy valiente de nuestra fe. La fe en acción demuestra lo que realmente creemos. Si honramos a Dios, Él será nuestra prioridad más importante en todos los asuntos de la vida, incluidas las finanzas. Como dijimos antes, nuestro corazón se encuentra donde colocamos nuestro dinero. El camino de nuestro corazón está formado en parte por el lugar donde invertimos nuestro dinero. Cuando deliberadamente colocamos la primera parte de nuestros ingresos en manos de Dios, realmente estamos honrando al Señor. Honramos a Dios a través de nuestra obediencia a Su palabra.

Invierta a nivel local para hacer avanzar la obra de Dios a través de su iglesia. Esta es la forma de honrar a Dios financieramente. Déle el primer 10 por ciento de sus ingresos a Él y observe lo que puede hacer a través de sus finanzas. Observe cómo Él puede reducir sus deudas, ampliar el ciclo de vida de sus aparatos, y encontrar las personas adecuadas para hacer que las reparaciones que necesita sean más asequibles.

La mejor decisión que puede tomar financieramente es confiar sus finanzas a Dios. Al confiar en Dios, usted honra a Dios. Honre a Dios con la primera parte de sus ingresos. Pero, ¿qué significa eso exactamente?

Empiece a confiar en Dios devolviéndole el primer 10 por ciento de sus ingresos esta semana.

¿Habrá quien pueda robarle a Dios? ¡Pues ustedes me han robado! Y sin embargo, dicen: "¿Cómo está eso de que te hemos robado?" ¡Pues me han robado en sus diezmos y ofrendas! Malditos sean todos ustedes, porque como nación me han robado. Entreguen completos los diezmos en mi tesorería, y habrá alimento en mi templo. Con esto pueden ponerme a prueba: verán si no les abro las ventanas de los cielos y derramo sobre ustedes abundantes bendiciones. Lo digo yo, el Señor de los ejércitos. (Malaquías 3:8-10, RVC)

A lo largo de la Biblia, el número diez representa la terminación y la plenitud. Indica la plenitud de algo que tenemos en mente. Dicho esto, dando a Dios el diez por ciento de la primera parte de nuestros ingresos demuestra la plena confianza en Su habilidad para proveer a nuestras necesidades actuales y futuras. De modo que nuestra confianza comienza con un diez por ciento. Es así como le decimos al Señor: "Confío en Ti. Sé que eres el dueño de todo lo que tengo. Te honro con la primera parte de mis ingresos. Sé que Tú proveerás a las necesidades de mi familia".

Esto no significa que no podamos dar más de un diez por ciento. Ciertamente podemos dar más. Muchos creyentes dan un veinte por ciento o más para demostrar su creciente confianza en la provisión de Dios y su agradecimiento por Sus bendiciones. Lo importante es nuestra fidelidad al dar. Una vez que usted esté en condiciones de donar la primera parte de sus ingresos al Señor, Él puede llevarlo a dar más. Dios puede eliminar la ansiedad financiera cuando tomamos el primer paso y confiamos plenamente en Su provisión para nuestras vidas. No demore su confianza. Comience esta misma semana y vea a Dios en acción.

Por eso les digo: No se preocupen por su vida, qué comerán o beberán; ni por su cuerpo, cómo se vestirán. ¿No tiene la vida más valor que la comida, y el cuerpo más que la ropa? Fíjense en las aves del cielo: no siembran ni cosechan ni almacenan en graneros; sin embargo, el Padre celestial las alimenta. ¿No valen ustedes mucho más que ellas? ¿Quién de ustedes, por mucho que se preocupe, puede añadir una sola hora al curso de su vida? ¿Y por qué se preocupan por la ropa? Observen cómo crecen los lirios del campo. No trabajan ni hilan; sin embargo, les digo que ni siquiera Salomón, con todo su esplendor, se vestía como uno de ellos. Si así viste Dios a la hierba que hoy está en el campo y mañana es arrojada al horno, ¿no hará mucho más por ustedes, gente de poca fe? Así que no se preocupen diciendo: "¿Qué comeremos?" o "¿Qué beberemos?" o "¿Con qué nos vestiremos?" Porque los paganos andan tras todas estas cosas, y el Padre celestial sabe que ustedes las necesitan. Más bien, busquen primeramente el reino de Dios y su justicia, y todas estas cosas les serán añadidas. (Mateo 6:25-33, NVI)

Dé este paso de fe, independientemente de dónde se encuentre financieramente. Usted puede estar trabajando medio tiempo, comenzando un nuevo trabajo, en la plenitud de su carrera, cobrando el seguro de desempleo o recibiendo algún tipo de cheque de seguridad social o de jubilación. Dé a Dios el primer diez por ciento de sus ingresos y véalo en acción. Dé un paso de fe a través de su obediencia a Su palabra y comience a mostrarle a Dios cuánto Lo ama. El amor precede a la obediencia y la obediencia precede al honor.

Tomen la decisión de ser consistentes en dar como pareja.

Uno de los mayores desafíos para las parejas es ponerse de acuerdo para mantener la constancia en sus donaciones haciéndose responsables para garantizar que la fidelidad financiera sea una realidad. Esto a menudo requiere hacer ajustes que pueden cambiar su estilo de vida actual. Tenga esto en mente: vale la pena el ajuste. Cuando usted decide alinear su vida con la sagrada Palabra de Dios, siempre vale la pena el tiempo y la energía invertida en estos ajustes.

En cuanto a la ofrenda para los santos, hagan lo que les ordené a las iglesias de Galacia. Cada primer día de la semana, cada uno de ustedes ponga algo aparte, según lo que haya ganado, y guárdelo, para que no se tengan que recoger las ofrendas cuando yo esté allá. Y cuando llegue, enviaré a aquellos que ustedes hayan designado por carta, para que lleven la ofrenda de ustedes a Jerusalén. (1 Corintios 16:1-3, RVC)

No se equivoque: confiar en que Dios proveerá a sus necesidades puede generar fricciones importantes y dejar expuestas las malas decisiones financieras. Incluso puede conducir a conversaciones difíciles y dolorosas. Dar grandes regalos de vez en cuando no puede reemplazar el crecimiento espiritual que proviene del desarrollo y la ejecución de la fidelidad de las donaciones constantes. Sin embargo, para vivir y crecer, usted y su cónyuge deben decidir confiar en Dios individual y colectivamente, para alcanzar la fidelidad financiera. Tenga las conversaciones que sean necesarias, haga el esfuerzo y honre a Dios de maneras nuevas y emocionantes. Cuando lo haga, esto servirá para hacer crecer su matrimonio. Tomen la decisión de ser consistentes en dar como pareja.

Den con un corazón alegre.

No hay nada atractivo en dar a regañadientes. A nadie le gusta recibir algo de otra persona cuando su resistencia es evidente para todos. Cuando damos por coerción, arruinamos el espíritu de donar que se encuentra en la Palabra de Dios. Servimos a un Dios de amor, que es infinitamente generoso con Su pueblo. Tenemos que asegurarnos de que nuestra motivación y actitud sean correctas cuando damos. ¿Estamos dando por las razones correctas? ¿Estamos tratando de ponernos por delante de los demás? ¿Estamos dando principalmente por cuestiones fiscales? ¿Estamos dando para impresionar a los demás? *Cada uno debe dar según lo que haya decidido en su corazón, no de mala gana ni por obligación, porque Dios ama al que da con alegría (2 Corintios 9:7, NVI).*

Así que nuestros verdaderos motivos para dar deben ser considerados en oración. ¿Por qué? Tenemos que dar por las razones correctas. Dar para hacer avanzar la obra de Dios y ayudar a los necesitados son dos excelentes razones. Contribuir a su comunidad a través del ministerio de la iglesia local fue idea de Dios. Llegar a todos los grupos de personas a través de la participación de la iglesia en las misiones globales también fue idea de Dios. Cuando damos para hacer avanzar la obra de Dios, participamos en el corazón de Dios para llegar a todas las personas, poniéndolas en una relación correcta con El Salvador. *En realidad, no es que el Señor sea lento para cumplir su promesa, como algunos piensan. Al contrario, es paciente por amor a ustedes. No quiere que nadie sea destruido, quiere que todos se arrepientan (2 Pedro 3:9, NTV).*

Dar con entusiasmo puede resultar extraño al principio. Para algunos no es gran cosa, pero para muchos sin duda lo es. Para la mayoría de nosotros, es difícil "regalar" el dinero y las cosas que poseemos. Recuerde a Aquel que es el verdadero dueño de todo lo que usted tiene. Reflexione sobre Su generosidad y gracia ilimitada hacia usted. Recuerde el precio que pagó para rescatarlo de una vida de pecado y darle una eternidad con Él. Permita que lo que Dios ha hecho dé forma a su actitud y exprese su gratitud al dar. La gente necesita ver auténticos seguidores de Cristo que vivan lo que escuchan el domingo. Todos necesitan saber que Dios realmente se preocupa por ellos.

Ellos agradecen nuestras oraciones, pero necesitan ver la aplicación práctica del amor en acción a través de nuestra compasión y generosidad. Cuando ayudamos a los necesitados, hacemos brillar la luz de Cristo en un mundo oscuro. Por otra parte, cuando damos con generosidad, alegremente y voluntariamente para servir a los que menos tienen, nos convertimos en herramientas poderosas en manos del Maestro. El amor de Dios puede penetrar hasta las partes más oscuras de nuestra comunidad y del mundo cuando damos con alegría.

3. Haga sacrificios personales para aumentar su impacto.

En realidad, no es que el Señor sea lento para cumplir su promesa, como algunos piensan. Al contrario, es paciente por amor a ustedes. No quiere que nadie sea destruido, quiere que todos se arrepientan. (Marcos 12:41-44, NTV)

¿Se ha detenido a pensar en la razón por la que Dios lo ha bendecido financieramente? Tal vez usted esté pensando: "Bueno, en realidad yo no soy rico. No tengo un montón de dinero en el banco. Tengo un salario modesto, pero no me sobra demasiado a fin de mes. He dado a Dios el diez por ciento de mis ingresos durante veinte años. He sido fiel y Lo he honrado".

Tómese un momento para reflexionar (Responda a cada pregunta honestamente)

- ¿Es posible que Dios esté obrando en su corazón para ampliar lo que da más allá del diez por ciento?
- ¿Es posible que Él esté empujando su corazón para que lleve el dar a otro nivel?
- ¿Le está pidiendo que confíe más en Él?
- ¿Tiene miedo de dar el siguiente paso?
- ¿Cree que Él puede continuar proporcionando a sus necesidades a medida que aumenta el porcentaje?
- Si es así, ¿qué debe ajustar para seguir Su dirección?
- ¿Cuál debe ser su próximo paso?

Dios no espera que le dé lo que no tiene. Él no está preocupado por lo mucho que usted daría si tuviera más. Se trata de lo que hacemos con lo que tenemos ahora mismo, con el dinero y recursos que Él ya nos ha confiado. Debemos concentrarnos en lo que tenemos. Si Él decide darnos más, cruzaremos ese puente cuando lleguemos allí. *A quienes reparten, más se les da; los tacaños acaban en la pobreza. El que es magnánimo, prospera; el que sacia a otros, será saciado (Proverbios 11:24-25, RVC).*

El Señor espera que usted y su cónyuge confíen en Él con las cosas que Él ha provisto. Al alinear su corazón con el corazón de Dios, el Señor lo retará a confiar en Él más de lo que confiaba ayer. Si su corazón permanece abierto a la dirección del Espíritu Santo, es posible que las conversaciones con su cónyuge pasen a girar en torno a tener menos para que otros puedan tener más. Usted puede sorprenderse por cómo el Señor trabaja al mismo tiempo en su corazón para acompañarlo en este camino de dar con alegría.

Busque oportunidades para hacer ajustes personales que lo lleven hacia una mayor generosidad.

En nuestro país, hacer ajustes personales para ir hacia una mayor generosidad no es algo muy común. Cuando visitamos los sitios web más populares, los estandartes que parpadean a los lados de las páginas generalmente apuntan a las áreas de insatisfacción en nuestras vidas. Ellos quieren que gastemos más dinero para satisfacer ese vacío incómodo y encontrar "la verdadera felicidad" a través del uso de su producto. Tómese su tiempo esta semana y piense en el total de su gasto mensual promedio en los artículos enumerados a continuación. Cuando haya terminado, hágase las siguientes preguntas: "¿Puedo reducir esta cantidad para aumentar mi generosidad? En caso afirmativo, ¿qué debo hacer? ¿Para qué fecha puedo hacer que esto suceda?"

$_____ Servicios de cable, suscripciones de entretenimiento, etc...

$_____ Compras recreativas, compras en línea, etc...

$_____ Eventos deportivos, entretenimiento, pasatiempos, etc...

$_____ Gastronomía, café gourmet, etc...

$_____ Alcohol, cigarrillos, etc...

El rey David insistió en dar prioridad a dar haciendo sacrificios. Estaba decidido a hacer avanzar el plan de Dios y a interceder por su pueblo. Él era el modelo de lo que esto debía ser para ellos. De este modo, David nos da un gran ejemplo de sacrificio del corazón. Sin duda, el gran amor de David por Dios y por el pueblo de Israel lo motivó a realizar ajustes personales. Su compromiso inquebrantable para hacer avanzar la obra del Señor le obligó a dar alegremente y con sacrificios. Es por eso que David era un hombre conforme al corazón de Dios. Él entendía claramente que dar con sacrificio cuesta algo. *Pero el rey {David} le respondió: «De ninguna manera. Yo te pagaré su precio. No voy a ofrecer al Señor mi Dios holocaustos que no me cuesten nada.» Y David le compró la era y los toros por cincuenta monedas de plata (2 Samuel 24:24, RVC).*

Tómese un momento para reflexionar (Responda a cada pregunta honestamente)

- ¿Qué pasaría si usted y su cónyuge creyeran más allá de toda duda de que Dios quiso bendecir a los demás a través de su generosidad?
- ¿Qué pasaría si el foco de su vida financiera pasara de lo que puede obtener a lo que puede dar? Imagine por un momento cuántas vidas podrían cambiarse. Imagine cuánta gente escucharía y experimentaría el amor de Dios a través de su administración fiel.
- ¿Qué podría hacer Dios a través de su matrimonio, si cada uno de ustedes adoptara la visión de hacer más con menos a fin de cambiar vidas?

Pregúntele a su cónyuge: "¿En qué podemos ahorrar para aumentar el impacto sobre los demás? ¿Qué ajustes tenemos que hacer en las cosas que compramos o en los lugares a los que decidimos ir?" ¿Cómo afectaría esto a su relación? ¿Este paso requeriría fe? Sí. ¿Vale la pena la inversión en la posibilidad del cambio de vida? ¡Por supuesto! Recuerde que cuanto mayor sea el sacrificio, mayor será el impacto.

Den, y se les dará una medida buena, incluso apretada, remecida y desbordante. Porque con la misma medida con que ustedes midan, serán medidos (Lucas 6:38, RVC).

Cuanto mayor sea el sacrificio, mayor será el impacto.

Si Dios puede confiarle más a usted, también puede decidir darle más. Si usted ha sido fiel con lo que Él le ha dado, esté atento: Él puede decidir darle más para ampliar aún más Su obra. Y si lo hace, dé con fe, alegría y generosidad. El Señor busca a quienes tienen el espíritu quebrantado. Él busca a aquellos a quienes puede confiar Sus recursos.

Si usted tiene el corazón que hace falta para hacer avanzar la obra de Dios y extender el ministerio a los necesitados, es posible que el Señor se esté preparando para usarlo a fin de cambiar el mundo. Todo lo que invierte para cumplir la Gran Comisión es una inversión hecha en la eternidad. Su inversión dará sus frutos en la mejor forma de cambio: el cambio de vida.

4. Permita que otros hagan el trabajo de Dios a nivel mundial.

Tomar decisiones financieras con una perspectiva eterna consiste en permitir a otros hacer el trabajo de Dios a nivel mundial. Su generosidad al dar más allá de un diez por ciento de su ingreso hace posible que los misioneros vivan en otros países y comiencen nuevos ministerios. Participar en viajes misioneros, enviar correos electrónicos y contactarse con ellos directamente sirve como una importante fuente de estímulo para su ministerio. Cuando se asocia con ellos económicamente, sus oraciones aumentarán y su corazón seguirá este camino. Como hemos mencionado antes, el corazón sigue a su tesoro.

La administración fiel comienza dentro de su iglesia local. A medida que crece su administración financiera, considere la posibilidad de invertir en las misiones mundiales a través de su iglesia local. Sin inversiones en las misiones mundiales, a la iglesia le resultaría imposible cumplir la Gran Comisión encargada por Nuestro Señor Jesús.

Jesús se acercó entonces a ellos y les dijo: Se me ha dado toda autoridad en el cielo y en la tierra. Por tanto, vayan y hagan discípulos de todas las naciones, bautizándolos en el nombre del Padre y del Hijo y del Espíritu Santo, enseñándoles a obedecer todo lo que les he mandado a ustedes. Y les aseguro que estaré con ustedes siempre, hasta el fin del mundo (Mateo 28:18-20, NVI).

Según los estudios, aproximadamente cada $ 10.00 que usted dona de apoyo a las misiones mundiales, una persona llegará a conocer a Jesucristo como su Salvador.

Considere la siguiente tabla para comprender el posible impacto espiritual de su generosidad hacia las misiones.

Dar a las misiones		Vidas cambiadas					
Por semana	Por año	1 año	5 años	10 años	20 años	30 años	40 años
$10	$520	52	260	520	1,040	1,560	2,080
$30	$1,560	156	780	1,560	3,120	4,680	6,240
$50	$2,600	260	1,300	2,600	5,200	7,800	10,400
$70	$3,640	364	1,820	3,640	7,280	10,920	14,560
$100	$5,200	520	2,600	5,200	10,400	15,600	20,800
$120	$6,240	624	3,120	6,240	12,480	18,720	24,960

Dios lo creó para servir como un instrumento clave en Su plan para cambiar vidas. Le unió a usted y a su cónyuge para cambiar vidas como equipo. Tal vez usted tuviera una idea de su potencial individual para marcar una diferencia en esta tierra, pero Dios ciertamente conocía el potencial para cambiar vidas cuando su cónyuge entró en escena.

Cuando usted pone a su matrimonio en manos de Dios de todo corazón,
Él dejará en claro cómo quiere que usted participe en Su obra y cuánto debe compartir.

Lo que Él quiere puede no tener nada que ver con el aumento de su patrimonio personal. Él puede querer que usted sirva como misionero por un breve período, que participe en proyectos estratégicos, o incluso que sirva como misionero de tiempo completo. Es posible que usted experimente una gran pobreza o que padezca grandes sufrimientos para hacer avanzar Su obra. ¿Quién sabe? Es posible que ahora mismo esté debilitando su corazón para hacer ajustes en su estilo de vida actual para que pueda producir más fruto.

Hermanos, también queremos contarles acerca de la gracia que Dios ha derramado sobre las iglesias de Macedonia, cuya generosidad se desbordó en gozo y en ricas ofrendas, a pesar de su profunda pobreza y de las grandes aflicciones por las que han estado pasando. Yo soy testigo de que ellos han ofrendado con espontaneidad, y de que lo han hecho en la medida de sus posibilidades, e incluso más allá de éstas. Insistentemente nos rogaron que les concediéramos el privilegio de participar en este servicio para los santos, e hicieron más de lo que esperábamos, pues primeramente se entregaron al Señor, y luego a nosotros, por la voluntad de Dios. Por eso le rogamos a Tito completar la obra de gracia que ya había comenzado entre ustedes. Por lo tanto, ya que ustedes sobresalen en todo, es decir, en fe, en palabra, en conocimiento, en todo esmero, y en su amor por nosotros, sobresalgan también en este acto de amor. (2 Corintios 8:1-7, RVC)

¿Se preocupa Dios por alcanzar a los que viven cerca de usted? ¡Sí! ¿Tiene Él una carga pesada por ganar su ciudad para Jesucristo? ¡Sin lugar a duda! Pero también está profundamente preocupado por los que no hablan su idioma. Su corazón llora por aquellos que viven en otros países. Dios quiere que usted y su cónyuge sirvan como un catalizador para las misiones mundiales. Él quiere que su matrimonio tenga un impacto mundial. Él quiere que usted dé y Él quiere que usted sirva. Es decir, lo que importa es mucho más que el contenido de su billetera. Una vez más, si Él tiene nuestra billetera, ciertamente tendrá nuestros corazones.

Al permitir que otros realicen la obra de Dios en el mundo, Él personalmente se hará
cargo de todas sus necesidades y producirá frutos a través de su obediencia.

Cuando usted y su cónyuge se comprometen a lo que yo llamo cariñosamente *la administración mundial*, significa que usted analiza atentamente su vida financiera a la luz de cómo puede impactar el mundo para el Señor Jesús. Consiste en examinar el ministerio a través de los ojos de Dios. Él ama a todo el mundo *(Juan 3:16)*. Él murió para el mundo entero. Este es Su plan. Este es Su corazón. Cuando compartimos Su visión de llegar a todo el mundo a través de la administración mundial, el fruto espiritual abundará y nuestras necesidades personales serán atendidas.

> *Y Dios puede hacer que toda gracia abunde para ustedes, de manera que siempre, en toda circunstancia, tengan todo lo necesario, y toda buena obra abunde en ustedes…El que le suple semilla al que siembra también le suplirá pan para que coma, aumentará los cultivos y hará que ustedes produzcan una abundante cosecha de justicia. (2 Corintios 9:8,10)*

Es perfectamente lógico. Dios es fiel. Nosotros no somos siempre tan fieles. Su gracia es ilimitada. Nosotros a veces nos olvidamos de demostrar gracia a aquellos que más lo necesitan. Cuando nuestro matrimonio da un paso de fe para glorificar a Dios, ocurre algo radical. Cuando nos comprometemos a tener un impacto global compartiendo los recursos proporcionados por el Señor con otros países, Dios puede responder de una manera magnífica. Él se asegurará de que tengamos lo que necesitamos para dar cuando la oportunidad de dar se presente.

Ya que toda buena obra en el plan divino de Dios puede suministrar lo que se necesita, en parte a través de su matrimonio. Su plan no consiste en dejar caer el dinero de un paracaídas celeste en la puerta de Sus iglesias y organizaciones misioneras. Aunque esta imagen sería una excelente publicidad, no exigiría nada a Su pueblo y no haría desarrollar la fe que cambia vidas. El plan de Dios consiste en mantener Su poderosa obra a través de Su pueblo.

Si usted y su esposa son creyentes, esto incluye a su matrimonio. Si Él puede confiarle más a usted, también puede darle más para administrar. Tomamos decisiones financieras con una perspectiva eterna cuando activamente permitimos a otros hacer el trabajo de Dios a nivel mundial. Aproveche sus recursos para hacer avanzar el Reino de Dios. Si usted no lo hace, ¿quién lo hará?

5. Recuerde a los que tienen menos y necesitan ayuda.

> *El que cierra su oído al clamor del pobre tampoco será escuchado cuando pida ayuda.*
> *(Proverbios 21:13, RVC)*

¿Qué nos viene a la mente cuando pensamos en aquellos que tienen menos que nosotros y necesitan ayuda? Pensamos automáticamente en los que viven en las calles sin un lugar al que llamar hogar, o en las campañas internacionales de los medios de comunicación para encontrar agua potable. Pero ¿qué pasa con aquellos que vienen a la iglesia cada domingo y apenas tienen lo suficiente para llenar su tanque de gasolina, pagar su factura de electricidad, o comprar comida para su familia la próxima semana? Hay muchas personas en nuestras iglesias hoy mismo que se esfuerzan por satisfacer sus necesidades más básicas. Es posible que la semana pasada usted se haya sentado junto a alguien desesperadamente necesitado de recursos vitales. ¿Entran estas personas en la categoría de pobres?

Bueno, si creemos que pobre es aquel que tiene necesidades, entonces la respuesta es sí. *Bendito sea quien ve a otros con bondad y comparte su pan con el indigente (Proverbios 22:9, RVC)!*

No se trata de pasar el resto de su vida en busca de una lista que ayude a describir las características de alguien que es pobre. Cuando leemos la Biblia, nos encontramos con personas que tienen necesidades, algunas más que otras. Las personas pobres tienen menos de lo que necesitan. Todos conocemos a alguien que tiene menos de lo que necesita. Esto no siempre es evidente por su expresión, por la ropa que usan o por su medio de transporte. De alguna manera, usted se entera de que tienen una necesidad real en su vida y algo comienza a moverse en las profundidades de su corazón. Usted y su cónyuge comienzan a identificarse con su falta de necesidad y se ponen de acuerdo en hacer algo al respecto antes de que las cosas empeoren aún más. Lo que mueve a usted y a su cónyuge se puede resumir en una poderosa palabra: compasión.

Su matrimonio debe ser marcado por una creciente compasión para ayudar a los necesitados.

Jesús no usaba una lista de verificación antes de alimentar, sanar o servir a los demás. Él no necesitaba un estudio demográfico de una determinada zona para satisfacer las necesidades específicas de las vidas de aquellos que estaban sufriendo. Eso habría estado totalmente fuera de lugar. Jesús se veía obligado a actuar por algo mucho más profundo: la misericordia y la gracia sin límites. Su gracia y misericordia iban mucho más allá de cualquier lista y lo llevaban a actuar de inmediato para servir a los que tenían menos de lo que necesitaban. Estas dos características, la misericordia y la gracia, marcaron la vida de Jesús de principio a fin. El resultado fue una vida movida por una extraordinaria compasión para servir a los demás incondicionalmente. *Cuando Jesús salió de la barca y vio a tanta gente, tuvo compasión de ellos, porque parecían ovejas sin pastor, y comenzó entonces a enseñarles muchas cosas (Marcos 6:34, RVC).*

Jesús superó las costumbres religiosas y creó nuevos principios rectores para reemplazar los escritos del Antiguo Testamento. Mostró el corazón de Dios hacia los que más ayuda necesitaban. No le producían ninguna impresión los títulos religiosos de aquellos que supuestamente participaban de un espíritu superior. Ellos no se preocupaban por la misericordia, la gracia ni el perdón.

Estos individuos se dedicaban fundamentalmente a sus propias necesidades y deseos. Eran religiosos en el exterior, pero desalmados en el interior. Estas personas querían que otros los sirvieran y reconocieran su estatus por encima del pueblo. A su vez, dejaban pasar oportunidades para marcar una diferencia real en las vidas de los que tenían mucho menos. *Cuando Jesús salió de la barca y vio a tanta gente, tuvo compasión de ellos y sanó a los que estaban enfermos (Mateo 14:14, RVC).*

¿Qué es lo que encontramos cuando miramos más de cerca la vida de Jesús? Nos encontramos con alguien lleno de compasión que miraba a los demás a través del lente de la misericordia y la gracia. Jesús tuvo compasión de aquellos que estaban perdidos espiritualmente y ayudó activamente a quienes lo necesitaban. Él experimentó la tentación y era plenamente consciente de lo que significaba ser física y emocionalmente débil. Jesús entendía claramente lo que significaba tener necesidades. Como Él dependía del Padre para guiar cada uno de sus pasos, Jesús fue muy fructífero en Su ministerio personal.

Jesús venció todas las tentaciones al tiempo que demostró lo que significa vivir una vida llena del Espíritu Santo. Él puede compadecerse de nuestras debilidades y ofrecer compasión cuando más la necesitamos. *Por lo tanto, y ya que en Jesús, el Hijo de Dios, tenemos un gran sumo sacerdote que traspasó los cielos, retengamos nuestra profesión de fe. Porque no tenemos un sumo sacerdote que no pueda compadecerse de nuestras debilidades, sino uno que fue tentado en todo de la misma manera que nosotros, aunque sin pecado (Hebreos 4:14-15, RVC).*

La mayor preocupación de Jesús era el bien espiritual de las personas con las que Él estaba en contacto. Sabiendo que Él era el Rey de los pastores y al ver las condiciones de privación del hombre a través de la vida, Jesús se sentía profundamente conmovido a conectarse con la gente espiritualmente. Estaba comprometido con la enseñanza de la Palabra de Dios. Su corazón lo llevaba a ayudar a aquellos que no conocían Su origen divino. Jesús se vio obligado a ofrecer la revelación de Sí mismo a aquellos que estaban perdidos espiritualmente. Él quería que ellos entendieran y creyeran en Su nombre. *Y Jesús, teniendo misericordia de él, extendió la mano y le tocó, y le dijo: Quiero, sé limpio (Marcos 1:41, RVR).*

A veces, recordar a aquellos que menos tienen se relaciona con el ministerio de sus limitaciones físicas. Hay millones de personas que sufren de problemas de salud. Pueden estar luchando contra una enfermedad y tener menos fuerzas de la que solían tener. Ellos necesitan gente que pueda acompañarlos y escuchar su dolor y sufrimiento. Necesitan a aquellos que están dispuestos a orar por su enfermedad y a ofrecer una fuerte respuesta bíblica a lo que enfrentan. Ellos necesitan gente que les brinde amor durante los tratamientos y los lleve a ver al médico. Cuando usted y su cónyuge deciden participar en el ministerio para aquellos que tienen limitaciones físicas, comparten el corazón de Dios para servir a los que menos tienen.

El que ayuda al pobre no conocerá la pobreza; el que le niega su ayuda será maldecido (Proverbios 28:27, NVI).

El punto clave es entender claramente lo que necesitan y hacerse cargo de ayudarlos a encontrar una solución, incluso si usted es el que tiene que entender la situación para que reciban una atención adecuada. Su matrimonio puede servir como una importante fuente de fortaleza y esperanza en la vida de alguien que tiene severas limitaciones físicas o que padece una enfermedad difícil.

A veces, las personas en estas condiciones prosperan física y emocionalmente cuando la pareja correcta los acompaña y los ayuda a volver a encender la esperanza en el futuro.

Permita que la misericordia, la gracia y la compasión fluyan hacia los demás libremente.

¿Hay alguien en su vida en este momento que esté pasando por una enfermedad, perdiendo su fuerza o experimentando importantes limitaciones físicas? Si es así, imagínese cómo se beneficiaría de su presencia. Piense en cómo podría cambiar su punto de vista si alguien como usted y su cónyuge hicieran un esfuerzo adicional para asegurarse de que tengan lo que necesitan. ¿Se imagina usted la expresión de su rostro cuando lo vean entrar a su casa? Permita que Dios mueva el corazón de su matrimonio hacia el ministerio para aquellos que menos tienen en el ámbito físico. *Jesús llamó a sus discípulos y les dijo: «Esta gente me parte el corazón. Hace ya tres días que están conmigo, y no tienen qué comer. Y no quisiera enviarlos en ayunas, pues se pueden desmayar en el camino»* (Mateo 15:32, RVC).

Hay momentos en que la mayor necesidad de la gente es una necesidad económica. No tienen el dinero suficiente para comprar alimentos, pagar su factura de electricidad o reparar su automóvil. Estas necesidades son muy reales, incluso en el mundo de hoy. Hay gente que se sienta en nuestras iglesias todos los domingos y hace una serie de preguntas en forma de oración: "Señor, ¿cómo voy a pagar para reemplazar esa parte de mi motor? Padre, ¿es posible que no pueda comprar alimentos esta semana? Señor, vence mi hipoteca y no tengo el dinero. ¿Dónde voy a conseguir el dinero para pagar al banco? Dios mío, ¿de dónde voy a sacar el dinero para la cirugía de mi hijo? Señor, solo tengo cinco dólares en mi billetera. ¿Cuándo voy a conseguir otro trabajo?"

Jesús no quería que la gente estuviera hambrienta. Aunque Él hizo un milagro para alimentar a la multitud, Dios puede hacer milagros a través de nuestra administración financiera para ayudar a las personas en situaciones similares. Tal vez no multiplique los peces que usted tiene en el congelador o el pan de la despensa, pero puede aumentar sus clientes, reducir su factura de electricidad o hacerle ahorrar dinero en una costosa reparación. ¿Por qué haría esto? Bueno, si Dios sabe que usted es confiable, puede decidir darle aún más que lo que tiene ahora mismo para cubrir las necesidades financieras de los que lo rodean. No dejes de hacer el bien a todo el que lo merece, cuando esté a tu alcance ayudarlos. Si puedes ayudar a tu prójimo hoy, no le digas: «Vuelve mañana y entonces te ayudaré» *(Proverbios 3:27-28, NTV).*

Así que no convoque a un comité para debatir acerca de si puede ayudar a satisfacer las necesidades financieras de los demás. Involucre a su cónyuge en la decisión desde el principio. Cuando Dios pone la necesidad en el umbral de su corazón, lo más probable es que haga lo mismo en el corazón de su cónyuge. Cuando Dios llama a la puerta, ábrala con rapidez. No ignore la necesidad. Si Dios lo ha hecho consciente, es porque quiere que usted participe. Es posible que Él desee extender aún más su administración financiera. Lo cual está perfectamente bien. Tenga la seguridad de que Él siempre proveerá a sus necesidades cuando usted invierta en los demás.

Encuentre a alguien que tenga una necesidad y asuma la responsabilidad de satisfacerla.

Permanezca en el anonimato haciendo donaciones financieras a través de su iglesia local. Esta es la forma en que la iglesia proporcionaba ayuda a los necesitados en sus comienzos. Cuando usted le da dinero a alguien directamente, esto puede cambiar la relación con esa persona. A través del método del anonimato se pueden evitar muchos sentimientos incómodos. Por otro lado, si alguien está tratando de engañar a los demás, dar a través de la iglesia es una fuerte protección contra el fraude. Comparta las necesidades financieras significativas con los líderes de su iglesia. Consiga su participación al inicio del proceso.

Si está en un grupo pequeño, dar alimentos a los necesitados es una gran idea. Esto elimina la necesidad de que aquellos que experimentan dificultades financieras gasten unos fondos ya de por sí limitados en alimentos. Todo el mundo puede comprar una bolsa durante la semana y tenerla lista para el pequeño grupo siguiente. Esto demuestra un gran corazón y se agradece mucho. Usted y su cónyuge pueden encabezar esta iniciativa y hacer una gran diferencia en las vidas de otros. Recuerde a los que tienen menos y necesitan ayuda. Cuando lo haga, su matrimonio participará en el corazón de Dios para satisfacer las necesidades de quienes le rodean.

6. Satisfacción

No lo digo porque tenga escasez, pues he aprendido a estar contento en cualquier situación. Sé vivir con limitaciones, y también sé tener abundancia; en todo y por todo estoy enseñado, tanto para estar satisfecho como para tener hambre, lo mismo para tener abundancia que para sufrir necesidad; ¡todo lo puedo en Cristo que me fortalece! (Filipenses 4:11-13, RVC)

Aunque muchas agencias de marketing no estarían de acuerdo, su satisfacción no se encuentra en la cantidad de bienes acumulados a lo largo de su vida aquí en la tierra. El que tiene más juguetes tiene una mayor posibilidad de perder más que ganar en la vida. Cuantos más juguetes tenga que recoger, más tiempo tardará en guardarlos y ordenarlos. Las posesiones siempre son solo una pequeña parte de la satisfacción de la vida. Usted y su cónyuge deben estar satisfecho con lo que tienen en este momento con el fin de tomar decisiones financieras con una perspectiva eterna. Si usted no está satisfecho con su situación financiera o la cantidad de riquezas materiales que posee actualmente, no tomará las decisiones correctas. Lo que es peor, la falta de satisfacción en este aspecto solo servirá para generar más compras vacías y más tensión en su matrimonio.

Encuentre la satisfacción en el Señor y sea feliz con lo que Él le da.

Haga un ENORME favor a su matrimonio: deje de tratar de obtener cosas. No gaste su vida consumiendo más bienes para satisfacer su ansia de más cosas. Las cosas nunca satisfacen. Nunca lo han hecho y nunca lo harán. De hecho, mientras más posesiones tenga, más tendrá que preocuparse. Ser propietario de una casa, por ejemplo, es un problema lo suficientemente grande. Si usted tiene tres casas, su mente estará ocupada con el triple de preocupaciones. Su mente está ocupada en cobrar las rentas, estudiar las tendencias del mercado, hacer reparaciones y encontrar el comprador adecuado. Este estrés se suele añadir a todas sus responsabilidades en la oficina.

Su mente nunca descansa y el estrés comienza a desgastar su actitud con los demás e incluso su salud. De modo que usted se encuentra irritado y fuera de contacto con los que lo aman. ¿Por qué? Usted está consumido con la administración cotidiana de sus cosas. Aunque las inversiones pueden ser rentables, también afectan a todas las personas que lo rodean. Su corazón se encuentra donde se halla su tesoro.

Más posesiones ≠ mayor satisfacción

Tómese un momento para reflexionar (Responda a cada pregunta honestamente)

- ¿Qué puede hacer hoy para comenzar a simplificar su estilo de vida?
- ¿Qué puede vender o regalar para tener más tiempo para que el verdadero ministerio tenga lugar a través de su matrimonio?
- Piense en cómo sus mayores posesiones han consumido una cantidad inesperada de tiempo, energía y recursos.
- ¿Puede ver cómo Sus propósitos para su matrimonio fluirían sin reservas ni obstáculos materiales?

Imagínese lo que pasaría mental, emocional, física y espiritualmente si tuviera menos cosas de qué preocuparse. Imagine cómo liberarse de estas preocupaciones cambiaría su matrimonio. Imagine cómo se beneficiarían sus hijos al pasar más tiempo con usted. Por último, imagine lo que Dios puede hacer a través de su matrimonio no hay nada en la tierra que compita por su atención para amar más a Dios y fortalecer su relación espiritual.

Sus circunstancias no cambian su identidad.

Pablo estaba seguro de Su identidad a través de las épocas buenas y malas de la vida. Probablemente más que cualquier otro apóstol, Pablo experimentó la oscilación material más importante de todos ellos. Llegó a la cima de su carrera como una de las principales autoridades religiosas entre sus compañeros judíos. Su estatus político y social era notable. Fue uno de los estudiosos más prominentes de su época, muy respetado entre la élite de los líderes judíos. Antes de conocer a Jesús en un encuentro milagroso en el camino a Damasco, el apóstol Pablo lo tenía todo, desde un punto de vista mundano. Tenía poder, posesiones e influencia. Estaba orgulloso de estos logros y les tenía gran estima.

Dios tiene un propósito para cada etapa de la vida.

Cuando Pablo se encontró con Jesús, todo cambió, comenzando por su corazón. Como resultado, las prioridades de Pablo cambiaron radicalmente. Ya no estaba interesado en la influencia política ni religiosa entre sus pares. Por el contrario, estaba dispuesto a abandonar todo para hacer avanzar el evangelio de Jesucristo, en particular a Su pueblo, los judíos. En Cristo Jesús, la identidad de Pablo se transformó. Ahora era el embajador de Dios. Ahora era una nueva criatura en el Señor. Por lo que su enfoque cambió y, por lo tanto, su vida cambió también. Pablo ahora se concentraría en conocer mejor a Cristo y en aprovechar toda la influencia que tenía para hacer avanzar el plan de Dios. Tenía una nueva identidad.

Y con esa nueva identidad, surge un nuevo propósito para la vida. *Pero todo lo que para mí era ganancia, lo he estimado como pérdida, por amor de Cristo. Y a decir verdad, incluso estimo todo como pérdida por la excelencia del conocimiento de Cristo Jesús, mi Señor. Por su amor lo he perdido todo, y lo veo como basura, para ganar a Cristo (Filipenses 3:7-8, RVC).*

Tanto la abundancia como la pobreza pueden servir como momentos estratégicos para dar forma al corazón de su matrimonio. Por sí mismas, no son indicadores de la madurez espiritual ni de la falta de crecimiento espiritual. Usted puede tener grandes posesiones o ser muy pobre, y aun así estar completamente fuera del plan de Dios para su vida. Pero usted puede tener una gran riqueza o ser muy pobre y estar completamente satisfecho con el Señor Jesús.

Riqueza ≠ espiritualidad, y pobreza ≠ espiritualidad

Usted y su cónyuge pueden estar totalmente satisfechos en cualquier situación, independientemente de la circunstancia. Su matrimonio puede prosperar espiritualmente, sin importar lo que la vida le depare. Dios tiene un propósito para cada etapa de la vida. Su deseo es que estemos completamente satisfechos en Su presencia. La presencia de la riqueza material nunca satisfará su relación y la falta de riqueza material no lo hará tampoco. Si usted está pasando una época de pobreza, siga siendo fiel con lo que Dios le ha provisto. Acepte y agradezca las bendiciones espirituales de Cristo y confíe en que Él proveerá para sus necesidades. Esté satisfecho y sea generoso con lo que tiene. Dios tiene un plan para esta época de su vida. *Pero la piedad es una gran ganancia, cuando va acompañada de contentamiento (1 Timoteo 6:6, RVC).*

Si está pasando por una época de abundancia, el reto es el mismo. No confíe en su riqueza ni se enamore de sus posesiones. Confíe en Dios con todo tu corazón y pídale que guíe sus próximos movimientos a través de la oración. Si Dios lo bendice con más, ¿dónde quiere Él que usted coloque esta abundancia? ¿Dónde puede Su amor por las personas brillar a través de su generosidad?

¡La abundancia es una oportunidad para que Dios brille! Así que, hágalo brillar. Permita que Él lo guíe para satisfacer las necesidades de los que lo rodean, y las de todo el mundo. Su plan de abundancia tiene un propósito eterno que usted no puede perderse. La riqueza viene y va, pero su inversión en el propósito de Dios dura para siempre. *Confía en el Señor de todo corazón, y no te apoyes en tu propia prudencia. Reconócelo en todos tus caminos, y él enderezará tus sendas (Proverbios 3:5-6, RVC).*

7. Desarrolle un plan por escrito para dar, ahorrar, pagar deudas y gastar manteniendo siempre la fidelidad, la obediencia y la generosidad.

Tomar decisiones financieras con una perspectiva eterna consiste en desarrollar un plan de acción proactivo. Si usted y su cónyuge no ponen su plan financiero por escrito, lo más probable es que nada cambie en su panorama financiero. Como ya hemos aprendido, si nada cambia y nuestros desacuerdos financieros siguen aumentando y creciendo en intensidad, experimentaremos algún tipo de separación dentro de nuestro matrimonio. Nuestra relación sufrirá las consecuencias y el sueño de nuestro matrimonio no se realizará.

Pero antes de sumergirnos en la creación de un plan de acción eficaz, vamos a considerar cuatro áreas clave para poner en la hoja de ruta hacia la libertad financiera: Dar, ahorrar, pagar deudas y gastar.

DAR

Nuestro primer paso es reconocer a Dios como el dueño de todo lo que tenemos. Esto se hace honrando a Dios con la primera parte de nuestros ingresos. Se trata de tomar el monto bruto de nuestros ingresos y separar un diez por ciento, el diezmo, para devolverle al Señor. Esta primera parte, los primeros frutos de nuestros ingresos, se destina directamente a apoyar el ministerio de nuestra iglesia local. Así es como honramos a Dios. Así es como nosotros Lo reconocemos como el dueño de todo lo que tenemos. Una vez que honramos a Dios, Él nos dará lo que necesitamos para satisfacer las necesidades de los demás. A medida que Él aumente nuestros ingresos, seguiremos destinando el primer diez por ciento para hacer avanzar Su ministerio a través de nuestra iglesia local. Mientras Él nos guía, buscaremos oportunidades para demostrar un estilo de vida de generosidad.

El primer paso hacia la libertad financiera es ser fieles en dar el diez por ciento de nuestros ingresos para apoyar el ministerio de la iglesia local.

En segundo lugar, intencionalmente hacemos sacrificios personales para aumentar nuestro impacto como familia. Es aquí cuando vamos más allá de dar el diez por ciento. Usted y su cónyuge pueden decidir dar el quince por ciento en lugar del diez por ciento a su iglesia local. Dependiendo de cómo su iglesia local esté estructurada, usted puede decidir donar otro tanto para apoyar a las misiones mundiales. Si su iglesia apoya las misiones globales como porcentaje de las donaciones totales, usted puede decidir simplemente incrementar su porcentaje.

Por ejemplo, usted puede decidir dar el diez por ciento para honrar a Dios a través de su iglesia local y el diez por ciento para permitir que otros hagan el trabajo de Dios a nivel mundial. ¡Esta es una buena decisión! Algunos pueden incluso optar por destinar un porcentaje adicional de sus ingresos para ayudar a los que menos tienen y necesitan ayuda financiera. Se puede escribir un cheque al fondo de beneficencia de la iglesia o comprar un electrodoméstico para alguien que lo necesite. Cuando su matrimonio va más allá de ayudar a alguien que tiene necesidades, todos ganan. Esté satisfecho y sea fiel y generoso con lo que Dios ya le ha dado. Decídase a ser un fiel administrador de los recursos confiados a usted y su cónyuge. Dios es fiel. Él le dará lo que necesita para realizar las buenas obras planeadas para su matrimonio. Dios quiere usar su matrimonio para influir sobre los demás por toda la eternidad. Él quiere cambiar vidas a través de su fidelidad y generosidad.

AHORRAR

Hay cuatro cosas sobre la tierra que son pequeñas pero extraordinariamente sabias: las hormigas no son fuertes pero almacenan su alimento todo el verano. (Proverbios 30:24-25, NTV)

Las hormigas son consideradas criaturas extremadamente prudentes a pesar de su tamaño. Ellas entienden la importancia de ahorrar para el futuro. Las hormigas no suponen que la comida siempre estará disponible en todas las etapas de la vida. Ellas entienden la necesidad de aprovechar los meses de verano, los meses buenos, para prepararse para el invierno. El trabajo es difícil de soportar en los meses de verano para estas hormigas. ¿No le parece?

Cuando el verano está aquí, todos queremos ir a la playa o al lago más cercano. Estamos ansiosos por ponernos bronceador y saltar al agua. Queremos descansar y disfrutar de la vida. Queremos pasar unas vacaciones agradables o comprar el último juguete electrónico para mantenernos conectados con nuestros amigos. Cuando nos va bien económicamente, tendemos a distraernos y a dejar de ahorrar según un plan consistente, previendo las necesidades financieras futuras de nuestra familia.

Su segundo paso hacia la libertad financiera es establecer un plan consistente de ahorro para satisfacer adecuadamente las necesidades futuras de su familia.

Cuando el trabajo es constante y el ingreso es constante, nuestro plan de ahorro debe ser una prioridad. A muchas parejas les resulta difícil poner esta idea en práctica por su cuenta. Si recordamos el año 2004, la economía estaba en auge en nuestro país. Muchas familias gozaban de importantes ganancias financieras y materiales. Las personas compraban casas más grandes, automóviles más caros y oficinas más amplias para sus negocios.

Lo que muy pocos esperaban era el frío invierno que sobrevino en 2005. Esta burbuja económica destruyó muchos sueños financieros y aumentó significativamente la cantidad de ejecuciones hipotecarias y bancarrotas personales en nuestra nación. Las compañías de crédito redujeron drásticamente las líneas de crédito y la gente se vio obligada a vivir y gastar sus reservas de efectivo. La falta de ahorro perjudicó a una multitud de hogares.

El invierno, los meses difíciles, a menudo se encuentran a la vuelta de la esquina. Sobrevienen mucho más rápido de lo que la mayoría de nosotros está dispuesta a admitir. Si prevemos los inviernos de la vida, podemos encontrar la estabilidad en momentos de pérdida de empleo u otras formas de caos financiero. Es muy conveniente desarrollar un plan de ahorro consistente para las necesidades futuras de su familia. No tienen por qué ser grandes porciones de dinero en efectivo para que funcione. La clave es ahorrar consistentemente, de un poco a la vez. Para muchas parejas es más fácil decirlo que hacerlo. Observe el segundo paso fundamental para encontrar la libertad financiera para usted y su familia. *Los sabios tienen riquezas y lujos, pero los necios gastan todo lo que consiguen (Proverbios 21:20, NTV).*

En este momento usted tal vez piense: "Bueno, está bien si uno tiene ingresos generosos, pero no es mi caso. Nos sobra muy poco después de pagar todas nuestras cuentas. De ninguna manera es una cantidad importante. Nosotros usamos ese dinero para gastos varios, como salir a comer en familia. Necesitamos salir al menos algunos días a la semana para mantener la cordura. Es difícil ahorrar cuando hay tantas necesidades urgentes para resolver". Todo el mundo puede ahorrar algo… aunque sea un poco cada mes.

Una vez más, recuerde la diligencia de las hormigas en su difícil trabajo durante la temporada de verano. Deténgase a pensar en sus costumbres. La sabiduría consiste en estudiar y aplicar las costumbres de las hormigas a su panorama financiero.

Perezoso, mira a las hormigas; fíjate en sus caminos, y ponte a pensar. Ellas no tienen quien las mande, ni quien les dé órdenes ni las gobierne. Preparan su comida en el verano, y en el tiempo de la siega recogen su comida. (Proverbios 6:6-8, NLT)

Iniciativa, planificación y diligencia

Al pensar en estas tres palabras en relación a las hormigas, seguramente pensará en estas criaturas fascinantes y resistentes. Sin necesidad de un líder o guía motivacional, toman la iniciativa para planificar su curso de acción y lo ejecutan con decisión enorme. Las hormigas se auto-motivan. Ellas entienden lo que se necesita para hacer el trabajo. Ajustan su plan de ataque en función de la situación actual. A pesar del mal tiempo, de los ataques de enemigos locales y de otros factores incontrolables, siguen concentradas en la tarea del momento y nunca se rinden. Ellas saben que el invierno está cerca y, en su debido momento, descansan y disfrutan del fruto de su iniciativa.

Cuando se trata de la iniciativa, las hormigas sirven como un modelo ideal para que las parejas aprendan y sigan. Usted es quien tiene la responsabilidad de ahorrar para las futuras necesidades de su familia. Usted tiene que tomar la iniciativa, desarrollar un plan realista y actuar en consecuencia. Aunque los ingresos sean constantes, no se descuide. Esto no quiere decir que nunca pueda descansar o tomarse unas vacaciones, pero sí que usted elige ocuparse de su plan de ahorros, incluso cuando sus ingresos familiares sean sólidos. Recuerde que se acerca el invierno. *Antes de construir tu casa haz tus planes y prepara los campos (Proverbios 24:27, NTV).*

También es muy inteligente desarrollar un plan para las grandes compras. Usted y su cónyuge tal vez estén pensando en comprar su primera casa, tener un vehículo más confiable o comprar un electrodoméstico grande para su cocina. Lo más recomendable es separar algo de dinero cada vez que recibe un pago. Si están en condiciones de dar un anticipo importante para las compras grandes, usted y su cónyuge están bien. Cuando se trata de emergencias inesperadas, tales como lesiones personales, computadoras que se rompen, reparaciones costosas del hogar y del automóvil, vale la pena tener un "fondo de emergencia" para pasar estos inconvenientes financieros. Las emergencias financieras inesperadas son parte de la vida. No hay forma de saber si ocurrirán, pero cuando suceden tenemos que estar preparados. Así que vamos a seguir el ejemplo de la hormiga y separar recursos de manera constante para lo que depare el futuro.

Adopte un enfoque integral y a largo plazo de la planificación financiera.

Implemente un plan de ahorro constante para garantizar las futuras necesidades de su familia. Puede elegir separar un porcentaje de sus ingresos o una cantidad específica en cada período de pago. Muchos expertos recomiendan separar al menos el diez por ciento de sus ingresos para las futuras necesidades de su familia. Pueden no estar en desacuerdo sobre cómo debe dividirse, pero la mayoría de estos expertos consideraría un diez por ciento como un buen comienzo, especialmente para las parejas jóvenes que comienzan a ahorrar para el futuro de inmediato. Busque el consejo de un asesor financiero cristiano de confianza para que lo asesore con estas decisiones importantes.

Establezca metas y plazos de ahorro para su familia.

Hay un dicho que dice: "Si no hay un plan, se está planificando el fracaso". Haga los ajustes necesarios. Es aconsejable hacer ajustes después de que usted y su cónyuge se hayan puesto de acuerdo en un plan de ahorro consistente. Sin embargo, si no empiezan a ahorrar de inmediato, lo más probable es que ajusten sus finanzas de manera tal que después sea imposible comenzar a implementar un plan de ahorro. Diseñe su plan de ahorro en presencia de su cónyuge y comprométanse a seguir adelante con el plan. Usted puede comenzar con $50.00 por período de pago hasta que se sienta cómodo con la idea. Luego puede pasar a $100.00 por mes, o incluso menos.

Lo más importante es la constancia durante las primeras etapas. Siempre se puede ahorrar más, pero el objetivo es lograr un ahorro constante. Cuando usted y su cónyuge estén a las puertas del invierno, todo el trabajo duro y la diligencia valdrán la pena. *Los planes bien pensados: ¡pura ganancia! Los planes apresurados: ¡puro fracaso! (Proverbios 21:5, NVI)*

Pagar deudas

Los estudios revelan que el saldo promedio por tarjeta de crédito en los hogares de los EE.UU. ha superado los $9,000. No es de extrañar que muchas parejas casadas se sientan desesperanzadas en este mar de deudas cada vez mayores. Este peso añade una gran cantidad de presión no deseada a nuestro matrimonio, por lo que es fácil entender por qué es tan importante deshacerse de las deudas lo más rápido posible. Algunos se refieren a la deuda de tarjetas de crédito como "destructivas" o "corrosivas" de la relación matrimonial. Estados Unidos ha acumulado más de $988 mil millones en deuda renovable, según la Junta de la Reserva Federal.[4] Aunque en la actualidad hay algunas señales de esperanza, la realidad de deber más de $9,000 de tarjetas de crédito en un hogar no es cosa de risa.

Piense por unos minutos acerca de las consecuencias de tener una gran deuda, sobre todo con tarjetas de crédito. Su matrimonio no solo se encuentra bajo una presión cada vez mayor para pagar esta deuda, sino que también absorbe otras presiones. Por ejemplo, muchas parejas deciden detener las dos primeras claves para la libertad financiera (dar y ahorrar) para pagar sus deudas más rápido. Uno de los cónyuges puede aceptar esta estrategia, mientras que el otro puede estar totalmente en contra. Esto por sí solo genera tensiones significativas en la relación. Cuando la tensión sigue aumentando, la comunicación a menudo desaparece y rápidamente aparecen discusiones. Como resultado, la tensión financiera puede crear muros dentro del matrimonio y afectar negativamente la intimidad en la relación. Y cuando la intimidad en la relación se deteriora, naturalmente afectará a la intimidad sexual dentro del matrimonio.

Su tercer paso hacia la libertad financiera consiste en hacer ajustes deliberados en su estilo de vida para saldar la TOTALIDAD de la deuda lo más rápido posible.

La gran recesión de 2008 fue una lección de humildad para muchos estadounidenses. Después de que muchas familias perdieron sus empleos, sus hogares y sus planes de jubilación, la "estabilidad financiera" no era una frase en la que la mayoría de la gente continuara creyendo. Los medios de comunicación informaron que los matrimonios y las familias cada vez salían menos a comer afuera, para quedarse a comer en casa. Los restaurantes sintieron el impacto y se redujeron las ventas.

Según la Asociación Nacional de Restaurantes, las ventas cayeron por primera vez en 40 años. A este anuncio siguieron predicciones de disminución en las ventas futuras. La gente comenzó a lavar su propia ropa y a prescindir de los servicios profesionales. Algunos incluso comenzaron a cultivar sus propios alimentos en algunas partes del país. Muchas familias decidieron alquilar películas por unos pocos dólares en lugar de gastar $40.00 o más en el cine local. Lo principal aquí es que se hicieron ajustes deliberados en el estilo de vida, no solo para pagar deudas, sino también para sobrevivir.

Es posible que usted no esté obligado a comenzar a criar pollos o cultivar maíz en su patio, al menos no todavía. Tal vez usted espere hasta obtener el permiso de su cónyuge. Sin embargo, es preciso admitir que hay numerosos beneficios relacionales y financieros que provienen de la decisión de comer en casa con más frecuencia en lugar de salir a comer afuera. Explicar a sus hijos por qué no pueden encontrarse con sus amigos en el restaurante todos los viernes por la noche es una valiosa lección para que aprendan. Pasar tiempo juntos alrededor de la mesa puede producir grandes resultados para su matrimonio y para sus hijos.

Cuando mi hijo tuvo que enfrentarse a la realidad de los significativos ajustes en el estilo de vida de nuestra propia familia, no le resultó fácil aceptarlos. Después de casi diecisiete años trabajando para la empresa de transporte más grande del mundo, Dios me abrió la puerta para ser ministro a tiempo completo. Fue una gran oportunidad y el siguiente paso en mi viaje espiritual. De más está decir que mi presupuesto sufrió una transformación extrema de una semana a otra. Este cambio afectó a toda la familia.

Todos nosotros tuvimos que tener menos para que otros se beneficiaran de nuestro sacrificio. Trabajamos duro para eliminar las deudas y acomodar nuestros planes financieros para aceptar plenamente esta nueva forma de vida. ¿Fue fácil? No, no fue fácil. ¿Tuvimos problemas a través del proceso de implementación? Les puedo asegurar que sí, sin lugar a dudas. Al final, todos estuvimos de acuerdo. Al final, cada uno hizo su parte. Nos unió como familia y nos dio la gran oportunidad de ser un modelo de lo que Jesús sacrificó en nuestro beneficio. Pagar las deudas y hacer ajustes para beneficiar a los demás siempre vale la pena el sacrificio.

> *Desarrolle un plan agresivo con su cónyuge para pagar*
> *primero las deudas con altas tasas de interés.*

Las deudas, especialmente las tarjetas de crédito, pueden hacer oscilar su matrimonio. De modo que haga una lista de todas sus deudas. Comience por las que tienen las mayores tasas de interés. Desarrolle un plan para deshacerse de cada una de ellas, una por una, y luego pase a la siguiente. Si usted tiene tres tarjetas de crédito, por ejemplo, con tasas de interés del 10 por ciento, del 15 por ciento y del 18 por ciento, esfuércese por eliminar la de 18 por ciento antes de encargarse de las demás. Después, siga con las cuotas del automóvil y otros préstamos abiertos con menores tasas de interés.

La mayoría de los expertos financieros coinciden en detener primero la hemorragia financiera y luego trabajar para pagar su casa. Si usted puede pagar un préstamo en 20 años con tasa fija en lugar de uno de 30 años, comience de inmediato. No todo el que se compromete a pagar su hipoteca lo hace de manera constante. Una vez más, ataque las tasas de interés más altas primero. Varios pequeños préstamos con altas tasas de interés suponen un aporte importante en su cartera de deudas y son una fuente de dolor significativo dentro de su matrimonio.

Reflexione sobre el principio que se encuentra en el libro de los Proverbios antes de hacer su próxima compra. *Así como el rico gobierna al pobre, el que pide prestado es sirviente del que presta (Proverbios 22:7, NTV).*

GASTAR

En primer lugar, pensemos en que nuestra vida financiera refleje la realidad de nuestra vida espiritual. Le pertenecemos a Dios. Por lo tanto, el primer paso es reconocer a Dios como el dueño de todo lo que tenemos. Esto se hace honrando a Dios con la primera parte de nuestros ingresos. Después de dar, deliberadamente ahorramos para las futuras necesidades de nuestra familia. Ahorramos para las épocas difíciles y para aquellos momentos en que nuestros ingresos puedan no ser tan constantes como quisiéramos. A continuación, hacemos todo lo que está a nuestro alcance para pagar las deudas. Implementamos un plan estratégico, concentrándonos en lo que más nos está perjudicando en este aspecto. No hay que tratar de hacer frente a todo a la vez. En cambio, debemos comenzar por donde la hemorragia es más obvia y continuar desde allí.

El gasto es un gran problema para muchas parejas. ¿Por qué cree que tenemos tantas deudas? No acumulamos deudas cuando ahorramos dinero. Acumulamos deudas principalmente por gastar más de lo que podemos permitirnos. ¿Por qué no podemos librarnos de nuestra deuda de interés alto o apoyar más a nuestra iglesia local? Parte de la razón radica en el desafío de controlar la forma en que gastamos el dinero. Cuando no ejercemos el autocontrol en cualquier aspecto, sucede lo mismo que con la batalla entre la carne y el Espíritu. La falta de control significa que no caminamos en el Espíritu. Cuando no podemos controlar nuestros gastos, quiere decir que es la carne la que predomina en lugar del Espíritu. Cuando esto sucede, no permanecemos en Jesucristo, la vid verdadera.

Nuestra última parada en la búsqueda de la libertad financiera tiene que ver con la forma en que gastamos lo que queda después de los tres primeros pasos. Gastar no es malo. Simplemente debe estar en el lugar que le corresponde dentro del plan financiero: último. No se puede gastar primero y después pensar en ahorrar, pagar deudas o dar. Cuando se empieza por gastar, por lo general todo lo que se hace es gastar. Algunos de ustedes se estarán preguntando en este momento: "Lo que queda no es mucho. ¿Cómo puedo organizar mejor lo que me queda para controlar la forma en que gasto mi dinero?" Tenga en cuenta nuestro cuarto principio antes de responder a esta pregunta.

Su cuarto paso hacia la libertad financiera consiste en seguir
un plan por escrito para dar, ahorrar, pagar deudas y gastar.

Desarrollar un plan por escrito contribuirá significativamente para saber en qué se gasta el dinero dentro de su matrimonio. Si usted no sabe adónde va su dinero, no puede seguir sus progresos, para bien o para mal. Así que tómese el tiempo con su cónyuge para elaborar un plan de acción por escrito. Dependiendo de sus trabajos individuales, los sueldos pueden variar de mes a mes y de trimestre a trimestre. Si ese es el caso, calculen el ingreso promedio de tres meses consecutivos y utilicen esa cifra como referencia. Puede realizar los ajustes necesarios antes de entrar en períodos temporales con mayores fluctuaciones en las comisiones y/o los salarios.

Piense en la gestión de sus finanzas como la planificación para llegar a cuatro destinos turísticos: dar, ahorrar, pagar las deudas y gastar. Cada uno de estos destinos lo espera cuando haga los planes necesarios, aborde los vuelos correspondientes y confirme las reservas de hotel. Usted no aparecerá por arte de magia en ninguno de estos destinos de un momento a otro. No se puede simplemente soñar con llegar a cada uno en un momento o en otro. Es necesario poner en marcha un plan sólido para llegar a cada destino. Una vez establecido el plan, pueden tomarse las medidas apropiadas.

Usted tiene que saber adónde va su dinero para administrarlo con coherencia.

Administrar sus finanzas no es diferente. La iniciativa, la planificación y la diligencia son importantes. La elección de su destino financiero requiere elaborar un plan de trabajo firme y seguirlo. Soñar con pagar sus deudas no resolverá el problema. Usted tiene que hacer un plan y tomar las medidas necesarias. La misma diligencia se requiere para ser coherente a la hora de dar, de ahorrar para el futuro y de gastar con prudencia. Usted y su cónyuge están enviando dinero todos los días a uno de estos cuatro destinos. La pregunta que debemos hacernos es: "¿Cuánto dinero estamos enviando a cada destino y qué ajustes debemos hacer para equilibrar los cuatro?"

Actividad del Matrimonio por Diseño

La siguiente tabla sirve como una guía para ayudar a su matrimonio a desarrollar un plan por escrito para dar, ahorrar, pagar las deudas y gastar. En Internet encontrará formularios de gastos más completos. La idea es anotar todo y hacer una evaluación honesta de adónde va su dinero y cuánto se está entregando a cada destino. Luego, usted puede preguntar por qué y hacer los ajustes necesarios.

Resumen de gastos familiares…				
Gasto mensual promedio	Planificado	Real	Diferencia	Ajustes
Diezmo				
Misiones mundiales				
Otras donaciones				
Ahorros				
Planificación de la jubilación				
Hipoteca/renta				
Impuestos inmobiliarios				
Seguro de vivienda				
Seguro contra inundaciones				
Honorarios de la Asociación de Propietarios				
Alarma				
Electricidad				
Agua				
Mantenimiento del hogar/ suministros				
Seguro de salud y de vida				
Recetas y copagos				
Cuotas del automóvil				
Seguro del automóvil				
Mantenimiento del automóvil				

Resumen de gastos familiares...				
Gasolina				
Televisión por cable				
Internet				
Teléfono fijo				
Celulares				
Alimentos				
Pagos de tarjetas de crédito				
Educación (incluyendo los pagos de préstamos)				
Otras deudas mensuales				
Tintorerías				
Peluquería/cuidado personal				
Ropa				
Regalos y celebraciones				
Entretenimiento y recreación				
Vacaciones				
Viajes				
Varios				
Totales				

Sabiduría financiera

Unos dan a manos llenas, y reciben más de lo que dan; otros ni sus deudas pagan, y acaban en la miseria. El que es generoso prospera; el que reanima será reanimado.
(Proverbios 11:24-25, NVI)

El hombre de bien deja herencia a sus nietos; las riquezas del pecador se quedan para los justos.
(Proverbios 13:22)

Los planes bien pensados: ¡pura ganancia! Los planes apresurados: ¡puro fracaso!
(Proverbios 21:5, NVI)

El temor del Señor es fuente de vida, y nos hace vivir tranquilos y libres de temores.
(Proverbios 19:23, ESV)

Riquezas y perfumes hay en la casa del sabio; en la casa del necio sólo hay despilfarro.
(Proverbios 21:20, RVC)

Hay quienes se la pasan codiciando todo el tiempo, ¡pero a los justos les encanta dar!
(Proverbios 21:26, NTV)

Los ricos son los amos de los pobres; los deudores son esclavos de los prestamistas.
(Proverbios 22:7, RVC)

El que es generoso será bendecido, pues comparte su comida con los pobres.
(Proverbios 22:9, NVI)

No te comprometas por otros, ni salgas fiador de nadie. ¿Por qué han de quitarte hasta la cama si resulta que no tienes con qué pagar? (Proverbios 22:26-27, RVC)

Cuando veas alguien que hace bien su trabajo, no lo verás entre gente de baja condición sino que estará en presencia de reyes. (Proverbios 22:29, RVC)

No te entusiasmes por hacerte rico; usa tu buen juicio, y desiste de esa idea. ¡Apenas logras poner los ojos en las riquezas, cuando éstas ya han desaparecido! ¡Es como si les salieran alas, alas de águila, y desaparecen volando por el cielo! (Proverbios 23:4-5, RVC)

Comienza por preparar tus campos y por disponerte para la siembra, y después de eso construye tu casa. (Proverbios 24:27, RVC)

La aplicación destacada: Hacer ajustes personales

¿Cuáles son las tres principales aplicaciones adquiridas en esta sesión que usted podrá poner inmediatamente en práctica dentro de su matrimonio? Piense cuidadosamente en estas aplicaciones. En primer lugar, concéntrese en lo que Dios le pide cambiar dentro de su propio corazón y de su vida, en lugar de pensar en lo que tiene que cambiar su cónyuge. A continuación, considere esta aplicación a la luz de su relación como pareja y de lo que deben ajustar para hacer crecer su matrimonio. Mediante la oración, escriba sus respuestas a cada aplicación en forma de un plan de acción.

1. Aplicación

¿Qué tengo que cambiar específicamente en lo que se refiere a esta aplicación? ¿Qué tenemos que cambiar?

¿Cómo puedo hacer esto de una manera práctica? ¿Cómo podemos hacer esto juntos?

¿En qué fecha pueden comenzar estos cambios? ¿De qué modo lograremos el máximo beneficio para nuestro matrimonio con esta aplicación?

2. Aplicación

¿Qué tengo que cambiar específicamente en lo que se refiere a esta aplicación? ¿Qué tenemos que cambiar?

¿Cómo puedo hacer esto de una manera práctica? ¿Cómo podemos hacer esto juntos?

¿En qué fecha pueden comenzar estos cambios? ¿De qué modo lograremos el máximo beneficio para nuestro matrimonio con esta aplicación?

3. Aplicación

¿Qué tengo que cambiar específicamente en lo que se refiere a esta aplicación? ¿Qué tenemos que cambiar?

¿Cómo puedo hacer esto de una manera práctica? ¿Cómo podemos hacer esto juntos?

¿En qué fecha pueden comenzar estos cambios? ¿De qué modo lograremos el máximo beneficio para nuestro matrimonio con esta aplicación?

Capítulo 9 - Construir

*Hacer avanzar su matrimonio a través del perdón
incondicional y completo*

**La GRAN Idea: Para que su matrimonio avance, debe perdonar a los demás,
incluido su cónyuge, ya que Dios lo ha perdonado a usted.**

Escritura Clave

> *Por lo tanto, como escogidos de Dios, santos y amados, revístanse de entrañable misericordia,
> de benignidad, de humildad, de mansedumbre y de paciencia. Sean mutuamente tolerantes.
> Si alguno tiene una queja contra otro, perdónense de la misma manera que Cristo los perdonó.*
> *(Colosenses 3:12-13, RVC)*

Nelson y María estaban destinados el uno al otro. A pesar de que sabían el uno del otro a través de un amigo en común, no se conocían muy bien. Nelson era profesor en la iglesia a la que tanto él como María asistían a los servicios de fin de semana. María siempre había admirado a los profesores y respetaba profundamente su vocación de servicio. Ambos disfrutaban de las actividades al aire libre y compartían el sentido de la aventura espontánea.

Nelson tenía una motocicleta. Cuando conoció a María, le preguntó si quería dar un paseo. Para su sorpresa, María aceptó y la aventura se aceleró rápidamente. Después de hacer una conexión obvia, Nelson y María empezaron a salir y a dar largos paseos en su motocicleta. Su relación iba viento en popa, y era mejor de lo que jamás imaginaran. Pasaban tiempo juntos, servían juntos en la iglesia y juntos disfrutaban de muchas aventuras. Eran la pareja ideal y estaban listos para dar el siguiente paso en su relación.

Después de un breve período, Nelson y María se casaron y fue entonces cuando comenzaron sus problemas. Aunque todo parecía perfecto por fuera, por dentro comenzaron a alejarse lentamente. Cuando discutían, María empezaba a maldecir, a gritar y a faltarle el respeto a Nelson de una manera grosera. Hacía sentir a Nelson que era un completo fracaso. Lo despreciaba frente a los demás y se burlaba de su masculinidad.

Nelson tenía sus propias dificultades. Comenzó a corregir a María como un padre corrige a su hija. Lo que es peor, regularmente le hablaba con menosprecio ó inferioridad y la hacía sentir intelectualmente inferior e incapaz de tomar buenas decisiones. Ambos asistían a la iglesia los domingos, pero su corazón no estaba presente. A medida que las peleas eran cada vez más constantes, se separaban cada vez más. Cuando los niños nacieron, Nelson y María estaban ocupados en ser padres, pero su relación continuó sufriendo y deteriorándose.

Como puede imaginar, sus legítimas necesidades no eran satisfechas y la estructura de cristal de su matrimonio estaba a punto de romperse. Nelson decidió entrar en el mundo destructivo de la pornografía y, finalmente, tuvo varias aventuras amorosas para encontrar la satisfacción que tan desesperadamente deseaba.

María sospechaba que algo estaba pasando. Ella sospechaba, pero estaba muy ocupada con los niños. Como era la única cosa positiva de su matrimonio, María decidió invertir más tiempo en los niños y convertirlos en su prioridad número uno. Las palabras de María y sus acciones ayudaban a Nelson a justificar su infidelidad. Después de muchas peleas destructivas y sesiones de terapia con más de siete expertos en matrimonio, la verdad finalmente salió a la luz. Nelson le confesó su infidelidad y su adicción a la pornografía. Esta fue una experiencia muy dolorosa tanto para Nelson como para María. A Nelson le recomendaron hacer cambios significativos en su vida y aumentar su responsabilidad para con María, así como con algunos amigos de confianza.

Estaba verdaderamente arrepentido de sus acciones y le pidió perdón a su esposa. Después de superar el shock inicial, María decidió perdonar verbalmente a Nelson por su infidelidad. Por desgracia, este perdón fue declarado solo verbalmente. Pero no se produjo realmente en su corazón. María le echaba en cara a Nelson sus problemas cada vez que discutían. Lo que María no entendía era que el perdón es ante todo un asunto del corazón. Antes de que podamos perdonar a alguien que nos ha herido, primero tenemos que resolver esta cuestión dentro de nuestro corazón.

Principios del Matrimonio por Diseño

Para que su matrimonio avance, debe perdonar a los demás, incluido su cónyuge, ya que Dios lo ha perdonado a usted. Este es un elemento no negociable para su madurez relacional y espiritual. Cuando debe tomar la decisión de perdonar o no a alguien, elija siempre el perdón. Usted tal vez se pregunte, ¿realmente "siempre"? Sí, siempre. Dios siempre espera que nosotros perdonemos a los que nos han ofendido, independientemente de sus acciones. El perdón es poderoso. El perdón puede servir como punto de partida para la restauración y el desarrollo de las relaciones. Por el contrario, la falta de perdón también es poderosa, pero los efectos son más destructivos que constructivos. He aquí una idea simple a tener en cuenta.

Usted no puede crecer si no perdona.

Su matrimonio no crecerá a menos que el perdón total sea una realidad dentro de su relación. Así que deje de considerar las implicaciones de no perdonar. Piense en todas las relaciones que conoce personalmente donde la falta de perdón es la norma. Piense en el entorno que se genera. Piense en la falta de confianza que existía en esa relación. ¿El fruto de la falta de perdón era dulce para el alma y agradable a la vista, o amargo para el alma y deprimente de ver? Justamente, de eso estamos hablando. Cuando usted elige perdonar, las relaciones pueden florecer. Cuando no lo hace, no florecerán.

Un matrimonio que crece cultiva el perdón total.

El perdón total implica perdonar a los demás sin condiciones y decidirse a llevar adelante la relación. Esto significa que usted no vive en el pasado por más tiempo. No revive intencionalmente los sentimientos y acontecimientos del pasado para vengarse de lo que alguien le dijo o le hizo. En una relación matrimonial, realmente significa lo mismo. Usted perdona a su cónyuge incondicionalmente, totalmente, y jamás vuelve a mencionar el pasado para lastimar al otro de ninguna manera. Significa que ha decidido hacer avanzar su matrimonio hacia adelante y crear un futuro adecuado para ambos. Considere las siguientes palabras de sabiduría del libro de Proverbios.

El odio provoca peleas, pero el amor cubre todas las ofensas. (Proverbios 10:12, NTV)

El que perdona el pecado, busca afecto; el que lo divulga, aleja al amigo. (Proverbios 17:9, RVC)

Cuando se perdona una falta, el amor florece, pero mantenerla presente separa a los amigos íntimos. (Proverbios 17:9, NTV)

¡Qué imagen tan poderosa! El amor cubre todos los pecados. ¿Sabía usted que el amor de Dios es incondicional? Cuando nos arrepentimos de nuestros pecados y Le pedimos perdón, Él nos perdona sin reservas. Sin segundas intenciones. No hay nada que temer. Dios nos ama con un amor perfecto. Él no solamente cubre nuestro pecado, sino que lo elimina y lo borra por completo. Dios envía a nuestro pecado lejos, tan lejos como el oriente del occidente. Ya no es un problema. ¿Por qué? Nuestro pecado ha sido completamente eliminado de la relación y no es contado en nuestra contra. Ahora podemos volver a concentrarnos, seguir adelante caminando con el Señor y produciendo frutos duraderos. El perdón total nos posiciona para el crecimiento. Considere la siguiente reflexión mientras analizamos este tema tan importante.

El perdón es ante todo un asunto del corazón.

Piense por un momento en la historia de María y Nelson. María perdonó a Nelson su confesión, pero no pudo perdonarle el resto. No lo perdonó por completo. No practicó el perdón total. Si quiere que su matrimonio crezca, es preciso practicar el perdón total. Usted puede decir: "No hay manera de que pueda hacerlo en este momento. El dolor es demasiado grande y las consecuencias de sus acciones todavía se están desarrollando. Jamás me habían lastimado así. No es justo. He sacrificado mi vida por el otro y esto es lo que recibo a cambio. Lo perdonaré más adelante. No puedo perdonar en este momento".

Si usted no puede perdonar a su cónyuge, el problema proviene de su corazón más que de cualquier otra área. La falta de perdón, la amargura y el resentimiento empeoran con el tiempo. Su corazón no va a "entrar en razones" en el futuro cercano. No tomará naturalmente la iniciativa de perdonar a los demás por su propia cuenta. La falta de perdón es pasiva, pero el perdón es intencional. Usted tiene que perdonar a su cónyuge por completo por lo que haya dicho o hecho. Esto no significa que inmediatamente se olvide del dolor. Eso es imposible. Tampoco significa que automáticamente borre el daño causado por su cónyuge de un día para el otro. No podrá hacerlo. Esto puede sonar bien, pero no refleja la realidad. El perdón es una opción.

> *Perdonar a su cónyuge por completo, sin condiciones, significa que usted elige no vivir en el dolor ni usar el daño como un arma para hacerle daño a su cónyuge y recordarle sus errores.*

Si usted no puede perdonar incondicionalmente, elige destruir su matrimonio. ¿Por qué? La falta de perdón siempre destruye. Nada bueno se genera a partir de un corazón lleno de rencor. La falta de perdón es el cáncer cada vez mayor de un matrimonio. No solo evitará que su matrimonio avance, sino que puede hacer que la relación termine en un final repentino. Pero debe hacerse la siguiente pregunta: "Si el perdón es tan importante, ¿cómo debemos perdonar a nuestro cónyuge cuando nos ha ofendido? ¿Existe un modelo que debemos seguir?" La respuesta es un "¡Sí!" atronador. Analice los siguientes dos versos mientras nos sumergimos más profundamente en el modelo del perdón total.

> *Un mandamiento nuevo les doy: Que se amen unos a otros. Así como yo los he amado, ámense también ustedes unos a otros. (Juan 13:34, RVC)*

> *De modo que se toleren unos a otros y se perdonen si alguno tiene queja contra otro. Así como el Señor los perdonó, perdonen también ustedes. (Colosenses 3:13, NVI)*

Dios ha provisto el perfecto ejemplo de perdón total a través de la vida de Su Hijo, Jesucristo. Hizo mucho más que simplemente hablar sobre el amor. Lo vivió hasta el final de Su vida. Debemos amar como hemos sido amados, perdonar como hemos sido perdonados. ¿Qué significa esto exactamente? Para empezar, significa que amamos con sacrificio. Nos mantenemos firmes, perseveramos y renunciamos a nuestras preferencias y derechos por el bien de los demás. Significa que perdonamos a los demás rápida, incondicional y completamente.

Si pensamos en la relación matrimonial, la necesidad de seguir el ejemplo del Señor es la misma. Debemos amar a nuestro cónyuge, haciendo sacrificios en su beneficio. Tenemos que perdonar a nuestro cónyuge como el Señor nos ha perdonado. Y no debemos hacerlo a regañadientes, con sarcasmo ni con estipulaciones pendientes. No. Por el contrario, permitimos que el amor incondicional de Dios, Su amor total, fluya a través de nosotros para amar y perdonar de la misma manera que Él nos mostró en Cristo Jesús. Esta es la forma en que su cónyuge conocerá y entenderá el perfecto amor de Dios. Así es como los que lo rodean sabrán que usted pertenece a Dios Todopoderoso.

Gracia

Ciertamente la gracia de Dios los ha salvado por medio de la fe. Ésta no nació de ustedes, sino que es un don de Dios; ni es resultado de las obras, para que nadie se vanaglorie. (Efesios 2:8-9, RVC)

Gracia significa favorecer deliberadamente a los demás y perdonar incondicionalmente lo que han hecho. Incluso si no la esperan, incluso si no la merecen, la gracia consiste en favorecer generosamente a los que nos ofenden. ¿Es este un concepto extraño? En cierto sentido, lo es. La voluntad de extender la gracia a los demás es un don de Dios. La gracia es el favor de Dios hacia los demás. No es algo que merezcamos ni que podamos exigir. No podemos comprarla con nuestra tarjeta de crédito y no llegaremos a entenderla por completo en esta vida.

La obra de Dios en nosotros produce la posibilidad de permitir que la gracia fluya a través de nosotros. Nos acercamos a Dios por la gracia a través de la fe en nuestro Señor Jesucristo. No merecíamos la gracia de Dios, pero Él nos la concedió y nos rescató de una eternidad sin Dios.

> *Para que su matrimonio sane y crezca, tiene que*
> *decidirse a practicar y conceder gracia ilimitada.*

La relación con su cónyuge debe estar cubierta de gracia. Si usted comienza su relación favoreciendo deliberadamente al otro aunque no lo merezca, el entorno de su matrimonio podrá comenzar a generar las características adecuadas para la curación y el crecimiento. Usted debe decidirse a caminar en la gracia por anticipado. Esta es una decisión proactiva. Va en contra de nuestra propia naturaleza. Por lo tanto, tenemos que decidir de antemano cómo vamos a reaccionar. Usted debe elegir perdonar a su cónyuge y concederle la gracia de todo corazón, sin reservas, incluso cuando el otro no la busque y claramente no la espere.

Su cónyuge es la persona más indicada para ayudarle a resolver su pasado. Su cónyuge lo conoce mejor que nadie. Tal vez no entienda completamente cómo se siente usted por dentro, o el daño causado por su pasado, pero puede ayudarle a navegar a través del dolor y a lograr la restauración. Fue puesto a su lado por su bien. Es la persona a la que debe servir como el agente número uno para alcanzar la curación a través de las experiencias más difíciles de su vida. Dios puede hablarle a través de su cónyuge. Las parejas a menudo cometen el error de ocultar los secretos de su pasado a su cónyuge. En lugar de ayudar a su matrimonio, esta decisión daña la relación de manera significativa. Permita que su pareja se involucre con usted en todos los niveles. Esté abierto al modo en que el Señor puede usar a su cónyuge para ayudarlo a avanzar y a liberarse de su pasado.

Usted debe elegir perdonar todo el lastre de su relación para hacer crecer su matrimonio.

Cuando las parejas deciden ocultar su pasado al otro, la comunicación siempre sufre y las piezas del rompecabezas de la relación nunca encajan totalmente de la manera que deberían. Si usted está ocultando algo de su prometido y cree que no va a cambiar nada ni afectar su intimidad, su actitud y sus decisiones una vez que se casen, se equivoca. Independientemente de lo que otros le hayan dicho y hecho, usted debe perdonarlos por el dolor que le han provocado y seguir adelante. Cuando nos negamos a perdonar a los demás, pecamos contra Dios y seguimos cargando con el lastre emocional. Después de un tiempo, este lastre nos abruma y comienza a afectar todos los aspectos de nuestras vidas. No resolver la falta de perdón e ignorar el dolor no resuelve nada. El lastre se hace más pesado y el Espíritu se entristece por nuestra falta de voluntad para perdonar. No entierre los pecados y ofensas del pasado y haga de cuenta que no existieron. Aquí hay algo para tener en cuenta:

Cuando se entierra algo sin perdonar, lo enterrado siempre vuelve a la superficie.

Si usted está pensando en casarse, no pase por alto este importante principio. Tómese el tiempo de abrir su corazón a su cónyuge acerca de las relaciones más difíciles de la vida y la forma en que actualmente le afectan. Lo más probable es que sea una larga conversación, posiblemente varias conversaciones.

Tómese el tiempo que sea necesario para ayudarse uno al otro a crecer en este aspecto tan importante. ¿Por qué es tan importante? Cuanto menos lastre emocional haya en su matrimonio, más libertad tendrá para ser usted mismo con su cónyuge y vivir sin pesos no deseados que afecten su relación actual.

Al hacerlo, recuerde que genera confianza y fortalece sus habilidades de comunicación como pareja. El objetivo no es resolver todos los problemas de una sola vez, sino escuchar y trabajar por una relación que crezca cada vez más, en la que Dios pueda sanar el dolor y usar cada experiencia para asistir y servir a los demás. Su mayor dolor puede convertirse en su ministerio más eficaz.

Elija vivir sin dolor y aceptar la gracia ilimitada de Dios para su vida. No haga que su pareja sufra por lo que haya ocurrido en el pasado. Ella no tiene la culpa. Posiblemente, tampoco usted tenga la culpa. Niéguese a vivir en el pasado. Niéguese a vivir con el peso de la falta de perdón. Practique el perdón total y descubra la vida abundante que Jesús ha planeado para usted y su cónyuge. *El ladrón no viene más que a robar, matar y destruir; yo he venido para que tengan vida, y la tengan en abundancia (Juan 10:10, NVI).*

Misericordia

Antes de continuar, repasemos lo que hemos dicho hasta ahora. La gracia es el favor de Dios hacia nosotros. No lo merecemos y no podemos comprarla en una tienda. Tenemos que ofrecer la gracia de manera proactiva a los demás, especialmente a nuestra pareja, al practicar el perdón total. Ahora llegamos a la misericordia como la segunda característica de la práctica del perdón total. La misericordia tiene que ver con estar atrapado en un GRAN lío. No es algo de lo que usted pueda salir con sus propias fuerzas. Usted no tiene la fuerza ni los recursos necesarios. Está atascado. *Pero Dios, cuya misericordia es abundante, por el gran amor con que nos amó, nos dio vida junto con Cristo, aun cuando estábamos muertos en nuestros pecados (la gracia de Dios los ha salvado) (Efesios 2:4-5, RVC).*

Dios extendió Su misericordia hacia nosotros cuando estábamos atascados en nuestros pecados. Nada dentro ni fuera de nosotros podía ayudarnos a superar el castigo, el poder y la presencia de nuestro pecado. Estábamos desesperados, separado de Dios y en la desesperanza más absoluta. Nuestro destino era cierto y no había nada que pudiéramos hacer para detenerlo. Sin embargo, Dios penetró en la miseria de nuestra condición y nos rescató del castigo, el poder y la presencia del pecado. Por esta razón envió a Jesús a derramar Su sangre en el Calvario. Dios intervino para hacer lo que nosotros nunca podríamos haber hecho. Nos rescató de una situación sin esperanza. Dios es rico en misericordia, y esa misericordia Lo obligó a rescatarnos de nuestra situación desesperada.

La misericordia es decidir perdonar a los demás por una ofensa o una deuda que no puede ser reparada ni devuelta.

La misericordia consiste en tener piedad de los que se encuentran en una situación miserable, rescatándolos y sacándolos del problema. Demostrar misericordia puede implicar anular una importante deuda financiera, física o emocional causada por las acciones de los demás, incluso por su cónyuge. Se trata de aceptar salir perdiendo en la liquidación de estas deudas.

La misericordia reconoce la realidad de las limitaciones de una persona, las cosas con las que continúa luchando, y opta por ofrecer el perdón total y eliminar las deudas creadas.

La parábola del siervo despiadado

Entre otras cosas, esta excelente parábola nos ayuda a entender las características de la misericordia y el perdón en acción. Si somos misericordiosos, perdonaremos a los demás. Si no lo somos, no perdonaremos. El perdón y la misericordia son la respuesta que debemos reflejar a lo largo de nuestro matrimonio y también en nuestras demás relaciones. El Rey muestra la misericordia de Dios en una forma sin precedentes. Esta demostración de amor superó todas las expectativas y normas culturales. Pero cuando los receptores de la misericordia del Rey no estuvieron a la altura de las circunstancias, Su juicio no se hizo esperar. Cuando echamos un vistazo más de cerca al siervo en esta historia, podemos ver cuán desesperadamente necesitamos la misericordia de Dios para nosotros mismos y lo fácil que es dar por sentada Su misericordia al no ponerla en práctica con los demás.

Entonces se le acercó Pedro y le dijo: «Señor, si mi hermano peca contra mí, ¿cuántas veces debo perdonarlo? ¿Hasta siete veces?» Jesús le dijo: «No te digo que hasta siete veces, sino hasta setenta veces siete.» Por eso, el reino de los cielos es semejante a un rey que quiso hacer cuentas con sus siervos. Cuando comenzó a hacer cuentas, le llevaron a uno que le debía plata por millones. Como éste no podía pagar, su señor ordenó que lo vendieran, junto con su mujer y sus hijos, y con todo lo que tenía, para que la deuda quedara pagada. Pero aquel siervo se postró ante él, y le suplicó: «Señor, ten paciencia conmigo, y yo te lo pagaré todo.» El rey de aquel siervo se compadeció de él, lo dejó libre y le perdonó la deuda. (Mateo 18:21-27, RVC)

La respuesta del Rey

Compasión significa "conmoverse desde el interior, desde la boca del estómago, conmoverse con misericordia, anhelar con compasión"; muchas veces la vemos en la actitud de Cristo hacia la multitud y hacia las personas que sufren" *(www.BlueLetterBible.com)*. Por lo tanto, la compasión proviene de adentro. Usted no puede fabricar la compasión. Tiene que ser algo que fluya de un corazón lleno de misericordia y gracia hacia los demás. Dios es compasivo ya que Él se ocupa de Su creación. ¿Le ha pedido al Señor recientemente que aumente la misericordia, la gracia y la compasión que tiene hacia su cónyuge? ¿Le ha pedido al Señor que agrande su corazón y le conceda una mayor sensibilidad a sus necesidades?

El Rey se sintió internamente obligado a preferir la misericordia en lugar del juicio.

Como hemos dicho anteriormente, Jesús experimentó este tipo de dolor interno cuando vio a los que necesitaban ayuda. Cuando encontraba gente herida, Jesús personalmente se conectaba con su dolor. Este dolor movía a Jesús a actuar y a atender sus necesidades. Los ciegos, cojos, poseídos y físicamente impedidos encontraron la restauración a través del poder de Jesús. La misericordia fue parte de la razón por la que Él abandonó el Cielo para convertirse en el perfecto sacrificio por nuestros pecados.

Como estábamos desesperanzados sin un Salvador, Dios tomó la iniciativa para cuidar de nuestra condición miserable en Su perjuicio. Más que ayudar, Jesús quiso salvarnos de nuestros pecados y conectarnos con el Padre por toda la eternidad. Su inmensa misericordia Lo obligó a actuar.

El Rey liberó a su servidor de su sentencia.

El Rey liberó a su siervo. Este acto de misericordia mostró claramente el carácter de este Rey. El Rey dejó que su siervo se fuera y dejó caer la demanda pendiente en su contra. ¿Sabía usted que Dios está en el negocio de la libertad? Él ama liberar a las personas de su esclavitud al pecado. Jesús ganó la batalla sobre el pecado en la cruz y nos dio la oportunidad de vivir libres de pecado, cuando recibimos el perdón en su Hijo, Jesucristo. En Cristo Jesús, usted ya no es prisionero del pecado. Usted ya no es un esclavo del pecado. El poder del pecado en su vida se ha quebrado. Usted ha sido liberado. Ahora es libre para servir al Rey sin culpa y sin preocuparse por el castigo de su deuda.

El Rey eliminó y canceló la deuda por completo.

El saldo fue cero... nada. ¡Qué gran ejemplo de la magnífica misericordia, compasión y poder de Dios! La misericordia de Dios es ilimitada. Su amor por usted y por su cónyuge es muy superior a su capacidad de comprensión. En Cristo, usted ya no está condenado al castigo por sus pecados. La sentencia ha sido eliminada por completo, porque el castigo ha sido totalmente derramado en la persona de Jesucristo. Jesús perdonó la deuda de su pecado al morir en la cruz voluntariamente. Él mismo pagó el precio completo. En Cristo, la deuda ha sido cancelada. Usted es libre de deudas por la sangre de Jesucristo. Piense en su enfoque de las deudas pendientes de relación. Pueden ser pecados, heridas o algún otro tipo de dolor causado directamente por su cónyuge.

Tómese un momento para reflexionar (Responda a cada pregunta honestamente)

- ¿Ha elegido la misericordia?
- En lugar de la venganza, ¿ha decidido perdonar en lugar de juzgar?
- Tal vez tenga todo el derecho de juzgar, pero ¿es eso lo que el Espíritu de Dios le indica hacer? ¿Está seguro?
- ¿Y si Dios le está pidiendo en este momento que elija la misericordia en lugar del juicio y el perdón en lugar del castigo?
- ¿Cómo se vería eso exactamente en su vida?
- ¿Cómo podría el Señor intervenir y cambiar las cosas si se quita el sayo del juicio y practica el perdón total?

Tenemos a este gran Rey que tiene todo el derecho de ejercer la justicia y exigir el pago total de sus deudas pendientes. Tenemos a uno de sus siervos que carga el peso de una deuda pendiente que no puede pagar. Y justo en medio de ellos, tenemos la compasión, la misericordia, el perdón y la libertad. Sería una hermosa parábola si se detuviera aquí, pero Jesús quería dar una enseñanza a Sus discípulos.

Dios quiere que alineemos nuestro corazón con el Suyo.

Jesús quería que ellos vieran el perdón de una manera desconocida para sus sentidos naturales. Él quería que perdonaran a los demás de una manera que reflejara el corazón de Dios. Él quería que perdonaran como Dios los había perdonado. Al considerar el resto de esta parábola, por favor entienda que Dios quiere que usted perdone como Él lo ha perdonado. Él quiere que demuestre misericordia como Él le ha mostrado misericordia. Él quiere que cancele las deudas de los demás como Él ha cancelado sus deudas.

Dios quiere que cambiemos nuestra perspectiva y que alineemos nuestro corazón con el Suyo. Al hacerlo, los demás se encontrarán verdaderamente libres de sus pecados. Al ayudar a alguien a encontrar la libertad espiritual, usted también se beneficia espiritualmente. Cuando este tipo de actividad se convierte en una realidad dentro de su matrimonio, la transformación puede empezar y la restauración encuentra renovada esperanza para el futuro.

La respuesta del siervo

Miremos ahora más de cerca la respuesta del siervo: *Cuando aquel siervo salió, se encontró con uno de sus consiervos, que le debía cien días de salario, y agarrándolo por el cuello le dijo: «Págame lo que me debes.» (v. 28)*

El siervo del Rey se negó a mostrar compasión hacia su compañero.

En realidad, nadie nos puede obligar a mostrar compasión hacia los demás. Esta acción fluye desde nuestro interior. Nuestra carne se opone a las cosas del Espíritu. Nuestro espíritu redimido está constantemente en guerra con los deseos de nuestra carne. Cuando operamos en la carne, nos negamos a mostrar compasión hacia los demás, incluido nuestro cónyuge. Tenemos una opción. Podemos optar por rechazar al otro, o podemos optar por mostrar compasión. Tenemos la libre opción de mostrar misericordia o descartarla, de brindar amor o eliminarlo por completo. Tenemos la libre opción de mostrar un corazón lleno de gracia o un martillo de juicio. Depende de nosotros en conjunto, y de usted individualmente, tener una posición firme sobre este asunto.

Usted debe elegir mostrar misericordia, gracia y compasión hacia su cónyuge.

Así que, a la luz de esta actitud, debe hacerse las preguntas: "¿Se está negando a mostrar compasión a su cónyuge? ¿Ha detenido el flujo de la misericordia recientemente? Si es así, ¿por qué lo está haciendo?" Piense en lo que está haciendo y en sus consecuencias. Si su cónyuge se ha metido en un lío y no puede salir de él por su propia cuenta, y usted no le muestra compasión, ¿quién lo hará? Aquí no estamos hablando de un cónyuge que a sabiendas manipula una situación y tiene un plan oculto bajo la manga. Usted no está obligado a permitir que su cónyuge lo manipule y lo engañe. Estamos hablando de un cónyuge que ha cometido un grave error y está arrepentido de corazón. De un cónyuge destrozado, avergonzado y necesitado de su misericordia y compasión para recuperarse. No se niegue a mostrar compasión y misericordia cuando se presente la oportunidad de hacerlo.

La deuda del siervo de este siervo era de 100 denarios. Usted se preguntará: "¿Cuánto sería eso en el mundo actual?" Buena pregunta. Esto equivalía a unos 100 días de salario para un trabajador común. Según algunos estudiosos, equivaldría a $ 2.000 - $ 3.000 en el mundo de hoy. Sin duda era una suma importante.

Podría haber causado a este siervo algunos reveses financieros, de alguna manera o forma. Pero piense en esto: este servidor vivía en el palacio. Era un siervo del Rey. No le faltaban alimentos, ropa ni vivienda. Trabajaba regularmente en presencia de los guardias, en un entorno seguro. No le faltaba absolutamente nada.

El siervo del Rey tenía una deuda que nunca podría pagar.

Para empeorar las cosas, el siervo del Rey ahora estaba completamente libre de deudas. El Rey lo liberó de la esclavitud financiera mediante la cancelación total de su deuda. ¡Wow! ¿No desearía que su compañía hipotecaria hiciera lo mismo por usted? ¿Y la compañía de tarjeta de crédito? Digamos que usted tiene más de 25 millones de dólares en préstamos, deudas de tarjetas de crédito y líneas de crédito pendientes. Su empresa sufrió una grave caída y usted tomó algunas malas decisiones en el proceso. Se vio obligado a cerrar su negocio y no hubiera podido pagar el plan de pago que le dio el banco en esta vida, ni siquiera en la de sus hijos. Era imposible para usted devolver todo el dinero.

Ahora imagine recibir una carta certificada con el siguiente mensaje: "El total de su deuda ha sido cancelado. Todos los saldos de préstamos, tarjetas de crédito y líneas de crédito han sido totalmente cancelados. Ya no es necesario que nos envíe más pagos. Su puntaje de crédito no se verá afectado negativamente. Gracias por permitirnos servirle". ¡Eso sería genial! Se sentiría como un sueño hecho realidad. Sería demasiado bueno para ser verdad. Usted incluso podría organizar una gran fiesta con sus amigos y familiares para celebrar esta bendición inesperada. Compartiría la información con la estación de noticias local. Le dan la oportunidad de compartir su historia con el mundo entero.

Pero entonces sucede algo que sorprende por completo a las personas que lo rodean. Después de la celebración, la cobertura de los medios de comunicación y un par de semanas de descanso, usted decide llamar a alguien que le debía $ 1.000.00 de un préstamo personal. Usted exige que le paguen de inmediato. Se le ha olvidado de la misericordia demostrada por el banco hace unas semanas. Por lo tanto, insiste, exige y se niega a mostrar misericordia hacia esta persona.

¿Qué cree usted que los medios de comunicación dirían acerca de su negativa? ¿Cómo reaccionarían sus familiares y amigos? ¿Cómo se sentiría la persona que está en deuda con usted? Y lo más importante, ¿qué cree que Dios tendría para decir acerca de su actitud y de las acciones que ha tomado? Si usted se detuviera a considerar todo lo que le han perdonado de su lista de las deudas, llegaría a la siguiente conclusión: no había necesidad de cobrar esta deuda. Lo que sí había era una oportunidad única para demostrar misericordia a la luz de la misericordia que le había demostrado a usted.

Al siervo del Rey le perdonaron toda su deuda de inmediato y en forma permanente.

El siervo del Rey fue despiadado en el trato con su criado. ¡Qué duro contraste encontramos en este momento de la historia! Para el siervo del Rey, había una deuda imposible de pagar para él y su familia. Para el criado del siervo del Rey, la deuda era de poco más de $ 2.000. No imposible de pagar, pero no podía pagarla en el momento en que se hizo la demanda. Todo el mundo estaría de acuerdo en que esta deuda contraída con él era ciertamente muy pequeña e insignificante en comparación con lo que le debía al Rey. Un aspecto preocupante en relación con la falta de perdón es la rapidez con que se puede manifestar en castigar a los demás, incluso a nuestro cónyuge.

Cuando la amargura y el rencor son abandonados a sí mismos, tienden a crecer y a convertirse en algo indeseable para nuestro espíritu. Vemos esta manifestación en la vida del siervo del Rey.

El siervo del Rey castigó a su criado.

Después de mostrar una actitud equivocada hacia su criado, el siervo del Rey llevó las cosas todavía más lejos. Pasó a la violencia física. Primero mostró su corazón despiadado a través de sus palabras y después a través de sus acciones. El siervo del Rey demostró la falta de perdón castigando a su criado. Usted sabe que el perdón no se ha concedido a los demás cuando directa o indirectamente castiga a quienes lo han ofendido. Del mismo modo, aquellos que se encuentran en deuda con usted de una manera u otra y padecen constante acoso verbal o físico, estarían de acuerdo en que el perdón y la misericordia no forman parte de la ecuación relacional.

Pero usted se estará preguntando: "¿Cómo puedo saber si yo no he perdonado a aquellos que han pecado contra mí? ¿Cómo puedo saber si estoy demostrando misericordia y perdón a través de mis acciones, o castigo y hostigamiento hacia aquellos que están en deuda conmigo? ¿Realmente puedo saber si he perdonado a alguien de corazón? ¿Qué significa "castigar" a otra persona y cómo se manifiesta?" ¡Me alegra que lo pregunte!

En primer lugar, aclaremos una cosa. Perdonar a los demás a través de una manifestación de gracia y misericordia no significa que todas las deudas, problemas, pérdidas, heridas, cicatrices y otras consecuencias vayan a desaparecer por arte de magia. Muchas veces, estas cosas empeoran en lugar de mejorar. Usted pierde clientes, hogares, amistades, calificaciones de crédito e incluso su reputación por motivos ajenos a su voluntad. Nos encantaría apretar un botón o tirar de un interruptor y hacer que todas estas consecuencias dolorosas desaparecieran. Pero no lo hacen. Así que parte de nuestra madurez espiritual consiste en aprender a lidiar con el dolor provocado por las acciones de otros, ya sean intencionales o no.

Cuando la falta de perdón está presente, se manifiesta
a través de sus palabras, actitudes y acciones.

Y cuando la falta de perdón está presente, castigar a otros es simplemente el fruto de este pecado alojado en lo profundo de su corazón. De modo que preguntamos: "¿Pero cómo podemos saber si la falta de perdón está alojada en mi corazón?" Permítame sugerir algunos indicadores que nos ayuden a identificar la falta de perdón en nuestra vida. Cuando se identifican estas características, mi esperanza es que nos detengamos y perdonemos a quienes nos ha ofendido, a quienes tienen algún tipo de deuda con nosotros. En segundo lugar, nos dirigimos al Señor y le suplicamos que nos perdone por la falta de misericordia de nuestro espíritu y por la falta de voluntad para perdonar como Él nos ha perdonado. Entremos de lleno en estas características y volvamos a nuestra historia.

Cuando la falta de perdón está presente, castigamos a
nuestro cónyuge por medio de la dominación y el control.

"Agarrándolo por el cuello" no implica un cálido abrazo. Les puedo asegurar que el siervo del Rey no le estaba dando a su criado un apretón de manos ni una palmada en el hombro a través de una oración de compasión. No estaba evitando que lo arrollara un carro veloz ni estaba tomándole el pulso para saber cómo estaba su presión arterial. No, en absoluto.

Por el contrario, tomó posesión de su criado por medio de la fuerza física. Estrechó a su criado y controló todos sus movimientos. Probablemente era más grande o más fuerte que su criado. En aquellos días, no era raro arrastrar a alguien que estaba en deuda con usted con fuerza por el cuello y pasearlo así en público para humillarlo.

¿Cómo castigamos nosotros? Castigamos a los demás a través de la dominación y el control cuando utilizamos nuestra posición, nuestra fuerza o nuestra influencia para impedir que la gente avance. En otras palabras, les impedimos progresar en la vida. Restringimos su desarrollo y obstaculizamos su capacidad de avanzar en la vida. Podemos decidir restringir su carrera profesional, su educación, sus relaciones más importantes, su salud física o incluso su crecimiento espiritual. Independientemente de lo que decidamos restringir y controlar, no es algo que nos corresponda a nosotros. En términos prácticos, ¿qué aplicaciones nos ayudan a identificar y a comprender mejor las características de este comportamiento?

La Sujeción Verbal consiste en dominar y controlar a nuestro cónyuge con nuestras palabras.

En un matrimonio, vemos esta realidad con demasiada frecuencia. Digamos que la esposa, Judy, se ha visto gravemente ofendida por su marido, James. James decidió jugarse sus ahorros en un partido de fútbol la noche del lunes. Estaba seguro de que su equipo iba a ganar, pero perdió por un gol de campo en doble tiempo extra. Como resultado de ello, James perdió más de $ 10.000 en menos de cinco horas. Cuando Judy le preguntó sobre la súbita disminución en su cuenta de ahorros, todo empezó a ir cuesta abajo. Judy difundió este "acto horrendo" entre sus compañeros de trabajo, familiares, amigos cercanos e incluso con el cartero.

Todo el mundo sabía lo que había hecho su marido. Judy estaba decidida a asegurarse de que James no lo olvidaría. Así que sacaba a relucir este error cada vez que tenían un desacuerdo. Aunque el desacuerdo no tuviera absolutamente nada que ver con el juego, Judy deliberadamente vomitaba el pasado de James en voz alta y lo avergonzaba frente a los demás. Esto paralizó James de muchas maneras y lo llevó a experimentar una gran vergüenza. Si James no estaba de acuerdo con Judy en una determinada decisión o tema, Judy a propósito buscaba la manera de arrastrarlo ante los ojos del público para castigarlo, dominarlo y controlarlo.

Aunque James inmediatamente suplicó a su esposa que lo perdonara y nunca más regresó a los juegos de azar, ella simplemente se negó a perdonarlo y decidió hacerle pagar por sus acciones. A pesar de que dos semanas después del incidente ella aceptó sus disculpas, Judy continuó hablando sobre esta deuda relacional y financiera a lo largo de todo su matrimonio. Entonces, ¿qué es exactamente lo que Judy hizo para castigar a su marido James? Deliberadamente lo paralizó y restringió su capacidad para avanzar en la vida mediante el uso de la Sujeción Verbal.

No utilice palabras para dominar, controlar ni paralizar a su cónyuge.

Tómese un momento para reflexionar (Responda a cada pregunta honestamente)

- ¿Está usted controlando y dominando a su cónyuge verbalmente a través de las palabras que usa todos los días?
- ¿Hay una deuda relacional, financiera o de otro tipo pendiente que usted utiliza para mantener cautivo a su cónyuge?
- ¿Lo está desanimando con sus palabras y restringiendo su avance?

- ¿Se ha convertido usted en un obstáculo que le impide realizar avances significativos?
- ¿Es usted la barrera en el camino para su restauración como persona?
- ¿Está impidiendo que se recupere?

Es posible que usted esté desalentando a su cónyuge más de lo que jamás pudo imaginar. Si se identifica con lo que estamos diciendo, no dé un paso más en esa dirección. ¡Deténgase! Está generando el entorno equivocado. Está desarrollando patrones destructivos para su matrimonio. Por favor, deje de hacerlo. ¡Deje de castigar a su cónyuge! Mírelo a través de los ojos de Dios y recuerde la gran deuda, la deuda imposible, que Dios, el Rey Eterno, le perdonó a usted.

La falta de perdón castiga a través de la Deshonra Pública
hacia su cónyuge y reduce su valor.

La Deshonra Pública consiste en avergonzar deliberadamente a nuestro cónyuge delante de los demás. Todo el mundo estaría de acuerdo en que dominar y controlar a su cónyuge delante de los demás es una vergüenza. Al anunciar a los demás cómo su esposo ha contraído una deuda en contra de usted, nada bueno puede resultar de este tipo de exposición. Lo mejor es anunciar cosas buenas al público. Un nuevo bebé, recibir un ascenso en el trabajo, encontrar un nuevo hogar, casar a su primera hija o alguna otra realidad positiva: eso es lo que uno debe anunciar a los demás. Esto es lo que celebramos tanto privada como públicamente.

Pero cuando la falta de perdón se aloja en nuestro corazón, queremos que todos sepan lo que el otro ha hecho. Queremos que todos vean nuestro dolor. Queremos que todos sepan que el otro está recibiendo lo que merece. Queremos que todos sepan lo buenos que somos y lo malo que ha sido el otro. Y mediante un razonamiento inexplicable, creemos que esto arreglará las cosas. Lo que no entendemos es que al hacer esto lo único que logramos es aumentar el dolor que estamos experimentando. No solo el motivo está equivocado: todo el proceso es equivocado. Nos convertimos en una persona diferente sin siquiera darnos cuenta. Nos convertimos en alguien que nunca quisimos ser: vengativos, rencorosos, difamadores y amargados.

El Tratamiento del Silencio es otra muestra de la falta de perdón y el castigo a nuestro cónyuge.

Se trata de dominar y controlar a través de la manipulación. Al permitir que la amargura y el rencor aumenten dominando y controlando a nuestro cónyuge, el producto puede ser lo que no decimos, más que lo que decimos. En nuestra determinación de encontrar un "castigo razonable" a las acciones del otro, podemos literalmente no decir nada en absoluto para emitir nuestro juicio. Podemos usar este método para profundizar aún más el dolor y permitir que la tensión aumente cada vez más. ¿Es este silencio una forma de castigo? Ya lo creo. ¿Hiere gravemente a nuestro cónyuge? El Tratamiento del Silencio sin duda le hará daño a nuestra pareja.

Cuando ignoramos a nuestro cónyuge y hacemos de cuenta que no existe, reducimos el valor de la persona que amamos. Cuando nos envía un mensaje de texto, nos llama por teléfono o nos manda un correo electrónico, simplemente lo ignoramos. ¿Qué estamos haciendo? Deliberadamente lo castigamos con nuestra ausencia. Sabemos que le duele, pero realmente creemos que se lo merece. Sabemos que el otro percibe nuestro enojo. Sabemos que enviamos señales confusas. Nos alegramos de la tensión, ya que creemos que de alguna manera estas acciones están justificadas a la luz de lo que el otro nos ha hecho.

Este no es el tipo de tensión que se encuentra en un matrimonio en crecimiento. Por el contrario, estas características no hacen nada para ayudar a su cónyuge a crecer. Únicamente sirven para castigar a su cónyuge de una manera que no es agradable al Señor.

Tómese unos minutos para considerar lo que estamos diciendo aquí. Usted puede castigar a su cónyuge de una manera dolorosa a través de su silencio. Este silencio puede manifestarse en la mesa del comedor. Puede evidenciarse en el tiempo que pasan en familia. Puede surgir a lo largo de su rutina diaria e incluso cuando se sientan juntos en la iglesia. Cuando su matrimonio sufre una falta repentina de comunicación, lo que sigue no puede ser productivo para su relación.

Castigar a su cónyuge conduce a la destrucción de su matrimonio.

Por lo tanto, no corte una de las líneas vitales más importantes para el éxito de su matrimonio. No juegue a este juego con su cónyuge, independientemente de lo que haya hecho. El matrimonio es una empresa espiritual y sus acciones tienen implicaciones espirituales. La conexión entre usted y su cónyuge está hecha para reflejar la imagen de Dios Todopoderoso aquí en la tierra. Es un asunto serio. Nadie gana usando el Tratamiento del Silencio con el otro. Para que su relación avance y crezca, decídase a mantener las líneas de comunicación abiertas en todo momento. Si no puede expresar verbalmente cómo se siente con su cónyuge como resultado de una experiencia dolorosa, busque a una persona piadosa que pueda mediar en la conversación y sirva de puente para superar la brecha.

Yo he actuado como mediador para muchas parejas durante estos últimos años. En la mayoría de las reuniones, hemos sido capaces de romper el Tratamiento del Silencio. En una reunión en particular, descubrí que uno de los cónyuges había estado dañando al otro durante un período de tiempo. El cónyuge ofendido estaba tratando de ayudarlo a solucionar un problema de adicción, pero nada bueno salió de ello. Pasaron horas y horas luchando sin resolver nada en el proceso. Por último, el cónyuge ofendido se encerró en sí mismo e inició el Tratamiento del Silencio en combinación con la Deshonra Pública.

Fue difícil para mí escuchar su historia. Había una gran cantidad de tensión, estrés e ira en esta relación. Iba rápidamente por un camino sin retorno. Cada uno de ellos tenía fuertes reclamos contra el otro, pero ambos estaban equivocados en la forma en que habían manejado la situación.

Poco a poco fuimos capaces de trabajar en la raíz del asunto y, finalmente, las cosas cambiaron. La pareja no se separó, solucionó sus luchas individuales y dejaron de castigarse el uno al otro. Dios puede hacer cosas maravillosas en su matrimonio si usted se rehúsa a castigar a su cónyuge y en cambio demuestra misericordia y perdón.

Degradar y restringir a su cónyuge es otra manifestación de la falta de perdón y el castigo.

La escritura continúa: *"Él lo tomó por la garganta".* ¡Wow! Increíble. El siervo del Rey tomó a su criado por el cuello y comenzó a ahogarlo. Como hemos mencionado anteriormente, agarrar a alguien por el cuello era una práctica común en aquellos días entre los acreedores para perseguir a sus deudores. Sin embargo, esto no quiere decir que sus acciones fueran correctas. Para el que está luchando para pagar su deuda, este acto solo agrava el problema. Sin duda, esta era una humillación total para el deudor. Un medio degradante para hundir al otro. Se trata de reducir deliberadamente la posición, dignidad y honor de una persona, humillándola. Entonces, ¿cómo humillamos a nuestra pareja? ¿Cómo se manifiesta esto exactamente? Degradamos al otro cuando le decimos a todos los que nos rodean lo que nos ha hecho y cómo nos ha lastimado.

Usted comienza a describir en gran detalle cada palabra, acción y actitud. Esto no es buscar a alguien que lo ayude a solucionar el problema. No, en absoluto. Lo que usted quiere es que todos conozcan la falta de su cónyuge, como una forma de castigo, y que no esperen nada de él.

Usted puede decir algo así: "No es tan buena como crees... he aquí por qué. Déjame contarte lo crítica que fue durante nuestro tiempo juntos con los niños. No vas a poder creerlo si te cuento lo mal que actuó en esta ocasión". Puede ser que usted incluso esté convencido de que necesita más aliento y apoyo de los demás. Pero lo que realmente está haciendo es destruir el honor de su cónyuge. Poco a poco, le quita su dignidad. Genera una imagen de su cónyuge que los demás mantendrán en su mente por mucho tiempo. No es justo, pero en realidad no le importa. ¿Por qué no le importa? Pues bien: en una forma que tal vez usted no pueda razonar claramente, está encontrando satisfacción al castigar al otro de esta manera. Después de todo, es justo, ¿no? ¡No!

Así que primero destruimos su dignidad y difundimos su comportamiento a todo el mundo. Y si por alguna razón creemos que es insuficiente, comenzamos a restringir su crecimiento. Esta idea de restringir tiene que ver con no ser capaz de crecer. Imagine una semilla de manzana plantada en medio de un campo y cubierta por una gran cantidad de espinas. La semilla de manzana quiere madurar y crecer según el designio de Dios, pero las espinas impiden totalmente su crecimiento. Cuando la semilla está lista para avanzar, las espinas se lo impiden.

Las espinas abruman a la semilla desde múltiples ángulos y eliminan su posibilidad de convertirse en un manzano cargado de frutos. La semilla no se puede mover ni crecer mucho... está paralizada, restringida por la presencia de las espinas. Esta semilla eventualmente muere. Simplemente no puede competir ni atravesar las espinas. La fuerza del crecimiento de la semilla no superará la fuerza de las espinas en estas circunstancias. La semilla tiene mucho potencial, pero desafortunadamente este potencial nunca se materializa.

Tenga esto en mente la próxima vez que considere la posibilidad de restringir el crecimiento de su cónyuge a través de la aplicación del castigo. Cuando no concede el perdón, su matrimonio deja de crecer. Albergar rencor siempre genera restricciones. Así como las espinas restringían el crecimiento de la semilla de manzana, usted también tiene el poder de restringir el crecimiento de su cónyuge cuando se niega a perdonar sus acciones. Al optar por castigarlo, alimenta las espinas de la restricción. Su matrimonio no puede crecer de esta manera, y no lo hará. Con toda seguridad, su matrimonio morirá si las espinas del castigo permanecen vivas.

Cuando usted no concede el perdón, extrae la vida de su cónyuge.

Un corazón despiadado succiona la vida de su relación. Cuando existe un arrepentimiento genuino y se encuentra con un corazón que no perdona, se quita vida del que suplica el perdón. Por eso es tan importante caminar en el Espíritu Santo, vivir y permanecer en Su presencia. Porque cuando lo hacemos, generosamente concederemos el perdón a nuestra pareja y también a los demás. Queremos dar vida e infundir confianza en los demás, especialmente en nuestro cónyuge. Por eso, una vez más, si usted está castigando a su cónyuge: ¡deténgase! Lo que está haciendo es extraer la vida de su matrimonio. Con el tiempo, destruirá a su cónyuge y la relación morirá. Ámelo, perdónelo y dé a Dios la oportunidad de restaurar el amor entre ambos.

De modo que el acreedor, el siervo del Rey, coloca sus manos alrededor del cuello de su criado y empieza a cortar su suministro de oxígeno. Eso es llevar las cosas demasiado lejos. Esto debe haberse sentido similar a ahogarse en las profundidades del océano.

Usted está limitado por la falta de oxígeno y no tiene la fuerza suficiente para escapar. ¡Qué experiencia tan terrible, humillante y dolorosa debe haber sido!

Exigir y juzgar es otra forma de la falta de perdón y el castigo a nuestro cónyuge.

Finalmente, llegamos a nuestras dos últimas características del castigo. La Escritura dice: *"¡Págame lo que debes!"* En otras palabras: "¡Dame lo que me debes ahora mismo!" El siervo del Rey exigía el pago completo en el acto. Quería cobrar su deuda de inmediato. Aquí no había segundas oportunidades. "¡Quiero lo que merezco y lo quiero ahora! ¡Si no solucionas esto ahora mismo, te mataré! "No había espacio para negociaciones ni planes de pago. Solo había espacio para satisfacer las demandas del siervo del Rey. Esto es lo contrario de una relación de colaboración. Exigir y juzgar no son características de una relación en crecimiento.

Por desgracia, estas características pueden surgir dentro de nuestro matrimonio, cuando la falta de perdón se convierte en el modo de castigo. Por ejemplo, cuando usted no quiere escuchar lo que su cónyuge tiene para decir sobre una decisión o circunstancia. A usted realmente no le importa.

Usted tiene la única solución… al menos está convencido de eso. Tiene que ser "a su manera o de ninguna manera". Usted exige que las cosas se lleven a cabo de una manera determinada y descarta por completo las sugerencias de su cónyuge. ¿De verdad cree que actuar de esta manera complace a Dios? ¿Es este el tipo de entorno donde la intimidad relacional y sexual puede prosperar? ¿Es esta la mejor manera de demostrar amor y respeto por su cónyuge? La respuesta obvia es no.

¿Su actitud en estos últimos tiempos es de este tipo? Usted condena a su cónyuge o a otra persona por una deuda no pagada. A continuación, le exige que pague por todos los daños inmediatamente. ¡Sin excusas! Las condiciones son exclusivamente las suyas. La negociación es singular. Usted exige, obtiene lo que deseaba y luego desaparece. No importa nada más. En el proceso, olvidamos el impacto que tenemos en nuestras relaciones, en especial en nuestro cónyuge. No nos detenemos a pensar en el daño relacional. No tenemos en cuenta lo duros que somos al comunicarnos. Y, ciertamente, no pensamos en las cicatrices que dejamos en el proceso, y cómo estas cicatrices pueden afectar a alguien por muchos, muchos años.

La actitud y el juicio del siervo

Su consiervo se puso de rodillas y le rogó: «Ten paciencia conmigo, y yo te lo pagaré todo.» Pero aquél no quiso, sino que lo mandó a la cárcel hasta que pagara la deuda. (vs. 29-30)

En los versículos 29 y 30, vemos al siervo del Rey asumir el rol de juez. Sin embargo, esta posición es sesgada, como resultado de su falta de voluntad para demostrar misericordia y perdón. Este juez ya había formado su conclusión sobre el asunto y estaba dispuesto a imponer su acusación sin ninguna vacilación. Este hombre, al igual que el Rey, tuvo la misma oportunidad de hacer justicia y exigir el pago total, o brindar la misericordia y liberar a su siervo de una deuda imposible de pagar. Al Rey también le debían. Era imposible que el siervo pagara esta deuda. En el caso del criado, sin embargo, la deuda podía ser pagada en su totalidad, pero se necesitarían al menos cien días, ya que cien denarios representaban aproximadamente un centenar de jornales para el criado, un trabajador común. Ahora echemos un vistazo a una escena muy familiar.

El siervo del Rey se negó a escuchar y a ser paciente.

Cuando dejamos de comunicarnos con aquellos que están en deuda con nosotros, el resto de la historia es muy predecible. Es el principio del fin de su relación. Cuando deja de escuchar, envía un mensaje muy fuerte a su cónyuge. Como ya hemos visto anteriormente, disminuye su sentido de la autoestima. Reduce la confianza y crea cicatrices no deseadas en la relación. El siervo del Rey se negó a escuchar y a ser paciente. No cometa el mismo error con su cónyuge. Escuche lo que tiene para decir. Respételo como persona y esfuércese por hacerle saber lo que vale para usted como cónyuge. Si lo hace, no lo estará castigando. Al escuchar y responder, construirá en lugar de destruir.

De modo que deténgase y escuche lo que el otro tiene para decir. El siervo del Rey no tenía "oídos para oír". No estaba interesado en lo que su criado tenía para decir. Su decisión ya estaba tomada y era definitiva.

El siervo del Rey se negó a elaborar un plan para ayudar a su siervo a pagar la deuda.

No estaba dispuesto a ceder en su posición. No ofreció ninguna opción. No sugirió un paquete de financiamiento ni un plan de pago mensual. Desde su perspectiva, todo estaba muy claro. Su criado tenía que pagar el monto total de su deuda, y tenía que hacerlo de inmediato. Sus acciones fueron rudas. Su motivo era egoísta y su actitud, inaceptable. El siervo del Rey tenía un plan, pero un plan diseñado con un fin egoísta. Cerraba completamente todas las oportunidades para hacer que la relación funcionara brindando misericordia.

¿Se cometen errores importantes en un matrimonio de parte de uno o ambos cónyuges? Por supuesto que sí. ¿Pueden las deudas emocionales, financieras, espirituales y físicas ganar terreno en el transcurso de su matrimonio? Si se dejan abandonadas y sin solución, sin duda. La pregunta que debemos hacernos es la siguiente: "¿Estamos dispuestos a desarrollar un plan para restablecer incondicionalmente lo que se perdió o dañó en nuestra relación?" Independientemente de quién tenga la culpa, independientemente de la cantidad perdida o el dolor experimentado por el marido o la esposa, aún nos queda una opción. Como el siervo del Rey, podemos optar por eliminar todas las posibilidades de pagar la deuda. Podemos ejecutar un juicio inmediato y no dejar lugar a ninguna solución.

¿Qué debemos hacer? Para empezar, podemos quitarnos el sayo del juez. Su matrimonio no debe parecerse a un tribunal de justicia. La ley condena, pero el Espíritu da vida. Es el Espíritu Santo quien puede condenarnos por el pecado y juzgarnos. Es Su trabajo, no el nuestro. Nuestra parte consiste en hacer un plan para la reconciliación dentro de nuestro matrimonio. Esto significa que tanto el marido como la esposa elaboren un plan que sea mutuamente beneficioso para la relación.

Cree un plan para restaurar las deudas pendientes dentro de su matrimonio.

Si la confianza ha sido violada, elaboren juntos un plan para reconstruir la confianza. Si ha faltado afecto, elaboren juntos un plan para reconstruir el afecto y revitalizar la intimidad relacional y sexual. Planifique cómo generar un entorno de intimidad extraordinaria que se haga realidad dentro de su matrimonio, mientras hace planes de forma proactiva para aumentar el tiempo que pasa con el otro. Si el alcohol o las drogas han dañado su relación, obtengan ayuda y trabajen juntos para crear barreras de protección para estas tentaciones.

Si usted está trabajando para reconstruir su matrimonio después de una aventura, la transparencia es fundamental. Usted sigue siendo responsable con el otro y comparte sus momentos de mayor debilidad con su cónyuge. Planifique permanecer santo y honesto con su cónyuge y toma las medidas necesarias para alcanzar este objetivo sin problemas. Esto puede implicar cambiar su número de teléfono celular, renunciar a su trabajo o incluso mudarse a otra parte de la comunidad. Cualquiera que sea la defensa que deba elegir para proteger su matrimonio de la destrucción, haga un plan con su cónyuge para lograrlo.

¿Por qué tanto énfasis en crear un plan eficaz para restaurar las deudas pendientes? La respuesta es simple de entender. Al crear un plan efectivo para restaurar las deudas pendientes, la libertad espiritual y relacional se puede realizar. El proceso de resolver sus deudas puede servir como hito espiritual y relacional para usted en lo personal y para su matrimonio en conjunto. Ya que es durante este proceso que usted hace más que hablar de la misericordia, la verdad, el perdón y la restauración... vive estas cualidades celestiales en voz alta. El fruto del Espíritu *(Gálatas 5:22-23)* se hace evidente a través de su disposición para planificar y reconciliarse con la persona que ama. Cuando esto sucede, la imagen de Dios brilla a través de su relación.

El siervo del Rey arrojó a su criado a prisión hasta que la deuda fuera cancelada.

Al considerar la evolución de la forma en que el siervo del Rey reaccionó a la deuda de su propio criado, el resultado final probablemente no le sorprenda. El resultado final habría sido predecible para un observador atento. Algunos habrán dicho: "Era solo cuestión de tiempo antes de que él cerrara completamente la puerta a su criado y lo arrojara a la cárcel. Fue implacable en su reclamo de la deuda pendiente. No había forma de que el siervo del Rey retrasara su juicio. Su criado no tenía ninguna posibilidad de convencerlo de tomar una dirección diferente".

Es realmente muy triste. Pero he aquí una noticia de último momento: usted no puede pagar sus deudas más rápido si se encuentra en prisión. Se pueden ganar unos centavos aquí y allá, pero de ninguna manera se puede reunir la cantidad que ganaría trabajando cien días más como un trabajador común. Lo que este criado necesitaba era otra oportunidad, no una celda. Todo lo que necesitaba era la oportunidad de elaborar un plan de pago para saldar su deuda.

Reacción y respuesta de sus compañeros

Cuando sus consiervos vieron lo que pasaba, se pusieron muy tristes y fueron a contarle al rey todo lo que había pasado. (v.31)

Lo que a veces olvidamos es que otros están mirando nuestra vida cristiana y tomando notas. Cuando honramos a Dios a través de nuestro matrimonio, no solo tenemos la oportunidad de irradiar la imagen de Dios en la tierra, sino que también generamos la oportunidad de transformar vidas en el proceso. El siervo del Rey no estaba solo en su servicio. Trabajaba con otros compañeros que lo conocían bien. Sin duda, estos siervos estaban plenamente informados acerca de la deuda y de la cantidad exigida por el Rey. Tal vez esta era una deuda pendiente desde hacía mucho tiempo. Todos sus amigos y compañeros de trabajo sabían que la deuda era demasiado grande para él.

Los que lo observaban estaban profundamente apenados por las acciones del siervo.

Así que imagine ser uno de ellos cuando el Rey habló con su siervo de la deuda. Usted probablemente conocía la cantidad exacta. Usted pensaba: "Pobre diablo, era un buen amigo. Voy a echarlo de menos como compañero de trabajo. Él se ha quedado sin opciones en este momento. Tiene que enfrentar al Rey y no va a haber un final feliz". Y mientras espera ansiosamente Sus palabras, oye lo impensado de boca del Rey: "¡Guardias, libérenlo! Sí, he dicho 'libérenlo'. Es imposible para él pagar su deuda. He decidido cancelarla y dejarlo en libertad. Puede irse. Ya no tiene una deuda que pagar. Tengo el derecho de conceder misericordia a quien yo elija. Por lo tanto, decido conceder la misericordia a mi servidor de confianza".

Seguramente al escuchar estas palabras, usted quedaría boquiabierto. No sabría si debe reír o llorar, cantar o bailar por su compañero. Nunca olvidará este día. Este fue el día en que fue testigo del triunfo de la misericordia sobre el juicio. ¡Qué día tan glorioso! Al volver a casa esa noche, comparte la historia con su esposa e hijos. Les cuenta a los vecinos esta increíble historia. Al día siguiente, vuelve a trabajar con una gran sonrisa en la cara. Todavía está pensando en lo que sucedió el día anterior y aún no puede creerlo. En ese momento, todos sus compañeros de servicio están plenamente informados y muy entusiasmados con lo que pasó. El Rey pide a usted y a un grupo de funcionarios que hagan una diligencia para él. Como es su costumbre, usted acepta de buena gana su petición y se dirige a la ciudad.

Ahora imagine que mientras usted y su equipo van de compras a la tienda, escuchan a alguien que le grita a otra persona. No llega a entender toda la conversación, pero las maldiciones, palabrotas e insultos son muy claros. Una sensación de vacío se forma en su estómago. Ahora tiene miedo de voltearse a ver. ¿Por qué? Pues bien, reconoce la voz. Una parte de usted siente que está en una pesadilla. Una vez más, usted es testigo de lo impensable, pero esta vez por algo que preferiría olvidar pronto. Usted ve al siervo del Rey, su compañero, quien fue liberado de su deuda, ahorcando a su criado frente a la multitud que se encuentra en la calle.

Su corazón se rompe por la decepción y la incredulidad. Usted dice a sus compañeros: "Esto no puede estar pasando. ¿Cómo puede alguien que experimentó la gran misericordia y el perdón tratar a su propio criado de esa manera? ¿Cómo puede ser tan cruel y despiadado? ¿Cómo puede olvidar tan rápido la gran deuda que tenía? ¿Cómo puede alguien al que se le perdonó tanto hacer lo mismo a los demás?" Los sirvientes estaban muy preocupados por las acciones de este servidor. Probablemente se habían quedado sin palabras al mirar y presenciar lo que estaba sucediendo ante sus ojos.

Los servidores informaron de lo ocurrido a su amo.

Es lo mismo dentro de nuestro matrimonio. Experimentamos la misericordia y la gracia ilimitada de Dios. Estamos muy, muy agradecidos. Pero de pronto y sin previo aviso, permitimos que Satanás nos convenza de centrarnos en la carne y en los malos deseos de nuestro corazón. Nos rendimos y generamos un lío enorme para nosotros. Nos alejamos de nuestros pecados y recibimos el perdón de Dios. Le pedimos a nuestro cónyuge que nos perdone y que haga lo mismo. Después de cierto tiempo, caemos en la misma trampa y el ciclo continúa. Hemos permitido que un pecado se fortifique y no podemos romper su control sobre nuestras vidas. Después de varios años, llegamos a una encrucijada.

Clamamos a Dios en nuestra desesperación, y en el proceso, somos liberados de la esclavitud. Finalmente estamos libres y Dios es el único responsable. Les decimos a todos en nuestro camino lo increíbles que son el amor, la compasión y la misericordia del Señor.

Unas semanas más tarde, nuestro cónyuge cae de bruces, espiritualmente hablando. En lugar de mostrarle amor, compasión y misericordia, lo criticamos hasta el punto de hacerlo llorar. Le gritamos, lo ridiculizamos y lo avergonzamos por completo delante de muchos seres queridos. Todo el mundo se lamenta de cómo usted trata a su cónyuge. Todos se preguntan por qué usted no puede recordar el dolor causado por sus propias acciones. No entienden cómo alguien que experimentó tanta gracia y misericordia puede no tener nada de esto para con su cónyuge. ¿Qué logramos con esto? Dañar a las personas en lo profundo de su alma y causar dolor en los que nos rodean. La manera de tratar a su cónyuge siempre afecta a los demás, especialmente a aquellos que lo conocen bien. Y después de experimentar este dolor y angustia inesperados, ¿qué hicieron los servidores? Los servidores informaron de lo ocurrido a su amo.

La forma en que usted trata a su cónyuge siempre afectará a los que lo rodean.

Ellos explicaron lo que habían presenciado. Estoy seguro de que esto no fue tarea fácil. Seguramente fue una verdadera montaña rusa emocional. Ellos estaban muy felices por su compañero. Pero esa felicidad rápidamente desapareció ante sus ojos al presenciar el castigo desatado sobre el criado de su compañero. A continuación, informaron detalladamente su experiencia. Fueron honestos con su Rey y le explicaron todo. Veamos cómo sigue la historia en el versículo treinta y dos.

La interpretación, expectativa y juicio del Rey

Entonces el rey le ordenó presentarse ante él, y le dijo: «Siervo malvado, yo te perdoné toda aquella gran deuda, porque me rogaste. ¿No debías tú tener misericordia de tu consiervo, como yo la tuve de ti?» (vs. 32-33)

El Rey describe el carácter del siervo como "malvado".

"Malvado" se utiliza para describir la forma del mal más fuerte que existe. Esta misma forma es la que identifica al propio Satanás. Satanás es el Padre de la Mentira y la plena encarnación del mal. Su naturaleza es maligna y nada bueno puede provenir de su persona. Él es el engañador más consumado. Satanás nos acusa ante el Señor y es implacable en su objetivo de destruir nuestras vidas. Esta forma activa de la maldad no se parece a ninguna otra. Restringir la misericordia a los que piden misericordia es pura maldad.

El Rey esperaba que su siervo perdonara de la misma manera que había sido perdonado.

El Rey espera que su siervo demostrara la misma compasión, perdón y misericordia hacia los que estaban en deuda con él. Sin reservas, sin condiciones y sin segundas intenciones. El Rey quería que su siervo mostrara misericordia perdonando sus deudas pendientes, liberando a las personas de sus respectivos castigos y dándoles la oportunidad de vivir en completa libertad. Dios espera que nosotros reflejemos su corazón en estos asuntos.

Él quiere que perdonemos de la misma manera que Él nos ha perdonado. Él quiere que nos amemos de la misma manera que Él nos ha amado. Piense por un momento acerca de la misericordia ilimitada de Dios en su propia vida. ¿Dónde estaría usted hoy si Dios no hubiera intervenido y lo hubiera liberado de la esclavitud espiritual? ¿Y si Él decidiera no reemplazar su naturaleza pecadora con Su naturaleza perfecta por considerar la deuda demasiado grande? ¿Cómo reaccionaría usted a los desafíos de la vida si el Espíritu de Dios no formara parte de su ADN espiritual? *Recuerda, Señor, que en todo tiempo me has mostrado tu amor y tu misericordia. Tú, Señor, eres todo bondad. Por tu misericordia, acuérdate de mí; pero olvídate de que en mi juventud pequé y fui rebelde contra ti (Salmo 25:6-7, RVC).*

¿Se encontraría cautivo en una celda o seis pies bajo tierra? Imagine que Dios decidiera restringir la misericordia y el perdón en lugar de conceder estos atributos divinos para su vida. Visualice el contraste. Creo que usted estará de acuerdo en que la vida tal como la conoce hoy en día sería muy diferente. El salmista estaría de acuerdo. Él se aferraba a la misericordia y el amor incondicionales de Dios. Nuestro Dios es bueno. Él nos amó con un amor eterno.

El Rey tomó la iniciativa en esta historia. Sin ninguna necesidad de hacerlo, canceló toda la deuda de su siervo. Su corazón contenía una misericordia y una gracia extraordinarias. Sus palabras no serían olvidadas en mucho tiempo. Eran convincentes y maravillosas. Fue uno de esos momentos surrealistas de la vida, cuando lo impensable ocurre delante de nuestros ojos. Y para aquellos que fueron testigos de este acontecimiento, sus hijos y los hijos de sus hijos escucharían esta historia en la mesa una y otra vez. ¿Se imagina estar presente cuando esta gloriosa expresión de misericordia y perdón fue concedida a este siervo?

El rey ahora exigía el pago total de su deuda.

Imagine estar presente cuando el Rey juzgó las acciones de su siervo a la luz de la gracia inmerecida concedida a este siervo. ¿Puede imaginar la ira en la voz del Rey cuando llamó al servidor a su presencia por segunda vez? Estoy seguro de que el ambiente era totalmente diferente. Nadie lloraba por este servidor ahora. Nadie celebraba, y le garantizo que nadie cantaba su canción favorita. Fue una escena terrible y espantosa. El silencio era dolorosamente penetrante mientras todo el mundo esperaba que el Rey hablara. Era una escena muy triste, que dejaría una huella imborrable en todos aquellos que la presenciaron. A medida que la historia continúa, llegamos al versículo treinta y cuatro: *Y muy enojado, el rey lo entregó a los verdugos hasta que pagara todo lo que le debía (vs. 34).*

No es una buena idea hacer enojar al Rey. Nadie quería estar en la presencia de un Rey enojado. ¿Puede usted imaginar los pensamientos que pasaron por la mente del siervo del Rey? El último encuentro con el Rey había estado lleno de gracia, misericordia y compasión. Sin embargo, este encuentro sería totalmente distinto. Seguramente murmuró para sí: "Realmente me equivoqué esta vez. Me concedió su misericordia y yo por el contrario condené a mi criado. Fui liberado de todas mis deudas y decidí arrojar a mi criado a prisión por su deuda. Yo nunca hubiera podido pagar mi deuda, pero mi criado la hubiera pagado si le hubiese dado la oportunidad de hacerlo. Me aproveché de la misericordia y bondad del Rey para conmigo. Ahora el Rey me dará lo que realmente merezco como resultado de mi maldad".

Cuando usted se niega a conceder el perdón, ejerce la peor forma de maldad.

El Rey recordó a su sirviente la misericordia y el perdón de que había gozado. Le recordó la magnitud de su deuda. Le recordó su desesperada súplica de misericordia. Sin duda, el corazón del Rey se había roto. Estaba muy dolido por las acciones de su siervo. Al pensar en esta historia, piense en las implicaciones para su matrimonio. Debe mostrar misericordia perdonando a su cónyuge de la misma manera en que usted ha recibido la misericordia y el perdón. Perdone a su cónyuge en proporción a cómo usted ha sido perdonado.

Recuerde al siervo del Rey. Fue perdonado por todas sus deudas. ¿Sabe qué? Usted también fue perdonado por TODOS sus pecados cuando confió en Jesucristo para su salvación y se apartó de sus pecados. Por lo tanto, usted debe perdonar a los demás por TODOS sus pecados, sin importar la frecuencia, la magnitud o el impacto personal. No hay pecado cometido por otros, incluido su cónyuge, que se puedan comparar con los pecados cometidos por usted ante un Dios Santo.

Debe perdonar como usted ha sido perdonado.

El Rey estaba furioso, y con razón. Las acciones de su siervo fueron malvadas y provocaron la ira de este gran Rey. Como resultado, el Rey entregó su siervo a los torturadores. Ahora su deuda tendría que ser pagada en su totalidad. Como ya sabemos por la historia, esto significaba que el funcionario permanecería en prisión y sufriría hasta el día de su muerte. Cada día se convertiría en un recuerdo horrible de su falta de voluntad para reflejar el corazón y las acciones del Rey. Cada día sería un recordatorio constante de su maldad extrema. Todos los días sufriría el gran dolor que se produce cuando elegimos castigar a los demás y rechazar su petición de clemencia y perdón.

Jesús pide algo difícil a Sus discípulos. No es algo que necesariamente queramos escuchar, sobre todo si estamos negándole la misericordia y el perdón a nuestro cónyuge. Así que Jesús saca el cuchillo y empieza a tallar en las profundidades de nuestros corazones. Lea atentamente el versículo treinta y cinco, *Así también mi Padre celestial hará con ustedes, si no perdonan de todo corazón a sus hermanos (vs.35).*

Como hemos dicho antes, Dios se enoja cuando nos negamos a perdonar a los demás. Cuando eliminamos la compasión y la misericordia, cuando no perdonamos de corazón y cuando nos negamos a cancelar las deudas pendientes, Dios se enoja. Después de todo, nada se compara con la deuda que tenemos con nuestro Dios.

No perdonar a su cónyuge es obra de su carne. ¿Cómo podemos pretender ser hijos de Dios cuando la falta de perdón fluye de nuestro corazón? ¿Cómo podemos decir que amamos a un Dios invisible y condenar a nuestro cónyuge, a quien vemos todos los días? Usted debe perdonar a su cónyuge. Su espíritu anhela conceder la misericordia y el perdón. Su salud depende de ello. Sus hijos necesitan experimentar el perdón y la curación. Los que están lejos de Jesús están desesperados por ver lo que se vive en su presencia. Necesitan el perdón revelado ante sus ojos. Su alma anhela abrazar lo que aún no han experimentado.

Tal vez Dios esté esperando que usted reaccione ahora mismo, a la luz de esta historia. Él le está dando otra oportunidad de convertirse en un catalizador del matrimonio. Él está esperando que usted dé el siguiente paso. Pero Él sabe que esto no puede suceder si la amargura, el rencor y el castigo permanecen en su corazón. ¿No ha experimentado suficiente destrucción en su relación? ¿No desea volver a sentir la bendición de Dios en su vida?

¿No ha notado cómo su falta de voluntad para perdonar lo está destruyendo? ¿No está listo para devolver la paz a su hogar? ¿Por qué no tomarse unos minutos y perdonar a su cónyuge por completo por lo que haya hecho? ¿Por qué vivir de esta manera un segundo más?

Como un cáncer que crece sin supervisión, la falta
de perdón lo destruirá y afectará a quienes lo rodean.

Es una locura, usted lo sabe. Esta no es la forma en que fuimos diseñados para vivir y funcionar. Deje de destruir a su cónyuge. Detenga el sangramiento dentro de su corazón y permita que Dios lo restaure a través de Su gran poder. La falta de perdón es como alimentar células cancerosas en su cuerpo.

No hay nada productivo en esta actividad. Es tonto, por decir poco. A medida que las células cancerosas se multiplican, aumentan las probabilidades de morir prematuramente. ¿Por qué haría esto? Este comportamiento es completamente irracional. Solo conduce a la destrucción.

La falta de perdón es igual. Cuando se nutre y no se arranca de raíz rápidamente, intencionalmente destruye cada parte de su vida, incluido su matrimonio. Piense en los paralelismos entre nuestra historia y los mandatos ordenados a los discípulos.

Perdónanos nuestras deudas, como también nosotros perdonamos a nuestros deudores. No nos metas en tentación, sino líbranos del mal." [Porque tuyo es el reino, el poder, y la gloria, por todos los siglos. Amén.] Si ustedes perdonan a los otros sus ofensas, también su Padre celestial los perdonará a ustedes. Pero si ustedes no perdonan a los otros sus ofensas, tampoco el Padre de ustedes les perdonará sus ofensas. (Mateo 6:12-15, RVC)

Compromiso

De modo que la gracia consiste en dar a nuestro cónyuge lo que no se merece. Al conceder la gracia y perdonarlo por los pecados que ha cometido contra nosotros, la misericordia entra en acción y lo saca del lío que ha generado. Cuando amamos lo suficiente como para sacar a nuestro cónyuge de su problema y concederle nuestro favor incondicional, nuestro matrimonio puede comenzar a moverse en la dirección correcta. Pero recuerde el siguiente pensamiento. Su gracia y misericordia se pondrán a prueba.

Ya sea que su matrimonio haya tenido problemas serios por un día o por un año entero, su compromiso con su cónyuge desempeñará un papel importante para ayudar a manejar sus emociones y mantener el rumbo. El compromiso es algo muy poderoso. Comprometerse con su cónyuge puede cambiar la historia de su familia.

Comprometerse con su cónyuge puede trazar un nuevo rumbo y dejar un legado fructífero para las generaciones venideras. Palabras como fidelidad, paciencia, perseverancia y resistencia, entre otras, deben describir el compromiso con su cónyuge. Esta es la idea más importante sobre el compromiso en lo que respecta a su matrimonio.

Usted es responsable de mantener su compromiso con su cónyuge.

Sí, es verdad. Usted es responsable de mantener su compromiso con su cónyuge. Usted es el que debe permanecer fiel. Usted es el que tiene que perseverar.

El compromiso no es para los débiles, sino para los fuertes. Cualquier persona puede renunciar a un matrimonio. No se necesita mucho esfuerzo en esta época. Podemos inventar mil excusas y compadecernos de nosotros mismos. No todo el mundo decide soportar las dificultades de una relación. Pero si usted vive su vida en el Espíritu y camina con Dios, permaneciendo en Su presencia, puede hacerlo y lo hará. Pero nadie puede hacer esto por usted. Nadie puede permanecer en Cristo Jesús por usted y nadie puede resolver las dificultades para relacionarse con su cónyuge, solo usted. ¡Mantenga el compromiso con su cónyuge! Este es su trabajo. Este es su privilegio. Y lo más importante, esta es la promesa que hizo ante Dios, su familia y sus amigos.

El compromiso no es una palabra muy popular, al menos no en nuestra cultura actual. La gente quiere opciones, alternativas, un "plan B" o cualquier cosa que les dé una salida. Antes de casarse, el compromiso de permanecer juntos hasta que la muerte los separe no es una declaración sin importancia. Si todavía no están casados, hagan esta promesa el uno al otro en voz alta en varias ocasiones: "No hay plan B". Digámoslo todos juntos: "No hay plan B". Su deseo debe ser permanecer juntos hasta que Dios lo separe de su cónyuge. Al contraer matrimonio con un plan alternativo, por si algo no funciona, seguramente se producirá el desastre.

El matrimonio es un pacto, una promesa ante Dios
el uno al otro, de permanecer juntos hasta la muerte.

Para aquellos de nosotros que ya están casados, debemos recordar esa promesa regularmente. Usted debe recordar quién estaba presente cuando hizo esa promesa. Nunca permita que algo del presente destruya las promesas que hizo en el pasado. Nadie dijo que el matrimonio iba a ser fácil. Si alguien lo hizo, mentía. La verdad es que un matrimonio en crecimiento requiere más que agallas: exige un compromiso real. Se necesita un compromiso inquebrantable y un trabajo considerable para hacer crecer su matrimonio. Es por eso que es tan importante invertir en su matrimonio como lo está haciendo en este momento. Invertimos en nuestras casas, invertimos en nuestras carreras, pero a veces se nos olvida el valor de invertir en nuestro matrimonio. Se nos olvida el impacto potencial de nuestro matrimonio cuando crece y apunta en la dirección correcta.

A veces nos olvidamos de esta verdad. Realmente no importa cuánto dinero ganemos si nuestra familia se desmorona en el proceso. Si usted ha ganado miles de millones, pero perdió su matrimonio en el proceso, no puede hablarse de éxito. ¿De qué sirve un ingreso generoso cuando la persona que debe estar a su lado ya no está presente? Nos olvidamos de que no importa lo bonita que sea nuestra casa por fuera si los bloques de construcción de nuestro matrimonio han sido severamente dañados. Lo más importante es que usted mantenga su promesa con Dios y con su cónyuge. Usted tiene que recordar quién los reunió en un principio. Hay que recordar que el compromiso rara vez es una cosa fácil de mantener.

Usted tiene que invertir en su matrimonio para mantener su crecimiento.

Al comprar una casa, usted confirma su compromiso a través de un depósito. Puede ser un diez por ciento o más en algunos casos. Si usted no dispone del anticipo, puede olvidarlo. Ningún banco tomará en serio el contrato. Si ofrece un depósito significativo, digamos treinta y cinco por ciento, todos saben que su compromiso es firme.

La inversión y el compromiso están estrechamente relacionados. Por extraño que parezca, un matrimonio en crecimiento es similar. Para hacer crecer su matrimonio, tiene que estar dispuesto a aprender durante toda su vida. No es suficiente ver un programa de televisión acerca de una pareja casada. Lo más probable es que el ejemplo no sea recomendable.

Usted tiene que hacer una inversión importante en su matrimonio para hacerlo crecer. Esto implica asistir a conferencias matrimoniales, participar en un pequeño grupo de parejas casadas, comprar libros y grabaciones de audio sobre la construcción de su relación. Significa planificar tiempo juntos lejos de los niños y de todos los demás. También implica buscar oportunidades para demostrar el amor por su pareja a través de regalos, flores y salidas como pareja. Esto es lo que logrará el compromiso. No es pasivo, sino activo. Mira hacia el futuro y piensa en la manera de mantener viva la llama haciendo depósitos en el "banco del amor".

El amor jamás dejará de existir. En cambio, las profecías se acabarán, las lenguas dejarán de hablarse, y el conocimiento llegará a su fin. (1 Corintios 13:8, RVC)

El verdadero amor resiste, soporta, cree y se mueve hacia adelante. No falla porque nunca se da por vencido. El amor que siente por su cónyuge, expresado por su inquebrantable compromiso de estar juntos, es una fuente importante de fuerza en su relación. Verbalizar y visualizar este compromiso trae seguridad a su matrimonio. Usted es responsable de mantener su compromiso con su cónyuge. Y cuando su compromiso es inquebrantable, muchas otras cosas dentro de su matrimonio tienen la oportunidad de asumir su lugar y corregirse. Pero cuando el compromiso no está presente, puede suceder lo contrario. No verbalizar ni mostrar el compromiso puede dar lugar a un constante deterioro de su relación.

A pesar de que la palabra compromiso no es muy popular en la cultura actual, eso no cambia el mandamiento dado a nosotros por el Señor de permanecer juntos y unidos a nuestro cónyuge. Esto implica resolver las cosas, incluso cuando se ponen difíciles. Tampoco modifica el plan original de Dios para el matrimonio. Él diseñó el matrimonio para soportar incluso las circunstancias más difíciles.

Así que no siga a la multitud en su superficial punto de vista del matrimonio y el compromiso. No envidie a los que decidieron abandonar por el camino. El cuadro pintado a menudo de lo genial que es todo desde el divorcio, rara vez es lo que parece ser en la superficie. Debido a que algunas personas intencionalmente no asumen la responsabilidad por su parte, el matrimonio se verá afectado por su decisión. Somos responsables de hacer nuestra parte para mantener nuestro matrimonio. Usted es responsable de mantener su compromiso con su cónyuge. Cada matrimonio tiene el compromiso inquebrantable de permanecer juntos y superar todos los obstáculos que se le presenten.

Fe

La gracia de Dios para su matrimonio se deriva de una fuente ilimitada. Él es la fuente de la vida y Quien tiene el poder de resucitar su matrimonio. Usted no es la fuente. Pero usted tiene acceso ilimitado a la gracia de Dios a través de Su Hijo, Jesucristo. Su deseo es bendecir su matrimonio. Él quiere que su matrimonio crezca y prospere para irradiar Su imagen en la tierra. Él quiere que usted y su cónyuge confíen en Él para que las cosas sean lo que podrían ser.

Él quiere mostrarle cómo deberían ser las cosas a través de Su Palabra. Él quiere que usted persevere y no se dé por vencido. Sus experiencias recientes pueden haber sido difíciles y dolorosas de soportar. Es posible que todo dentro de usted lo haya empujado a darse por vencido, rendirse y disolver la relación.

Crea en el poder de Dios para transformar su matrimonio.

Pero en algún lugar profundo de su corazón, en algún lugar donde nadie puede ver, está la creencia de que Dios puede restaurar lo que se ha roto. En algún lugar profundo de su espíritu, usted se aferra a la misericordia y la gracia sin límites de Dios. Esto es muy poco natural para usted. A decir verdad, esto va totalmente en contra de su plan "normal" de funcionamiento. Usted siempre ha sido un luchador y esto no ha contribuido a mejorar la situación. Ahora usted está considerando un nuevo enfoque. Este nuevo enfoque implica más de Dios y menos de usted.

Requiere creer en el poder de Dios. Es un enfoque que requiere su completa confianza en que Dios lo hará funcionar. Esto es algo nuevo y diferente. Aquí puede ser exactamente donde Dios quiere que usted esté antes de intervenir y transformar su matrimonio. Su deseo, si se Lo permite, es restaurar su relación mientras usted experimenta Su amor abundante, Su gracia y Su misericordia. Puede sonar un poco atemorizante, pero puede confiar en Él. Considere estas palabras extraídas de un capítulo completamente dedicado a la fe del pueblo de Dios, *Sin fe es imposible agradar a Dios, porque es necesario que el que se acerca a Dios crea que él existe, y que sabe recompensar a quienes lo buscan. (Hebreos 11:6, RVC).*

Usted nunca puede controlar las palabras y las acciones de su cónyuge. Por lo tanto, deje de intentarlo. Permita que Dios haga Su obra dentro de su corazón y del corazón de su cónyuge. Dios está en el negocio de tocar corazones y cambiar vidas. Lo que Él nos pide es que creamos en Su poder y que renunciemos a nuestra forma de hacer las cosas por Su forma de hacer las cosas. Sus métodos no son los nuestros, y nuestros pensamientos no son Sus pensamientos. Cuando se trata de este último elemento de nuestro estudio, la fe, tenemos que aceptarlo con la simplicidad de un niño pequeño.

Creamos en el poder de Dios para transformar nuestro matrimonio. Vamos a seguirlo con todo nuestro corazón y llegar a conocerlo a través de nuestro estudio de Su Palabra. Al hacerlo, nuestra confianza en el poder de Dios aumentará y nos sostendrá si confiamos en Él para nuestra fuerza de todos los días. Usted no puede controlar a su cónyuge, pero puede controlar las actitudes y acciones que decide desplegar ante su cónyuge. Imagine lo que Dios puede hacer en su matrimonio si dejara de luchar con su cónyuge y comenzara a orar el uno por el otro.

Un matrimonio en crecimiento perdona y avanza gracias a la fe.

¿Por qué tiene que perdonar? ¿Por qué brindar gracia y misericordia? ¿Por qué quedarse junto a su cónyuge? ¿Por qué seguir adelante, cuando parece que su cónyuge se dirige en una dirección diferente? Usted avanza en su matrimonio por la fe. ¿La fe en quién? La fe en Dios. Estamos hablando de creer que Él es el único que puede transformar su corazón y cambiar radicalmente la actitud y el entorno de su hogar. Si usted es el único que ora por su matrimonio, la esperanza sigue viva.

Si usted es el único que practica el perdón y brinda la gracia y la misericordia, la esperanza sigue viva. Si usted es el único que lucha por salvar su matrimonio, la esperanza sigue viva.

Pero si usted es quien no está dispuesto a perdonar y a tomar medidas para restaurar su matrimonio, está succionando la vida de su cónyuge y cavando la tumba para enterrar su relación. Si no está orando para que su matrimonio crezca y si no está dispuesto a ceder al plan de Dios para su relación, el camino al divorcio solo puede acelerarse. Si usted se niega a hacerse personalmente responsable de sus acciones y en cambio juega al juego de la culpa, nada bueno puede salir de este enfoque. Por esta razón, es necesario cambiar, y hacerlo rápidamente. El perdón y la fe son ingredientes esenciales para que su matrimonio pueda prosperar. Un matrimonio en crecimiento perdona y avanza gracias a la fe. Esto es lo que agrada a nuestro Señor y esto es lo que puede transformar su matrimonio.

Siga la verdad de la Palabra de Dios y cumpla las promesas hechas a su cónyuge.

Independientemente de lo que el otro haga o deje de hacer para que su matrimonio funcione, usted todavía tiene la responsabilidad personal de hacer su parte.

Tómese un momento para reflexionar (Responda a cada pregunta honestamente)

- ¿Cómo debe demostrar la gracia a su cónyuge en este momento?
- ¿Qué favor se necesita para ayudar a que su relación dé un paso adelante en la dirección correcta?
- Si el otro está en un lío, ¿cómo puede usted practicar la misericordia para sacarlo de su situación y revitalizar su relación en el proceso?
- ¿Sus palabras y acciones han comunicado un fuerte compromiso con su cónyuge?
- ¿Ha dejado pistas por el camino que puedan hacer crecer la inseguridad en su relación?
- ¿Qué puede hacer de manera diferente para reforzar el compromiso que tiene con su cónyuge?¿Cree en el plan de Dios para su matrimonio?

- ¿Está usted convencido de su poder ilimitado para restaurar lo que se ha roto?
- ¿Ha estado resistiéndose a Su Palabra?
- ¿Tienes la intención oculta de disolver su relación?
- ¿Cómo puede mostrar una fuerte creencia en el poder de Dios para transformar su matrimonio?
- ¿Qué puede empezar a hacer ahora mismo para que todos sepan, incluido su cónyuge, que usted confía de todo corazón en el Señor para cambiar la dirección de su matrimonio?

Un matrimonio en crecimiento perdona y avanza gracias a la fe.

Actividad del Matrimonio por Diseño

Reflexionar sobre estos cuatro componentes importantes para un matrimonio en crecimiento para poder seguir adelante practicando el perdón incondicional: gracia, misericordia, compromiso y fe. ¿Qué cambios puede hacer personalmente en su enfoque para fortalecer cada una de estas áreas dentro de su matrimonio? En términos prácticos, ¿qué piensa hacer esta semana para poner en práctica lo que ha aprendido? Escriba algunas medidas que puede tomar para ofrecer de manera proactiva a su cónyuge cada uno de los cuatro aspectos.

Hacer avanzar su matrimonio

Gracia:

- *Cambios*
- *Pasos a seguir*

Misericordia:

- *Cambios*
- *Pasos a seguir*

Compromiso:

- *Cambios*
- *Pasos a seguir*

Fe:

- *Cambios*

- *Pasos a seguir*

Actividad del Matrimonio por Diseño

A medida que usted y su cónyuge buscan construir su matrimonio aceptando el perdón a través de la gracia, la misericordia, el compromiso y la fe, permitan que la Palabra de Dios guíe la forma en que responden el uno al otro. Hacer avanzar su matrimonio a través del perdón completo e incondicional de todo corazón requiere seguir la Palabra de Dios y perseverar. A medida que aprenda a desarrollar patrones de conducta piadosos para crear el entorno adecuado para un matrimonio próspero, considere los siguientes versículos para ayudarle a establecer el marco de su relación. Lea cada versículo y trace un círculo alrededor de los verbos y frases que indican cómo debemos tratar y responder a los demás, incluido nuestro cónyuge. Subraye las frases que nos muestran lo que debemos evitar o dejar de hacer en nuestras relaciones.

Perdónanos nuestras deudas, como también nosotros perdonamos a nuestros deudores… Pero si ustedes no perdonan a los otros sus ofensas, tampoco el Padre de ustedes les perdonará sus ofensas. (Mateo 6:12, 15, RVC)

No entristezcan al Espíritu Santo de Dios, con el cual ustedes fueron sellados para el día de la redención. Desechen todo lo que sea amargura, enojo, ira, gritería, calumnias, y todo tipo de maldad. En vez de eso, sean bondadosos y misericordiosos, y perdónense unos a otros, así como también Dios los perdonó a ustedes en Cristo. (Efesios 4:30-32, NIV)

Jesús dijo: «Padre, perdónalos, porque no saben lo que hacen». (Lucas 23:34, NTV)

Esto quiere decir que, en Cristo, Dios estaba reconciliando al mundo consigo mismo, sin tomarles en cuenta sus pecados, y que a nosotros nos encargó el mensaje de la reconciliación. (2 Corintios 5:19, RVC)

Pero Dios demuestra su amor por nosotros en esto: en que cuando todavía éramos pecadores, Cristo murió por nosotros. (Romanos 5:8, NVI)

No juzguen a los demás, y no serán juzgados. (Mateo 7:1, NTV)

Por lo tanto, como escogidos de Dios, santos y amados, revístanse de entrañable misericordia, de benignidad, de humildad, de mansedumbre y de paciencia. Sean mutuamente tolerantes. Si alguno tiene una queja contra otro, perdónense de la misma manera que Cristo los perdonó. (Colosenses 3:12-13, RVC)

No busquemos vengarnos, amados míos. Mejor dejemos que actúe la ira de Dios, porque está escrito: «Mía es la venganza, yo pagaré, dice el Señor.» (Romanos 12:19, RVC)

«A mí me corresponde tomar venganza; ¡en su momento caerán, y les daré su merecido! Ya se acerca el día de su aflicción; ¡pronto viene lo que les tengo preparado!» (Deuteronomio 32:35, RVC)

David le dijo a Abigaíl: «Bendito sea el Señor, Dios de Israel, que hoy te envió a mi encuentro. Y bendigo a Dios por ti y por tu razonamiento, porque gracias a ellos me has impedido derramar sangre inocente y vengarme por mi propia mano. Te juro por el Señor, el Dios de Israel, que él me ha impedido hacerte daño. Si no te hubieras apresurado para venir a mi encuentro, entre hoy y mañana tu esposo Nabal se habría quedado sin sirvientes, pues todos habrían muerto.» (1 Samuel 25:32-34, RVC)

{El amor} No se comporta con rudeza, no es egoísta, no se enoja fácilmente, no guarda rencor. (1 Corintios 13:5, NVI)

Seré misericordioso con sus injusticias, y nunca más me acordaré de sus pecados ni de sus iniquidades. (Hebreos 8:12, RVC)

En el amor no hay temor, sino que el perfecto amor echa fuera el temor, porque el temor lleva en sí castigo. Por lo tanto, el que teme, no ha sido perfeccionado en el amor. (1 Juan 4:18, RVC)

El que es bondadoso se beneficia a sí mismo; el que es cruel, a sí mismo se perjudica. (Proverbios 11:17, NVI)

Ahora bien, sabemos que Dios dispone todas las cosas para el bien de los que lo aman, es decir, de los que él ha llamado de acuerdo a su propósito. (Romanos 8:28, RVC)

Bienaventurados los misericordiosos, porque ellos serán tratados con misericordia. (Mateo 5:7, RVC)

Porque de la abundancia del corazón habla la boca. (Mateo 12:34b, RVC)

Por lo tanto, arrepiéntanse y vuélvanse a Dios, para que sus pecados les sean perdonados. (Hechos 3:19, RVC)

Si afirmamos que tenemos comunión con él, pero vivimos en la oscuridad, mentimos y no ponemos en práctica la verdad. (1 Juan 1:6, NVI)

La cordura del hombre calma su furor; su honra es pasar por alto la ofensa. (Proverbios 19:11, RVC)

Hermanos, si alguno es sorprendido en alguna falta, ustedes, que son espirituales, restáurenlo con espíritu de mansedumbre. Piensa en ti mismo, no sea que también tú seas tentado. (Gálatas 6:1, RVC)

La aplicación destacada: Hacer ajustes personales

¿Cuáles son las tres principales aplicaciones adquiridas en esta sesión que usted podrá poner inmediatamente en práctica dentro de su matrimonio? Piense cuidadosamente en estas aplicaciones. En primer lugar, concéntrese en lo que Dios le pide cambiar dentro de su propio corazón y de su vida, en lugar de pensar en lo que tiene que cambiar su cónyuge. A continuación, considere esta aplicación a la luz de su relación como pareja y de lo que deben ajustar para hacer crecer su matrimonio. Mediante la oración, escriba sus respuestas a cada aplicación en forma de un plan de acción.

1. Aplicación

¿Qué tengo que cambiar específicamente en lo que se refiere a esta aplicación? ¿Qué tenemos que cambiar?

¿Cómo puedo hacer esto de una manera práctica? ¿Cómo podemos hacer esto juntos?

¿En qué fecha pueden comenzar estos cambios? ¿De qué modo lograremos el máximo beneficio para nuestro matrimonio con esta aplicación?

2. Aplicación

¿Qué tengo que cambiar específicamente en lo que se refiere a esta aplicación? ¿Qué tenemos que cambiar?

¿Cómo puedo hacer esto de una manera práctica? ¿Cómo podemos hacer esto juntos?

¿En qué fecha pueden comenzar estos cambios? ¿De qué modo lograremos el máximo beneficio para nuestro matrimonio con esta aplicación?

3. Aplicación

¿Qué tengo que cambiar específicamente en lo que se refiere a esta aplicación? ¿Qué tenemos que cambiar?

¿Cómo puedo hacer esto de una manera práctica? ¿Cómo podemos hacer esto juntos?

¿En qué fecha pueden comenzar estos cambios? ¿De qué modo lograremos el máximo beneficio para nuestro matrimonio con esta aplicación?

Capítulo 10 - Construir

Crear hábitos para proteger, dirigir y hacer crecer su matrimonio

La GRAN Idea: Propóngase conocer a Dios y obedecer su Palabra con el fin de hacer hábitos para proteger, dirigir y hacer crecer su matrimonio.

Escritura Clave

> *Toda la Escritura es inspirada por Dios, y útil para enseñar, para redargüir, para corregir, para instruir en justicia, a fin de que el hombre de Dios sea perfecto, enteramente preparado para toda buena obra. (2 Timoteo 3:16-17, RVC)*

Richard estaba loco por Madison. Madison era muy linda, amable y soltera. ¿Cuál era el problema? Madison consideraba que Richard era solo un "buen chico" o una persona amable. Ella no le prestaba nada de atención. En resumen, Madison no tenía el más mínimo interés en Richard. Lo que Madison no se había dado cuenta en un primer momento era que tenían muchas cosas en común. Ambos disfrutaban de tomar sol, escuchar buena música, viajar y comer sushi. Richard y Madison provenían de matrimonios rotos. Ambos eran personas muy comprometidas y habían pasado por el dolor de una familia destrozada por el divorcio.

Richard era muy insistente. A pesar de que no era el hombre más guapo de la ciudad y no conducía un coche de lujo, estaba decidido a llamar la atención de Madison. A través de una serie de eventos afortunados, Richard se enteró de una fiesta de cumpleaños que se estaba planificando para Gerry, el hijo de Madison. Gerry era un gran chico y un gran fan de Star Wars. Casualmente, Richard también era un gran fan de Star Wars. Él coleccionaba figuritas, naipes, objetos varios, e incluso pósters de tamaño real de los personajes más populares. Cuando Richard reveló este tesoro escondido, estaba listo para hacer su avance y abrir la llave del corazón de Madison haciendo feliz a su hijo.

Como madre soltera, la vida de Madison era muy agitada. Quería que la fiesta de cumpleaños de Gerry fuera muy especial, pero simplemente no tenía tiempo. Como la persona alegre y siempre dispuesta a solucionar problemas que era, Richard se ofreció a hacerse cargo de la decoración sin costo alguno para Madison. A pesar de que al principio Madison era resistente, no tenía muchas opciones. Madison estuvo de acuerdo y el resto es historia. Cuando Richard llegó pocas horas antes de la fiesta, descargó un camión lleno de juguetes, decoraciones, pancartas, pósters y muchos otros artículos de Star Wars. La sonrisa de Madison no pasó desapercibida. Estaba muy sorprendida por la organización y la atención a los detalles de Richard. Y lo más importante, apreció mucho la manera en que Gerry respondió a la generosidad de Richard.

Richard había marcado un gol rotundo. Fue un éxito completo, un depósito extraordinario en el banco del amor de Madison. Este acto intencional de bondad y generosidad fue el punto de inflexión en la relación de Richard y Madison. En resumidas cuentas, Richard logró abrir cada vez más el corazón de Madison y los dos estaban felizmente casados un año más tarde. No hubo figuritas de Star Wars en la boda, pero ciertamente las recordaron en ese día especial. ¿Fue fácil para Richard? ¡No! ¿Se requirió iniciativa, una extensa planificación y una generosa cantidad de esfuerzo? ¡Sí! ¿Valió la pena invertir tanta energía? ¡Por supuesto!

Piense en algunos de los paralelismos que encontramos en esta historia en relación a nuestra gran idea: *Propóngase conocer a Dios y obedecer su Palabra con el fin de hacer hábitos para proteger, dirigir y hacer crecer su matrimonio.* Cuando pensamos en las claves para un matrimonio en crecimiento, la palabra "oportunidad" rara vez viene a la mente. Ser pasivo en su matrimonio y simplemente "dejar que las cosas se resuelvan solas" por lo general conduce a mayor fricción, dolor y una cesta llena de problemas relacionales. Es necesario ser proactivo para que su matrimonio funcione. Es preciso planificar para que su matrimonio crezca.

Cuando se trata de su desarrollo espiritual, actúe intencionalmente y tome medidas prácticas para avanzar en su caminar con el Señor. Vaya más allá de lo cómodo y natural para obtener ganancias en su relación con Dios y con su cónyuge. Diseñe todas las actividades a la luz de lo que enseña la Biblia. Cuando lo haga, la vida abundante que Dios quiere para usted y su cónyuge puede hacerse realidad.

Durante cada sesión de terapia de pareja tengo el privilegio de conducir, de destacar al relieve varias claves, hábitos si se quiere, que intencionalmente hacen crecer a los matrimonios, tanto vertical como horizontalmente. Cada pareja con la que comparto mi tiempo tiene por lo menos una cosa en común. Ellos no solo quieren estar casados. ¡No! Ellos quieren que su matrimonio crezca. En otras palabras, quieren experimentar todo lo que el matrimonio tiene para ofrecer a fin de enriquecer sus vidas y encontrar satisfacción en su relación. No quieren un buen matrimonio, quieren un matrimonio excelente.

Mientras analizamos estas claves, piense en su propia relación y pregúntese: "¿Estoy haciendo lo correcto para hacer crecer mi matrimonio? ¿Estoy siendo intencional para las cosas correctas? Si no es así, ¿qué cambios puedo hacer para volver al camino correcto?" Este es realmente el corazón de este capítulo. Este capítulo analiza cómo alinear su vida a la Palabra perfecta de Dios.

Como verá, el fruto de su matrimonio es un resultado directo de su obediencia a la Palabra de Dios. Cosechará lo que siembra. Si hemos estado desarrollando un plan egoísta en nuestro matrimonio y llevando a nuestro cónyuge por el camino equivocado, cambiemos lo que introducimos en nuestro matrimonio e invirtamos nuestro esfuerzo en las cosas que producen frutos relacionales y espirituales duraderos.

Pero, ¿cómo se construye un matrimonio en crecimiento? ¿Y cómo se relaciona un matrimonio en crecimiento con la conexión intencional con Dios, con Su Palabra y con su cónyuge? Si usted invierte su energía en construir su matrimonio de la manera que Dios lo quiso, puede esperar obtener un entorno donde los sueños se pueden cumplir, las relaciones se fortalecen y se crea un legado sólido para que otros lo sigan como modelo. Echemos un vistazo a este fenómeno con mayor detalle.

1. Haga del amor a Dios y a los demás su máxima prioridad

Uno de los escribas, que había estado presente en la discusión y que vio lo bien que Jesús les había respondido, le preguntó: «De todos los mandamientos, ¿cuál es el más importante?» Jesús le respondió: «El más importante es: "Oye, Israel: el Señor, nuestro Dios, el Señor es uno." Y "amarás al Señor tu Dios con todo tu corazón, y con toda tu alma, y con toda tu mente y con todas tus fuerzas." El segundo en importancia es: "Amarás a tu prójimo como a ti mismo." No hay otro mandamiento más importante que éstos.» El escriba le dijo: «Bien, Maestro; hablas con la verdad cuando dices que Dios es uno, y que no hay otro Dios fuera de él, y que amarlo con todo el corazón, con todo el entendimiento y con todas las fuerzas, y amar al prójimo como a uno mismo, es más importante que todos los holocaustos y sacrificios.» (Marcos 12:28-33, RVC)

Todo el mundo tiene prioridades. El problema con las prioridades no es que no las tengamos. El problema con las prioridades no es que no busquemos las cosas que son importantes. El problema que a menudo enfrentamos es si nuestras prioridades están o no en el orden correcto. Podemos asignar valor a algo o a alguien, pero puede no estar distribuido en las proporciones adecuadas. La búsqueda de una relación íntima con Dios y amar a los demás deben ser sus máximas prioridades. Todo lo demás no se compara con estas dos prioridades. Así que la primera clave para proteger, dirigir y hacer crecer su matrimonio tiene que ver con amar a Dios y a los demás.

En el evangelio de Mateo, cuando se le preguntó acerca de los dos mandamientos más importantes, *Jesús respondió: «Amarás al Señor tu Dios con todo tu corazón, y con toda tu alma, y con toda tu mente." Éste es el primero y más importante mandamiento. Y el segundo es semejante al primero: "Amarás a tu prójimo como a ti mismo"* (Mateo 22:37-39, RVC). En realidad, amar a Dios es conocer a Dios.

Cuanto más conozco a Dios personalmente, más llegaré a amarlo. A medida que mi amor por Dios aumenta, también lo hará mi deseo de conocerlo mejor. Esto es cierto en todas las relaciones matrimoniales saludables. Conocemos cada vez más a nuestro cónyuge. A medida que lo hacemos, nuestro amor madura y toma forma. Al compartir momentos significativos, nuestro amor por nuestro cónyuge aumenta y nuestro deseo de saber más aumenta también.

Su crecimiento espiritual es un reflejo directo de su
amor a Dios y del conocimiento de Su Palabra.

A medida que crece su compromiso de conocer a Dios más íntimamente, su amor a Dios prosperará y su relación se fortalecerá. Nuestro propósito aquí en la tierra es glorificar a Dios a través de nuestra vida. No podemos hacer eso a menos que sepamos quién es Él y lo que Él quiere que hagamos. Por lo tanto, amar a Dios y conocer cada vez mejor Su Palabra debe estar en el primer lugar de la lista. Establecer esto como su principal prioridad transformará todos los aspectos de su vida, incluido su matrimonio. Aumentar la intimidad espiritual con el Padre aumenta su capacidad de amar a su cónyuge y a los demás de una manera agradable al Señor. Si hago memoria, puedo recordar momentos de mi propio matrimonio en los que amar a Dios y conocerlo mejor no fueron mi prioridad principal.

Afectó mis pensamientos, mis palabras y, finalmente, mi comportamiento. Sin darme cuenta, empezó a afectar también las demás relaciones. Esto ocurre de manera muy sutil. Cuando se trabaja con parejas para ayudarlas a superar sus problemas relacionales, es asombroso cómo esta importante prioridad ni siquiera está en el radar cuando los problemas empiezan a aparecer dentro del matrimonio.

Comienzan a echarse culpas y la tensión crece incómodamente. Se sorprenden de la rapidez con que las cosas se han deteriorado. Están desconcertados al ver cómo su casa ahora se asemeja a un campo de batalla en lugar de a un hogar. Ellos no pueden terminar de explicarse su actitud hostil, sus palabras degradantes y su incapacidad para tomar buenas decisiones. Como resultado, estas parejas empiezan a buscar nuevas aventuras y, finalmente, caen en tentaciones destructivas. Lo que olvidan es un principio muy importante en lo que respecta a las prioridades.

Si Dios no es la primera prioridad en su vida, nunca será la segunda.

En otras palabras, si amar a Dios y conocerlo mejor no es su prioridad número uno, automáticamente colocará a Dios mucho más abajo en su lista de prioridades. O Dios es su fuente exclusiva de fuerza, o no lo es. Si Él no es quien le aporta la alegría duradera y la satisfacción espiritual, entonces naturalmente usted elegirá entre varias opciones espirituales según sea necesario. Si Él no ocupa sus primeros pensamientos del día, aparecerán otras cosas para reemplazarlo. Reflexione sobre el siguiente pasaje y considere cuidadosamente las palabras de Jesús en lo que respecta a su relación con el Señor. Jesús dijo: *El que no permanece en mí, será desechado como pámpano, y se secará; a éstos se les recoge y se les arroja al fuego, y allí arden (Juan 15:6, RVC).*

Su objetivo más importante se encuentra en una persona. Se trata de saber vivir dependiendo de la fuente de vida, Jesucristo. El acto más productivo dentro de un matrimonio fluye de la fuente de vida. Al abrazar a Aquel que murió en la cruz por sus pecados, El que ahora vive dentro de usted, la verdadera vida y la felicidad pueden fluir desde el centro mismo de su ser directamente hacia su cónyuge y las personas que lo rodean. Su capacidad de amar a los demás depende de su capacidad de amar a Dios y de conocerlo íntimamente.

> *La clave para un buen matrimonio es amar a Dios*
> *y permitir que Su vida fluya a través de nuestra vida.*

Hombres, la clave para amar a sus esposas se encuentra en amar a Dios y permitir que Su vida fluya a través de su vida. Mujeres, la clave para respetar a sus maridos se encuentra en amar a Dios y permitir que Su vida fluya a través de su vida. Lo que usted necesita para llevar su matrimonio al siguiente nivel relacional fluye de la vida que usted recibe y desarrolla espiritualmente. A medida que usted mismo crece espiritualmente, su matrimonio podrá profundizarse. Para que su matrimonio crezca y experimente un flujo constante de satisfacción interna, Dios debe ser la fuente de su satisfacción.

A medida que lee regularmente Su Palabra, pasa tiempo con Él en oración y lo adora en espíritu y en verdad, su amor por Dios crecerá, así como su amor por su cónyuge. ¡Él es la fuente! No puede hacer crecer su matrimonio sin Él.

Cuando usted lo busca por encima de todo y de todos, su matrimonio puede madurar y superar cualquier obstáculo. Cuando usted lo busca por encima de todo y de todos, aprenderá a amar a los demás de la forma correcta.

2. Sea exclusivamente fiel a una buena iglesia

Cuando amar a Dios y a los demás sea su máxima prioridad, podrá poner en práctica la segunda clave. Al igual que su adoración individual es importante para amar a Dios y a los demás, su adoración colectiva es igualmente importante. La adoración privada lo prepara para la adoración colectiva. Uno de los mayores errores de las parejas consiste en reemplazar la adoración colectiva con la adoración privada. Es un error creer que la adoración es un asunto personal. Incluso es probable que usted escuche este tipo de comentario: "No me hace falta ir a la iglesia para adorar a Dios. Puedo adorarlo en la intimidad de mi casa. Puedo adorar a Dios por Internet, sin pisar físicamente una iglesia". Eso puede sonar espiritual, pero ciertamente no es lo que la Biblia enseña.

Con esta actitud, es fácil ver por qué la constancia en los servicios de fin de semana es un gran problema para muchas parejas. Piense en cómo ser exclusivamente fieles a una buena iglesia ayuda a las parejas a permanecer juntas y a mejorar la calidad de su matrimonio, incluso en medio de grandes dificultades económicas.

Compartir el compromiso religioso parece tener efectos saludables para atravesar la recesión. Las parejas que asisten juntas a los servicios religiosos con regularidad (varias veces al mes o más) informan menos estrés financiero por la recesión (25 por ciento, en comparación con el 31 por ciento de los que no asisten regularmente con su cónyuge). Además, es más probable que las parejas religiosas profundicen su compromiso con el matrimonio como una consecuencia de la recesión (32 por ciento en comparación con el 26 por ciento). La asistencia al servicio religioso en pareja también tiene beneficios para la calidad del matrimonio. Alrededor del 44 por ciento de los estadounidenses casados que asisten a servicios religiosos con regularidad con su cónyuge son muy felices en su matrimonio, y solo el 35 por ciento de los que no asisten regularmente a los servicios con su cónyuge afirman lo mismo.

Las disparidades en el riesgo de divorcio también son evidentes: 15 por ciento de los que no asisten a servicios religiosos regularmente con su cónyuge muestran un alto riesgo de divorcio, en comparación con solo el 4 por ciento de aquellos que asisten regularmente con su cónyuge. Un posible amortiguador frente a estos efectos es la participación religiosa. Las parejas que asisten juntas a la iglesia disfrutan de una mayor calidad en su matrimonio, de menos estrés financiero y de un compromiso más profundo con el matrimonio en este momento de recesión.[1]

Si usted tomara el teléfono y le dijera a su madre: "Ya no necesito visitarte más. Tengo suficientes fotos, videos y libros acerca de ti para mantenerme ocupado. Puedo mirarlos cuando desee, en el momento que me resulte conveniente. Así que realmente ya no necesito pasar tiempo contigo en persona. Puedo pasar tiempo contigo en privado y desarrollar nuestra relación, incluso si no estamos físicamente juntos".

En este momento su madre probablemente respondería: "¿Te has vuelto loco? ¡Tu idea de construir una relación más fuerte conmigo no va a funcionar! Tenemos que pasar tiempo juntos, en persona, para que esta relación crezca". Bueno, decirle esto a Dios suena igualmente loco.

La fidelidad en una buena iglesia es fundamental para hacer crecer su matrimonio.

Entre otras cosas, la iglesia está diseñada para ayudarlo a convertirse en un mejor adorador. Está diseñada para que se conecte con otros creyentes y para que construya relaciones duraderas mutuamente edificantes. Usted no va a crecer espiritualmente sin conectarse con otros creyentes en el contexto de una iglesia local. No importa qué tan espiritual pueda parecer la respuesta, no me la creo, porque no funcionará. La presencia es un factor poderoso para que una relación crezca.

Si no se nos ocurre dar estas excusas a nadie que realmente amamos y valoramos, ¿por qué se las damos a Dios? Si la iglesia es el cuerpo de Cristo y usted es un miembro de este cuerpo, ¿cómo puede funcionar la iglesia tal como fue diseñada sin usted? Usted tiene que estar conectado con una buena iglesia y mantenerse conectado. Lea cuidadosamente el siguiente versículo: *Tengámonos en cuenta unos a otros, a fin de estimularnos al amor y a las buenas obras. No dejemos de congregarnos, como es la costumbre de algunos, sino animémonos unos a otros; y con más razón ahora que vemos que aquel día se acerca (Hebreos 10:24-25, RVC).*

Reunirse con otros creyentes sirve como estímulo para todos los involucrados. Reunirse tiene un propósito. La iglesia no es un club social. Es un encuentro intencional de creyentes para adorar a Dios y fortalecerse el uno al otro. Es en la iglesia donde se enseña la Palabra de Dios, se cantan salmos y cánticos espirituales, se da, se comparten recursos y mucho más. La iglesia está diseñada para ayudarlo a amar mejor y a hacer las cosas que agradan al Señor.

Es escuchando la palabra de Dios que aprenderá a amar a su cónyuge con espíritu de sacrificio y a reemplazar su carácter con el carácter de Cristo. Es a través de la iglesia que encontrará oportunidades para servir a los demás miembros del cuerpo, al tiempo que descubre y desarrolla sus dones espirituales. No es solo una reunión para recibir de Dios y de los demás. También funciona como una plataforma para servir y utilizar los dones y talentos que Dios le ha dado.

> *Y él mismo constituyó a unos, apóstoles; a otros, profetas; a otros, evangelistas; a otros, pastores y maestros, a fin de perfeccionar a los santos para la obra del ministerio, para la edificación del cuerpo de Cristo, hasta que todos lleguemos a estar unidos por la fe y el conocimiento del Hijo de Dios; hasta que lleguemos a ser un hombre perfecto, a la medida de la estatura de la plenitud de Cristo; para que ya no seamos niños fluctuantes, arrastrados para todos lados por todo viento de doctrina, por los engaños de aquellos que emplean con astucia artimañas engañosas, sino para que profesemos la verdad en amor y crezcamos en todo en Cristo, que es la cabeza, de quien todo el cuerpo, bien concertado y unido entre sí por todas las coyunturas que se ayudan mutuamente, según la actividad propia de cada miembro, recibe su crecimiento para ir edificándose en amor. (Efesios 4:11-16, RVC)*

Jesús es la cabeza de la iglesia. La iglesia local es un cuerpo de creyentes a quienes Dios les ha encargado cumplir sus propósitos en la tierra a través de la enseñanza de la Palabra de Dios.

Los pastores enseñan la Palabra de Dios y preparan el cuerpo de los creyentes para las obras de servicio *(Efesios 4)*. Una buena iglesia tiene a la Biblia como autoridad inapelable en todos los asuntos de la vida y alienta a los demás a seguir sus mandatos. Cuando los creyentes personalmente aplican la Palabra de Dios a todas las áreas de su vida, la madurez espiritual toma forma y la iglesia local comienza a crecer numéricamente. La iglesia comienza a llegar a otros y a mostrarles la cruz para brindarles esperanza, orientación y sanación espiritual.

Para que su matrimonio crezca y experimente los beneficios colectivos de la iglesia local, tiene que ser exclusivamente fiel en su asistencia semanal. Es un concepto muy simple. Cada semana, vamos a la iglesia. Cada semana, buscamos oportunidades para alentar y fortalecer a los que asisten. En otras palabras, su presencia tiene un propósito. Recuerde que su matrimonio tiene una forma única y que hay personas que pueden beneficiarse de su experiencia y de la forma que Dios ha bendecido en su viaje único y personal. Su forma puede servir como una importante fuente de bendición si busca activamente formas de servir a los demás a través del cuerpo de Cristo.

Su matrimonio puede estimular a otras parejas a resolver las cosas y a resistir en los momentos difíciles. Puede servir como modelo para los hogares rotos y como una fuente de estabilidad para las madres y padres solteros. Su presencia constante en una iglesia local puede llenar el vacío de hombres y mujeres jóvenes que necesitan ver lo que es un hogar cristiano para tener esperanzas en su futura familia. Las personas que asisten a la iglesia, y las que no lo hacen, necesitan aliento.

> *Usted y su cónyuge fueron unidos para alentar y*
> *dar esperanzas a los demás a través de su matrimonio.*

Por lo tanto, no ponga excusas ni planifique actividades para reemplazar nuestro compromiso semanal de adorar a Dios en un entorno colectivo. No nos despertamos la mañana del domingo y preguntamos: "¿Hoy vamos a la iglesia?" ¡No! Esta pregunta debe quedar resuelta antes de la mañana del domingo. Es necesario que el compromiso quede fijo para que su matrimonio alcance un nuevo nivel de crecimiento. A menos que su matrimonio se caracterice por un fuerte compromiso con una iglesia local, su relación sufrirá y también lo harán aquellos que se verán privados de lo que ustedes tienen para ofrecer.

3. Sea exclusivamente fiel a un grupo pequeño

Después de dar prioridad a nuestro amor a Dios y de ser exclusivamente fiel a una buena iglesia, el siguiente paso es conectarse con un pequeño grupo de creyentes en la iglesia local. Una vez más, estamos hablando del compromiso serio de invertir en las vidas de los demás, vida con vida, para construir relaciones sólidas que sean mutuamente beneficiosas. Esto solo es posible cuando ambos cónyuges están decididos a hacer crecer su matrimonio a través del diseño de Dios y no del que crean por sí mismos. Un grupo pequeño lo ayudará a encontrar la sabiduría para establecer barreras de protección contra los peligros de la vida y servirá como un estímulo para superar los momentos difíciles.

> *Los grupos pequeños sirven como un catalizador*
> *indispensable para el crecimiento de su matrimonio.*

Su matrimonio no está diseñado para ser autónomo. Está diseñado para crecer a través de la exhortación, el estímulo y el apoyo de los demás creyentes. Cuando las parejas no están regularmente expuestas a una pequeña comunidad de creyentes, es fácil de ocultar lo malo y mostrar solo lo bueno. Pero cuando usted y su cónyuge interactúan con otras parejas semanalmente, las primeras señales de problemas en su matrimonio son mucho más difíciles de ocultar. Esto es bueno. Sirve para hacer frente a una actitud o comportamiento potencialmente dañinos antes de que tomen forma definitiva. Sirve para construir relaciones de afecto con otras personas y para mantenerse responsable de la obra de Dios en su vida. Sirve para modelar su matrimonio siguiendo el ejemplo de parejas con más experiencia que han descubierto la manera de seguir la Palabra de Dios en cada situación.

Ser exclusivamente fiel a una iglesia local y servir fielmente a un grupo pequeño es muy importante. Perciba la sinergia entre la reunión colectiva de creyentes en la iglesia primitiva y la reunión más personalizada a través de la vida en un grupo pequeño tal como se describe en *Hechos 2:42-47*. Los resultados hablan por sí solos. Dios bendijo a la iglesia y continuó aumentando su número. La iglesia creció espiritual y numéricamente. Se concedió esta misma gracia a los que estaban conectados a la iglesia local en el aspecto en que lo necesitaban. Los que tenían más de lo que necesitaban demostraron una generosidad extraordinaria. Los que estaban necesitados pudieron satisfacer sus necesidades. Los que estaban creciendo recibieron más enseñanza e instrucción para ayudarlos a madurar espiritualmente. Comían juntos, estudiaban juntos, oraban juntos y experimentaban a Dios en medio de ellos al trabajar juntos.

> *Las cuales se mantenían fieles a las enseñanzas de los apóstoles y en el mutuo compañerismo, en el partimiento del pan y en las oraciones. Al ver las muchas maravillas y señales que los apóstoles hacían, todos se llenaban de temor, y todos los que habían creído se mantenían unidos y lo compartían todo; vendían sus propiedades y posesiones, y todo lo compartían entre todos, según las necesidades de cada uno. Todos los días se reunían en el templo, y partían el pan en las casas, y comían juntos con alegría y sencillez de corazón, mientras alababan a Dios y brindaban ayuda a todo el pueblo. Y cada día el Señor añadía a la iglesia a los que habían de ser salvos. (Hechos 2:42-47, RVC)*

Me gustaría tener tiempo para escuchar todas las historias. Usted tal vez esté pensando: "¿Qué historias?" Me refiero a las historias de aquellos que estaban pensando en dejar a su cónyuge y poner fin a su matrimonio. Estas son personas que provienen de buenas familias que realmente querían lo mejor para su matrimonio. Estas son personas que amaban a Dios, pero que carecían de profundidad espiritual. Sin saberlo, necesitaban lo que solo un pequeño grupo de creyentes puede ofrecer. Por desgracia, no aprovecharon esta oportunidad. Estaban "demasiado ocupados" con otras prioridades. No estoy hablando de un grupo de apoyo. Me estoy refiriendo a un modelo bíblico para el crecimiento sostenido. Algunos llaman a estos grupos células, grupos de vida o en grupos pequeños. Lo importante es lo que hacen, y no cómo se llaman.

Las relaciones sólidas se construyen a través del tiempo.

No se construye una relación duradera en un solo evento o momento. Las relaciones sólidas se construyen al practicar la vida juntos. Los grupos que se reúnen semanalmente durante un período de varios meses son los más eficaces para el desarrollo espiritual y relacional. El ambiente de grupo pequeño al que me refiero es aquel en que coexisten una visión y un propósito claros. Este entorno fomenta la edificación mutua. Desafía las ideas cuando no se alinean con lo que enseña la Escritura. Estar conectado con un grupo pequeño proporciona un lugar seguro donde pueden compartirse los asuntos privados en un ambiente de aceptación y confianza.

El grupo pequeño aprovecha intencionalmente los dones, talentos y habilidades de todos para influir sobre los que están fuera del grupo. Al desafiarse unos a otros a lo largo de su viaje espiritual y relacional, mantienen un enfoque evangelizador para conectar a otros con el Señor. Por esta razón, se puede ver lo importante que es mantenerse exclusivamente fiel a un grupo pequeño. Si tiene miedo de orar, un grupo pequeño le proporcionará el entorno ideal para aprender. Si necesita aprender más sobre la Biblia, estar conectado con un grupo pequeño lo puede ayudar a madurar en esta área. Si usted tiene dificultad para hablar delante de los demás, un grupo pequeño le puede proporcionar el ambiente adecuado para hablar sin miedo y comunicarse más efectivamente con los demás.

Es importante que los demás tengan el permiso de introducir la sabiduría en su matrimonio.

Usted es una parte viva del cuerpo de Cristo. Si su cónyuge también es creyente, es igualmente una parte viva de este cuerpo. Al conectarse intencionalmente con un grupo pequeño de creyentes, su matrimonio tendrá la oportunidad de florecer como nunca antes. Usted necesita la sabiduría que proviene de un pequeño grupo de creyentes en crecimiento. Es necesario escuchar a Dios hablando en su vida a través de otros.

Y por último, pero no menos importante, es necesario devolver de lo recibido a los que comparten vida con vida en el ámbito de un grupo pequeño. Al aumentar su amor a Dios y su amor al pueblo de Dios, Él le mostrará cómo utilizar mejor sus dones para servir a Su cuerpo. ¿Por qué deberían usted y su cónyuge conectarse con un grupo pequeño? Simplificando lo que hemos dicho hasta el momento: ambos tienen algo que recibir y algo que dar. Como miembros activos del cuerpo de Cristo, fueron diseñados para hacer las dos cosas.

Cada uno según el don que ha recibido, minístrelo a los otros, como buenos administradores de la multiforme gracia de Dios. Si alguno habla, hable conforme a las palabras de Dios; si alguno ministra, ministre conforme al poder que Dios da, para que en todo sea Dios glorificado por Jesucristo, a quien pertenecen la gloria y el imperio por los siglos de los siglos. Amén. (1 Pedro 4:10-11, RVR)

4. Tomar decisiones clave juntos

Pensemos por un minuto en lo que hemos visto. Comenzamos esta parte de nuestro estudio en torno a la importancia de amar a Dios como nuestra prioridad número uno. Explicamos la importancia de crecer en este amor a través de un mayor conocimiento de Su Palabra en nuestras vidas. En segundo lugar, dedicamos algo de tiempo a entender la importancia de amar a los demás de la misma manera que a nosotros mismos. Luego describimos la importancia de ser exclusivamente fieles a una iglesia local fuerte y a un grupo pequeño.

Al acercarnos a esta cuarta clave para proteger, dirigir y hacer crecer su matrimonio, tenga en cuenta la sabiduría adquirida que nos condujo a esta importante clave. *Confía en el Señor de todo corazón, y no en tu propia inteligencia. Reconócelo en todos tus caminos, y él allanará tus sendas (Proverbios 3:5-6).* Esto es lo que espero que saquemos de todo esto. Antes de que usted y su cónyuge tomen decisiones importantes acerca de su vida juntos, mi esperanza es que filtren estas decisiones a la luz de su amor a Dios y del firme compromiso de seguir Su Palabra. Mi oración para ustedes es que se posicionen a favor de la verdad.

Por otra parte, mi oración es que no pongan en peligro su integridad ni tomen atajos en el camino simplemente por hacer avanzar algo. En otras palabras, mi oración es que esperen que el momento perfecto y los propósitos de Dios se desarrollen mientras siguen caminando en el Espíritu. De esta manera, la Palabra de Dios se convierte en el filtro exclusivo para todas sus decisiones, ya sean grandes o pequeñas, antes de hacer su siguiente movimiento individual o en familia.

Las parejas que toman decisiones juntas permanecer juntas.

Solo estos cambios pueden transformar radicalmente nuestro proceso de tomar decisiones. Después de todo, filtrar nuestras decisiones a la luz de la Palabra de Dios a menudo cambiará nuestro primer impulso. Para ello se requiere mucho más que el compromiso informal de hacer las cosas bien. Se requiere nuestra total entrega a la autoridad de Dios sobre todos los aspectos de nuestras vidas. Pero espere, hay más. A continuación, consideramos a través de la oración cómo nuestras decisiones afectarán a aquellos que conocen a Cristo como su Salvador y a los que no lo hacen. Tenemos en cuenta cómo nuestras decisiones afectarán a otros, no solo en esta vida, sino también en la venidera. *Las palabras de los justos son como una fuente que da vida; las palabras de los perversos encubren intenciones violentas (Proverbios 10:11, NTV).*

Llegado este momento, se dará cuenta de la importancia de conectarse con una iglesia local fuerte y de participar en un nivel más profundo con los creyentes a través del ministerio de un grupo pequeño. No tenemos espacio suficiente para enumerar todas las ventajas de conectarse con un grupo pequeño, pero puede estar seguro que son muchas. Sabemos que Dios nos habla a través de Su Palabra, pero también desarrolla Sus planes a través de Su pueblo, la iglesia. Considere el siguiente principio en su búsqueda para tomar decisiones clave junto con su cónyuge.

Extraiga la sabiduría sagrada de los demás cuando tome decisiones clave.

Al escuchar la Palabra de Dios en el servicio de fin de semana y al participar en un grupo pequeño durante la semana, las respuestas a las preguntas y las decisiones clave a menudo se revelan a través de la acción del Espíritu Santo obrando a través del cuerpo de Cristo. Es posible que se manifiesten a través de las Escrituras, de la oración, de los cantos de alabanza y adoración, o incluso a través del testimonio de los demás. Esto no es algo que pueda introducirse en una ecuación compleja calculada. No es un dispositivo inteligente que pueda conectar a un tomacorriente y pulsar el botón de reproducción. Eso es imposible. Esta es una obra de Dios en su vida y en su matrimonio.

Así es como Él trabaja en nuestras vidas para ayudarnos a llegar a la decisión correcta. La idea no es ir a una isla desierta con su cónyuge para tomar todas sus decisiones importantes de manera aislada.

Dios usa a otros creyentes para agudizar su enfoque mientras usted trata de determinar Su voluntad para su matrimonio.

Cuando las parejas jóvenes buscan mentores, pueden evitar muchos de los errores comunes en los primeros años de su matrimonio. A lo largo de la Biblia encontramos la importancia de extraer la sabiduría de Dios del pueblo de Dios. En caso de que se lo pregunte, esto no es un signo de debilidad. Buscar el consejo de otros creyentes en los asuntos importantes es un signo de fortaleza. Si crea la costumbre dentro de su matrimonio de extraer la sabiduría de Dios de los creyentes regularmente, este hábito servirá como un ancla en su relación.

Dentro de este enfoque encontrará protección y dirección sólidas para su vida. Al permitir que el Espíritu de Dios afine nuestro enfoque a través de Su pueblo, podemos avanzar en la confianza de que tomamos medidas para crecer dentro de nuestro matrimonio. *Los planes fracasan por falta de consejos, pero triunfan cuando hay muchos consejeros (Proverbios 15:22, RVC)*. ¿Qué ocurre entonces con la idea de mantener a los demás fuera de sus decisiones clave y hacer las cosas solo? Ahora podemos ver que el enfoque que debemos tomar es exactamente el contrario. No hay que alejarse de todo y de todos durante el proceso de toma de decisiones. En su lugar, es preciso entrar en lo que Dios ha establecido para encontrar la sabiduría para su vida y la dirección del camino.

Recuerde que lo que usted quiere es seguir patrones de conducta piadosa para generar hábitos para proteger, dirigir y hacer crecer su matrimonio. Usted quiere que la sabiduría de Dios penetre en usted a través de este proceso. Usted quiere Su bendición para el próximo movimiento. Por lo tanto, ore junto a su cónyuge para que la voluntad de Dios se revele a través de la lectura de las

Escrituras. Permanezcan atentos al Espíritu de Dios al escuchar los sermones, los estudios bíblicos y las ideas de los demás sobre la Palabra de Dios.

Al conectarse con los demás, permanezca atento a cómo el Espíritu puede optar por hablar a través de uno de Sus siervos. Usted y su cónyuge empezarán a ver, escuchar, orar y trabajar activamente para dar el próximo paso de su vida en el contexto de una iglesia local. Esto no es un proceso de 24 horas. A menudo lleva tiempo que Dios revele Su voluntad para nuestras vidas al considerar la elección de una carrera, hacer una compra grande, encontrar una buena iglesia, decidir dónde servir, elegir qué tratamiento comenzar y otras decisiones importantes. Pero si tenemos en cuenta la suma total de todo lo que Dios les enseña a usted y su cónyuge a lo largo de este viaje, llegar a una decisión inteligente sobre qué hacer o dónde ir puede ser un proceso lleno de confianza y paz en lugar de incertidumbre y estrés.

Y ahora llega la parte divertida. Usted y su cónyuge ponen las cartas sobre la mesa a través de la oración y consideran lo que Dios les ha estado enseñando y hacia dónde está llevando a su familia. Puede que no sea lo que ambos tenían planeado inicialmente. Puede ser totalmente diferente a lo que usted anticipaba. Pero llegado este momento, esta decisión ha sido filtrada a través de la Palabra de Dios, bañada en la oración y agudizada por el consejo de otros creyentes.

Ahora usted y su cónyuge deben unirse y tomar esta decisión clave a la luz de la obra completa de Dios en su vida. Ahora pueden expresar su unidad al mismo tiempo que cada uno de ustedes comprende lo que Dios les indica hacer a continuación. Podrán hablar, compartir, llorar y posiblemente reír a medida que colectivamente llegan a la conclusión obvia que Dios ha estado formando durante este viaje espiritual. Por lo tanto, tomen esta decisión juntos y avancen en la fe. Puede que no tengan todas las respuestas, pero una cosa es cierta: usted sabe lo que Dios quiere que ustedes hagan a continuación.

No se preocupen por nada. Que sus peticiones sean conocidas delante de Dios en toda oración y ruego, con acción de gracias, Y que la paz de Dios, que sobrepasa todo entendimiento, guarde sus corazones y sus pensamientos en Cristo Jesús. (Filipenses 4:6-7, RVC)

Cuando las parejas trabajan juntas para alcanzar un acuerdo sobre las decisiones clave que inciden directamente en su matrimonio, pueden crecer. Cuando no pueden o se niegan a hacerlo, su matrimonio no podrá madurar. Convertirse en uno con su cónyuge es mucho más que una unión física. Se trata de estar unidos en todos los aspectos de su matrimonio. ¿Esto incluye la toma de decisiones? ¡Por supuesto! ¿Es difícil? La mayoría de las parejas estarían de acuerdo en que definitivamente no es pan comido. Somos criaturas diferentes en nuestro enfoque de los problemas, oportunidades, etc.

¿Esto significa que no podemos combinar nuestras diferencias y apoyarnos en la sabiduría de Dios para que nos guíe en el proceso? ¿Significa esto que tenemos que discutir y gritar solo para hacernos entender? No, en absoluto. Estamos inmersos en el cuerpo de Cristo en la salvación y estamos espiritualmente unidos. Nuestra unión espiritual provee la base para que nos unamos y tomemos decisiones piadosas. Esto elimina la excusa de incompatibilidad en la relación y de no ser capaz de resolver las cosas. En Cristo Jesús, fuimos diseñados para convertirnos en uno y glorificar a Dios a través de todas las decisiones, no solo las que afectan a nuestro matrimonio.

> *Aproveche las fortalezas, los dones y la sabiduría que Dios*
> *le ha dado a su cónyuge al tomar decisiones clave.*

A pesar de que muchas veces el otro puede estar en desacuerdo con nuestro enfoque, mire más allá de la superficie y tenga en cuenta lo que dice y cómo Dios puede estar tratando de indicarle su próximo movimiento a través de su cónyuge. Recuerde que tomar decisiones clave para su matrimonio es ante todo un proceso espiritual. Cuando Dios aclare su próximo paso, lo hará para cada uno de ustedes, no solo uno de los dos. No siempre sucede al mismo tiempo, pero cuando ambos saben lo que Dios los guía a hacer, sabrán que se han unido en esta decisión. Propóngase estar unido a su cónyuge en sus decisiones. No se conforme con menos. Puede tomar mucho más trabajo por su parte, pero el fruto de sus decisiones bien valdrá la pena el esfuerzo.

> *Después Dios el Señor dijo: «No está bien que el hombre esté solo; le haré una ayuda a su medida.» Por eso el hombre dejará a su padre y a su madre, y se unirá a su mujer, y serán un solo ser. (Génesis 2:18, 24, RVC)*

5. Un matrimonio en crecimiento practica el amor en acción

Entender el amor

Durante la época que el Apóstol Pablo escribió el primer Libro a los Corintios, se utilizaban al menos cuatro palabras en el idioma griego para decir "amor". De manera que, para entender estas palabras, es importante que comprendamos mejor lo que ésta dice y lo que le dice Pablo a la iglesia de Corinto.

Philia era una de estas palabras que los griegos usaban para designar el amor. *Philia* es el tipo de amor que uno siente por un buen amigo. Se consideraba un amor emocional. Cuando uno encuentra a este tipo de amigo por la calle, le da un gran abrazo. Es el tipo de amigo por el que uno se preocupa, y desea lo mejor para su vida. Lo ayuda con su mudanza, lo alienta cuando está deprimido y toma un café con él para ponerse al día. *La philia* se expresa cuando los buenos amigos se juntan.

> *Philia es el tipo de amor que uno siente por un buen amigo.*

El siguiente tipo de amor que encontramos en la Escritura es *storge*. Cuando en griego se usaba la palabra *storge*, describía el tipo de amor que uno siente por su familia. *Storge* describe el amor que usted siente por su hermano mayor o por su hermana pequeña. Tendemos a pelearnos más con nuestra propia familia de lo que hacemos con aquellos que viven en nuestra comunidad o que trabajan con nosotros. A pesar de que podamos tener fuertes altercados con nuestra familia de vez en cuando, seguimos sintiendo *storge* por ellos. Después de todo, somos una familia. De modo que usted puede estar en desacuerdo con sus padres y ver las cosas desde una perspectiva totalmente diferente. Puede que incluso no esté de acuerdo en un ochenta por ciento de sus puntos de vista, pero aún siente *storge* a través de todos los desacuerdos y más allá de las tensiones.

La palabra storge se utilizaba para describir el tipo de amor que uno siente por su familia.

Eros es probablemente la palabra griega para el amor con el que nuestra cultura está más familiarizada. Esta forma de amor corresponde exclusivamente al ámbito físico. En carteleras, revistas y comerciales vemos imágenes de pasión torrencial que llevan nuestro pensamiento en esta dirección. Nuestra cultura promueve el sexo y el amor como una misma cosa. Quiere definir el amor a través del lente del sexo. *Eros* describe esta forma de amor sexual. La palabra estaba destinada a ser sexualmente excitante y estimulante. Este enfoque erótico centraba toda la atención del amor en alcanzar la satisfacción sexual. Aunque temporalmente, esto es lo que se acepta y se celebra en nuestra sociedad actual.

En la época de Pablo, alcanzar el éxtasis sexual se consideraba una expresión de espiritualidad. Esta "experiencia religiosa" era aceptada por muchos, independientemente de si las relaciones sexuales se llevaban a cabo dentro o fuera de la relación matrimonial. Así que es imposible que *Eros* sea la más elevada forma de amor. La razón es, en parte, porque el amor no es temporal. El amor es mucho más que alcanzar un mayor nivel de satisfacción sexual. El amor es puro y eterno. El objetivo principal del amor nunca es nuestra propia realización personal.

Expresar amor a nuestro cónyuge en el plano físico es ciertamente una parte importante de nuestra relación. Sin embargo, esta expresión nunca puede servir de base para que nuestro matrimonio crezca y prospere.

Eros describe el amor físico, más específicamente, la forma sexual del amor.

Finalmente, llegamos al corazón de nuestro estudio sobre el amor. Este amor es diferente a todo lo que los griegos buscaban. Se diferencia de la corriente actual que nuestra cultura trata de imponernos a todos. La palabra usada para describir esta forma de amor bíblico es *agape*. *Agape* tiene que ver con dar en lugar de tomar. Sirve en lugar de exigir. Cuando el *agape* se manifiesta en toda su expresión, el sacrificio personal y el servicio a los demás pasan a ser la norma.

Agape describe un amor cuya naturaleza es el auto-sacrificio y el dar.

Este es el tipo de amor que Dios demostró cuando envió a Jesús a morir en la cruz por nuestros pecados *(Juan 3:16)*. Cuando se manifiesta el *agape*, encontramos la gracia y la misericordia fluyendo a través de la relación. Encontramos bondad y generosidad en abundancia. Este tipo de amor, está caracterizado por la integridad, la pureza y la fidelidad. Siempre se considera a los otros primero. Siempre se trata de sacar lo mejor de los demás. *Agape* es lo que Dios espera que practiquemos en todas nuestras relaciones. En primer lugar debe ser modelado en casa y luego se exporta a los demás. Jesús dijo: *El que tiene al Hijo, tiene la vida; el que no tiene al Hijo de Dios, no tiene la vida. Les escribo estas cosas a ustedes que creen en el nombre del Hijo de Dios, para que sepan que tienen vida eterna (1 Juan 5:12-13, NVI).*

Sin amor y con amor

Las siguientes dos claves para nuestro estudio se centrarán en una sección importante de una carta escrita a la iglesia de Corinto en 1 Corintios 13:1-8. Aquí encontraremos varias joyas que nos ayudarán a entender y a aplicar lo que dice Dios sobre el amor verdadero.

Más que pensamientos, sentimientos o palabras, el amor se manifiesta y se brinda a través de acciones deliberadas, con un propósito. Y una de las fuerzas impulsoras de estas acciones es la determinación de perseverar para hacer que su matrimonio funcione, cueste lo que cueste. Si se pierde, desarrollar esta determinación de hacer que su matrimonio funcione no es imposible, pero exigirá un esfuerzo considerable. Para empezar, será preciso que cada uno de ustedes se someta a la autoridad de la Palabra de Dios. Una vez hecho esto, conocer mejor la Palabra de Dios y ponerla en práctica realmente deleitará su corazón. Así que echemos un vistazo a lo que tenemos que aceptar y aplicar en el marco de nuestro matrimonio.

> *Si yo hablara lenguas humanas y angélicas, y no tengo amor, vengo a ser como metal resonante, o címbalo retumbante. Y si tuviera el don de profecía, y entendiera todos los misterios, y tuviera todo el conocimiento, y si tuviera toda la fe, de tal manera que trasladara los montes, y no tengo amor, nada soy. Y si repartiera todos mis bienes para dar de comer a los pobres, y entregara mi cuerpo para ser quemado, y no tengo amor, de nada me sirve. (1 Corintios 13:1-3, RVC)*

Los investigadores han descubierto que el ruido puede aumentar el riesgo de ataques cardíacos.[2] El titular dice: "El corazón no desea el ruido constante, muestra una nueva investigación sobre los ataques cardíacos". ¿Cómo es posible, se preguntará usted? Según el artículo, "el ruido crónico está relacionado con el riesgo de ataques cardíacos". Estos investigadores no se refieren a un caso aislado de contaminación acústica severa. Están hablando de un flujo constante de ruido en el hogar o en el trabajo, tales como el tráfico, los gritos, la maquinaria pesada, el ruido de las construcciones o un entorno de oficina ruidoso.

El ruido no era el único factor del estudio, pero ciertamente era un factor común. Se destacaron dos cosas: en primer lugar, la exposición diaria al ruido, y en segundo lugar, la molestia del ruido. Cuando estos factores se combinan con otros factores de riesgo, los investigadores afirman que su salud está en serios problemas. Consideremos ahora la investigación a la luz de lo que Pablo escribe a los creyentes de Corinto y hagamos una aplicación práctica.

Sin amor, su elocuencia verbal y sus dones comunicativos
se convierten en ruido, sin sentido, peligroso e irritante.

Imagine que está sentado con su esposa en un restaurante mientras escucha una banda en vivo tocando una serie de hermosas canciones de amor. La música es suave, romántica y apropiada para la ocasión. Usted dedicó muchas horas a la planificación de esta noche especial. Este era el lugar perfecto para continuar fortaleciendo la relación con su cónyuge. Después de todo, usted intencionalmente modificó sus horarios, encontró a alguien para cuidar a los niños y ahorró un poco de dinero extra para que la experiencia fuera todavía mejor. Planificó una noche perfecta para pasar tiempo junto a su cónyuge disfrutando de una cena tranquila. Este fue un enorme depósito en el "banco de amor" y ambos estaban disfrutando cada minuto de su tiempo juntos.

Sin previo aviso, el líder de la banda decide cambiar la selección de canciones. Sube el volumen, saca una guitarra de color rojo brillante y empieza a gritar por el micrófono al ritmo de un rock pesado. Después de un breve momento de sorpresa e incredulidad, usted llama al gerente para mantener una conversación. Durante este tiempo, la música se hace más fuerte y usted tiene que pasar al vestíbulo para poder oír lo que dice el gerente. La música se vuelve más fuerte y los gritos llevan su irritación a otro nivel.

Incluso después de presentar su queja, el gerente no detiene al músico ni baja el volumen. Él no tiene control sobre el músico y simplemente sonríe educadamente. Es el hijo del dueño y puede hacer lo que le plazca. Desconcertado por esta interrupción repentina y por la falta de consideración hacia usted como cliente, regresa a su asiento. Llegado este momento, a su cónyuge le duele la cabeza y está listo para irse. La música es increíblemente fuerte y el cantante suena como si estuviera gritando a alguien a través del océano. No se suponía que la velada terminara de esta manera. Usted planeó todo perfectamente, pero por desgracia, esto fue una sorpresa total. El ruido arruinó la noche y las posibilidades de volver a este restaurante.

Esto es exactamente lo que sucede cuando el amor no se practica dentro de una relación matrimonial. En otras palabras, cuando no hay amor en acción, el ruido dentro de su matrimonio se hace más fuerte y más irritante. El amor es mucho más que palabras, aunque las palabras son fundamentales para comunicar su amor hacia su cónyuge. El amor se comunica principalmente a través de sus acciones.

Si realmente ama a su pareja, le demostrará este amor con palabras y acciones. Cuando no hay acción, no hay amor. El amor toma la iniciativa. ¡El amor siempre actúa!

Con amor, sus palabras son amables y fortalecen a los demás, incluyendo su cónyuge.

Sanan a los que sufren y provocan una sonrisa a los que están deprimidos. Cuando se practica el amor en acción, sus palabras estimularán y alentarán a los demás. En el contexto de su matrimonio, el amor edifica a su cónyuge a través de un flujo constante de palabras de esperanza, serviciales y alentadoras. Con amor, las personas pueden recibir apoyo y consuelo. Usted debe ser el animador número uno de su cónyuge.

No deje que otra persona asuma esta responsabilidad. A medida que trata de entender más a su cónyuge, esfuércese por comprender lo que motiva al otro a seguir adelante y a fortalecerse. Cuando su cónyuge está deprimido, el principal responsable de proporcionar consuelo, compasión y esperanza es usted. Esta es su responsabilidad personal. Usted es el que debe intervenir y crear el entorno adecuado para que su matrimonio prospere. Para ello, debe practicar el amor en acción deliberadamente.

Sin amor, la enseñanza y la fe no valen nada.

Nadie se impresiona con GRANDES sueños egocéntricos. Usted puede tener GRANDES sueños para hacer una gran obra para Dios. Pero si no ama a su cónyuge, esto no va a suceder. Dios puso a su cónyuge en su vida para ayudarle a crecer en las áreas donde lo necesita. Tal vez esto no le guste, pero es la verdad. A menudo su cónyuge revela más sobre usted de lo que usted está dispuesto a admitir.

De un modo extraño, el cónyuge sirve para volver a poner los pies en la tierra con respecto a nuestros sueños y ambiciones. Puede ver cosas en nosotros que son totalmente ajenas a los ojos de los demás. Y por esta razón, tenemos que practicar el amor en acción dentro de nuestro matrimonio antes de exportarlo a otras personas.

Analice honestamente el estado actual de su matrimonio. ¿Pasa usted más tiempo tratando de impresionar y ayudar a otros que no son ni siquiera parte de su familia, descuidando a su cónyuge en el proceso? ¿Su cónyuge le está pidiendo más tiempo? ¿Está realizando más actividades de las que puede manejar en el trabajo, en la iglesia o en su comunidad? Si es así, ¡DETÉNGASE! Reacomode su horario, reduzca sus actividades y dé prioridad a su relación en el hogar. Lo que haga o deje de hacer en casa afecta a todas las demás partes de su vida.

Propóngase ponerse de acuerdo con su cónyuge para verificar que sus palabras y acciones estén alineadas. Si no lo están, pise el freno, deténgase y haga los ajustes que sean necesarios antes de seguir adelante. Si está demasiado ocupado como para tener conversaciones regulares con su cónyuge, está demasiado ocupado. Para hacer crecer su matrimonio se necesita un esfuerzo considerable. Este esfuerzo requiere una gran inversión de su tiempo. No hay atajos. Independientemente de su posición pública, asegúrese de estar en una buena posición en el hogar con su cónyuge.

Con amor, su instrucción y su capacidad visionaria se reconocen.

Cuando el amor es vivo y activo dentro de su matrimonio, el amor y el respeto pueden florecer. La sumisión mutua ya no se considera una idea ridícula. Ahora empieza a modelar y dar forma a las decisiones que toma. En lugar de resolver una dolorosa discrepancia después de otra, el amor en acción ayuda a crear un entorno donde los planes se unen y se avanza en la relación. Los sueños de independencia comienzan a desvanecerse y las visiones de trabajar juntos en beneficio del cónyuge y los que lo rodean comienzan a tomar la iniciativa. Cuando practica el amor en acción dentro de su matrimonio, tanto la intimidad relacional como la sexual se benefician en el proceso.

Sin amor, su generosidad y sacrificio no valen nada.

Sin darnos cuenta, podemos sustituir el amor que se supone que debemos brindar a nuestro cónyuge con dinero y bienes materiales. Esta sustitución puede ser algo muy peligroso. Esto puede ocurrir si no tenemos cuidado. Por ejemplo, podemos extender nuestros viajes por más tiempo del necesario y después regresar a casa con un gran regalo para compensar nuestra ausencia. El mes siguiente sucede lo mismo y los regalos son cada vez más caros. Si no tiene cuidado, esto se convierte en un patrón dentro de su matrimonio y la realidad de vivir separados se vuelve peligrosamente cómoda.

Afirmaciones tales como: "Bueno, mi negocio me obliga a viajar a menudo" o "Es el precio que uno tiene que pagar para mantener las cosas en funcionamiento" se convierten en algo demasiado familiar. Inundar las relaciones con dinero, especialmente su matrimonio, nunca compensará la falta de verdadero amor y de tiempo invertido en la relación. El dinero no hará crecer su matrimonio, pero el amor en acción sí. Considere la poderosa declaración de Pablo: *Y si repartiera todos mis bienes para dar de comer a los pobres, y entregara mi cuerpo para ser quemado, y no tengo amor, de nada me sirve (1 Corintios 13:3, RVC).*

El amor en acción producirá los resultados correctos para su matrimonio. La generosidad y el sacrificio son inevitables cuando el amor se extiende por toda su relación. Cuando el amor es activo dentro de su matrimonio, la generosidad y el sacrificio aumentan. Todos queremos que nuestras inversiones sean productivas. Invertimos en un gimnasio con el objetivo de que nuestro cuerpo esté en forma y mejorar la salud. Invertimos en la educación para refinarnos intelectual y profesionalmente. Invertimos en computadoras, teléfonos celulares y software para manejar nuestra vida personal y laboral de manera más eficiente. Esperamos que nuestras inversiones den buenos resultados.

Con amor, la generosidad y el sacrificio son muy notables.

Usted puede esperar cosas buenas cuando invierte en su matrimonio. No se contenga en la relación con su cónyuge. Sea generoso a lo largo de su matrimonio. Exprese la generosidad de su corazón verbal, física y materialmente. Propóngase crear un entorno donde la generosidad hacia su pareja sea constante y visible. Exprese su amor de maneras nuevas y emocionantes. Sorprenda a su cónyuge con generosidad y espontaneidad. Diviértase con su pareja y haga planes para desplegar su amor hacia ellos en formas que no hayan experimentado.

El sacrificio es muy importante en el seno de un matrimonio en crecimiento.

Me encanta conocer a las parejas que están haciendo planes para casarse, pero no comprenden las implicaciones de su deseo. La mayoría de ellas tienen un excelente plan para el día de su boda y la tan esperada luna de miel, pero no piensan demasiado en lo que ocurrirá cuando regresen a su casa. Después de todas las bodas, viene el matrimonio. Y la preparación para el matrimonio es un asunto serio. Los sacrificios que esté dispuesto a hacer para beneficiar a su cónyuge tendrán un impacto directo en la salud de su matrimonio por muchos años.

El sacrificio es bueno. Nos recuerda el ejemplo dejado por el mismo Señor. Él no buscaba cosas o personas para Su propio beneficio. Él no exigía a los que serían a Su lado que hicieran las cosas a su manera. Jesús dio el ejemplo que debemos seguir. Hizo sacrificios personales deliberados para glorificar a Dios haciendo avanzar los planes de Dios. Su voluntad de entregar Su vida por nosotros produjo un enorme beneficio. Sin embargo, este beneficio no debe buscarse en un resumen de cuenta bancaria: se encuentra en el corazón de los que recibieron Su sacrificio personalmente. El auto-sacrificio tiene la capacidad de producir vida. Y cuando hacemos sacrificios personales en beneficio de nuestro cónyuge, podemos reavivar lo que alguna vez existió en nuestra relación.

Actividad del Matrimonio por Diseño

Reflexione sobre los puntos clave de esta sesión y piense cómo puede aplicar estos principios para ayudar a proteger, dirigir y hacer crecer su matrimonio. En primer lugar, pregúntese: "¿Qué tengo que hacer para que esto funcione en mi matrimonio en cada una de estas áreas?" En segundo lugar: "¿Qué es lo que tenemos que hacer como pareja para vivir cada uno de estos principios?" Escriba por lo menos tres medidas que pueda tomar para cada uno de los cinco principios.

1. Haga del amor a Dios y a los demás su máxima prioridad

Cambios y Pasos a seguir

    Proteger -

    Dirigir -

    Crecer -

2. Sea exclusivamente fiel a una buena iglesia

Cambios y Pasos a seguir

    Proteger -

    Dirigir -

    Crecer -

3. Sea exclusivamente fiel a un grupo pequeño

Cambios y Pasos a seguir

    Proteger -

    Dirigir -

    Crecer -

4. Tomar decisiones clave juntos

Cambios y Pasos a seguir

    Proteger -

    Dirigir -

    Crecer -

5. Practicar el amor en acción

Cambios y Pasos a seguir

    Proteger -

    Dirigir -

    Crecer -

La aplicación destacada: Hacer ajustes personales

¿Cuáles son las tres principales aplicaciones adquiridas en esta sesión que usted podrá poner inmediatamente en práctica dentro de su matrimonio? Piense cuidadosamente en estas aplicaciones. En primer lugar, concéntrese en lo que Dios le pide cambiar dentro de su propio corazón y de su vida, en lugar de pensar en lo que tiene que cambiar su cónyuge. A continuación, considere esta aplicación a la luz de su relación como pareja y de lo que deben ajustar para hacer crecer su matrimonio. Mediante la oración, escriba sus respuestas a cada aplicación en forma de un plan de acción.

1. Aplicación

¿Qué tengo que cambiar específicamente en lo que se refiere a esta aplicación? ¿Qué tenemos que cambiar?

¿Cómo puedo hacer esto de una manera práctica? ¿Cómo podemos hacer esto juntos?

¿En qué fecha pueden comenzar estos cambios? ¿De qué modo lograremos el máximo beneficio para nuestro matrimonio con esta aplicación?

2. Aplicación

¿Qué tengo que cambiar específicamente en lo que se refiere a esta aplicación? ¿Qué tenemos que cambiar?

¿Cómo puedo hacer esto de una manera práctica? ¿Cómo podemos hacer esto juntos?

¿En qué fecha pueden comenzar estos cambios? ¿De qué modo lograremos el máximo beneficio para nuestro matrimonio con esta aplicación?

3. Aplicación

¿Qué tengo que cambiar específicamente en lo que se refiere a esta aplicación? ¿Qué tenemos que cambiar?

¿Cómo puedo hacer esto de una manera práctica? ¿Cómo podemos hacer esto juntos?

¿En qué fecha pueden comenzar estos cambios? ¿De qué modo lograremos el máximo beneficio para nuestro matrimonio con esta aplicación?

Capítulo II - Construir

Mostrar su amor por su cónyuge

La GRAN Idea: Mostrar el amor constantemente transformará su matrimonio.

Escritura Clave

> *El amor es paciente y bondadoso; no es envidioso ni jactancioso, no se envanece; no hace nada impropio; no es egoísta ni se irrita; no es rencoroso; no se alegra de la injusticia, sino que se une a la alegría de la verdad. (1 Corintios 13:4-6, RVC)*

Aaron y Barbie han estado casados por más de quince años. La comunicación no era su característica más fuerte como pareja. Comenzaban a conversar y los ánimos inevitablemente se estrellaban en la zona de peligro de su relación. El temperamento de Aaron era explosivo. No se comunicaba muy bien y muchas veces decía cosas que eran difíciles y dolorosas de escuchar. Su experiencia justificaba su percepción "en blanco y negro" de la vida. Con Aaron no existía el término medio. La grosería, la falta de sensibilidad, los arrebatos repentinos y la poca colaboración relacional eran solo algunos de los rasgos de Aaron.

Barbie era una mujer de voz suave y no confrontativa. Veía el punto intermedio en la mayoría de las situaciones, en lugar de asumir un punto de vista absoluto. Como podrá imaginar, esto generaba una enorme tensión en su matrimonio. El temperamento explosivo de Aaron salía a la superficie cada vez que la conversación tomaba cualquier rumbo contrario a su posición. Él intimidaba y dominaba a Barbie. Aaron era grosero, obstinado, extremadamente egoísta y sarcástico. Disuadía a Barbie de desafiar su posición al mismo tiempo que aprovechaba su autoridad dentro de la relación para conseguir lo que quería.

Eventualmente, Barbie se cansó de luchar una batalla perdida. Ella se quedaba en silencio y se rendía en lugar de confrontarse amorosamente. Barbie deliberadamente ignoraba todas las conversaciones en que pudiera surgir una discusión acalorada. Esta decisión generaba un resentimiento cada vez mayor dentro del corazón de Barbie. Su auto estima dentro del matrimonio fue disminuyendo constantemente. Era una situación muy desalentadora, por decir poco. Cuando se le preguntaba sobre el estado de su relación con Aarón, estaba bastante cómoda en cómo iban las cosas. Según Aaron "Todo iba muy bien". Era completamente inconsciente del dolor que estaba causando a su esposa e hijos. Cuando se le preguntaba acerca de cómo manejaba las situaciones difíciles, la respuesta era muy similar. Admitía perder la calma "en ocasiones" al mismo tiempo que minimizaba los daños colaterales que resultaban de su comportamiento. Aaron permitía que las circunstancias externas cambiaran su comportamiento. Solucionar los desafíos del desempleo y la depresión fue un problema inesperado y mal recibido.

Aaron comenzó a expresar su frustración en una serie de breves episodios de rabia. Este despliegue de frustración y resentimiento hacia su situación actual era la fuente de muchas batallas relacionales. Aaron estaba equivocado en cuanto a conocer y aplicar las características del amor bíblico en su matrimonio. A pesar de que estaba muy orgulloso de saber varios versículos de la Biblia de memoria y de ser un líder en su iglesia, la falta de verdadera comprensión y aplicación práctica del amor, eran dolorosamente evidentes en su vida.

¿Hay esperanza para personas como Aaron? ¡Por supuesto! Todo matrimonio puede florecer cuando cada miembro de la pareja decide profundizar su comprensión y aplicación de la Palabra de Dios. Cuando el marido y la esposa demuestran constantemente las características del amor bíblico, la transformación espiritual y relacional puede convertirse en una realidad. Pasemos a ver las características del amor bíblico como se define en *1 Corintios 13*. Antes de hacerlo, repasemos nuestra sexta clave para construir un matrimonio que crezca.

6. Para que su matrimonio crezca, debe mostrar constantemente el carácter del amor. (1 Corintios 13:4-6)

El amor es sufrido y bondadoso

¿Le sorprenden estas dos primeras características? Cuando la mayoría de la gente piensa en la palabra amor, por lo general la vincula a algo sin esfuerzo, sin dolor, a una imagen perfecta. Rara vez nuestra cultura muestra al amor en relación con cualquier tipo de conflicto o de auto-sacrificio. Olvídese de la bondad. Nosotros no hacemos la conexión entre el sufrimiento y la bondad. Cuando estamos molestos, queremos que los demás se enteren.

Para demostrar el carácter del amor hace falta ante todo la voluntad de desacelerar el carácter y tranquilizar su ira. Es una cuestión de sustituir la ira con la bondad. No se puede demostrar bondad a su cónyuge cuando su sangre está hirviendo. No se puede hacer esto cuando ya está fuera de sí por lo que le dijo el otro. No cierre los puños ni rechine los dientes mientras camina por la habitación. *También les rogamos, hermanos, que les llamen la atención a los ociosos, que animen a los de poco ánimo, que apoyen a los débiles, y que sean pacientes con todos (1 Tesalonicenses 5:14, RVC).*

Reemplace su ira con la bondad. Sirva a su cónyuge y canalice su energía en otro lugar. Sea paciente y deje de tratar de hacer que el otro obedezca sus tiempos. Las parejas no siempre ven la urgencia de una determinada situación a la vez. Así que si usted es quien primero percibe un problema, sea paciente y amable con su cónyuge hasta que el otro vea más claro.

Tómese un momento para reflexionar (Responda a cada pregunta honestamente)

- ¿Se ha detenido a pensar alguna vez que tal vez Dios esté usando la incapacidad de su cónyuge para percibir este mismo nivel de urgencia porque Él en realidad quiere que usted vaya más despacio y explore otras opciones?
- ¿Ha considerado que tal vez sea usted el que esté presionando hacia un movimiento equivocado y que Dios esté utilizando a su cónyuge para cambiar de dirección o modificar su enfoque?

Recuerde que el otro sirve para complementar su matrimonio y mostrarle cosas que no podría haber visto por usted mismo. De modo que deje de quejarse por la incapacidad de su cónyuge para ver lo que usted ve y trate de entender su punto de vista mientras lo sirve con un corazón lleno de bondad.

Demostrar el amor implica mostrar paciencia y amabilidad extraordinarias hacia su cónyuge.

A esta altura, debería estar claro. El mal genio y el temperamento irascible no tienen cabida en su matrimonio. Es más: no tienen cabida en la vida de un creyente en crecimiento. ¿Por qué? Para empezar, el autocontrol y la bondad son el fruto del espíritu, mientras que los estallidos breves y explosivos no lo son. Y cuando usted permite que la ira y la falta de autocontrol impregne su relación, finalmente alguien sale lastimado en el proceso. No culpe a su pareja por sus problemas de ira. No señale con el dedo cuando usted reacciona mal por algo que le han dicho o hecho. Asuma la responsabilidad por sus arrebatos de ira y por las acciones que permite que fluyan como producto de su ira. Y en el contexto de su matrimonio, debe tener en cuenta lo siguiente: al ofrecer enojo, el amor deja de existir. El autor del libro de Proverbios nos recuerda: *El odio despierta rencillas; pero el amor cubre todas las faltas (Proverbios 10:12, RVC).*

Mostrar cada vez más bondad hacia su cónyuge le ayudará a proteger, dirigir y hacer crecer su matrimonio. Al reflexionar sobre la bondad, hay veces en que usted se encontrará mostrando un corazón misericordioso y lleno de perdón a su cónyuge. En lugar de la ira y la rabia, sobrevienen la gracia y la compasión. Observe la iniciativa mostrada por el que ama. *Cuando se perdona una falta, el amor florece, pero mantenerla presente separa a los amigos íntimos (Proverbios 17:9, NTV).*

Aunque usted tenga todo el derecho de acusar y condenar a su cónyuge por sus acciones, usted elige no hacerlo. En estos momentos, reflexiona sobre lo mucho que Dios lo ha perdonado a usted por sus acciones. Y al considerar Su bondad ilimitada con respecto a su propia vida, se verá obligado a brindar esta misma bondad sin reservas. Por todo esto, no tome el martillo del juicio. No diga a todo el mundo lo que su cónyuge ha hecho y lo mucho que lo ha lastimado. Lo que debe hacer es dejar la ira de lado y perdonar como Dios lo ha perdonado. La imagen de Pablo va directo al corazón del asunto cuando escribe: *En vez de eso, sean bondadosos y misericordiosos, y perdónense unos a otros, así como también Dios los perdonó a ustedes en Cristo (Efesios 4:32, RVC).*

Cuando usted pasa por situaciones difíciles con su cónyuge, puede crecer relacional y espiritualmente. Cuando usted está dispuesto a ayudar a su cónyuge y a devolverle el lugar que le pertenece, pueden suceder grandes cosas en su relación. *Lo más importante de todo es que sigan demostrando profundo amor unos a otros, porque el amor cubre gran cantidad de pecados (1 Pedro 4:8 NTV).* Cuando usted aprende a sustituir un vocabulario lleno de frases humillantes y dolorosas con palabras que fortalecen y dan esperanza, grandes cosas pueden suceder. Cuando se convierte en parte de la solución para hacer las cosas en el hogar y formar una familia fuerte, grandes cosas pueden suceder. Y al modelar su vida en torno a la Palabra de Dios, grandes cosas van a suceder.

Reemplace su ira con la bondad.

Sufra junto con su cónyuge. Sea paciente con el otro. Reemplace su ira con paciencia y bondad. Esté listo y dispuesto a perdonar las ofensas en su contra. Permita que su bondad desborde en abundancia y reflexione regularmente sobre la gracia de Dios dentro de su propia vida. Él siempre está listo para demostrar amor hacia usted y su cónyuge.

Pero ellos y nuestros padres fueron altivos; no quisieron obedecer tus mandamientos. Se negaron a escucharte; no se acordaron de las maravillas que hiciste por ellos. Fue tanta su terquedad y rebeldía que hasta se nombraron un jefe para que los hiciera volver a la esclavitud de Egipto. Pero tú no los abandonaste porque eres Dios perdonador, clemente y compasivo, lento para la ira y grande en amor. (Nehemías 9:16-17, NVI)

El amor no envidia

La envidia consiste en desear realmente algo que tiene otra persona. Puede ser una posesión que el otro ha comprado, una persona con la que está, o incluso un determinado favor que ha recibido gracias a sus esfuerzos. Yo creo que la peor forma de envidia es la que hace que nos enojemos con otros por lo que tienen, y ni siquiera queremos ese algo para nosotros mismos. Nos salimos de las casillas por lo que tienen, solo porque tienen más. Simplemente no queremos que ellos lo tengan, si nosotros no lo tenemos. Esto suena loco, ¿verdad?

Centrarse en las cosas que queremos y en las que tienen los demás no nos ayudará a hacer crecer nuestro matrimonio. Cuando alimentamos este tipo de pensamiento, a menudo la envidia se convierte en celos. Podemos sentir que merecemos más ese algo que tiene otra persona, debido a nuestro propio esfuerzo o experiencia. Pero en realidad, ese no es el tema.

La Biblia nos ordena evitar la envidia. Cuando optamos por alimentar la envidia, elegimos destruir nuestras relaciones. La envidia no debe formar parte de ninguna relación, sobre todo del matrimonio. Cuando se cultiva la envidia y sobrevienen los celos, puede convertirse en una herramienta muy poderosa en manos de nuestros enemigos.

> *Cruel es la furia, y arrolladora la ira, pero ¿quién puede enfrentarse a la envidia?*
> *(Proverbios 27:4, NVI)*

Siempre habrá alguien que gana más dinero, encuentra mejores ofertas, tiene una casa más grande o asciende la escalera corporativa más rápido. No envidie su progreso. Sea feliz por ellos y celebre sus éxitos. Siempre es un error insistir y hacer comparaciones con lo que otros han obtenido. No nos ayuda a crecer relacional ni espiritualmente. A menudo conduce a compras imprudentes e impulsivas. Puede producir tensiones intensas dentro del matrimonio, cultivar malas prácticas financieras y generar expectativas poco realistas para toda la familia.

> *Demostrar amor implica eliminar la envidia y decidir*
> *trabajar para solucionar los conflictos no resueltos.*

Consideremos el ejemplo trágico de Caín, que decidió alimentar la envidia y cultivar los celos.

> *Y Abel también llevó algunos de los primogénitos de sus ovejas, de los mejores entre ellas. Y el Señor miró con agrado a Abel y a su ofrenda, pero no miró con agrado a Caín ni a su ofrenda. Y Caín se enojó mucho, y decayó su semblante. Entonces el Señor le dijo a Caín: «¿Por qué estás enojado? ¿Por qué ha decaído tu semblante? Si haces lo bueno, ¿acaso no serás enaltecido? Pero, si no lo haces, el pecado está listo para dominarte. Sin embargo, su deseo lo llevará a ti, y tú lo dominarás.» Dijo entonces Caín a su hermano Abel: «Vayamos al campo.» Y sucedió que, mientras estaban ellos en el campo, Caín se levantó contra su hermano Abel, y lo mató.*
> *(Génesis 4:4-8, RVC)*

¡Qué final tan trágico para la relación entre dos hermanos! Aunque no tenemos todos los detalles de lo que Dios exigía para su ofrenda, sabemos que las frutas no eran parte de Su plan para este acto de adoración. Abel cumplió los requisitos, pero Caín no lo hizo. Abel ofreció lo que Dios quería y Caín ofreció lo que quería Caín.

A la aceptación de la ofrenda de Abel siguió el favor de Dios. A la ofrenda de Caín siguió el rechazo de Dios. El contraste fue impactante para Caín y el favor concedido a su hermano Abel era más de lo que podía soportar. La raíz amarga de la envidia se convirtió en celos implacables hacia su hermano.

Lo que me parece más interesante es la segunda oportunidad dada por Dios a Caín en el verso siete, para que se arrepienta por desobedecer y por alimentar deseos pecaminosos. Dios estaba intercediendo, pero a Caín no le importaba. Estaba increíblemente enfadado por el rechazo de Dios. Probablemente haya murmurado: "¡Eso no es justo, Dios! Aquí te traigo mi ofrenda. He trabajado más que mi hermano para recoger todas estas frutas. Esto es lo que quiero ofrecerte. Esta es la obra de mis manos. Esto es lo que deberías aceptar". Dios desafió a Caín a obedecer lo que originalmente había ordenado, pero Caín siguió negándose. Caín quería sumergirse en la ira y alimentar los deseos de su carne.

A veces podemos situarnos en ese mismo agujero negro. Nos fijamos en lo que otros tienen y pensamos en lo que la vida podría ser si tuviéramos esta o aquella cosa o persona. Y cuando meditamos en esto el suficiente tiempo, nuestra vieja naturaleza genera actitudes e iniciativas impías para obtener lo que más anhelamos. Lo crea o no, esta evolución de la maldad puede tener lugar también dentro de su matrimonio. Puede llegar a estar tan lejos de su cónyuge que sienta la necesidad de competir contra él.

Cuando existen conflictos sin resolver, las parejas pueden encontrarse trabajando en contra de su cónyuge y saboteando la relación. Es posible que envidiemos su salud, su influencia, su favor con los demás o su éxito en los negocios. Independientemente de en qué nos concentremos, esto nos puede llevar a desarrollar las áreas de nuestra vieja naturaleza que Dios nos ha ordenado enterrar y dejar bajo tierra.

La última parte del versículo siete es una realidad que debemos tomar muy en serio: *"Pero si no haces lo correcto, el pecado se agazapa a tu puerta; desea poseerte, pero debes dominarlo"*. Note cómo evoluciona la envidia cuando se le permite desarrollarse en el corazón de los hermanos de José.

¡Vamos, matémoslo ya! Echémoslo en uno de los pozos, y digamos que alguna mala bestia se lo comió. ¡Y vamos a ver qué pasa con sus sueños!»… Vengan, vamos a vendérselo a los ismaelitas. No levantemos la mano contra él, pues él es nuestro hermano, nuestra propia carne.» Y sus hermanos estuvieron de acuerdo con él. (Génesis 37:20, 27, RVC)

La buena noticia sobre nuestra carne es que puede ser superada al caminar en el Espíritu. Cuando permanecemos en la presencia del Señor, fortalecemos nuestro Espíritu y producimos frutos espirituales *(Juan 15)*. Cuando no lo hacemos… no lo haremos. Nuestra carne por sí sola nos lleva a obedecer los deseos de la carne. Por esta razón, es preciso dominar la carne a través de la vida en el Espíritu. Al igual que con Caín, la carne nos puede llevar a eliminar la vida de los demás cuando el pecado tiene la oportunidad de crecer. Pero por otro lado, cuando vivimos en y por medio del Espíritu, podemos producir vida a través del Espíritu y dar fuerza y ánimo a los que nos rodean. De modo que, si hay conflictos no resueltos dentro de su matrimonio, tome las medidas necesarias para resolver las cosas. No ignore el problema. No permita que la envidia madure y se convierta en celos. Recuerde: *"Usted debe dominarla"*.

El amor no es jactancioso

El amor no es jactancioso. Esta es otra manera de decir que el amor no presume ni alardea. De jóvenes, todos tuvimos amigos que querían ser el centro de atención en todas las actividades del vecindario. Si estábamos jugando a las canicas, al monopolio, a los naipes, a algún deporte u otra actividad, no soportaban no ganar y ser los primeros en todo. Para la mayoría de nosotros, esto rápidamente se desgastó. Estas personas rompían la mayor parte de las reglas e inventaban reglas nuevas en el proceso solo para reclamar el premio imaginario de la fama. Cuando la actividad terminaba, clamaban, aplaudían y se burlaban de aquellos que no habían alcanzado su nivel de éxito. Lo que molestaba a usted y a sus amigos no era tanto que ganaran con frecuencia, sino la forma en que jugaban y el inflexible foco de atención que exigían. Esto irritaba infinitamente a usted y a sus amigos.

El amor no anda presumiendo frente a los demás.
No llama la atención ni desea ser la envidia de los demás.

Cuando la gente ve su matrimonio en crecimiento, asegúrese primero de conceder el crédito y la gloria al Señor. Si usted va a presumir, hágalo primero con respecto a Dios. Celebre lo que Dios ha hecho en su vida y en la vida de su cónyuge. *¡En ti, Dios nuestro, nos gloriaremos siempre, y nunca dejaremos de alabar tu nombre (Salmo 44:8, ESV)!* El deseo de Dios es que nosotros magnifiquemos Su nombre en la tierra. Su deseo es que podamos dirigir a los demás hacia Él. No somos más que herramientas en manos del maestro artesano. Si usted va a presumir, hágalo acerca del Dios al que sirve. Alardear sobre lo que puedes producir lejos de Dios no Le agrada. *Por lo tanto, los orgullosos no pueden estar en tu presencia, porque aborreces a todo el que hace lo malo (Salmo 5:5, NTV).*

En segundo lugar, cuando le cuente a los demás lo que ha hecho Dios en su matrimonio, debes elevar y llamar la atención sobre su cónyuge más que sobre usted mismo. Su familia, amigos y compañeros de trabajo regularmente deben escuchar alabanzas que fluyen de sus labios cuando habla sobre su cónyuge. Ellos deben ver y oír lo mucho que su cónyuge significa para usted.

Deben darse cuenta del gran valor que deposita en el otro como persona. Usted no hace esto para hacer que los demás lo envidien. En su lugar, humildemente comparta esto con otros para señalarles la bondad de Dios en su vida.

La promoción personal no tiene lugar dentro de su matrimonio. En realidad suena bastante raro ¿no cree? ¿Y qué si usted gana mucho más dinero que su cónyuge? ¿Cuál es el gran mérito de haber logrado más en el ámbito financiero? Si usted ha terminado su carrera y su cónyuge no, esto no significa que sean iguales. No cometa el mismo error que tienen otras parejas. Usted no está compitiendo con su cónyuge.

No debe tratar de resaltar sus talentos y dones por sobre los de su cónyuge en un esfuerzo por "ganar". ¡Eso es una locura! Esto puede ser una novedad para algunos, pero usted y su cónyuge en realidad están en el mismo equipo. Y para construir un gran equipo, cada jugador debe someterse a una visión más amplia y eliminar las dobles intenciones personales.

> *Demostrar amor consiste en quitar el foco de usted y celebrar*
> *públicamente el valor que asigna a Dios y a su cónyuge.*

No podemos resaltar al cónyuge cuando el foco de nuestras vidas está sobre nosotros. Algunos de nosotros tenemos que esforzarnos más en reconocer a los demás, incluido nuestro cónyuge. Tenemos que cambiar nuestros hábitos para quitar la atención de nosotros mismos. Por alguna razón u otra, nos hemos acostumbrado a recibir todo el crédito, incluso si no estuvimos directamente involucrados en el proceso.

Esperamos que la gente nos ponga en primer lugar. Esperamos que nos traten de manera diferente debido a nuestro estatus e influencia. Exigimos esta atención especializada de los demás y nos molestamos cuando no todo es acerca de nosotros. Cuando esto sucede, tenemos que dejar de tener berrinches y empezar a crecer. La vida no es acerca de nosotros. La vida es acerca de Dios y de glorificar Su nombre en todas las partes de nuestra vida, incluido nuestro matrimonio.

> *Si es necesario vanagloriarse, lo haré en aquello que demuestre mi debilidad.*
> *(2 Corintios 11:30, RVC)*

La Palabra de Dios nos da un giro interesante cuando pensamos en esta idea de la jactancia. Nos enseña a no llamar la atención sobre nosotros mismos y a no mostrar un espíritu superior. Puesto que no somos el centro de esta vida, no debemos exigir que los demás nos hagan sentir como si lo fuéramos. Pero si llamamos la atención sobre nosotros mismos, hagámoslo glorificando a Dios a través de nuestras debilidades y luchas personales.

Dios revela Su poder ilimitado a través de todas las debilidades que tenemos. Cuanto mayor es nuestra debilidad, mayor es la posibilidad de que el nombre de Dios sea glorificado. Dios ama revelarse a través de aquellos que el mundo considera insignificantes. Él ama revelarse a través de aquellos que están dispuestos a depositar el crédito por su éxito en Su cuenta, en lugar de la suya propia.

Tómese un momento para reflexionar (Responda a cada pregunta honestamente)

- ¿Está exigiendo una atención especial de su cónyuge, egoísta por naturaleza?
- ¿Espera que su cónyuge reaccione a sus demandas, como resultado de su contribución financiera a la relación?

- ¿Su cónyuge ha luchado recientemente con sentimientos de tristeza o depresión como resultado de su comportamiento? Si no está seguro, ¿le ha preguntado?
- ¿Sus hijos y los que lo conocen mejor dirían que usted elogia a su cónyuge por lo que es y lo que ha hecho? ¿O dirían que el foco de sus conversaciones gira casi exclusivamente en torno a usted mismo?
- ¿Su cónyuge diría que usted pone en primer lugar sus propias necesidades por encima de las suyas?
- Por último, pero no menos importante, ¿los demás dirían que Dios es lo primero en su vida y que su cónyuge ocupa el segundo lugar, o usted es la máxima prioridad?

Si cualquiera de estas preguntas lo ponen en un aprieto, hay una buena probabilidad de que tenga que resolver este problema de la jactancia.

Usted no puede servir a Dios ni a su cónyuge si su opinión
de quién es usted es más elevada de lo que debería.

Humíllese ante Dios y pídale que lo perdone por su arrogancia. Decídase hoy a bajar del caballo de su propia importancia y a servir a Dios y a su cónyuge con un corazón lleno de gratitud. Tenga en cuenta estas cosas a medida que pasamos a nuestro siguiente punto.

El amor no se envanece

El temor del Señor es aborrecer el mal; yo aborrezco la soberbia y la arrogancia, el mal camino
y la boca perversa. (Proverbios 8:13, RVC)

El verdadero amor no es orgulloso. No se infla y agranda con respecto a los demás en la acción, en la palabra y en los hechos. Hay una conexión entre el mal y el orgullo. Se ha dicho que el orgullo es la raíz de todo mal. Dios odia el mal y odia el orgullo. El amor da incondicionalmente, mientras que el orgullo toma con avidez. El amor dice: "Te mereces más", mientras que las demandas del orgullo afirman: "¡Soy mejor, soy más valioso, merezco más!" Niéguese a ser orgulloso en su forma de vivir.

El que ama no se agranda. El que ama no persigue la fama ni la notoriedad personal. No espera recibir el crédito, sino que busca maneras de distribuirlo a los demás. Los que entienden qué es el amor no creen que son mejores de lo necesario. El amor no se centra en lo que hace quedar bien a una persona, sino en lo que hace más fuertes a los demás.

Demostrar amor tiene que ver con ser humilde ante Dios y su cónyuge,
a la vez que se niega a permitir que el orgullo gane su corazón.

La humildad no es algo que regularmente veamos en la televisión. No es algo deseado por la mayoría de las celebridades. Si alguien creara un blog sobre la humildad, lo más probable es que no tendría tantas visitas como los blogs dedicados a los chismes de la farándula, el engaño dentro del matrimonio o el estilo de vida de los ricos y famosos. Sin embargo, esto no significa que mostrar humildad no sea importante. Lamentablemente, no es una prioridad en nuestra cultura. Cuando el orgullo tiene la oportunidad de emerger dentro de su vida, seguramente lo seguirá la vergüenza.

Nuestras mentes finitas no pueden entender todo lo que hay que saber acerca de la vida. Cuando pensamos que sabemos la verdad sobre un tema particular y nadie puede oponerse a nuestro razonamiento, estamos en serios problemas. Cuando rechazamos la sabiduría que se encuentra dentro de un grupo de consejeros piadosos, nuestro viaje experimentará fuertes turbulencias. Reflexione sobre las siguientes dos Escrituras mientras piensa en las graves consecuencias de darle lugar al orgullo en nuestro corazón. *Con la soberbia llega también la deshonra, pero la sabiduría acompaña a los humildes (Proverbios 11:2, RVC).*

> *El orgullo va delante de la destrucción, y la arrogancia antes de la caída.*
> *(Proverbios 16:18, NTV).*

Trace un círculo en las tres siguientes palabras: **Desgracia - Destrucción - Caída**

A los hijos de Israel se les advirtió sobre los peligros del orgullo. Se le dejó en claro a Israel en el libro de Jeremías lo que sucedería si le daba lugar al orgullo. En este caso, el orgullo precedió a su desgracia como nación. Más específicamente, su orgullo se convirtió en su boleto a una vida de cautiverio. ¿Se imagina la escena? El pueblo escogido de Dios fue hecho prisionero por sus enemigos como resultado de su corazón orgulloso. ¡Este era el pueblo de Dios! Era el elegido para ser una luz para las demás naciones. Pero, lamentablemente, se negó a permitir que la luz de Dios brillara a través de su corazón oscurecido y al decir las siguientes palabras, a Jeremías se le rompió el corazón.

> *¡Escuchen! ¡Presten atención! No sean arrogantes, que quien habla es el Señor. Denle gloria al Señor su Dios antes de que él haga venir las tinieblas; antes de que ustedes tropiecen en montes sombríos, y ustedes esperen la luz, y él la convierta en las más densas sombras y tinieblas. Pero si no me hacen caso, mi alma llorará en secreto por culpa de la soberbia de ustedes; mis ojos se anegarán en lágrimas y llorarán amargamente, porque el rebaño del Señor será llevado cautivo. (Jeremías 13:15-17, RVC)*

Vamos a aplicar esto a nuestro matrimonio por el resto de esta sección. El orgullo siempre promueve las peleas dentro del matrimonio. Es muy poco probable que escuche estas palabras de los labios de su cónyuge: "¡Oh, me encanta cuando te inflas de orgullo! Mi corazón se derrite cuando no sigues el camino de Dios por pensar que el tuyo es mejor. Pero lo que más me satisface es ver cómo repetidamente rechazas el consejo de otros creyentes, porque crees que conoces mejor a Dios y que tienes privilegios especiales en lo que respecta a las "zonas grises" de la vida. Como siempre dices: 'Tengo un título de la mejor universidad del país. Puedo manejarlo solo' ". Aunque es posible que ustedes rían en sus sillas, algunas de estas respuestas pueden sonarles conocidas si pensamos en el mes pasado.

El orgullo no tiene cabida en su matrimonio. Haga todo lo que esté a su alcance para mantenerlo fuera de su relación. Santiago pregunta: *¿De dónde vienen las guerras y las peleas entre ustedes? ¿Acaso no vienen de sus pasiones, las cuales luchan dentro de ustedes mismos (Santiago 4:1, RVC)?*

En el centro mismo de nuestro orgullo hay un corazón que se niega a dejar de lado algún tipo de pecado. Esta no es una batalla fácil. Es una verdadera lucha que enfrenta cada uno de nosotros. Nuestra carne y nuestro espíritu están continuamente en conflicto. Pero si nuestro corazón da paso al orgullo, seguramente le seguirá una avalancha de pecado. Decídase a seguir la Palabra de Dios a toda costa. Rechace el orgullo tan pronto como abre la puerta.

Al reflexionar sobre algunas de sus peleas recientes con su cónyuge, ¿cuál diría que fue el núcleo de la pelea? ¿Fue el deseo de tener razón sobre un asunto? ¿Fue la falta de voluntad de ceder o colaborar en una determinada decisión? ¿Fue un ataque deliberado contra el carácter de su cónyuge? ¿Estaba usted avergonzado por algo que su cónyuge dijo en presencia de terceros? Cualquiera sea la razón, puede estar seguro de que el orgullo estaba alimentando la llama. *Así mismo, jóvenes, sométanse a los ancianos. Revístanse todos de humildad en su trato mutuo, porque «Dios se opone a los orgullosos, pero da gracia a los humildes» (1 Pedro 5:5, NVI).*

Así que piense en los momentos en los que habla más alto de lo que debe o dice cosas que hieren profundamente a su cónyuge. ¿Por qué dice esas cosas? Usted sabe que no ayudan a su matrimonio, pero de todos modos continúa. Esto es producto de su carne. Su carne promueve el miedo, la incertidumbre, la confusión, la envidia, los celos, la malicia y toda una serie de actitudes y comportamientos destructivos. Sin embargo, cuando usted opera bajo la influencia del Espíritu Santo, lo que produce es radicalmente diferente. El Espíritu produce humildad en su corazón.

El Espíritu cambia su perspectiva de mundana a piadosa. El Espíritu nos revela los secretos del corazón, las cosas profundas que nadie más puede descubrir. Tenga presentes las palabras de Pablo al pensar en este cambio: *Vivamos como si fuéramos uno solo. No seamos altivos, sino juntémonos con los humildes. No debemos creernos más sabios que los demás (Romanos 12:16, RVC).*

> *En el centro mismo de nuestro orgullo hay un corazón*
> *que se niega a dejar de lado algún tipo de pecado.*

No manipule a su cónyuge ni lo mantenga prisionero como resultado de su orgullo. No cierre la puerta a lo que Dios puede tener reservado para su vida debido a su falta de voluntad para dejar que su cónyuge crezca espiritualmente y practique su religión libremente. No haga como el faraón, que creía que tenía todo el poder de hacer lo que quisiera con el pueblo de Dios. ¡Era un necio! Una y otra vez el faraón se negó a obedecer el mandato de Dios. Rechazó abiertamente la Palabra de Dios delante de Moisés y de su gente. Este hecho eventualmente condujo a la muerte de su hijo y a la muerte de su gran ejército egipcio. Esta es la catastrófica pérdida experimentada por un corazón endurecido por el orgullo.

Moisés y Aarón se presentaron ante el faraón, y le dijeron: «El Señor, el Dios de los hebreos, ha dicho: "¿Hasta cuándo te negarás a humillarte delante de mí? ¡Deja ir a mi pueblo, para que me sirva! (Éxodo 10:3, RVC)

Rechace la entrada del orgullo en su corazón. No permita que se deslice en ninguna relación, especialmente en su matrimonio. El orgullo persiste en derribar su relación con poca o ninguna advertencia. Practique los hábitos que lo ayuden a mantener su orgullo a raya. Sirva a su cónyuge y comuníquele el enorme valor que tiene para usted siempre que sea posible. Ponga las necesidades de su cónyuge por delante de las suyas. Ame a su cónyuge con todo su corazón y mantenga una actitud de servicio a medida que busca su bienestar. Cuando lo haga, pondrá en práctica los principios para ayudar a proteger, dirigir y hacer crecer su matrimonio. Esta actitud creará el entorno adecuado donde el amor pueda florecer. Cuando el amor tiene la oportunidad de prosperar, el orgullo puede hacerse a un lado y su relación puede experimentar lo que realmente significa para servir a los otros con amor.

El amor no se comporta de manera grosera

La grosería es una forma de comportamiento inapropiada, indecente y vergonzosa. La palabra en griego tiene el propósito de crear algo que es negativo. Estamos dando forma a algo sin intenciones positivas. La grosería consiste en comunicarse o comportarse de manera negativa. Podrá imaginarse cómo este tipo de comportamiento tiene el potencial para destruir cualquier relación buena.

La grosería es una forma dura, insensible y fea de comunicarse con los demás.

Cuando el apóstol Pablo escribió su carta a la iglesia de Corinto, lo hizo para corregir tal comportamiento. La gente estaba entusiasmada con Cristo y con la iglesia. Este gran entusiasmo no significa que su carne no tratara de desinflar su entusiasmo por el camino. Había áreas de desunión y desorganización. Una de ellas era su actitud al realizar la obra de Dios. Había una falta de verdadero amor estilo *agape* y una falta de voluntad para demostrar humildad. Fue bastante embarazoso de encarar para Pablo, pero no tenía opción en el asunto. La gente estaba formando actitudes carnales y negativas que allanaban el camino para patrones negativos de conducta.

Demostrar amor consiste en desinflar todas las formas de comportamiento negativo y en escuchar, preocuparse y preferir genuinamente las necesidades de su cónyuge por sobre las suyas.

Los creyentes se comportaban groseramente mientras celebraban la Cena del Señor y participaban en la adoración colectiva. Por ejemplo, llegaban con hambre a la hora en que la Cena del Señor estaba programada. En lugar de esperar hasta que otros tuvieran suficiente comida y bebida, se comportaban como glotones y manifestaban un patrón de conducta inadecuado para una reunión tan sagrada. La gente no entendía en absoluto el objetivo de la Cena del Señor y el propósito de compartir la comida con los demás.

Al ejercitar sus dones espirituales, les faltaba organización y el proceso terminó en el caos total. A esta altura, lo de preferirse el uno al otro no se aplicaba. Estos creyentes eran niños en Cristo Jesús y actuaron mal con respecto a sus hermanos en la fe. A la luz de las Escrituras, este era un comportamiento inaceptable y Pablo no estaba dispuesto a tolerarlo. *Así que, hermanos míos, cuando se reúnan para comer, espérense unos a otros (1 Corintios 11:33, NVI).*

Ser grosero es la muestra clara de un corazón indiferente. Consiste en decir lo que usted quiere decir o en hacer lo que quiere hacer sin ser considerado con los demás. Ser grosero significa estar más preocupado en explicar su argumento que en tratar de comprender lo que la persona que tiene delante o al teléfono quiere decir. Pablo ordena: *Amémonos unos a otros con amor fraternal; respetemos y mostremos deferencia hacia los demás. (Romanos 12:10, RVC).*

Comportarse groseramente interrumpe el diálogo con los demás y no permite que los demás expresen su punto de vista sobre el asunto en cuestión. Cuando no nos preocupamos por los demás, nuestra tendencia a la grosería tiene la oportunidad de emerger y crecer. Nuestra actitud, cambia la forma de responder y las palabras que decimos a los demás. Algunos de nosotros realmente debemos trabajar en esto. Tal vez crecimos en un entorno similar o nos entrenamos en procesar la vida a través de un determinado lente durante los últimos años. Podemos transformar nuestra forma de pensar en estas áreas y permitir que la Palabra de Dios renueve nuestras mentes *(Romanos 12:1-2).*

Como puede imaginar, la grosería va en contra de nuestro testimonio del Señor Jesús. ¿Cómo puede la gente llegar a conocer al Salvador si nosotros no nos tomamos el tiempo de escuchar lo que los demás tienen para decir? ¿Cómo comprenderán el amor de Dios si ven la falta de cuidado por los que sufren escrita sobre nuestra frente? Peor aún, ¿cómo verán el amor de Dios fluyendo si lo que escuchan de nosotros son chistes inapropiados, calumnias, blasfemias o una dura crítica hacia los demás? Estas características no deben describir parte alguna de nuestras vidas. Como creyente, la grosería no debe caracterizar su vida. La conclusión de Pedro es directa y firme: *En fin, únanse todos en un mismo sentir; sean compasivos, misericordiosos y amigables; ámense fraternalmente (1 Pedro 3:8, RVC).*

Ahora llevemos esto de vuelta a nuestro matrimonio para una aplicación final. ¿Ha sido culpable de la formación de patrones de conducta negativos con su cónyuge? Piense en lo que hemos estudiado en esta sección. ¿Está usted deliberadamente construyendo o formando algo dentro de su relación que solo puede tener un resultado negativo? Si ha tomado el hábito de gritar o de hablar con sarcasmo a su cónyuge, especialmente en presencia de los demás, usted está formando un patrón de comportamiento destructivo. Nada bueno puede salir de esto. Esto no contribuirá a mejorar su intimidad espiritual, relacional ni sexual en manera alguna. Por el contrario, puede tener un efecto debilitante en cada una de estas áreas fundamentales. Así que si esto describe su "personalidad", deje de poner excusas y de destruir a su cónyuge. Elimine por completo la grosería de su relación.

Tómese un momento para reflexionar (Responda a cada pregunta honestamente)

- ¿Estoy escuchando a mi cónyuge?
- ¿Estoy realmente escuchando lo que tiene para decir?
- ¿Le doy toda mi atención cuando está hablando, o estoy pensando en otras cosas mientras veo cómo mueve los labios?
- ¿Qué mensaje le estoy enviando con respecto a mi disposición por escuchar lo que tiene para decir?
- ¿Cómo me sentiría si mi cónyuge me escuchara y se preocupara por mí de la misma manera que lo hago yo?"

Estas preguntas pueden ser difíciles de responder, pero es importante que nuestra pareja sepa cuánto nos preocupamos por ella. Demostramos cuánto nos preocupamos por el otro en los comportamientos que tenemos a lo largo de nuestro viaje relacional. Si sus habilidades de escuchar han sido inexistentes hasta ahora, empiece a practicar y escuchar de inmediato. Muestre el fruto de un corazón cariñoso teniendo buenas conversaciones con su cónyuge.

Puesto que la comunicación es una parte tan importante de nuestras vidas, la comunicación inadecuada o deficiente puede tener un impacto negativo dentro de nuestro matrimonio. Piense en la última vez que alguien le habló mal o criticó su punto de vista injustamente. Piense en esa desagradable sensación en el estómago cuando los demás califican sus opiniones como "no relevantes".

Si alguien lo ha insultado frente a los demás, probablemente usted recordará cada detalle hasta el día de su muerte. La grosería puede afectar a los demás de por vida. Así que preste atención a cómo se comporta antes de formar sus patrones de conducta y comunicación. No sea impulsivo en la manera de comunicarse con su cónyuge. No es necesario decir automáticamente todo lo que se le cruza por la cabeza.

Hay momentos en que el silencio es la mejor manera de evitar la grosería. Hay momentos en que sellar sus labios es la única manera de evitar una guerra verbal. Y hay momentos en que alejarse por un breve período es la única manera de reacomodar sus ideas y de tratar de brindar palabras que fortalezcan en lugar de destrozar.

No se pinte a sí mismo como la víctima diciendo: "Bueno, ya sabes cómo soy. Siempre he sido así. No puedo ayudarme a mí mismo. Tengo que decir lo que pienso". Hay muchas vidas que se destruyen debido a la falta de límites y a la falta de voluntad para asumir la responsabilidad personal por lo que forma y entrega a los demás. No sea el que destruye lo que Dios está tratando de construir. A medida que aprenda a caminar en el Espíritu, podrá superar todos los deseos carnales, incluso aquellos que lo tientan a mostrarse grosero con su cónyuge.

No ignore las opiniones de su cónyuge ni descarte sus nuevas ideas. Hónrelo demostrando su disposición a escucharlo y respóndale de una manera que comunique confianza, respeto y valoración. Haga algo diferente esta semana para demostrar cuánto le importa. Aunque usted piense que ya hay una lista preparada para imprimir, tal vez el otro no esté de acuerdo con que cada una de esas actividades sea específica y exclusivamente para su beneficio. Lo que usted cree que demuestra valoración y un corazón atento puede no ser lo mismo para su cónyuge. Y como dijimos antes: si no sabe, pregunte. Deje de adivinar y simplemente haga la pregunta.

Pregunte a su cónyuge directamente: "¿Qué puedo hacer para demostrarte lo mucho que te valoro como mi cónyuge? ¿Hay algo que estoy haciendo que provoque una fricción innecesaria en nuestra relación? ¿Crees que pongo tus necesidades por delante de las mías? Si no es así, ¿puedes darme un ejemplo de cómo puedo cambiar? ¿Crees que te escucho y que respeto tus puntos de vista cuando hablamos?

Si no es así, ¿cómo puedo mejorar en esto? ¿Estoy formando una actitud o patrón de comportamiento negativos que te preocupan? ¿Cómo te hace sentir esto y qué ajustes crees que tengo que hacer?" Estas preguntas ofrecen un punto de partida para eliminar todas las formas de grosería y demostrar un corazón atento dentro de su relación. Recuerde: *el amor no se comporta de manera grosera.*

El amor no busca lo suyo

El amor no exige hacer las cosas a su manera. No fuerza ni intimida, no manipula ni presiona. El amor del tipo *agape* no posee estas características. Estos comportamientos describen exactamente lo contrario de lo que deberíamos esperar a medida que profundizamos en este tema. El amor tipo *agape*, el amor verdadero, no exige sus propios derechos. En otras palabras, el amor no insiste en salirse con la suya. No persigue un beneficio personal para reclamar como propio. La forma del "no" en los idiomas originales indica negación total. En otras palabras, para demostrar amor del tipo *agape*, es fundamental negar sus propios deseos personales. No puede practicar este tipo de amor cuando usted se interpone. Usted no es el centro de atención... el centro de atención es su cónyuge.

Todo me está permitido, pero no todo es provechoso; todo me está permitido, pero no todo edifica. Ninguno debe buscar su propio bien, sino el bien del otro (1 Corintios 10:23-24, RVC).

El amor no es competitivo, es colaborativo. Aprovecha la fuerza de los demás en lugar de eliminar su fuerza a medida que avanza. *El amor no es egoísta.* No trata de vivir en función de la auto-satisfacción ni en un entorno donde las necesidades de los demás son intencionalmente descuidadas. Cuando el amor es pleno, nos llevará a servir y a ayudar a los demás. Parte de demostrar el amor del tipo *agape* consiste en buscar oportunidades para apoyar el desarrollo personal y espiritual de su cónyuge. ¿Cómo puede ayudar a su cónyuge a crecer? ¿Qué herramientas necesita para ayudarle a dar el próximo paso profesional, educativa, física y espiritualmente? Sea lo que sea, apoye sus esfuerzos y ayúdele a seguir adelante. Recuerde, *el amor no busca lo suyo.*

Demostrar amor significa no imponer sus propios planes para obtener ventaja sobre su cónyuge. Por el contrario, consiste en buscar activamente la forma de ayudar al otro a hacer avanzar el propósito de Dios para su vida.

Cuando practicamos el amor de tipo *ágape*, no estamos elaborando un plan para engañar o atrapar a nuestro cónyuge. Es lo más alejado de nuestra mente. Por lo que no invertimos ni un poco de energía en tratar de exigir o extraer algo de nuestro cónyuge para nuestro propio beneficio personal. El amor de tipo ágape se centra más en dar que en recibir. Pone más énfasis en ayudar que en exigir. Cuando amamos a nuestro cónyuge y practicamos el amor de tipo *ágape*, pondremos su beneficio y progreso personal por delante de los nuestros. Esto implica estudiar a nuestro cónyuge y trabajar con diligencia para comprender cómo Dios ha hecho al otro. Implica desarrollar el plan de Dios para su vida y comprender cómo podemos ayudarle a glorificar a Dios mediante la maximización de sus dones espirituales.

El amor se centra más en dar que en recibir. Pone más énfasis en ayudar que en exigir.

¿Recientemente ha buscado más cosas para su propio beneficio personal y no para el de su cónyuge? ¿Ha invertido una gran parte de su tiempo en sus propios sueños, deseos y necesidades, descuidando poner los sueños, deseos y necesidades de su cónyuge en primer lugar?

¿Su cónyuge constantemente cede a las cosas que usted quiere hacer y los lugares a los que desea ir? Si usted mostrara su chequera, ¿qué conclusión sacarían los demás sobre la prioridad de sus finanzas? ¿Verían que el grueso de sus gastos está destinado al entretenimiento y satisfacción personales? Recuerde la importancia de su cónyuge. Recuerde su propósito divino dentro del matrimonio. Aunque las palabras de edificación y aliento son muy importantes, no debe valorar al otro solo con palabras.

Sus palabras deben convertirse en acciones que demuestren la prioridad y el valor de su cónyuge. Aprenda a asumir el tercer puesto. En otras palabras, ponga a Dios en el primer lugar y a su cónyuge en el segundo. Si tiene hijos, tendrá que relegarse al cuarto lugar y poner las necesidades de sus hijos por delante de sus necesidades. El amor no es egoísta. *Cada uno debe velar no sólo por sus propios intereses sino también por los intereses de los demás (Filipenses 2:4, NVI).*

El amor no se irrita

El amor no se irrita ni se enoja fácilmente. Irritar tiene que ver con hacer algo intenso para estimular a los demás. Pero la idea aquí no es para intensificar con fines de edificación. En cambio, lo importante aquí es despertar intencionalmente el enojo en otra persona. Es decir, cuando intencionalmente usted elige despertar el enojo en los demás sin propósito alguno. "Revolver la olla" para enojar y molestar a la otra persona hasta que esté muy enojada.

Vemos esto en acción cuando la gente decide difundir mentiras, chismes o historias a medio explicar. Nada bueno se deriva de este tipo de comportamiento. De modo que no estimule a los demás con la intención de irritarlos. Y no lo haga tampoco con su cónyuge. Puede parecer divertido al principio, pero puede dar lugar a acciones destructivas y lamentables por parte de la persona enfurecida.

La palabra traducida como "irritado" en griego es *paroxuno,* lo que significa provocar un conflicto serio con la intención de generar una reacción de enojo. Cuando irritamos a los demás, estamos buscando limitar nuestra atención a un área que sabemos que va a causar una explosión repentina o algún otro tipo de reacción impía. Se trata de frustrar a una persona más allá de su capacidad para controlar la ira.

Cuando llevamos a los demás a estos extremos, no estamos caminando en el Espíritu. Y si no estamos caminando en el Espíritu, no podemos amar al prójimo como Jesús nos amó. El amor no irrita a los demás. No trata de exasperar a la gente y llevarla por un camino donde su carne se ve tentada a responder a sus deseos naturales.

Los hijos de Israel irritaron a Moisés y a Aarón mientras vagaban por el desierto. Se quejaron una y otra vez a Moisés y a Aarón por muchas cosas. La gente dijo a Moisés cosas muy tontas e insultantes. Discutieron con Moisés y lo culparon por sus condiciones de vida. Fueron muy tercos y duros de corazón. Dios le dijo a Moisés que hablara con una determinada roca, y que esta abastecería de agua a su pueblo.

En su enojo, en lugar de hablar a esta roca, Moisés decidió golpearla dos veces seguidas. Moisés permitió que el comportamiento de la gente lo condujera a pecar contra el Señor. Dios castigó a Moisés y a Aarón, prohibiéndoles conducir a los israelitas a la Tierra Prometida.

Pero la congregación se puso en contra de Moisés y Aarón porque no había agua, y todos hablaron contra Moisés. Dijeron: «¡Cómo quisiéramos haber muerto cuando murieron nuestros hermanos delante del Señor! ¿Para qué trajiste a la congregación del Señor a este desierto? ¿Para que muramos aquí nosotros y nuestras bestias? ¿Por qué nos sacaste de Egipto y nos trajiste a un lugar tan horrible? La tierra no es cultivable, y no hay higueras, ni viñas ni granadas; ¡ni siquiera hay agua para beber!» Moisés y Aarón se apartaron de la congregación y se dirigieron a la entrada del tabernáculo de reunión. Allí se postraron sobre sus rostros, y la gloria del Señor se manifestó sobre ellos.

Y el Señor habló con Moisés, y le dijo: «Toma la vara, y tú y tu hermano Aarón reúnan a la congregación, y a la vista de todos ellos díganle a la peña que les dé agua. Así sacarás agua de la peña, y les darás de beber a la congregación y a sus bestias.» Moisés tomó la vara que estaba delante del Señor, e hizo lo que el Señor le ordenó. Moisés y Aarón reunieron a la congregación delante de la peña, y Moisés les dijo: «¡Óiganme ahora, rebeldes! ¿Acaso tendremos que sacar agua de esta peña?» Y dicho esto, levantó su mano y, con su vara, golpeó la peña dos veces.

Al instante, brotó agua en abundancia, y bebieron la congregación y sus bestias. Pero el Señor les dijo a Moisés y a Aarón: «Puesto que ustedes no creyeron en mí, ni me santificaron delante de los hijos de Israel, no llevarán a esta congregación a la tierra que les he dado.» Éstas son las llamadas «Aguas de la rencilla,» pues por ellas contendieron los hijos de Israel con el Señor, y él se santificó en ellos. (Números 20:2-13, RVC)

Piense en la relación con su cónyuge. ¿Está haciendo algo para estimular el enojo de su cónyuge? ¿Está insistiendo sobre un tema del pasado y mencionándolo en sus conversaciones? ¿Está presionando a su cónyuge como solo usted sabe hacerlo para despertar su enojo? No le haga eso a su cónyuge. No lo ponga ante los demás solo para despertar su ira y llamar la atención sobre sus carencias. Incluso si usted sabe lo que más irrita a su cónyuge, jamás lo use en su contra. Cuando presiona al otro más allá de su capacidad de manejar una determinada situación con la intención de hacerlo estallar, peca contra su cónyuge y, al mismo tiempo, contra Dios. Esta actitud debe ser eliminada completamente de su matrimonio.

> *Demostrar amor consiste en negarse a generar conflictos*
> *y ser rápido para oír, pero lento para hablar y para enojarse.*

Ahora entendemos la importancia de no irritar a nuestro cónyuge para despertar rápidamente su enojo y generar frustración en nuestro matrimonio. Pero el mismo principio debe aplicarse a la otra cara de la moneda. Nosotros mismos no debemos enojarnos fácilmente cuando los demás nos tientan. Cuando el Espíritu tiene el control de nuestra vida, podemos ejercer el autocontrol. Cuando no practicamos el autocontrol, es señal de que estamos espiritualmente desconectados. Así que si su cónyuge está "caminando de puntillas" para no hacer estallar su carácter explosivo, hay un enorme problema que debemos enfrentar. En general, cuando las cosas estallan, no mejoran. La

Escritura nos advierte sobre lo que sucede al permitir que nuestra carne responda de esta manera. *El que fácilmente se enoja comete locuras; el hombre perverso es aborrecido (Proverbios 14:17, RVC).*

Esto es lo que estamos diciendo. Si las palabras o acciones de otros nos hacen perder el control repentinamente, el amor no está presente. Y cuando el amor no está presente, solo estamos haciendo ruido. Si usted tiene un temperamento fuerte, este comportamiento es característico de la inmadurez espiritual. Independientemente de lo que pueda pensar de sí mismo, la ira explosiva es el desagradable producto de su carne. Cuando operamos en la carne, amar a los demás no es la prioridad. ¿Alguna vez se preguntó: "¿Por qué me enojo tan rápido? ¿Por qué grito a los que amo? ¿Por qué digo tantas cosas que a menudo lamento? ¿Por qué la gente dice que hablo por enojo y amargura?" Liberar la ira en el momento no es la solución. Lea Santiago 1:19-20 varias veces mientras reflexiona sobre lo que hemos estado diciendo.

> *Mis queridos hermanos, tengan presente esto: Todos deben estar listos para escuchar, y ser lentos para hablar y para enojarse; pues la ira humana no produce la vida justa que Dios quiere. (Santiago 1:19-20, NVI)*

Deténgase y escuche a los demás cuando le hablan. Dentro de su matrimonio, escuche con atención lo que dice su cónyuge. Tal vez usted es demasiado sensible cuando se tocan determinados temas. Es posible que su cónyuge no esté tratando de irritarlo en absoluto. Puede ser simplemente que usted tenga problemas no resueltos dentro de su propio corazón y mente. Si no se ocupa de estas batallas internas, ¿cómo espera liberarse de la ira explosiva? ¿Por qué seguir esperando para solucionar estas cosas con su cónyuge? ¿Por qué quedarse despierto hasta tarde y generar más situaciones posibles para responder a sus preguntas?

Ponga las cartas sobre la mesa. Deje de jugar con su matrimonio. Si hay algo sin resolver, resuélvalo. Escuchar activamente lo que su cónyuge tiene para decir y niéguese a responder enojado. Su matrimonio es demasiado importante como para esperar siquiera un día más. Ame a su pareja lo suficiente como para compartir las cosas que lo perturban profundamente. Incluso si estas cosas son solo el resultado de sus preferencias personales o de su incapacidad para aceptar el cambio, sea transparente y pídale a su cónyuge que lo ayude a resolver el problema. Pero no se quede con el enojo ni provoque a su cónyuge para despertar la ira en su corazón. Escuche con atención, hable con gracia y sea lento para enojarse.

El amor no piensa mal del otro

Algunas personas creen que "el amor es ciego". En cierta medida, esa idea tiene que ver con pasar por alto o no aceptar ciertas cosas, como el aspecto personal, los defectos de carácter o las realidades dolorosas dentro de su relación. Pensar de esta manera implica vivir en un mundo de fantasía, donde todo está bien y perfectamente ordenado. Este es un mundo donde las acciones de nuestra pareja no puede transformarse en consecuencias dolorosas ni generar sentimientos negativos. Aunque el verdadero amor no piensa mal, no significa que la realidad tenga que cesar en el proceso. Entonces, ¿qué es exactamente lo que queremos decir cuando describimos al amor de esta manera? ¿Qué significa demostrar amor no pensando mal de su cónyuge y cómo podemos saber cuando hemos alcanzado este objetivo?

La palabra "pensar" en este versículo conlleva la idea de meticulosa recopilación de datos. Es lo mismo que con un contador, que tiene en cuenta cuidadosamente todos los gastos, grandes o pequeños, personales o de negocios antes de firmar sus impuestos.

Cuando usted se sienta con su contador, este clasifica sus gastos y los acredita a determinadas cuentas. A veces usted puede recibir deducciones por estos gastos, y a veces no. Los contadores no trabajan en el mundo de la fantasía y la imaginación. Por el contrario, recopilan los datos, los interpretan y luego los asignan a sus correspondientes categorías para preparar los informes.

Jeremías nos da un ejemplo vivo de este principio, cuando ora al Señor en nombre de aquellos que están tratando de acabar con él. A pesar de que muchos suplicaban a Dios que se vengara por su pueblo, Jeremías era diferente. Los enemigos de Jeremías llevaban la cuenta de sus "ofensas" mientras él oraba por ellos. Este es un gran ejemplo para seguir. Incluso si estamos falsamente acusados o perseguidos con mala intención, podemos escoger amar a los demás a través de su pecado y negarnos a admitir que la amargura penetre en nuestro corazón.

Ellos dijeron: «Vengan y hagamos planes en contra de Jeremías. Sacerdotes que nos guíen no habrán de faltarnos, ni tampoco sabios que nos aconsejen ni profetas que nos hablen. Vengan, vamos a atacarlo de palabra, y no hagamos caso a lo que dice.» Señor, posa tus ojos en mí, y escucha lo que dicen los que contienden conmigo. Acuérdate de que yo intercedí ante ti en favor de ellos, para que tú nos los castigaras. ¿Merezco que me paguen mal por hacerles bien? Sin embargo, ¡me han cavado una tumba! (Jeremías 18:18-20, RVC)

Consideremos ahora las siguientes traducciones, que nos serán útiles a medida que continuamos con nuestro estudio. En la Nueva Versión Internacional se lee que el amor "no guarda rencor". En la Versión Inglesa Estándar se lee que el amor "no es resentido". ¿Qué es exactamente lo que estamos diciendo aquí? Para empezar, el amor no crea una lista cuando se le ha ofendido. No recuerda el pasado para justificar el presente. Cuando se le ofende, no se encuentra ningún registro de la ofensa si estamos en presencia del amor de tipo *agape*.

Demostrar amor consiste en negarse a llevar la cuenta de las ofensas en su relación.

Cuando el contador termina su trabajo, firmar y presentar el documento final es el último paso del proceso. Él no realiza este trabajo detallado para su disfrute personal. Aunque ame su trabajo, estoy seguro de que preferiría pasar tiempo con su familia y amigos cercanos. Él está presente por una razón. Debe ayudarlo a crear un registro permanente de sus finanzas para informar al gobierno. Este registro permite que todos sepan lo que ocurrió en su vida financiera durante el año anterior. Este informe cuidadosamente calculado no deja lugar a las adivinanzas y se centra en los datos duros, en los hechos.

Demostrar amor es muy diferente. Cuando usted ama a su cónyuge, todos los datos sobre las ofensas se eliminan de su balance relacional. No hay una lista detallada de las heridas, una categoría de mentiras ni una lista especial de quejas o respuestas inadecuadas. Esto no significa olvidar el pasado, porque no se puede. Esto significa que usted se niega a permitir que el dolor de su pasado afecte su matrimonio en el presente. Esto significa que usted no conserva una lista y se la echa en cara a su cónyuge cada vez que comete otro error. Esto significa que usted se niega a colocar a su cónyuge en la celda de los pecados recurrentes. Esto significa que usted no conserva ningún registro en absoluto. Y por esta razón, jamás vuelve a mencionar esos errores. ¿Por qué? Es elemental. El amor no guarda rencor.

Esto es realmente difícil para algunas parejas. Recuerdo un matrimonio que se negaba a aplicar este principio. Se "comportaban bien" cuando estaban conmigo, al menos durante los primeros treinta minutos. Pasados unos treinta minutos, se quitaban los guantes y consultaban los libros del pasado. Esto me recuerda a un estupendo viaje de pesca que realicé con un grupo de hombres de nuestra iglesia. Por lo menos treinta hombres nos embarcamos en la gran pesca en los Cayos de Florida. Interceptamos un cardumen de Mahi Mahi, y el resto es historia.

Los peces seguían luchando incluso después de que los subíamos al barco. La sangre salpicaba toda la cubierta. Era un desastre. Cuando usted permite que su matrimonio se vuelva retrospectivo, las cosas se ponen desordenadas.

El perdón de los pecados cometidos en el pasado no debe ser retrospectivo. En otras palabras, una vez que perdona a su cónyuge por lo que ha hecho, no debe volver a mencionar el problema. El perdón está diseñado para ser inmediato y permanente. Si usted sigue mencionando el pasado, no puede empezar a construir el futuro. Cuando el amor recuerda siempre elige el perdón.

No se puede cambiar el pasado, pero se puede borrar el registro de la amargura que pugna por surgir de su corazón. No importa lo doloroso que haya sido el incidente ni la cantidad de dinero que haya perdido por la negligencia de su cónyuge, no lleve la cuenta. Recuerde que Dios sabe lo que usted está pensando: *Jesús sabía lo que ellos estaban pensando, así que les preguntó: «¿Por qué tienen pensamientos tan malvados en el corazón (Mateo 9:4, NTV)?*

Tómese un momento para reflexionar (Responda a cada pregunta honestamente)

- ¿Qué ve Dios en su corazón en este momento?
- ¿Ve un corazón que está tratando de mantener unido el matrimonio al perdonar los pecados, ve lo que demuestra bondad, y se niega a ser orgulloso, o ve una larga lista de males y amarguras que se hace cada día más larga?
- ¿Ve una lista de cosas que usted se niega a perdonar o el plan secreto de acabar totalmente con su matrimonio?
- ¿Qué vería su cónyuge?

Usted no puede llenar su corazón con mal y esperar que Dios bendiga su matrimonio. No se puede negar el perdón total y llegar a tener abundante alegría y risas con su cónyuge. Deje de recordarle el pasado a su cónyuge. ¿A quién le interesa llevar la cuenta? Deje de tratar de vengarse y de afligir al otro con la culpa y la vergüenza. Detenga la destrucción de su matrimonio y comience a construir un futuro mejor.

Reemplace la historia limitada con la gracia ilimitada. Cambie su actitud hacia el pasado. No hay absolutamente nada que usted pueda hacer acerca de su pasado para cambiar lo que pasó, ya sea bueno o malo. ¿Por qué no centrarse en lo posible y esforzarse por construir un matrimonio donde el amor pueda prosperar? ¿Por qué no ser un ejemplo para sus hijos y para los que lo conocen bien acerca de la gracia ilimitada y la misericordia de Dios? *El amor no guarda rencor.*

El amor no se regocija con la injusticia

A todos nos gusta animar a los amigos o familiares cuando pronuncian los votos matrimoniales. Nos emocionamos y gritamos cuando nuestros hijos actúan ante una audiencia en vivo. Estas cosas son emocionantes para nosotros en lo personal y definitivamente vale la pena celebrarlas. El amor es una celebración por naturaleza. Prospera al expresarse de manera significativa. El amor disfruta de muchas cosas, pero nunca se alegra cuando el mal trabaja. El amor no expresa alegría ante la injusticia y no se complace con el mal. El amor no promueve algo que no está bien. No es feliz cuando la gente demuestra injusticia. El amor no encuentra placer en ver a la gente rechazar la Palabra de Dios o rendirse a las tentaciones interiores. No aplaude cuando mediante engaños se le quita algo a alguien que lo merece ni sonríe cuando las familias se dividen.

Demostrar amor significa no celebrar nunca lo que está mal.

En nuestra cultura, se celebra el mal por la radio, la televisión, el teatro, el cine, etc. Cuando participamos en actividades que celebran la inmoralidad, la injusticia u otras formas del mal, no cabe duda de que esto afectará el entorno de nuestro matrimonio. No se pueden mirar 120 minutos de la violencia, falta de respeto, insultos u obscenidades y creer que esto no afectará nuestra forma de pensar, porque así será. Celebramos estas cosas cuando decidimos divertirnos pasivamente, absorbiendo cualquier cosa que a la pantalla se le antoje. Sin haber participado personalmente, obtenemos placer al ver a otros hacer cosas que nunca haríamos nosotros mismos. Y cuando decidimos hacer esto, estamos obteniendo placer del mal. *El amor no se deleita en la maldad, sino que se regocija con la verdad. El amor jamás se alegra por la injusticia, pero se regocija cuando triunfa la verdad.*

Como pareja, usted y su cónyuge deben analizar su corazón a este respecto. Los expertos en marketing han hecho un buen trabajo al convencernos acerca de la inocencia de los medios de comunicación en lo que respecta a nuestras relaciones. Es raro ver a alguien asumir la responsabilidad de las cosas que ofrece en el mercado en el noticiero vespertino. Como sus productos son considerados como "entretenimiento", no se asume ninguna responsabilidad personal o corporativa, a excepción del rating. Pero así como estos productos llegan a los consumidores, todavía tenemos la opción de decidir si compramos o no lo que nos venden.

Tómese tiempo junto con su cónyuge y piense en las siguientes preguntas: "¿Qué programas o películas estamos viendo que deliberadamente celebran el mal? ¿Tenemos un programa de entrevistas favorito que está apartando a la gente de Dios y celebrando el comportamiento impío? ¿Las letras de nuestras canciones favoritas se burlan de las cosas que la Palabra de Dios sostiene como valores? ¿Estamos permitiendo que la influencia de amigos y familiares nos lleven a caer en la tentación?"

Estas preguntas pueden ser más difíciles para unos que para otros, pero son un componente necesario para hacer que su matrimonio siga creciendo. La santidad de la relación es fundamental para el éxito de su matrimonio. Proteja la pureza de su matrimonio a toda costa. No se deleite con cosas que son contrarias a la Palabra de Dios. *No te alegres cuando caiga tu enemigo; que no se alegre tu corazón cuando él tropiece (Proverbios 24:17, RVC).*

Habrá momentos en los que aquellos que se han opuesto a su matrimonio tropezarán y caerán. Para su sorpresa, finalmente habrán cosechado lo sembrado durante años. Antes de concederles un minuto más, niéguese a celebrar los frutos de sus decisiones. No participe en chismes, calumnias ni cualquier otra cosa que refleje una actitud y espíritu de celebración. Que esto sea lo más alejado de su mente. En lugar de festejar y alegrarse, aproveche las oportunidades para servir a sus enemigos en su hora de necesidad. Quién sabe, esta puede ser la oportunidad perfecta para dar vuelta totalmente a la situación. Recuerde: el amor no se regocija con la injusticia

El amor goza en la verdad

El amor celebra y alienta para que la verdad prevalezca en todas las circunstancias. El amor es un campeón de la verdad. El origen de la palabra "verdad" conlleva la idea de algo oculto que sale a la luz. La verdad es la realidad expuesta. Es algo que estaba oculto con anterioridad, pero que ahora se ha revelado y se ha hecho manifiesto para que todos puedan ver y entender mejor. El amor se esfuerza por encontrar la verdad en cada situación. No se complace en la mentira. No coquetea con el engaño. El amor se complace cuando la verdad ocupa un lugar central. Se deleita cuando los misterios se esclarecen y la realidad de una situación se da a conocer a los demás.

Algunas de las sesiones de orientación más dolorosas que he presenciado han sido aquellas en que la verdad finalmente fue revelada en boca de un cónyuge infiel. Antes de este evento, el cónyuge infiel decía: "Te amo más que a nada en el mundo. Eres lo más importante para mí. Soy tan afortunado de que seas mi pareja. Te amo muchísimo". El cónyuge fiel tal vez sospechaba que algo no estaba bien en la relación, pero rápidamente descartaba cualquier sospecha. Con la alabanza y la afirmación constantes que fluían a través de la relación, la infidelidad era lo más alejado de su mente.

Pues yo me regocijé mucho cuando los hermanos vinieron y dieron testimonio de tu fidelidad, y de cómo andas en la verdad. No tengo mayor gozo que oír que mis hijos andan en la verdad. (3 Juan 3-4, RVC)

La conexión entre sus palabras y lo que es real debe coincidir. Cuando sus palabras no reflejan la realidad, no está caminando en la verdad. Decir una cosa a su cónyuge y, simultáneamente, hacer exactamente lo contrario, es hipocresía relacional. Cuando usted le miente a su cónyuge, está decidiendo para dañar su relación. Cuando los secretos prevalecen y las verdades parciales dominan las conversaciones, los problemas están golpeando a la puerta. Esconder cosas de su cónyuge no hará crecer su relación. Los misterios relacionales mantendrán a su matrimonio en la oscuridad y le impedirán crear el entorno adecuado para que su relación prospere.

Entonces, ¿por qué pasar otro minuto de vida en este engaño? ¿Por qué arriesgarse a destruir a la persona que usted juró amar hasta la muerte? ¿Por qué hacer pasar a sus hijos por este dolor? En la verdad encontramos acceso. La verdad se encuentra en la persona de Jesucristo. Jesús dijo en *Juan 14:6: "Yo soy el camino, la verdad y la vida. Nadie viene al Padre sino por mí".*

Conocer a Cristo como nuestro Salvador quiere decir que tenemos acceso al Padre por creer en la verdad, es decir, la persona de Jesucristo. En la verdad encontramos libertad. Durante una época de oposición, Jesús dijo a los Judíos que habían creído en él:

Entonces Jesús dijo a los judíos que habían creído en él: «Si ustedes permanecen en mi palabra, serán verdaderamente mis discípulos; y conocerán la verdad, y la verdad los hará libres.» Le respondieron: «Nosotros somos descendientes de Abrahám, y jamás hemos sido esclavos de nadie. ¿Cómo puedes decir: "Ustedes serán libres"?» Jesús les respondió: «De cierto, de cierto les digo, que todo aquel que comete pecado, esclavo es del pecado. Y el esclavo no se queda en la casa para siempre; el hijo sí se queda para siempre. (Juan 8:31-35, RVC)

Conocer, amar y vivir la Palabra de Dios producirá la libertad espiritual y relacional. Este es el tipo de libertad que Dios planeó para nosotros al caminar en Su Espíritu. No hay necesidad de seguir viviendo como un "esclavo del pecado". Los pecados enterrados eventualmente saldrán a la luz y devastarán su matrimonio. No hay necesidad de vivir en una operación encubierta con su cónyuge. Si ha pecado contra su cónyuge, confiese este pecado primeramente al Señor y luego a su cónyuge. Todos los pecados confesados al Señor le serán perdonados *(1 Juan 1:9-10)*.

Ser transparente con su cónyuge, revelando lo que no se ve, es importante para la supervivencia de su matrimonio y para su propia madurez espiritual. Usted tal vez piense en su corazón: "¿Qué pasa si las cosas que he estado escondiendo son demasiado dolorosas para mi cónyuge? ¿Qué pasa si reacciona de una manera fea a lo que tengo que revelar?"

Busque un amigo piadoso que pueda ayudarlos a facilitar este paso y a hacerse responsables a medida que solucionan estos asuntos. Al principio, puede parecer que no hay una luz al final del túnel. Cuando ambos decidan perdonarse incondicionalmente y construir un matrimonio sólido, Dios puede hacer una gran obra.

Demostrar amor implica ser honesto con su pareja y celebrar las cosas verdaderas.

Siempre es más fácil construir un matrimonio cuando la atención se concentra en vivir y en celebrar la verdad. Cuando coinciden la creencia y la realidad, la transformación puede empezar. Ser completamente transparente con su cónyuge es una forma de crear el entorno para un matrimonio próspero. Decir la verdad a la persona que amamos desarrollará la confianza y allanará el camino para una intimidad extraordinaria.

Decir la verdad reducirá el nivel de estrés en su hogar. Se expondrá lo que es presente y real dentro de su corazón. Al ser honesto con su cónyuge, desarrollará el carácter. Su cónyuge fue diseñado para ayudar a formar su carácter. Su pareja es la mejor arma para conquistar las cosas que le faltan. Su cónyuge fue diseñado para ayudarlo a crecer y a ser más eficaz en el cumplimiento de los propósitos de Dios para su vida.

Por lo tanto, niéguese a aceptar cualquier forma del mal, sobre todo en su matrimonio. Baje de el tren de engaño y déle la oportunidad a su cónyuge de amarlo por lo que realmente es, en lugar de amar a una figura imaginaria.

Cuando esta transparencia expone el pecado oculto, confiese este pecado de inmediato y esfuércese por resolver las consecuencias junto con su cónyuge. ¿Cómo puede su cónyuge ayudarlo a crecer cuando usted insiste en mantenerlo en la oscuridad?

¿Cómo puede ayudarlo a cambiar cuando usted ha cerrado los compartimentos secretos de su corazón y tirado la llave? Empiece a caminar en la verdad y obtenga placer de lo que está bien.

Por lo demás, hermanos, piensen en todo lo que es verdadero, en todo lo honesto, en todo lo justo, en todo lo puro, en todo lo amable, en todo lo que es digno de alabanza; si hay en ello alguna virtud, si hay algo que admirar, piensen en ello. (Filipenses 4:8, RVC)

Deleitarse en la verdad no es algo que ocurra espontáneamente. Tampoco ocurrirá con solo desearlo. La orden de encontrar placer en la verdad exige una respuesta. En otras palabras, usted tiene que hacer algo de manera proactiva para participar de la verdad. Por ejemplo, es una buena idea sentarse con su cónyuge y hacer una lista de las ocho características descriptas en *Filipenses 4:8*. Debajo de cada característica, describa las cosas que se pueden celebrar dentro de cada categoría.

Piense cuidadosamente en estas características y utilícelas como puntos de partida para conversaciones que fortalecerán la comunicación. Reflexionen sobre la bondad y los dones de Dios mientras realizan este ejercicio juntos. Oren a través de cada característica y pídanle al Señor que los ayude a recordar las cosas que vale la pena buscar y celebrar.

Actividad del Matrimonio por Diseño

Esta sesión nos ha permitido profundizar en las características del amor bíblico. Para este ejercicio, asigne un puntaje a las siguientes características del amor en orden ascendente, con el número uno como su característica más débil y diez como su característica más destacada. Califíquese coherentemente. Un número uno, por ejemplo, corresponde a una característica en su vida que es tan visible y evidente como el sol.

En las siguientes dos columnas, dé a su cónyuge e hijos la oportunidad de calificarlo sin ver cómo se calificó usted mismo. Después de completar este ejercicio, tómese un tiempo para ampliar las respuestas dadas por su cónyuge y sus hijos. Trate de comprender sus respuestas y pídales ejemplos concretos. Esta es una gran oportunidad para comprobar la alineación de su corazón en lo que respecta a la visualización de las características del amor bíblico.

Características del amor	Propio	Cónyuge	Hijos
El amor es sufrido y bondadoso			
El amor no envidia			
El amor no es jactancioso			
El amor no se envanece			
El amor no se comporta de manera grosera			
El amor no busca lo suyo			
El amor no se irrita			
El amor no piensa mal del otro			
El amor no se regocija con la injusticia			
El amor goza en la verdad			

La aplicación destacada: *Hacer ajustes personales*

¿Cuáles son las tres principales aplicaciones adquiridas en esta sesión que usted podrá poner inmediatamente en práctica dentro de su matrimonio? Piense cuidadosamente en estas aplicaciones. En primer lugar, concéntrese en lo que Dios le pide cambiar dentro de su propio corazón y de su vida, en lugar de pensar en lo que tiene que cambiar su cónyuge. A continuación, considere esta aplicación a la luz de su relación como pareja y de lo que deben ajustar para hacer crecer su matrimonio. Mediante la oración, escriba sus respuestas a cada aplicación en forma de un plan de acción.

1. Aplicación

¿Qué tengo que cambiar específicamente en lo que se refiere a esta aplicación? ¿Qué tenemos que cambiar?

¿Cómo puedo hacer esto de una manera práctica? ¿Cómo podemos hacer esto juntos?

¿En qué fecha pueden comenzar estos cambios? ¿De qué modo lograremos el máximo beneficio para nuestro matrimonio con esta aplicación?

2. Aplicación

¿Qué tengo que cambiar específicamente en lo que se refiere a esta aplicación? ¿Qué tenemos que cambiar?

¿Cómo puedo hacer esto de una manera práctica? ¿Cómo podemos hacer esto juntos?

¿En qué fecha pueden comenzar estos cambios? ¿De qué modo lograremos el máximo beneficio para nuestro matrimonio con esta aplicación?

3. Aplicación

¿Qué tengo que cambiar específicamente en lo que se refiere a esta aplicación? ¿Qué tenemos que cambiar?

¿Cómo puedo hacer esto de una manera práctica? ¿Cómo podemos hacer esto juntos?

¿En qué fecha pueden comenzar estos cambios? ¿De qué modo lograremos el máximo beneficio para nuestro matrimonio con esta aplicación?

Capítulo 12 - Construir

Perseverar a través de los desafíos de la vida

La GRAN Idea: El amor persevera a través de todo

Escritura Clave

> *Todo lo sufre, todo lo cree, todo lo espera, todo lo soporta. El amor jamás dejará de existir. En cambio, las profecías se acabarán, las lenguas dejarán de hablarse, y el conocimiento llegará a su fin…Y ahora permanecen la fe, la esperanza y el amor. Pero el más importante de todos es el amor. (1 Corintios 13:7-8, 13, RVC)*

Mateo y Ashley eran personas muy especiales. Ambos eran extremadamente generosos con su tiempo, talentos y recursos. A pesar de que estaban a kilómetros de distancia, en lo que respecta a experiencia de vida estaban en la misma página cuando se trataba de servir a los demás. Desde el principio les apasionaba ayudar a las personas a crecer. Los que necesitaban dirección, estímulo y apoyo estaban conectados de alguna manera con esta pareja. Mateo y Ashley invertían una enorme cantidad de tiempo ayudando a los demás a superar relaciones afectadas por el abuso, la infidelidad y la adicción. Ayudaron a mucha gente a experimentar la gracia de Dios por vez primera a través de su amor incondicional. Su voluntad de servir a la gente en su momento de mayor necesidad era una característica distintiva de su identidad como pareja.

Dios bendijo el matrimonio de Mateo y Ashley en una forma increíble. Ellos compartían la abundancia de Dios con los demás a través de comidas, sesiones de terapia individuales y diversas clases. El negocio de Mateo se expandía y también se expandía la generosidad de la pareja. No era infrecuente que pagaran comidas, excursiones y seminarios para que otros pudieran disfrutarlos. Sus hijos sobresalían en la escuela, eran activos en la iglesia y prosperaban en sus relaciones con los demás. Mateo y Ashley hicieron crecer su matrimonio constantemente durante varios años.

Sin embargo, de un día para otro todo cambió. Su matrimonio se vino abajo en una noche dolorosa. Se revelaron detalles sobre una sorprendente aventura extramarital que había tenido lugar durante una época muy ocupada para el matrimonio. De más está decir que esta realidad era muy difícil de aceptar. Todo parecía irreal. La pareja pasó muchos meses tratando de solucionar la realidad de esta infidelidad. Acordaron recibir terapia de pareja sin dejar de ser responsables ante un pequeño grupo de familiares y amigos cercanos. No fue fácil, pero fue posible gracias a la intervención de Dios.

El dolor y las consecuencias eran reales. El costo emocional y relacional era preocupantemente elevado. A través de todas sus lágrimas y momentos de desesperación, Mateo y Ashley recordaron su audaz compromiso: no importa cómo nos sintamos ni qué consecuencias tengamos que soportar, vamos a salir de esto juntos. Estaban decididos a seguir con su plan y superar las tormentas que golpearan en el corazón de su matrimonio.

Al final, las superaron todas. Hoy en día, Mateo y Ashley están muy bien. Siguen invirtiendo en los demás y ayudando a aquellos que están sufriendo por encontrar dirección, aliento y apoyo. El amor persevera a través de todo. Esto nos lleva a la séptima clave para la construcción de un matrimonio en crecimiento.

7. Para que su matrimonio crezca, usted debe soportar y vencer todas las dificultades. (1 Corintios 13:7-8, 13)

El amor lo soporta todo

El 24 de agosto de 1992, el huracán Andrew tocó tierra en Elliott Key, en la costa sureste de Florida. Fue una de las peores tormentas registradas y cobró la vida de al menos 40 personas. Diez días después de formarse, pasó de tormenta tropical a un enorme huracán de categoría cinco, con vientos de al menos 165 millas por hora. Para los que hemos experimentado el huracán Andrew personalmente, sin duda permanecerá en nuestra memoria por mucho tiempo.

Mi suegro vivía en la ciudad de Homestead cuando se produjo la tormenta. Todo iba bien cuando la tormenta comenzó. Las cosas cambiaron muy rápidamente cuando la tormenta comenzó a moverse hacia el noroeste. Golpeó su casa con mucha fuerza. Mi suegro perdió aproximadamente el 40 por ciento de su techo. El viento penetró las tejas y logró penetrar en la casa. Como resultado, levantó una gran parte del techo desde las vigas y fue arrastrada a otra parte del barrio. Rápidamente el agua entró en la casa y causó daños irreparables en el cielo raso, en varias paredes y en el aislamiento existente.

La familia se vio obligada a trasladarse a otra habitación y ponerse a cubierto para protegerse de los escombros que volaban. Fue una experiencia aterradora para todos los involucrados. Una vez que los vientos fuertes y la lluvia penetraron en las tejas que cubrían el techo, todo fue cuesta abajo a partir de ese momento.

De la misma manera, ustedes, los esposos, sean comprensivos con ellas en su vida matrimonial. Hónrenlas, pues como mujeres son más delicadas, y además, son coherederas con ustedes del don de la vida. Así las oraciones de ustedes no encontrarán ningún estorbo. (1 Pedro 3:7, RVC)

Cuando decimos *"El amor lo soporta todo"*, hay dos palabras que ayudan a colocar esta frase en el contexto adecuado: *proteger* y *apoyar*. La palabra *soportar* conlleva las dos ideas. Así como las tejas del techo están diseñadas para proteger el interior de su casa del mal tiempo, se supone que el amor debe proteger su matrimonio de los problemas. El problema puede provenir del exterior, a través de la actividad de los demás, o del interior, desde dentro de su propia relación. Independientemente de dónde se origine la tormenta, debe detenerse.

No debe permitirse que ninguno de los dos tipos de tormentas penetren a través del techo y dañen su matrimonio.

Tiene que proteger su matrimonio de aquellos que tratan de romper su relación.

El amor siempre protege. Habrá muchas tormentas que amenazarán su relación. Estas tormentas suelen llegar sin previo aviso. Llegan de forma rápida y agresiva. Permitir que estas tormentas penetren en la relación es altamente destructivo. Deje de hacer cosas que exponen su relación al peligro. Elimine los aspectos que añaden peso no deseado. Haga lo que sea necesario para proteger su matrimonio. Refuerce las áreas débiles que corren peligro de ser atacadas.

No posponga. La próxima tormenta podría llegar más pronto de lo que cree. Arregle las tejas rotas. Haga de su matrimonio un lugar seguro donde su amor por Dios y por el otro pueda fluir sin interrupciones. Si otros son la causa de esta amenaza feroz, lo mejor para su relación será fijar límites claros. La otra cara de esta moneda es la idea de proteger los asuntos privados de los extraños.

Puesto que el amor es redentor, cubre de forma proactiva la vergüenza del pecador sin humillarlo ni exponer su pecado al mundo. *El odio despierta rencillas; pero el amor cubre todas las faltas (Proverbios 10:12, RVC)*. Estos son asuntos privados entre usted y su cónyuge, y no deben ser expuestos al público. Por ejemplo, su cónyuge puede haber cometido un pecado contra usted que le provocó un gran dolor. Traten de resolver este dolor juntos. Si es necesario, busque ayuda de un grupo de amigos comprometidos de confianza. No anuncie estas cosas por megáfono ni las mencione en las conversaciones casuales. Nadie tiene por qué enterarse.

Así que nunca haga público un asunto privado sin el permiso de su cónyuge. Esta es una receta para el desastre inmediato en una relación. Los asuntos confidenciales dentro de su matrimonio deben ser altamente valorados y protegidos de forma segura. No permita que estos asuntos penetren en las tejas de su relación cuando se sobre-entiende que estas cosas son exclusivamente privadas de la pareja. Cuando se rompe la barrera de protección, puede ser sumamente difícil recuperar la confianza dentro de su matrimonio. *Ustedes los esposos, amen a sus esposas, y no las traten con dureza (Colosenses 3:19, RVC)*.

Ahora pasamos de la construcción de una cubierta de protección para su matrimonio a establecer un sólido mecanismo de apoyo subterráneo para que el matrimonio se conserve fuerte y siga adelante. Aquí es donde usted puede tomar medidas cuantificables para hacer crecer su matrimonio.

Usted no está "esperando" que lo mejor se desarrolle de la nada. Usted está haciendo algo de forma proactiva para fortalecer los cimientos de su matrimonio.

Se puede aumentar la fidelidad a través de la oración, el estudio bíblico, los servicios de fin de semana, los grupos pequeños y compartiendo a Cristo con sus amigos, para mencionar solo algunas posibilidades. Usted debe hacer estas cosas no solo por el bien de su desarrollo espiritual, sino también por el crecimiento de su matrimonio.

Proteger su corazón

Si hay una cosa sobre la que usted tiene control total, es el modo en que administra su corazón. La construcción de un sólido mecanismo de apoyo dentro de su matrimonio se deriva de un corazón puro, lleno del Espíritu de Dios.

Así como piensa en proteger su matrimonio, asegúrese de que proteger su corazón sea una prioridad. Un buen matrimonio es un asunto del corazón. Si permite que su corazón se adapte a los propósitos de Dios, podrá construir un gran matrimonio. A lo largo de la Biblia encontramos un especial énfasis en la importancia de mantener el corazón bajo control. No hay espacio para una administración pasiva del corazón. Cada vez que usted permite que su corazón quede a la deriva, es seguro que habrá problemas. Preste atención y mantenga su corazón en estado de alerta. Lea detenidamente *Proverbios 4:23* en las siguientes traducciones:

Cuida tu corazón más que otra cosa, porque él es la fuente de la vida. (RVC)

Sobre todas las cosas cuida tu corazón, porque éste determina el rumbo de tu vida. (NTV)

Su corazón está constantemente bajo ataque. ¿Las influencias externas atacan su corazón? La respuesta es un sí unánime. ¿Qué pasa con las influencias internas? La respuesta sigue siendo la misma. Los deseos de la carne no se detienen hasta el día en que se deja esta tierra. Así que hay que proteger nuestro corazón para proteger nuestro matrimonio. Usted necesita asegurarse de que sus pensamientos estén constantemente filtrados a través de la Palabra de Dios y no a través del lente de la cultura actual. Cuando el corazón se va a pique, detrás de él naufraga todo lo demás. Observe cómo el profeta Jeremías describe la predisposición hacia el mal en el corazón humano. *El corazón humano es lo más engañoso que hay, y extremadamente perverso. ¿Quién realmente sabe qué tan malo es (Jeremías 17:9, NTV)?*

Purificar su corazón

Un corazón transformado puede revitalizar el matrimonio. Hay momentos en que el mayor problema que enfrentamos en nuestro matrimonio somos nosotros mismos. Algo no está bien dentro de nuestro corazón y por un motivo u otro decidimos ocultárselo a nuestro cónyuge y no admitirlo al Señor Jesús. Cuando esto sucede, estamos en problemas. Nuestra relación espiritual sufre y lo mismo ocurre con la relación con nuestro cónyuge. No permita que esto le suceda a usted. No vale la pena aferrarse ni siquiera por un minuto. La santidad es absolutamente esencial cuando se trata de hacer crecer la relación con su cónyuge. Si usted está "a mitad del camino" en lo que respecta a su viaje espiritual, piense en el siguiente principio.

La transformación espiritual precede a la transformación relacional.

La transformación espiritual consiste en la sustitución de su actual naturaleza con la naturaleza de Dios. Usted no puede cambiar su corazón antes de permitir que Dios transforme su espíritu. La Biblia nos dice que *por cuanto todos pecaron y están destituidos de la gloria de Dios (Romanos 3:23, RVC).* Para empezar, todos somos culpables ante un Dios santo. No podemos hacer una única cosa para ganar acceso a la presencia perfecta de Dios. No somos tan buenos. El pecado nos separa de un Dios santo y justo. *El que encubre sus pecados no prospera; el que los confiesa y se aparta de ellos alcanza la misericordia divina (Proverbios 28:13, RVC).* Esto es verdaderamente increíble. A pesar de que no tenemos esperanza ante un Dios santo, Él permanece misericordioso cuando admitimos nuestro pecado y nos arrepentimos de nuestras costumbres.

Juan escribe: *Si decimos que no tenemos pecado, nos engañamos a nosotros mismos, y la verdad no está en nosotros. Si confesamos nuestros pecados, él es fiel y justo para perdonar nuestros pecados y limpiarnos de toda maldad. Si decimos que no hemos pecado, lo hacemos a él mentiroso, y su palabra no está en nosotros (1 Juan 1:8-10, RVC).*

En primer lugar, reconocemos nuestra incapacidad para comparecer ante un Dios santo. Confesamos nuestros pecados al Señor Jesús y cambiamos el rumbo de nuestras vidas. A continuación, reconocemos a Jesús como nuestro mediador ante Dios. *Porque también Cristo padeció una sola vez por los pecados, el justo por los injustos, para llevarnos a Dios. En el cuerpo, sufrió la muerte; pero en el espíritu fue vivificado (1 Pedro 3:18, RVC).* Creemos que lo que la Biblia dice acerca de Él es cierto. A través de la fe declaramos esto en nuestra oración, mientras le rogamos a Jesús que venga a cambiar nuestro corazón para Sus propósitos divinos.

«*Si confiesas con tu boca que Jesús es el Señor, y crees en tu corazón que Dios lo levantó de los muertos, serás salvo.*» *Porque con el corazón se cree para alcanzar la justicia, pero con la boca se confiesa para alcanzar la salvación. (Romanos 10:9-10, RVC)*

¿Es su renuencia a enfrentar el estado espiritual de su corazón, la causa del deterioro de su matrimonio? ¿Se encuentra su matrimonio en un espiral negativo debido a la fortaleza interior de su orgullo? Hacer crecer el matrimonio implica ser transparente y honesto acerca de los propios pecados ante el otro. El autor del libro de Proverbios nos recuerda: *Cada corazón conoce sus propias amarguras, y ningún extraño comparte su alegría (Proverbios 14:10, NVI)*. Hacer crecer su matrimonio significa dejar de poner excusas por su comportamiento. En lugar de eso, reconozca abiertamente las mentiras, las actitudes equivocadas y las conductas contrarias a la Palabra de Dios.

Usted puede cambiar radicalmente su matrimonio una vez que acepte terminar con las prácticas engañosas y se mueva en la dirección de la verdad. Usted puede encontrar la curación para usted y para su matrimonio cuando la verdad se revela a través de la confesión abierta. Santiago nos ayuda a comprender el poder curativo de la verdad dentro del matrimonio cuando nos decidimos a caminar por la senda de Dios. Él escribe: *Confiesen sus pecados unos a otros, y oren unos por otros, para que sean sanados. La oración del justo es muy poderosa y efectiva. (Santiago 5:16, RVC)*. Podemos encontrar el poder sanador para nuestro matrimonio cuando nos decidimos a seguir la Palabra de Dios sin reservas.

Esto es lo que Dios quiere para su matrimonio. Él quiere restaurar su relación. Él quiere que Su poder funcione con eficacia a través de su relación. Una vez que Dios lo haya cambiado espiritualmente, Él puede transformar el aspecto relacional de su matrimonio. Sin embargo, esto significa que usted tendrá que empezar a pensar y a actuar de acuerdo con su nueva naturaleza espiritual en vez de la que ya poseía. Aunque esto puede ser un paradigma radical para aceptar, es esencial para experimentar la vida abundante a la que Jesús se refiere en *Juan 10:10*.

La transformación relacional implica vivir a través de su nueva identidad en Cristo Jesús.

En Cristo Jesús, usted ya no es un producto de su pasado. Usted ya no es un esclavo de las cosas que alguna vez controlaron todos sus movimientos. Ahora es libre para vivir de manera responsable y bajo el poder del Espíritu Santo.

Esta clase de vida es lo que radicalmente puede transformar totalmente su matrimonio e imprimirle una nueva dirección: hacia algo mejor. Pero no funcionará si Dios no está en el asiento del piloto. Él no puede ser el copiloto. Él tiene que ser el encargado del vuelo de toda su vida. Entonces, al decirle adiós a lo anterior, le da la bienvenida y crece en su nueva personalidad a través de la sangre de Jesucristo.

Hacer crecer su corazón

Usted es responsable de hacer crecer su matrimonio. Nadie puede asumir la responsabilidad por el crecimiento de su matrimonio. Es su responsabilidad y su trabajo. El crecimiento de su matrimonio no es opcional. Usted tiene que invertir en su matrimonio. Tiene que dedicar una cantidad significativa de tiempo y recursos para hacer que su matrimonio funcione. *La discreción te protegerá y la inteligencia cuidará de ti. Te librará del mal camino y de los que dicen cosas perversas (Proverbios 2:11-12, RVC)*. La cosa más importante que puede hacer por su matrimonio, lo más determinante, es encontrar satisfacción regularmente en Aquel que lo ha creado.

Su matrimonio crecerá y prosperará cuando tanto usted como su cónyuge
encuentren satisfacción en la vid, Cristo Jesús, momento a momento y día a día.

Ampliar su corazón consiste en obtener alimento de la fuente correcta. La fuente determina lo que usted ofrece a su cónyuge. No se puede dar lo que no se posee. Su cónyuge nunca recibirá amor verdadero si el amor de Dios no fluye a través de usted. Su cónyuge nunca experimentará la gracia, la misericordia y el perdón a menos que usted esté creciendo en cada una de estas áreas a medida que permanece en la presencia del Señor. Si permite que Dios sea su fuente principal de alimento espiritual, cosechará los dividendos dentro de su matrimonio. Encontrar alimento espiritual en Jesucristo es lo que permite que Sus características se desarrollen a través de su vida y lo que hace posible crear un entorno en el que su matrimonio pueda pasar de bueno a excelente.

Pensemos ahora qué sucede cuando su corazón crece a partir de la fuente incorrecta y las implicaciones que esto tiene para su matrimonio. Si la fuente es mala, el fruto de su entrega no puede ser bueno. Si usted está recibiendo de la fuente correcta, la oportunidad de brindar un suministro constante de verdad, amor, paciencia y respeto mutuo es ilimitada. La mayor protección para su matrimonio es que usted y su cónyuge, tanto individual como colectivamente, permanezcan en presencia de Dios y encuentren su mayor satisfacción en Él. Su carne luchará para llevarlo en la dirección opuesta. ¡Pero hay buenas noticias! Cuenta con el poder de la persona de Cristo que fluye a través de usted para superar todas las tentaciones.

Preparar su corazón para crecer espiritualmente... no es algo que suceda por casualidad.

El crecimiento espiritual debe pasar a ser la prioridad de su vida. Hay demasiadas distracciones que demandan nuestro tiempo, atención y energía. Usted tiene que hacerse deliberadamente tiempo para crecer en su amor por Dios y por Su Palabra. Transformar su corazón es obra del Espíritu Santo. Este proceso madura con el tiempo a medida que usted permite que Dios quite las cosas que no corresponden y añada lo que falta en su vida.

Permanecer fiel a las disciplinas piadosas, como la oración, el ayuno y el estudio de la Biblia, puede resultar difícil al principio, pero finalmente da sus frutos. No deje a su matrimonio sin protección. Asuma la responsabilidad de su desarrollo espiritual y de la iniciativa para empezar.

El amor todo lo cree, todo lo espera

Para soportar y superar los obstáculos relacionales se requiere fe y confianza.

El amor siempre creerá y tendrá esperanzas. Una vez más, nos encontramos con las dos caras de una misma moneda. Para empezar, la creencia tiene que ver con depositar confianza o fe en alguien. Esto es mucho más que la simple actitud de decir: "Podría ocurrir" o "Esperemos lo mejor". Creer significa estar plenamente convencido de la capacidad de alguien para hacer algo. Se trata de tomar medidas definitivas como resultado de esta convicción. La fe consiste en tomar una determinada medida sobre la base de una promesa que aún no se ha revelado plenamente. Dentro de nuestro contexto, significa poner su fe en dos personas distintas: Dios y su cónyuge. El talentoso autor de los Salmos explica la naturaleza digna de confianza de Dios: *Poderoso Señor, Dios de los ejércitos, ¿Quién como tú? ¡Tu fidelidad te rodea (Salmo 89:8, RVC)!*

Debe llegar un momento en su vida en que usted asuma plenamente la bondad y la fidelidad de Dios Todopoderoso. Tiene que creer que lo que Él ha planeado para su vida es lo mejor. Usted también tiene que creer que Dios puede cambiar las cosas. No importa cuánto se haya deteriorado una situación, Él sigue teniendo el poder de transformar los corazones. Por lo tanto, confíe en Su capacidad de producir el cambio. Tenga confianza en Su sabiduría para guiar sus pasos mientras se apoya en Su comprensión y Lo reconoce en todas sus costumbres.

> *Confía en el Señor de todo corazón, y no te apoyes en tu propia prudencia. Reconócelo en todos tus caminos, y él enderezará tus sendas (Proverbios 3:5-6, RVC).*

Su plan para su vida es perfecto. Dios es Quien dirige el futuro. Su gran amor por usted es eterno. *¡El Señor es bueno! ¡Su misericordia es eterna! ¡Su verdad permanece para siempre (Salmo 100:5, RVC)!* Usted puede creer en Dios. Él no solo lo cuida, sino que cuida a los demás miembros de su familia que se ven afectados por su vida. Él tiene la perspectiva correcta. Él sabe lo que usted necesita en este momento para seguir avanzando en su matrimonio. Él es quien concede el avance espiritual. Haga lo que Dios le está pidiendo. Permita que Él enderece la vía mientras sigue Su Palabra.

Ponga su esperanza en Dios. Él es el Único que puede aportar la calma y la satisfacción espiritual. Él es Quien está dispuesto a escuchar. Él es Quien verdaderamente entiende su problema. Usted puede esperar que Dios haga lo que nadie más puede hacer. Ponga su fe en Él. Él es fiel y justo. Dios es misericordioso y compasivo. Convénzase de que los propósitos de Dios para su vida tienen un valor eterno. Pueden no siempre salir como usted había planeado, pero puede estar seguro de Su soberanía sobre todas las áreas de su vida. Su obra perfecta en usted es algo que Él concluirá algún día. Pablo escribe con confianza a la iglesia de Filipos: *Estoy persuadido de que el que comenzó en ustedes la buena obra, la perfeccionará hasta el día de Jesucristo. (Filipenses 1:6, RVC).*

Entonces, ¿qué significa exactamente creerlo todo y esperarlo todo en lo que respecta a la relación con nuestro cónyuge? Aquí está el otro lado de nuestra moneda. La creencia y la esperanza que tenemos en nuestro cónyuge no tienen que ver con su capacidad de cambiar por su cuenta. Nuestra creencia y esperanza se basan en el poder de Dios para obrar en nuestro cónyuge de la misma manera que le permitimos obrar en nosotros. Esta confianza se basa en la capacidad de Dios para comenzar y terminar una buena obra en el otro. En lugar de exigir: "Debe cambiar este aspecto de su vida", comunicamos nuestras cargas y preocupaciones directamente a Dios a través de la oración. Dependemos de la Escritura para guiar nuestro análisis de la situación y confiar plenamente en el Señor para alcanzar un cambio duradero.

Usted puede confiar en que Dios obre en el corazón de su cónyuge.

Si su cónyuge es creyente, ya tiene a la persona de Cristo viva en su interior. Para cambiar, tendrá que hacerlo a través de la obra del Espíritu Santo. Este cambio no será el resultado de una campaña inteligente puesta en marcha por usted o sus amigos. Para que dure y produzca frutos espirituales, debe ser obra del Espíritu. Confíe en que Dios obrará en el corazón de su cónyuge. Asegúrese de que su actividad refleje el corazón de Jesús. No tiene sentido orar para que se produzca un cambio en el corazón de su cónyuge si usted no está dispuesto a permitir que Dios realice Su obra. Aprenda a permanecer fielmente en presencia de Dios y a alentar a su cónyuge a moverse hacia el lugar en el que Dios quiere que esté a través de la oración. *Sin fe es imposible agradar a Dios, porque es necesario que el que se acerca a Dios crea que él existe, y que sabe recompensar a quienes lo buscan (Hebreos 11:6, NIV).*

Creer implica darle otra oportunidad a su cónyuge cuando comete un error. No estoy diciendo que usted crea de todo corazón que el otro vaya a duplicar sus acciones. Lo que estoy diciendo es que crea firmemente en que el otro puede cambiar. Usted puede ver las buenas obras tratando de desarrollarse dentro de su corazón. Se está produciendo una evidente batalla. Sin embargo, su enfoque no está en la batalla ni en el daño colateral. Su atención se centra en lo que Dios puede hacer y en verlo a través del lente de la gracia y la verdad.

Usted está entusiasmado con las posibilidades y el potencial para el bien. Por lo tanto, esto no significa ignorar el dolor. Eso es imposible. No significa fingir que nada está mal. Eso no va a funcionar. Debe aferrarse al poder de Dios que obra a través de su cónyuge y está listo para ser liberado en cualquier momento. Él es su confianza. Él es la fuente del poder y la vida. Él es Quien produce el cambio.

¿Qué sucede cuando empezamos a cambiar nuestra forma de pensar en este aspecto? El cambio más evidente sale de nuestros labios. Empezamos a decir palabras de confianza a nuestro cónyuge. Pasamos de minimizar su existencia a elevar su espíritu. Elegimos la risa en lugar de crítica y las palabras amables en lugar del sarcasmo. Podemos incluso dar a nuestro cónyuge el beneficio de la duda cuando no tenemos toda la información y las cosas aún no están claras.

Lo que estamos tratando de hacer es infundir mayor confianza en el otro como persona. Pasamos de ser una parte del problema a servir como instrumento de la gracia en las manos del Señor. No tratamos de manipular ni coaccionar a nuestro cónyuge. Lo que estamos tratando de hacer es que el otro esté completo.

Sus palabras dan forma al entorno presente y futuro de su matrimonio.

Sus palabras tienen un poderoso efecto sobre su cónyuge. Creer en el otro es importante para crear el entorno adecuado para un matrimonio próspero. Esto no significa que usted ignore el comportamiento irresponsable. Esto no significa que ignore las mentiras y olvide la responsabilidad relacional. Significa que deliberadamente eleva el valor de su cónyuge. Significa reconocer el poder detrás de cada palabra que uno dice. Aprovechar estas palabras para dar forma a un entorno adecuado para su matrimonio no tiene precio.

Cuando de su corazón fluye el genuino amor de tipo *agape*, su creencia en su cónyuge fluirá a través de sus palabras. Estas palabras dan forma al entorno presente y futuro de su matrimonio. ¿Le ha dicho a su cónyuge recientemente lo valioso que es y lo que significa para usted personalmente? ¿Le ha dicho lo mucho que usted cree en que el poder de Dios obre a través de su relación? Si no lo ha hecho, ¿por qué no empieza hoy mismo? Posponerlo solo retrasará cualquier recuperación pendiente en su matrimonio y dejará pasar las oportunidades para enriquecer su relación.

Para soportar y superar los obstáculos relacionales se requiere una fe activa.

Para aceptar plenamente la esperanza del futuro, la fe debe estar en una posición privilegiada en su corazón. Esta fe produce una gran expectativa por lo que Dios puede lograr en su matrimonio. Aún más, esta confianza inquebrantable le obligará a hacer lo que sea necesario para alinear su matrimonio con el plan original de Dios. La fe siempre mueve a la acción.

Las posibilidades hacen que valga la pena invertir más tiempo en la oración. Crea en Dios y crea en su cónyuge. Deposite su esperanza en Dios y confíe en Su poder para dar forma a su corazón. Demuestre su amor y esperanza por su cónyuge en voz alta y utilizando palabras cuando sea necesario. Pídale a Dios que acreciente su fe y reavive la esperanza para su matrimonio.

El amor todo lo soporta

Cuando usted realmente cree en Dios, se compromete. Cuando usted verdaderamente cree en su compromiso, su cónyuge hace lo mismo. Lo bueno de depositar su fe en Dios es que Él es una roca inconmovible. Dios es una Fortaleza Poderosa. Usted puede contar con Él. Sin embargo, a veces usted no siente lo mismo acerca de su cónyuge.

Los desafíos de la vida dejan un sabor amargo en la boca y los sentimientos hacia nuestro cónyuge poco a poco pueden empezar a cambiar. Si usted no tiene cuidado, estos sentimientos pueden controlar su comportamiento. No permita que esto le suceda. Los sentimientos van y vienen, pero el compromiso perdura a través de todos los altibajos emocionales.

Para soportar y superar los obstáculos relacionales se requiere fe, confianza y compromiso.

Tómese un momento para reflexionar (Responda a cada pregunta honestamente)

- ¿Cómo puede Dios bendecir su matrimonio cuando secretamente usted tiene un plan de escape dentro de su corazón?
- ¿Cómo puede experimentar lo mejor que Dios tiene para ofrecer a su relación cuando se formulan amenazas de divorcio?
- ¿Cómo pueden prosperar su amor por Dios y el amor que siente por su cónyuge cuando usted permite que las circunstancias modifiquen sus promesas?

Entonces, ¿qué es lo más importante? Si usted no está dispuesto a comprometerse, Dios no puede bendecir su matrimonio. Los desafíos de la vida fueron diseñados para fortalecer la resistencia. Aproveche todos los retos para lograr una mayor confianza en el Señor. Permita que estos retos hagan crecer su corazón y fortalezcan su carácter. No permita que sirvan como desvío espiritual o relacional. Ir en la dirección opuesta de la Palabra de Dios es muy poco inteligente. Mantenga el rumbo fijo y disfrute de los frutos producidos por la perseverancia a través de las dificultades de la vida.

Hermanos míos, considérense muy dichosos cuando estén pasando por diversas pruebas. Bien saben que, cuando su fe es puesta a prueba, produce paciencia. Pero procuren que la paciencia complete su obra, para que sean perfectos y cabales, sin que les falta nada. (Santiago 1:2-4, RVC)

Tiene que llegar el momento en que usted se decida de una vez por todas a cumplir lo que promete. Por lo tanto, deshágase de las excusas que explican por qué está todavía "a mitad de camino" y dudando acerca de su matrimonio. Madure y asuma la responsabilidad de terminar lo que empezó. Usted ya no está en la escuela secundaria. Este compromiso es importante. Hay personas que cuentan con que usted se quede con ellas y supere las cosas difíciles. Si usted no está dispuesto a soportar todos los obstáculos relacionales, la fe será reemplazada por la incertidumbre y la esperanza de un matrimonio desaparecerá. *Dichoso el que resiste la tentación porque, al salir aprobado, recibirá la corona de la vida que Dios ha prometido a quienes lo aman (Santiago 1:12, NVI).*

El amor de tipo *agape* soporta y supera pacientemente todas las dificultades. Este tipo de amor siempre resiste las tormentas de la vida. Este tipo de amor comprende que Dios tiene un propósito divino para todas las dificultades que enfrentamos y todas las pruebas que soportamos. En griego, la palabra soportar conlleva dos ideas principales. Una de ellas es la de permanecer, habitar o cumplir, y la otra tiene que ver con permanecer debajo de algo.

Fundamentalmente, esto significa someterse. Si tenemos en cuenta nuestro contexto del amor que *"todo lo cree, todo lo espera, todo lo soporta"*, podremos ver qué cosas debemos elevar y a qué cosas debemos aferrarnos. Tenemos que aferrarnos firmemente a nuestra creencia en el poder de Dios para obrar en y por medio de nuestro matrimonio. Nos aferramos a esto con grandes expectativas e intensa alegría. Debemos conservar la esperanza de lo que nuestro matrimonio podría ser si es Dios Quien cultiva nuestros corazones y nos cambia de adentro hacia afuera.

Por lo tanto, cuando llegan las tormentas de la vida, con su renuencia audaz para mantener su matrimonio en crecimiento, usted sabe qué hacer: agárrese fuerte y aférrese a Dios y a su cónyuge. Permanezca en presencia de Dios. Aumente la intensidad de su oración. Aléjese de la tentación de hacer concesiones. El siguiente dicho es verdadero: "La hierba no es más verde al otro lado". Cuando el sufrimiento toca a su puerta, soporten juntos este desafío.

Si su familia experimenta una gran pérdida financiera, confíe en que Dios suplirá sus necesidades diarias. Si usted se encuentra solo, déle a Dios la oportunidad de estar a su lado y de ofrecer consuelo y apoyo. Cuando el cuerpo de su cónyuge comienza a fallar, manténgase fuerte y sírvalo todavía más. Conviértase en su principal estímulo para ayudarlo a recuperar las fuerzas.

No estamos hablando de un compromiso a tiempo parcial. Soportarlo todo es un trabajo de tiempo completo. No estamos hablando de alcanzar el máximo rendimiento. El amor no soportará todas las dificultades si su fuerza proviene de sus talentos y capacidades personales. Esto es diferente. El amor resiste aun cuando su fuerza física sea poca y cuando su capacidad de soportar esté vacía. Esto tiene que ser una obra de Dios en usted.

Esto tiene que ser algo que Dios produzca a través de su Espíritu, que mora en nosotros. Por esta razón, el amor perdura incluso cuando está herido. El amor sigue adelante y obtiene ganancias, aun cuando sus emociones estén completamente desbordadas. El amor no se rinde. Encuentra la fuerza para soportarlo todo a través del poder del Espíritu Santo.

Le pido que, por medio del Espíritu y con el poder que procede de sus gloriosas riquezas, los fortalezca a ustedes en lo íntimo de su ser. (Efesios 3:16, NVI)

Es Dios mismo Quien sostiene esta resistencia sobrenatural. ¿Cómo se soporta la pérdida de un bebé? ¿Cómo se soporta la pérdida del hogar? ¿Cómo se soluciona una traición en su relación? ¿Cómo se compensan los años de mentiras, robo e infidelidad? ¿Cómo se solucionan los desastres en una relación? ¿Cómo se mantiene el matrimonio unido y se sigue adelante?

Se hace depositando la fe en Aquel que puede superar todos los obstáculos. Se hace permitiendo que el Espíritu de Dios obre efectivamente en su matrimonio. Se hace manteniéndose firme y negándose a ceder a la tentación. Usted debe aferrarse a la verdad y permitir que Dios arregle el desastre.

Su amor encontrará la fuerza para soportarlo todo a través del poder del Espíritu Santo.

Ninguna de estas actividades puede sostenerse con su propia fuerza. Nada de esto depende de la estrategia mental o de las habilidades naturales. Este tipo de resistencia consiste en permitir que el Espíritu de Dios guíe todas las decisiones y sane todas las heridas. Esto significa esperar a que Él le muestre cuál debe ser el siguiente paso. Puede requerir más paciencia. Él puede producir toda la paciencia que usted necesita.

Puede requerir que se tranquilice y deje de preocuparse. El puede producir la paz en su corazón y eliminar su ansiedad. Entonces, ¿qué hacer? Aférrese a Su Palabra. Viva su fe en voz alta. Permita que Dios luche por Su gloria por medio de su vida y su matrimonio. Su objetivo principal es glorificar Su nombre. Confíe en el corazón de Dios en los períodos oscuros y enfrente todos los obstáculos junto a su cónyuge.

Dios tiene un propósito para su sufrimiento

Como se mencionó anteriormente, Dios tiene un propósito para su sufrimiento. El sufrimiento aplica presión. Esta presión es lo que produce angustia y malestar inusuales. Nuestro sufrimiento en esta vida tiene un propósito eterno. El sufrimiento nunca es agradable. La presión extrema, los problemas y el dolor pueden hacer pagar un alto costo a su matrimonio. No nos despertamos un día y pensamos: "Hoy quiero experimentar graves dificultades, un dolor insoportable y pérdidas catastróficas. Tengo muchas ganas de perder mi trabajo por declarar abiertamente que soy cristiano. Estoy ansioso por ver el momento en que mi cuenta bancaria esté en cero. No veo la hora de empezar la quimioterapia". Nadie en su sano juicio podría pensar estas cosas.

> *Si permitimos que el Espíritu de Dios nos forme a través*
> *del sufrimiento, los resultados pueden ser transformadores.*

Esta es la razón por la que a veces podemos sobreproteger a nuestros hijos. Los vemos a punto de cometer el mismo error que una vez cometimos a su edad e intervenimos para rescatarlos antes de que sea demasiado tarde, como el héroe de las películas de Hollywood. No queremos que tengan que pagar las mismas consecuencias que nosotros. No queremos que sientan el dolor que nosotros padecimos. Queremos eliminar el dolor antes de que comience. Y cuando no podemos hacerlo, se nos rompe el corazón. En esta vida, es imposible evitar el dolor y el sufrimiento.

Vivir en un mundo caído significa que estos son inevitables. La cuestión no es saber *si* el sufrimiento llegará, sino lo que importa es estar preparado cuando *efectivamente* llegue. Puesto que no podemos evitar el sufrimiento, ¿cómo debemos enfrentarlo cuando se presenta en nuestro matrimonio? ¿Cómo debemos considerar el sufrimiento a la luz de la Palabra de Dios? Pensemos en la manera en que el apóstol Pablo explica el papel del sufrimiento en la vida de un creyente y qué debe producir, cuando escribe: *Y no sólo en esto, sino también en nuestros sufrimientos, porque sabemos que el sufrimiento produce perseverancia; la perseverancia, entereza de carácter; la entereza de carácter, esperanza (Romanos 5:3-4, NVI).*

Volvamos atrás para ampliar una idea anterior. Si tratamos de administrar este proceso por nuestras propias fuerzas, el producto final no será lo que Dios había planeado originalmente. Si permitimos que el Espíritu de Dios nos forme a través del sufrimiento, los resultados pueden ser transformadores. En estas circunstancias, debemos dar a Dios la libertad de producir frutos más espirituales que nunca. El nombre de Dios se magnifica en el proceso y Su luz brilla a través de nuestro matrimonio de una manera extraordinaria. Desde el punto de vista espiritual, el producto de su sufrimiento es siempre mayor que el propio sufrimiento. Aunque el sufrimiento tiene muchas incertidumbres, podemos tener la plena seguridad de lo que va a desarrollar en nuestro matrimonio mientras padecemos cada etapa a lo largo de este viaje. Tenga en cuenta los tres trofeos del sufrimiento: perseverancia, carácter y esperanza.

El primer trofeo del sufrimiento es la perseverancia. La perseverancia implica permitir que el Espíritu de Dios obre en nosotros mientras padecemos las pruebas de la vida. El sufrimiento personal no es algo que podamos leer en un libro. Atravesar dificultades serias produce algo definitivo: la perseverancia. Hay ciertas áreas de nuestro crecimiento espiritual que solo podemos aprender a través del sufrimiento personal. La perseverancia es una de esas áreas.

Esperar en Dios y contar con que Su fuerza nos sostenga es muy gratificante. Esta espera firme producirá el crecimiento espiritual. Cuando usted exprime una naranja, obtiene jugo de naranja. Cuando aprieta una uva, obtiene jugo de uva. Cuando es usted el exprimido, ¿qué es lo que fluye en su vida? ¿Qué aspecto tiene? ¿Vale la pena compartirlo con los demás?

> *La perseverancia implica permitir que el Espíritu de Dios*
> *obre en nosotros mientras padecemos las pruebas de la vida.*

La paciencia ante el sufrimiento es un fruto del Espíritu. No es algo que usted pueda fabricar. El Espíritu Santo desarrolla una perseverancia sobrenatural cuando nos aferramos a Él durante los períodos de presiones extremas de la vida. Él nos da el poder para soportar con paciencia y no perder el ánimo. Él nos da la alegría interior, incluso cuando todo se desmorona. Él es nuestra garantía cuando nos encontramos al borde de la desesperanza. Cuando somos débiles, Él es fuerte; cuando estamos en lo más bajo, Él tiene el poder de levantarnos. Así que no tenga miedo de transitar los grandes desafíos de la vida.

No hay nada que temer cuando el Espíritu de Dios es Quien lo conduce a través de estos desafíos. Tenga presente esta idea cuando llegue la próxima dificultad seria. No importa lo doloroso que sea el sendero ni la cantidad de presión que personalmente deba absorber: Dios puede usar la olla de presión de la vida para Sus buenos propósitos. La esperanza de Pablo es que: *Ahora bien, sabemos que Dios dispone todas las cosas para el bien de los que lo aman, es decir, de los que él ha llamado de acuerdo a su propósito (Romanos 8:28, RVC).*

El carácter es el segundo trofeo del sufrimiento. ¿Qué sucede después, cuando la perseverancia es aceptada y comienza el progreso? El Espíritu de Dios se mueve para dar forma y probar nuestro carácter, mientras soportamos pacientemente todas las dificultades. Podemos pensar que nuestra espiritualidad está en un nivel determinado. Después de todo, hemos estado siguiendo al Señor por muchos años.

Pero cuando llegan las dificultades verdaderas y empezamos a correr en círculos, la prueba de nuestra madurez espiritual se vuelve dolorosamente visible para los que nos rodean. Esta es una triste realidad para muchos pastores. Ven a la gente dar pasos hacia adelante en su fe y comenzar a involucrarse, pero cuando la primera gran dificultad aparece en su vida, huyen sin mirar hacia atrás. Esta es la razón por la que la perseverancia es un proceso de prueba. Nos muestra lo que realmente hay en el interior. Observe lo que sucedió con los creyentes de Macedonia cuando se vieron presionados por graves dificultades personales y financieras.

Hermanos, también queremos contarles acerca de la gracia que Dios ha derramado sobre las iglesias de Macedonia, cuya generosidad se desbordó en gozo y en ricas ofrendas, a pesar de su profunda pobreza y de las grandes aflicciones por las que han estado pasando. (2 Corintios 8:1-2, RVC)

Dios usará esta herramienta impopular para purificar su corazón y conformarlo a imagen de Su Hijo, Jesucristo. La perseverancia produce un carácter piadoso. Nos ayuda a hacer ajustes y a crear nuevos patrones de comportamiento. Reconozca que Dios está tratando de dar forma a su carácter. Él no le puede dar la próxima oportunidad de asistencia hasta que algunas cosas se resuelvan. Dios quiere que seamos santos. Él quiere que usted lleve una vida santa.

Él no puede hacer crecer su matrimonio sin hacer unos pocos ajustes más en su actitud. Usted no estará a la altura del siguiente ascenso hasta que Él no realice un cambio total en su carácter. A menudo Dios nos lastima antes de decidirse a usarnos. Así que si nos damos por vencidos en medio de las pruebas de la vida, abandonamos la formación de nuestra fibra moral, de nuestro carácter. Permita que Dios lo destruya y lo reconstruya para ser la persona que Él diseñó.

Su carácter se desarrolla en el proceso de perseverar a través de un gran sufrimiento.

La esperanza es el tercer trofeo del sufrimiento. Se puede encontrar la esperanza en medio del sufrimiento. Niéguese a darse por vencido cuando la presión es aplastante y le extrae toda la energía. Siga hacia adelante a pesar de todo. Siga confiando en el Señor y contando con Su provisión para todas las necesidades. Las tribulaciones producen perseverancia, la perseverancia produce el carácter y el carácter produce esperanza. Cuando experimentamos la fidelidad de Dios a través de las dificultades, se genera una confianza inquebrantable. Esta firme convicción es lo que nos da la motivación para terminar bien. Al saber que nuestro sufrimiento tiene un propósito mucho mayor, seguimos adelante con una fuerza sorprendente.

> *Experimentar la fidelidad de Dios a través de las dificultades*
> *genera en nosotros una confianza inquebrantable.*

Comenzamos a comprender cómo todo lo que experimentamos está interrelacionado. Empezamos a conectar los puntos y a ver las huellas de Dios. Comenzamos a ver cómo los propósitos de Dios se despliegan ante nuestros ojos. Reconocemos el cambio que debe producirse en nuestro corazón. No nos preocupamos por lo que se pierde en el proceso. Nos centramos en el valor eterno de nuestro sufrimiento en lugar de sentirnos abrumados con el presente. Empezamos a experimentar nuestra vida interior sincronizada con nuestra vida exterior. Nos alejamos de la tentación y dejamos de poner en peligro las "cosas pequeñas" de la vida. La suma total de todas estas cosas produce una esperanza inquebrantable que nos ayuda a pasar la prueba.

Dios tiene un propósito para todo lo que elimina

En el momento justo, Dios, el Labrador, se hace presente en la viña de su vida y elimina las malas hierbas que sobran en usted y en su matrimonio. Este recorte puede ser más que molesto: puede ser doloroso, muy doloroso. Elimina el exceso de su vida para acercarlo más a la vid: Jesús. El exceso puede ser un bien material, un trabajo bien remunerado, un evento o algo mucho más doloroso. Lo que se elimina puede incluso ser una amistad muy cercana. No todo son malas noticias. Padecer una gran dificultad en el matrimonio puede producir buenos frutos.

Su matrimonio puede crecer al pasar por grandes dificultades y superar juntos las tormentas de la vida. Queda la pregunta: "¿Por qué Dios elimina cosas de nuestra vida? ¿Por qué nos quita cosas que son importantes para nosotros? ¿Por qué permite que ciertas relaciones se derrumben?" La respuesta puede sorprenderle. *Todo pámpano que en mí no lleva fruto, lo quitará; y todo aquel que lleva fruto, lo limpiará, para que lleve más fruto (Juan 15:2, RVC).* Dios tiene un propósito para todo lo que elimina. Él elimina solo lo necesario para producir más frutos a través de su vida. Le permite experimentar el dolor para ampliar aún más Su presencia aquí en la tierra.

Hay momentos en que el dolor y la gloria están directamente relacionados entre sí. ¿Qué estamos diciendo exactamente? A medida que su sufrimiento aumenta, también lo hace su capacidad de glorificar a Dios. Su sufrimiento le da a Dios la oportunidad de brillar a través de su vida. Él puede decidir revelar o no Su propósito para el dolor. Independientemente de qué dirección tome, confíe en Su capacidad para dirigir su vida a fin de aumentar Su gloria.

> *Su matrimonio puede crecer al pasar por grandes*
> *dificultades y superar juntos las tormentas de la vida.*

Hay buenas noticias: usted puede confiar en el Labrador. Él sabe lo que hace cuando la eliminación de algo es completamente necesaria. Él cuidará de usted. A veces, la única explicación que podemos encontrar para lo que Dios nos quita es el consuelo que podemos brindar a otros que han pasado por una pérdida similar. Él puede permitir que un gran dolor se convierta en realidad dentro de su matrimonio para fortalecer a otros que experimentan el mismo nivel de dolor en su relación. Recuerde: un gran dolor y malestar pueden producir frutos abundantes. El propósito del matrimonio no es ser feliz, sino ser santo. Dios está mucho más preocupado por su santidad que por su grado de felicidad. Quiere usar su matrimonio para influir en otros matrimonios.

Bendito sea el Dios y Padre de nuestro Señor Jesucristo, Padre de misericordias y Dios de toda consolación, quien nos consuela en todas nuestras tribulaciones, para que también nosotros podamos consolar a los que están sufriendo, por medio de la consolación con que nosotros somos consolados por Dios. (2 Corintios 1:3-4, RVC)

Cuanto menos exceso de peso haya en su matrimonio, más frutos podrá ofrecer al Labrador. No sucumba al desaliento cuando se elimina este exceso. Aunque sea extremadamente dolorosa, la experiencia lo puede llevar a un mayor nivel de abundancia. Cuando su vida produce muchos frutos, emanará una alegría abundante de su corazón. Incluso si estos frutos son el resultado de una gran pérdida, sabrán dulces a su espíritu. Agradezca al Señor por Su infinita sabiduría y confíe en que Él tiene un propósito para todo lo que elimina. Acepte su capacidad limitada para comprender Sus motivos. Disfrute de Su bondad y confíe en Su corazón.

El amor nunca falla

Al terminar nuestro estudio, llegamos a un pensamiento final: el amor nunca falla. Deténgase y piense en las implicaciones de esta verdad. El amor siempre triunfa. Siempre vence. Imagine si supiera que su equipo deportivo favorito siempre ganará el último partido del campeonato. El equipo puede perder todo el año frente a los demás. Algunos de los jugadores pueden incluso sufrir lesiones en el campo y padecer grandes dolores.

Los medios de comunicación pueden ensañarse con su equipo y decir toda clase de cosas terribles contra el cuerpo técnico y sus esperanzas de una temporada exitosa. Pero nada de eso lo desanimará si al final la victoria en el campeonato nacional está garantizada. Ninguna de esas cosas tiene un peso suficiente como para desanimarlo y hacer que no asista a los partidos para animar a sus jugadores favoritos. Lo que realmente importa es saber que su equipo al final triunfará.

Y ahora permanecen la fe, la esperanza y el amor. Pero el más importante de todos es el amor. (1 Corintios 13:13, RVC)

El amor durará más que nuestro sufrimiento, porque será para siempre. No hay ninguna posibilidad de que el amor verdadero pierda sin posibilidad de recuperarse, se dé por vencido a lo largo del camino o falle al final. El amor siempre pasará la prueba. Siempre soportará las tormentas de la vida. No hay ninguna posibilidad de que el verdadero amor se caiga y deje de ser eficaz. El amor no se apartará de su compromiso y no abandonará a sus seres queridos. No abandonará lo que empezó. El amor no hace eso. El amor es inusualmente fuerte y se compromete de todo corazón. Está hecho para durar. El amor perdurará mucho más allá de nuestro tiempo aquí en la tierra. Perdurará para siempre.

El amor por su cónyuge nunca debe decaer... nunca debe darse por vencido... nunca debe fallar. Para resumir nuestra última sección, queremos reiterar algunos temas centrales de nuestro estudio para reforzar el último punto y relacionar todo lo dicho hasta el momento.

El amor no fallará si su prioridad número uno es buscar a Dios
con todo su corazón, toda su mente, toda su alma y toda su fuerza

Cuando la prioridad es amar a Dios y conocerlo cada vez mejor, amar a su cónyuge como Dios manda puede convertirse en una realidad. Asuma la responsabilidad de su desarrollo espiritual. Convierta su deseo de amar más a Dios en acciones concretas. No podemos brindar amor de tipo *agape* sin antes recibir el amor de Dios. Damos lo que recibimos. Crecer en el amor a Dios nos capacita para amar a nuestro cónyuge de la misma manera que Cristo amó a la iglesia: a través del sacrificio. Para poder darnos por entero, debemos antes renunciar por completo a nosotros mismos. La Palabra de Dios nos enseña que debemos renunciar a nosotros mismos para colocar las necesidades de nuestro cónyuge delante de las propias. Este tipo de comportamiento es deliberado. Sin duda esta estrategia para el éxito va en contra de nuestra cultura actual. No sucederá de forma automática, pero debe suceder para que su matrimonio se mantenga fuerte.

Entonces, ¿qué significa esto para usted y su cónyuge? Significa que cada uno tiene que crecer en su amor a Dios para que su matrimonio experimente lo que Dios planeó. La prioridad de la relación debe convertirse en buscar a Dios individual y colectivamente. Lo que sucede como resultado puede describirse con una poderosa palabra: transformación. Imagine lo que pasaría si usted y su cónyuge pusieran el tiempo que pasan con Dios en el primer lugar de su agenda diaria.

Imagine el impacto de veinte minutos diarios en oración para aquellos que están espiritualmente extraviados y para aquellos que usted más ama. Imagine cómo podría cambiar el entorno de su matrimonio si ambos regularmente ponen las necesidades del otro por delante de las propias. Imagine lo que pasaría si Dios tuviera la oportunidad diaria de dar forma a su corazón y eliminar lo que no corresponde. El producto de estos cambios puede describirse en dos palabras: frutos espirituales.

Muestre el compromiso con su cónyuge a través de sus palabras y acciones.

No puede haber amor sin compromiso. El amor emana del compromiso. El amor estacional o temporal no existe. El amor no es ni estacional ni temporal. El amor es la promesa de permanecer juntos hasta que la muerte los separe. Por desgracia, en el mundo de hoy esta promesa es escarnecida y considerada irrelevante. Algunos dicen: "El amor es un sentimiento. Cuando el sentimiento desaparece, el amor deja de existir". El amor no es un sentimiento. Otros afirman: "El amor cambia con el tiempo. Por esta razón, es aceptable pasar a otra relación, ya que todos cambiamos a través del tiempo". El amor se mantiene firme en el tiempo. Algunos argumentan: "No hace falta casarse para consolidar el amor. Podemos vivir juntos y ser igualmente felices. Si no funciona, no hay de qué preocuparse... no hay resentimientos". El amor comienza y crece a partir de un compromiso sobrenatural de permanecer juntos. Siempre fue así y siempre lo será.

Cuando las presiones de la vida comienzan a hacerse sentir en su relación, es preciso creer en el poder ilimitado de Dios para superar cada desafío. Cuando la tensión se vuelva intolerable, recuérdense mutuamente el compromiso que asumieron el uno con el otro. Cuando las fuerzas externas traten de penetrar las tejas de su corazón, recuérdense mutuamente la promesa hecha a Dios y al otro. Cuando llegue la tormenta, no se quede en una posición pasiva. Aférrese a Dios y a su cónyuge para capear el temporal. Apóyese en la sabiduría divina de las personas de su pequeño grupo. Humíllese y esté dispuesto a hacer sacrificios personales y cambios extremos para rescatar a su relación del desastre. No hay presión que pueda vencer a una pareja si ambos están totalmente comprometidos con Dios y totalmente comprometidos el uno con el otro. El amor nunca falla.

El amor comienza y crece a partir de un compromiso sobrenatural de permanecer juntos.

Debemos esforzarnos para expresar mejor el compromiso con nuestro cónyuge. En un mundo lleno de incertidumbre, el amor por nuestro cónyuge y la promesa de permanecer juntos deben ser bien claros. Aprenda a comunicar este compromiso de varias maneras. Cántelo en voz alta y escríbalo en cada tarjeta. Durante la cena o cuando estén viendo televisión juntos, dígale claramente a su cónyuge cómo planea cumplir su promesa.

Cuando los niños estén presentes, permítales ver su amor en acción. Ellos necesitan escuchar estas palabras tanto como su cónyuge. Ocúpese de las pequeñas tareas de la casa para expresar su compromiso. Planifique viajes y compre regalos para reafirmar su promesa. Sorprenda a su cónyuge con algo nuevo. Cambie las cosas de lugar y dé rienda suelta a su creatividad.

Cuando su cónyuge se despierte por la mañana, dígale cuánto lo ama. En el transcurso del día, envíele recordatorios de su amor. Antes de irse a dormir, abrácelo fuerte. Cuando esté presente el resto de la familia, declare su compromiso para que todos puedan ver y oír. Y cuando tenga la oportunidad de hacer algo muy especial para expresar su compromiso, hágalo con estilo.

Hágalo de manera que deje una impresión duradera en el corazón de su cónyuge. Reitere su compromiso con su cónyuge una y otra vez. Conquiste al otro con la audacia y la coherencia de su amor. Ríanse juntos, lloren juntos, canten juntos y permanezcan juntos hasta el día que Dios los lleve a casa. En cada oportunidad, recuérdense mutuamente esta realidad vital: el amor nunca falla.

Actividad del Matrimonio por Diseño

Muchas parejas estarán de acuerdo en que permanecer juntos ciertamente va en contra de la cultura dominante. Hay una lucha constante para tratar de alejarnos del diseño original de Dios para nuestro matrimonio. Lo que tenemos que hacer es recordar constantemente la verdad y comunicar esta verdad a nuestra pareja regularmente.

Para esta actividad, responda bíblicamente a las siguientes afirmaciones. Estas afirmaciones están diseñadas para destruir el fundamento mismo de su matrimonio. Use lo que ha aprendido en este capítulo para dar la respuesta adecuada.

Hay que evitar el sufrimiento a toda costa.

No esperes a que el otro cambie... te mereces algo mejor.

No hay forma de que tu matrimonio pueda sobrevivir a esta tragedia.

Tener secretos con tu cónyuge es por su propio bien.

Tus necesidades están primero.

Si el estrés es más de lo que puedes manejar, es comprensible abandonarlo todo.

Si te cansas de tu pareja, puedes elegir otra.

La aplicación destacada: Hacer ajustes personales

¿Cuáles son las tres principales aplicaciones adquiridas en esta sesión que usted podrá poner inmediatamente en práctica dentro de su matrimonio? Piense cuidadosamente en estas aplicaciones. En primer lugar, concéntrese en lo que Dios le pide cambiar dentro de su propio corazón y de su vida, en lugar de pensar en lo que tiene que cambiar su cónyuge. A continuación, considere esta aplicación a la luz de su relación como pareja y de lo que deben ajustar para hacer crecer su matrimonio. Mediante la oración, escriba sus respuestas a cada aplicación en forma de un plan de acción.

1. Aplicación

¿Qué tengo que cambiar específicamente en lo que se refiere a esta aplicación? ¿Qué tenemos que cambiar?

¿Cómo puedo hacer esto de una manera práctica? ¿Cómo podemos hacer esto juntos?

¿En qué fecha pueden comenzar estos cambios? ¿De qué modo lograremos el máximo beneficio para nuestro matrimonio con esta aplicación?

2. Aplicación

¿Qué tengo que cambiar específicamente en lo que se refiere a esta aplicación? ¿Qué tenemos que cambiar?

¿Cómo puedo hacer esto de una manera práctica? ¿Cómo podemos hacer esto juntos?

¿En qué fecha pueden comenzar estos cambios? ¿De qué modo lograremos el máximo beneficio para nuestro matrimonio con esta aplicación?

3. Aplicación

¿Qué tengo que cambiar específicamente en lo que se refiere a esta aplicación? ¿Qué tenemos que cambiar?

¿Cómo puedo hacer esto de una manera práctica? ¿Cómo podemos hacer esto juntos?

¿En qué fecha pueden comenzar estos cambios? ¿De qué modo lograremos el máximo beneficio para nuestro matrimonio con esta aplicación?

¿Cómo me convierto en un cristiano?

Aquí hay cuatro palabras clave para guiarle: amor, separación, provisión y conexión.

1. Amor: ¡Dios lo ama! Reconozca que Él lo ama tal como usted es, sin condiciones. Él desea que usted lo conozca. Dios quiere que usted encuentre una satisfacción espiritual completa, comenzando una relación vibrante con Su Hijo, Jesucristo.

DIOS LO AMA: *Porque de tal manera amó Dios al mundo, que ha dado a su Hijo unigénito, para que todo aquel que en él cree no se pierda, sino que tenga vida eterna. (Juan 3:16, RVC)*

2. Separación: Reconozca y admita que su PECADO lo ha separado de Dios. A sabiendas o por ignorancia, usted ha roto uno de los 10 mandamientos de Dios, Su norma de perfección. En este momento, es culpable ante Dios por su pecado.

El PECADO lo separa de Dios: *Por cuanto todos pecaron y están destituidos de la gloria de Dios (Romanos 3:23, RVC)*

Su bondad personal o su capacidad para ayudar a los demás no pueden resolver el problema de la separación. No hay NADA que usted pueda hacer para pagar la pena de sus pecados. La moral, la religión, la generosidad y las obras de bien no satisfacen la norma de Dios.

> *Hay caminos que el hombre considera rectos, pero que al final conducen a la muerte. (Proverbios 14:12, RVC)*

3. Provisión: Jesús murió en la cruz para pagar por sus pecados. Él es la ÚNICA solución de Dios al problema de su pecado. Jesús murió en la cruz para conectarlo con Dios. Fue sepultado y al tercer día resucitó de su tumba.

JESÚS MURIÓ PARA CONECTARLO CON DIOS: *Porque también Cristo padeció una sola vez por los pecados, el justo por los injustos, para llevarnos a Dios. En el cuerpo, sufrió la muerte; pero en el espíritu fue vivificado. (1 Pedro 3:18)*

Jesús le dijo: «Yo soy el camino, y la verdad, y la vida; nadie viene al Padre, sino por mí. (Juan 14:6, RVC)

4. Conexión: Creer, confesar y recibir.

Usted se conecta con Dios a través de la FE, creyendo en la obra terminada de Jesús en la cruz y confesando sus pecados directamente a Él mediante la oración. Usted lo recibe por invitación personal.

Pero a todos los que la recibieron, a los que creen en su nombre, les dio la potestad de ser hechos hijos de Dios. (Juan 1:12, RVC)

Si confesamos nuestros pecados, él es fiel y justo para perdonar nuestros pecados y limpiarnos de toda maldad. (1 Juan 1:9, RVC)

«Si confiesas con tu boca que Jesús es el Señor, y crees en tu corazón que Dios lo levantó de los muertos, serás salvo.» (Romanos 10:9, RVC)

Comenzar una vida cristiana: La vida cristiana empieza a través de una oración de fe. A continuación verá una oración al Señor que puede pronunciar en voz alta si lo desea:

Señor Dios, te doy gracias por tu gran amor por mí. Hoy entiendo lo mucho que me amas. Sé que he pecado contra ti y roto tus mandamientos. Realmente lo lamento. Señor Jesús, te suplico que perdone todos mis pecados. Purifica mi corazón y renueva todas las cosas. Jesús, creo que moriste en la cruz para pagar por mis pecados. Creo que fuiste enterrado y al tercer día resucitaste de la tumba. Hoy te invito a mi corazón y te recibo como mi Señor y Salvador. Amén.

Reglas del compromiso: Nuestra relación con el otro

Reflexione a diario acerca de una de las Reglas del compromiso y hágase las siguientes preguntas prácticas:

- *¿Qué necesito para empezar a creer? ¿Qué necesito para dejar de creer?*
- *¿Qué actitud equivocada tengo que eliminar? ¿Qué actitud correcta debo aplicar?*
- *¿Qué es lo que la Palabra de Dios me dice que debo cambiar con respecto a mis pensamientos, enfoque, actitud, palabras y acciones hacia mi cónyuge? ¿Y hacia los demás?*
- *¿Cómo puedo empezar a hacer que estos cambios se hagan realidad de inmediato? ¿Qué medidas debo tomar hoy para ajustar mi vida a la Palabra de Dios?*

Marcos 9:50
Juan 15:12
Romanos 12:5, 10, 16; 13:8; 14:13, 19; 15:5, 7, 14; 16:16
1 Corintios 1:10; 7:5; 11:33; 12:25
Gálatas 5:13, 5:15, 5:26; 6:2
Efesios 4:1-3, 4:25-27, 29-32
Efesios 5:18-28, 5:33
Filipenses 2:1-4
Colosenses 3:5-10, 12-13, 16
1 Tesalonicenses 3:12; 4:9; 5:11
Tito 3:8
Hebreos 3:12-13; 10:24-25
Santiago 4:11; 5:9, 16
1 Pedro 1:22; 3:8; 4:8-11; 5:5, 5:14
1 Juan 1:7; 3:23; 4:7, 4:11-12
1 Corintios 13:1-8, 13
Proverbios 1:5, 7

Notas

Capítulo 1

1. *University of Virginia. The National Marriage Project: http://www.virginia.edu/marriageproject/*
2. *Ibídem*
3. *David Schramm: "Individual and Social Costs of Divorce in Utah", Journal of Family and Economic Issues 27 (2006): 133–151.*
4. *Galena K. Rhoades, Scott M. Stanley y Howard J. Markman: "The Pre-Engagement Cohabitation Effect: A Replication and Extension of Previous Findings", Journal of Family Psychology 23 (2009): 107–11.*
5. *Sheila Kennedy y Larry Bumpass: "Cohabitation and Children's Living Arrangements: New Estimates from the United States", Demographic Research 19 (2008): 1663–92.*
6. *http://researchnews.osu.edu/archive/divwlth.htm*
7. *James Q. Wilson: "The Marriage Problem: How Our Culture Has Weakened Families (Nueva York: Harper Collins, 2002), p. 16.*
8. *Goodwin PY, Mosher WD, Chandra A.: "Marriage and cohabitation in the United States: A statistical portrait based on Cycle 6 (2002) of the National Survey of Family Growth". National Center for Health Statistics. Vital Health Stat 23(28). 2010.*
9. *Robert T. Michael et al.: "Sex in America: A Definitive Survey", (Boston: Little, Brown, and Company, 1994), p. 124-129; Edward O. Laumann et al.: "The Social Organization of Sexuality: Sexual Practices in the United States" (Chicago: University of Chicago Press, 1994), p. 364, tabla 10.5; Andrew Greeley: "Faithful Attraction: Discovering Intimacy, Love and Fidelity in American Marriage, (Nueva York: Tom Doherty Association, 1991), véase el capítulo 6.*
10. *Randy Page y Galen Cole: "Demographic Predictors of Self-Reported Loneliness in Adults", Psychological Reports 68 (1991): 939-945.*
11. *Jan Stets: "Cohabiting and Marital Aggression: The Role of Social Isolation", Journal of Marriage and the Family 53 (1991): 669-680; "Criminal Victimization in the United States, 1992", U.S. Department of Justice, Office of Justice Programs, Bureau of Justice Statistics, (marzo de 1994), p. 31, NCJ-145125.*
12. *Ronald Angel y Jacqueline Angel: "Painful Inheritance: Health and the New Generation of Fatherless Families" (Madison: The University of Wisconsin Press, 1993), pp. 139, 148.*

13. *"Are Married Parents Really Better for Children?" (Washington, DC: Center for Law and Social Policy, May 2003); W. Bradford Wilcox et al.: "Why Marriage Matters: Twenty-Six Conclusions from the Social Sciences" (Nueva York: Institute for American Values, 2005).*

14. *"Monitoring the Future", encuestas realizadas por el Survey Research Center de la University of Michigan.*

15. *Janet Wilmoth y Koso Gregor: "Does Marital History Matter? Marital Status and Wealth Outcomes Among Pre-retirement Adults", Journal of Marriage and Family, 64 (2002): 743-754.*

16. *Waite, 1995, p. 483-507; Waite and Gallagher, 2000, véase el capítulo 8; Wilmoth y Koso, 2002, p. 743-754.*

17. *Richard Rogers: "Marriage, Sex, and Mortality", Journal of Marriage and the Family 57 (1995): 515-526.*

18. *Thomas A. Hirschl, Joyce Altobelli y Mark R. Rank: "Does Marriage Increase the Odds of Affluence? Exploring the Life Course Probabilities", Journal of Marriage and the Family 65 (4) (2003): 927–38; Joseph Lupton y James P. Smith: "Marriage, Assets and Savings", en Shoshana A. Grossbard-Schectman (ed.): "Marriage and the Economy" (Cambridge: Cambridge University Press, 2003): 129–52.*

19. *www.FocusontheFamily.com*

Capítulo 8

1. *U.S. Census Bureau*

2. *The National Marriage Project, University of Virginia*

3. *Lauren M. Papp, E. Mark Cummings y Marcie C. Goeke-Morey: "For richer, for poorer: Money as a topic of marital conflict in the home", Family Relations 58 (2009), 91-103. Jeffrey P. Dew y John Dakin: "Financial issues and marital conflict intensity". Ponenica presentada en la conferencia anual del American Council of Consumer Interests (julio de 2009). Milwaukee, WI.*

4. *Federal Reserve Board: "Consumer credit outstanding". Estadísticas publicadas por la Reserva Federal (2009). Obtenido de http://www.federalreserve.gov/releases/g19/hist/cc_hist_mt.txt. Consultado el 26 de agosto de 2009.*

Capítulo 10

1. *W. Bradford Wilcox. 2011. "The Great Recession and Marriage. National Marriage Project Report Web Release". Charlottesville, VA: National Marriage Project.*

2. *WebMD Medical News, revisado por la Dra. Louise Chang, 28 de noviembre de 2005*

CPSIA information can be obtained at www.ICGtesting.com
Printed in the USA
LVOW050042291211

261460LV00004B/18/P